L'Ecran des Lumières:
regards cinématographiques
sur le XVIIIe siècle

SVEC (formerly known as *Studies on Voltaire and the Eighteenth Century*) is dedicated to eighteenth-century research. *SVEC* welcomes work across a broad range of disciplines and critical methodologies.

www.voltaire.ox.ac.uk

General editor
Jonathan Mallinson, Trinity College, University of Oxford

Associate editors
Hubert Bost, Ecole Pratique des Hautes Etudes, Paris
Daniel Brewer, University of Minnesota
Sarah Maza, Northwestern University

Advisory panel
Wilda Anderson, Johns Hopkins University
Marc André Bernier, Université du Québec à Trois-Rivières
Nicholas Cronk, Voltaire Foundation
Simon Davies, Queen's University, Belfast
Michel Delon, Université de Paris-Sorbonne–Paris IV
Julia Douthwaite, University of Notre Dame
Jens Häseler, Universität Potsdam
Marian Hobson, Queen Mary, University of London
Mark Ledbury, Sterling and Francine Clark Art Institute
François Moureau, Université de Paris-Sorbonne–Paris IV
Michael O'Dea, Université Lumière–Lyon II
Philip Stewart, Duke University
Catherine Volpilhac-Auger, ENS Lettres et sciences humaines, Lyon

Senior publishing manager
Lyn Roberts

L'Ecran des Lumières: regards cinématographiques sur le XVIIIe siècle

Sous la direction de
MARTIAL POIRSON
et
LAURENCE SCHIFANO

VOLTAIRE FOUNDATION
OXFORD
2009

© 2009 Voltaire Foundation, University of Oxford

ISBN 978 0 7294 0971 1
ISSN 0435-2866

The Voltaire Foundation is a department of the University of Oxford. It furthers the University's objective of excellence in research, scholarship and education by publishing worldwide.

Voltaire Foundation
99 Banbury Road
Oxford OX2 6JX, UK
www.voltaire.ox.ac.uk

A catalogue record for this book is available from the British Library

Cultural history / cinema / aesthetics
Histoire culturelle / cinéma / esthétique

Cover illustration: *La diligence*. Esquisse préparatoire d'Ettore Scola pendant le tournage de *La Nuit de Varenne*, reproduite dans le dossier de presse du film. Brochure conçue et réalisée par Simon Mizrahi, Claude Philippot et YF imprimerie.
© GAUMONT, FR3 et Opéra Film.

Series design by Cox Design Partnership, Witney, Oxon

This book is printed on acid-free paper
Printed in the UK by Page Bros (Norwich) Ltd

Table des matières

Table des illustrations	vii
MARTIAL POIRSON, Préface: le cinéma à l'épreuve du dix-huitième siècle	ix
Remerciements	li

I. Archéologie filmique des Lumières — 1

JEAN-CLAUDE BONNET, Louis-Sébastien Mercier: l'homme caméra	3
FRANÇOIS AMY DE LA BRETÈQUE, Le dix-huitième siècle optique et mécanique de Jean Renoir: préfiguration du siècle du cinéma	17

II. La caméra dans le boudoir — 29

ERICKA KNUDSON, Variations autour du libertinage dans les films de la Nouvelle Vague: entre *Werther* et *Don Juan*	31
MICHEL DELON, L'ascenseur, le téléphone et l'amour, ou la modernisation du dix-huitième siècle	47
MARTIAL POIRSON, Le retour du refoulé cinématographique sadien dans *Marquis* de Topor et Xhonneux	57
DOROTHÉE POLANZ, Sade au prisme du cinéma étranger	83

III. En mal de reconstitution — 99

LAURENCE SCHIFANO, L'invention filmique du dix-huitième siècle	101
GASPARD DELON, Trompe-l'œil et fausses perspectives autour de *Barry Lyndon*	121
MARIE MARTIN, Greenaway avec Starobinski: le dix-huitième siècle comme espace de résonances imaginaires dans *Meurtre dans un jardin anglais*	133

IV. En quête de narration — 145

DENIS REYNAUD, Rêves, épisodes, citations et autres insertions du dix-huitième siècle au cinéma	147

GUY SPIELMANN, L'infilmable dix-huitième siècle de *Tristram Shandy* à *Münchhausen*: adaptation, transposition, inspirations   159

ZEINA HAKIM, De la transgression narrative à la contamination fictionnelle dans *Jacques le fataliste* de Diderot et dans *La Rose pourpre du Caire* de Woody Allen   183

V. L'écran patrimonial   199

ANTOINE DE BAECQUE, Sacha Guitry, historien de la France   201

CHRISTIAN BIET, Les plaisirs de l'humiliation: *Ridicule* ou l'anthropologie du frivole   211

YVES CITTON, Du bon usage de l'anachronisme (*Marie-Antoinette*, Sofia Coppola et Gang of Four)   231

VI. Lectures actualisantes et création continuée   249

BENOÎT JACQUOT, L'art et la manière du 'devenir-époque': propos recueillis par Martial Poirson et Laurence Schifano   251

JEAN-CLAUDE CARRIÈRE, Les fantômes de la liberté: propos recueillis par Laurence Schifano   263

Résumés   275
Filmographie sélective   283
Bibliographie sélective   297
Index   317

Table des illustrations

Figure 1a-d: 'Le magistrat', 'L'industriel', 'L'aristo', 'La veuve'. Esquisses préparatoires d'Ettore Scola pendant le tournage de *La Nuit de Varennes*, reproduites dans le dossier de presse du film (brochure conçue et réalisée par Simon Mizrahi, Claude Philippot et YF imprimerie). © GAUMONT, Fr3 et Opéra Film.   xiv-xv

Figure 2: 'Casanova'. Esquisse préparatoire d'Ettore Scola pendant le tournage de *La Nuit de Varennes*, reproduite dans le dossier de presse du film (brochure conçue et réalisée par Simon Mizrahi, Claude Philippot et YF imprimerie). © GAUMONT, Fr3 et Opéra Film.   xxvi

Figure 3: 'Rétif de La Bretonne'. Esquisse préparatoire d'Ettore Scola pendant le tournage de *La Nuit de Varennes*, reproduite dans le dossier de presse du film (brochure conçue et réalisée par Simon Mizrahi, Claude Philippot et YF imprimerie). © GAUMONT, Fr3 et Opéra Film.   xxxii

Figure 4 a-b: 'Sa majesté', 'Le roi et la reine'. Esquisses préparatoires d'Ettore Scola pendant le tournage de *La Nuit de Varennes*, reproduites dans le dossier de presse du film (brochure conçue et réalisée par Simon Mizrahi, Claude Philippot et YF imprimerie). © GAUMONT, Fr3 et Opéra Film.   xxxiv

Figure 5: 'Le coucher du roi'. Esquisse préparatoire d'Ettore Scola pendant le tournage de *La Nuit de Varennes*, reproduite dans le dossier de presse du film (brochure conçue et réalisée par Simon Mizrahi, Claude Philippot et YF imprimerie). © GAUMONT, Fr3 et Opéra Film.   xxxv

Figure 6 a-b: 'Le postillon', 'Le soldat'. Esquisses préparatoires d'Ettore Scola pendant le tournage de *La Nuit de Varennes*, reproduites dans le dossier de presse du film (brochure conçue et réalisée par Simon Mizrahi, Claude Philippot et YF imprimerie). © GAUMONT, Fr3 et Opéra Film.   xxxix

Figure 7: Giandomenico Tiepolo, *Il Mondo nuovo*, 1791. Fresque. Ca' Rezzonico, Venise.   104

Figure 8: Structure diégétique des *Adventures of Baron Muchausen* de Terry Gilliam.   180

Préface: le cinéma à l'épreuve du dix-huitième siècle

MARTIAL POIRSON

'Pour nous, bientôt, nous ne lirons plus que sur des écrans':[1] en 1783 déjà, Mercier s'inquiète de la désaffection nouvelle de la société du spectacle de son temps pour les œuvres arides et exigeantes de la littérature, auxquelles le public préfère les plaisirs faciles et les séductions immédiates des projections en théâtres d'ombres et des inscriptions lapidaires sur les pare-feux. Ce faisant, il observe avec clairvoyance que le visuel prend nettement le pas sur le textuel au sein de la culture du sensible du siècle des Lumières. Un tel constat n'a rien perdu de sa pertinence, à l'heure où certains s'inquiètent du pouvoir démesuré pris par l'image, l'audiovisuel, l'industrie du divertissement (*Entertainment business*) et la culture de masse qui en découlent dans nos sociétés modernes, voire postmodernes, et prophétisent la substitution programmée de l'écrit par l'écran, alimentant une certaine forme de 'nouvel iconoclasme', voire d'anti-modernisme de mauvais aloi. A telle enseigne qu'il n'est peut-être pas inutile de se tourner vers le passé pour comprendre le présent, et peut-être même l'avenir, et de revenir aux sources d'une culture de l'image animée ou, selon le terme deleuzien, de l'"image-mouvement" qui naît, précisément, au dix-huitième siècle, pour analyser ce sur quoi achoppe nôtre pensée contemporaine. Or il semble bien que le regard cinématographique sur ce siècle offre un champ d'investigation privilégié de l'émergence de cette représentation nouvelle du monde et des hommes au contact des techniques de projection et d'animation de l'image, et permette notamment d'affirmer que, loin d'entrer en concurrence, l'écrit et l'écran relèvent d'une même poétique générale, dont on peut suivre l'apparition très en amont de l'invention à proprement parler du cinématographe, tant il est vrai que, si l'on suit les propos de Jacques Rancière, 'le cinéma comme idée de l'art a préexisté au cinéma comme moyen technique et art particulier.'[2]

Le présent ouvrage s'inscrit dans le champ actuellement en plein essor des approches cinématographiques du dix-huitième siècle, bien qu'il ait suscité à ce jour encore relativement peu de publications scientifiques.[3]

---

1. Louis-Sébastien Mercier, *Tableau de Paris*, t.2, ch.144: 'Bouquinistes' (Amsterdam, s. n., 1783), p.78.
2. Jacques Rancière, *La Fable cinématographique* (Paris, 2001), p.13.
3. Signalons notamment le colloque organisé par Régine Jomand-Baudry et Martine

C'est le fruit d'un travail collectif né de l'hypothèse selon laquelle l'histoire du cinéma serait intimement liée à ce siècle, pour au moins deux raisons. D'abord, l'ancêtre en ligne directe du cinématographe naît, précisément, au siècle des Lumières, sous la forme d'un certain nombre de dispositifs techniques de projection générateurs d'images animées (transparents, plaques de verre, lanternes magiques, fantasmagore et fantascope...), cependant qu'apparaît, dans les arts voisins, un regard de type cinématographique dont on peut suivre l'évolution, aussi bien dans la peinture que dans la littérature ou le spectacle vivant de la période. Ensuite, le dix-huitième siècle joue, aujourd'hui encore, un rôle de tout premier plan comme source d'inspiration privilégiée du cinéma contemporain, dans un cadre qui excède largement la perspective trop restrictive des seules reconstitutions historiques et adaptations d'œuvres littéraires. Aucun autre siècle ne semble avoir à ce point fécondé le grand comme le petit écran, selon un spectre aussi large de postures tant artistiques qu'idéologiques, depuis la naissance du cinéma moderne, dans les dernières années du dix-neuvième siècle, jusqu'à nos jours.[4] A une filmographie déjà abondante en transpositions explicites de certains aspects ou épisodes emblématiques du dix-huitième (au premier rang desquels on trouve l'évocation de la Révolution française et l'histoire de la monarchie), il convient en effet d'ajouter une constellation de films indirectement imprégnés d'un certain esprit du dix-huitième siècle, qui participent pleinement d'un imaginaire collectif socialement et culturellement construit, mais aussi historiquement daté.

Notre objectif, résolument anachronique et sciemment placé un peu en retrait des usages académiques, consiste donc à conjuguer trois questions généralement considérées de façon séparée par le discours savant: d'abord, la généalogie pratique des origines des procédés de projection d'images animées; ensuite, l'"archéologie", au sens de Michel Foucault, des connaissances de type cinématographique; enfin, l'herméneutique des œuvres du cinéma contemporain, considéré selon

---

Nuel les 9 et 10 mars 2006 à l'université de Lyon III, en partenariat avec l'Institut Lumière, à paraître sous le titre *Images des Lumières: écriture et écrivains du dix-huitième siècle au cinéma* (Lyon, 2009). Des sessions, d'inspiration souvent anglo-saxonne, sont régulièrement consacrées à ces questions à l'occasion de congrès de spécialistes du siècle des Lumières depuis quelques années. Voir encore *Filmer le dix huitième siècle*, éd. Martial Poirson et Laurence Schifano (Paris, 2009).

4. Pourtant, abstraction faite de la décennie révolutionnaire, il n'a pas motivé à ce jour d'ouvrage théorique, contrairement à l'antiquité (Frédéric Martin, *L'Antiquité au cinéma*, Paris, 2002), au Moyen Age (François Amy de La Bretèque, *L'Imaginaire médiéval dans le cinéma occidental*, Paris, 2004) ou encore à la fin du dix-neuvième et à la première moitié du vingtième siècle (François Garçon, Judith Fischer, Geneviève Guillaume-Grimaud...). On se reportera à la bibliographie générale du présent volume pour tout complément d'information.

son rapport à l'Histoire et à la culture du dix-huitième siècle, tant il est vrai qu'évoquer l'Histoire au cinéma revient, ici plus qu'ailleurs encore, à faire l'histoire du cinéma.[5] Une telle démarche, le cinéma lui-même nous en donne l'exemple, évoquant au sein de la fable son propre enracinement technique et intellectuel, dans un certain nombre de films fondateurs comme *La Règle du jeu* (1939) de Renoir, avec son cortège d'automates et d'objets mécaniques tels que le fameux 'limonaire' ou 'orchestrion', plaçant d'emblée le film du côté du mouvement et interrogeant l'articulation problématique entre le vivant et la mécanique, ou plus encore comme *La Marseillaise* (1937), avec ses savants dispositifs optiques, qui s'affranchissent progressivement du spectacle d'ombres au profit de l'image animée et configurent ainsi un nouveau régime d'illusion.

La prise en considération des films de reconstitution historique et des adaptations littéraires suffirait, à elle seule, à justifier notre démarche, ouvrant un vaste champ d'investigation. Cependant, notre approche est ici à la fois beaucoup plus large dans son objet (par l'ampleur du corpus filmique considéré) et beaucoup plus précise dans sa méthode (par la délimitation stricte des références historiques convoquées). Il s'agit en effet de mettre en évidence la présence du dix-huitième siècle, non pas tant comme sujet ou thématique explicite des films (sauf à en analyser les libertés, les écarts féconds par rapport à l'Histoire ou à la source documentaire dont ils se sont inspirés), que comme objet de représentation parfois diffus et indirect, selon des modalités diverses: réinvention, imprégnation, insertion, emprunt, transposition, détournement, réappropriation, citation, superposition, incrustation... A travers les projections les plus diverses d''un certain esprit du dix-huitième siècle', ces regards cinématographiques, souvent à rebours de toute 'exactitude' historique, très éloignés de toute 'fidélité' aux modèles littéraires, agissent comme une sorte de kaléidoscope, difractant à l'infini une vision fragmentée et parcellaire de cette période historique fondatrice de notre monde contemporain. Comme si le rapport à notre propre modernité, envisagée à travers la forme de médiation symbolique actuellement dominante du cinéma et de la télévision, se jouait dans la spécularité, la résistance et la contrariété, autrement dit dans l'inquiétante étrangeté d'un regard tout à la fois éloigné et familier.

i. Ce que le cinéma doit au dix-huitième siècle

Assumant l'anachronisme, on est en droit d'affirmer que le cinéma est une invention du siècle des Lumières, selon une acception certes

---

5. *De l'histoire au cinéma*, éd. Antoine de Baecque et Christian Delage (Paris et Bruxelles, 1998).

rudimentaire, mais combien essentielle: celle de la lanterne magique, qu'elle prenne la forme de systèmes à manivelle, à réglette, à levier, qu'elle utilise des bandes nues, sans division, tirées en longueur pour en dérouler les suites de dessins coloriés, de plaques-châssis, qui présentent des séries de trois, quatre ou six verres cerclés... Ce divertissement, fort goûté du public, fils aîné du théâtre d'ombres et de marionnettes, à en juger par les projections orchestrées sur les scènes privées de Voltaire à Cirey et Ferney, mais aussi par les démonstrations réalisées par les montreurs de marionnettes dans les foires et sur les boulevards, est la mise en pratique, par des expérimentateurs de talent comme a su en produire le dix-huitième siècle, de règles optiques théorisées dès le dix-septième siècle. Ainsi du traité du jésuite allemand Athanase Kircher, *Le Grand Art de la lumière et de l'ombre*, qui perfectionne la 'chambre obscure' conçue par Descartes, à grand renfort de schémas de montages: les spéculations de l'homme de science, qui se plaît à projeter diableries et parades macabres, portent déjà sur les spectacles qui peuvent découler des jeux d'ombre et de lumière: 'des verres où seraient peintes des choses joyeuses, terrifiantes, tristes, horribles, aux spectateurs qui en ignorent la cause'.[6] Le procédé est né, et il appartient alors au siècle des Lumières, conscient de ses possibles exploitations didactiques, voire politiques, de faire de la lanterne magique une pratique récurrente de l'image animée qui trouve, sur les théâtres d'ombres chinoises (autrement appelées 'figures à silhouette') des années 1770, dans la bonne société de la Cour de Versailles, une de ses plus brillantes illustrations. Le constat est le même si l'on considère le premier 'théâtre de fantasmagories' qui ouvre ses portes à Paris en 1784, et s'illustre notamment en ressuscitant, par la magie de l'optique, les spectres vénérés de Virgile ou de Voltaire...[7] Dès lors, la connaissance des lois de l'optique devient un art de l'illusion d'un nouveau genre, susceptible de repousser toujours plus loin les frontières du visible et d'étendre toujours davantage la maîtrise de l'image-mouvement.

Au prix d'un véritable changement de paradigme, le siècle des Lumières invente donc incontestablement le cinématographe, entendu à la fois selon ses procédés techniques de réalisation et selon la représentation du monde qu'ils induisent, tout comme il se passionne pour les expérimentations connexes sur la lumière.[8] C'est en effet à cette époque que l'on voit apparaître, dans les cabinets de curiosités, dans les salons ou sur les scènes des théâtres de société, les premières expérimentations en matière de projection d'images fixes, puis animées, au

---

6. Athanase Kircher, *Ars magna lucis et umbrae in decem libros* (Rome, Hermanni Scheus, 1645-46 ; Amsterdam, Joannem Janssoniu, 1671), p.xii.
7. Voir Jean-Louis Leutrat, *Le Cinéma en perspective: une histoire* (Paris, 2005), p.13.
8. Jean-Pierre Changeux, *La Lumière au siècle des Lumières* (Paris, 2005).

moyen de 'plaques', de 'transparents', de 'lanternes magiques' ou plus tard, de 'fantascopes', contribuant à l'assouvissement d'un goût nouveau et dominant pour le merveilleux et la fantasmagorie au sein du public des spectacles. Sous l'influence des premiers théoriciens de l'optique moderne, tels Athanase Kircher, Christiaan Huygens ou encore Johannes Zahn, ingénieurs et hommes de sciences de différents pays se plaisent à concevoir de savants dispositifs de projection d'images mobiles, comme Boniface Henri Ehrenberger, Pierre Van Musschenbroek, l'abbé Nollet, l'abbé Guyot, Christlieb Benedict Funk et surtout, l'abbé Robert, dit Etienne-Gaspard Robertson, avec son 'fantasmagore' ou 'fantascope', mis en œuvre dans un couvent désaffecté à la fin du siècle.[9] On pourrait ainsi montrer comment l'essentiel des dispositifs cinématographiques que nous connaissons aujourd'hui est déjà présent dans les techniques de projection au siècle des Lumières,[10] depuis la *camera obscura* et les premières expériences optiques de Descartes, selon lequel 'l'œil quitte l'homme', ou de Kircher, qui fait apparaître l'illusion à l'écran par projection d'images, jusqu'au chariot mobile d'Etienne-Gaspard Robertson, permettant mouvements de *travelling* et spectacles de fantasmagories, à partir de l'année 1798, ou encore, à la lanterne à double objectif du même Robertson, autorisant le fondu-enchaîné des images au moyen du fantascope... Ces expériences sont également opportunément relayées par des artistes et intellectuels polyvalents tels que Carmontelle, Diderot ou Voltaire, qui par leurs efforts conjugués, aident à la prise de conscience des virtualités de ces premiers dispositifs techniques qui donneront naissance au septième art, dans les dernières années du dix-neuvième siècle.

Mais le siècle des Lumières est aussi et surtout, indissociablement, ce moment historique bien identifiable où l'on voit émerger dans les beaux-arts l'expression d'un regard cinématographique, indice d'une révolution culturelle capitale, aussi bien dans les modes de perception du monde sensible que dans les systèmes de communication entre les hommes. Basculant progressivement du primat du discours, imposé par la doctrine aristotélicienne, à celui de l'action, et partant de la vision tel qu'il s'exprime, tout particulièrement, dans le spectacle vivant et les techniques de mise en scène,[11] l'art amorce alors une révolution

---

9. Je renvoie, pour une évocation détaillée et circonstanciée de l'histoire des techniques cinématographiques, à l'ouvrage de référence de Laurent Mannoni, *Le Grand Art de la lumière et de l'ombre: archéologie du cinéma* (Paris, 2000); on lira également avec profit, pour sa documentation iconographique, *Lanterne magique et fantasmagorie, Inventaire des collections*, (Paris, Conservatoire national des arts et métiers, Musée national des techniques, 1990).
10. Et pas seulement de façon métaphorique, comme dans Anne Boes, *La Lanterne magique de l'Histoire: essai sur le théâtre historique en France (1750-1789)*, SVEC 213 (1982).
11. On lira sur ces questions Pierre Frantz, *L'Esthétique du tableau dans le théâtre du XVIIIe siècle* (Paris, 1998).

Figure 1a: 'Le magistrat'  Figure 1b: 'L'industriel'

Esquisses préparatoires d'Ettore Scola pendant le tournage de *La Nuit de Varennes*, reproduites dans le dossier de presse du film.

Figure 1c: 'L'aristo' Figure 1d: 'La veuve'

Esquisses préparatoires d'Ettore Scola pendant le tournage de *La Nuit de Varennes*, reproduites dans le dossier de presse du film.

copernicienne qui le conduira vers une culture nouvelle dont nous sommes encore aujourd'hui les lointains héritiers. Ce qui se joue à la faveur de ces avancées technologiques sans précédent, c'est donc l'émergence d'une nouvelle culture sensible, c'est-à-dire aussi d'une nouvelle culture de l'image et surtout, du regard, de même ampleur que celle de l'invention de la perspective en trompe-l'œil quelques siècles plus tôt,[12] dans la mesure où elle induit un bouleversement de paradigme épistémologique. Ici comme ailleurs, l'innovation technique, voire technologique, induit un changement en profondeur dans la représentation du monde: en même temps que progressent les arts visuels et la 'science nouvelle' de l'optique, c'est toute une vision, voire une conception du monde qui se reconfigure. On peut en voir la trace, de façon privilégiée, dans trois domaines: les arts du spectacle, par contamination directe; la peinture, par imprégnation;[13] et la littérature, en partie par mimétisme, en partie de façon concomitante et presque autonome. Dans tous ces domaines en apparence très éloignés du cinéma au sens où on l'entend aujourd'hui s'expriment, en théorie comme en pratique, deux objectifs: celui de capturer l'instant fugitif, qui induit un rapport nouveau non seulement au temps, mais encore à l'Histoire et à la mémoire; et celui de donner à voir la succession des images projetées au moyen d'un objectif lui-même en mouvement, et partant de relayer, d'accompagner, puis de structurer ce type d'image-mouvement par un récit qui peut être tantôt celui du commentateur, tantôt celui des images elles-mêmes, séquencées selon un système de 'scénarisation'.

C'est au spectacle ou, plus largement, à la théâtralité du siècle que revient la contribution la plus manifeste à ce changement de paradigme dans la représentation et même la conception du monde, pour trois raisons au moins. D'abord, le cinéma est étroitement associé au monde des spectacles et à ce qu'il est convenu d'appeler la 'théâtralité' du siècle de la 'théâtromanie', et tout particulièrement aux théâtres d'ombres, aux vues optiques, aux miroirs de plaisir, aux lanternes magiques ou tournantes, aux *lucarna artificiosa*, puis, à la fin du siècle, aux panoramas et cosmoramas. Ces projections diverses font les délices de publics toujours plus larges et plus divers et traduisent un goût inédit pour l'art de saisir le vif, de capturer une portion de réalité de l'ordre de l'immédiateté, de la fugitivité, de l'instant et du moment. Ensuite, plus profondément, le rapport à l'illusion, à la magie et au surnaturel se déplace, comme en atteste l'essor du théâtre merveilleux depuis la

---

12. Hubert Damisch, *Origines de la perspective* (Paris, 1987).
13. Où un rapport nouveau tend à s'établir entre le spectateur et le tableau, comme l'a montré Michael Fried dans *Absorption and theatricality: painting and beholder in the age of Diderot* (Chicago, 1980), traduit par Claire Brunet, *La Place du spectateur: esthétique et origines de la peinture moderne* (Paris, 1990).

comédie-ballet à grand spectacle jusqu'à la féérie et la fantasmagorie, à la fin du siècle. Théâtre, danse, opéra, images projetées et arts voisins concourent en effet à multiplier ces scènes d'enchantement et à exacerber un plaisir trouble pour le spectaculaire, d'autant plus fort que les techniques d'illusion connaissent un développement sans précédent (machinerie et changements de décors à vue, artifices divers, illusions d'optique, systèmes hydraulique et pyrotechnique, dressage d'animaux vivants, trucages, images projetées, déformées, mouvantes...). Ces multiples scènes à caractère merveilleux ont ainsi partie liée avec l'art du 'feinteur', du 'truquiste' puis de l'accessoiriste, fruit de l'invention, du développement et de la consécration de la pratique de la mise en scène, sinon de sa conscience, au même titre que celui de l''opérateur': elles constituent donc un jalon essentiel dans l'histoire longue des arts vivants, envisagés sous l'angle du spectacle total, des arts mêlés, autrement dit de l'hybridation des genres et des formes d'expression. A cette fabrique de l'enchantement répond une dramatisation nouvelle du merveilleux, qui passe par la mise en scène de mondes possibles et d'êtres imaginaires. Repoussant toujours plus les limites de la fiction, jouant sur les régimes de théâtralité, interrogeant les systèmes de croyance, socialement construite et historiquement datée, ces formes hybrides revendiquent un droit à l'imagination hors des cadres habituels et renégocient le pacte de créance consenti par un spectateur subjugué, à défaut d'être crédule. Théâtre d'illusion par excellence, la dramaturgie du merveilleux, comme la projection d'images animées, cherche ainsi à produire auprès des publics visés un effet indissociablement esthétique et idéologique de sidération reposant sur une dialectique de l'enchantement-désenchanté, c'est-à-dire du jeu sur les conventions de l'illusion consentie propre à la situation théâtrale. Une telle perspective met en évidence les pouvoirs du spectacle sous toutes ses formes et s'inscrit dans un ensemble de politiques de la littérature dramatique et du spectacle vivant. Investissement émotionnel et libidinal, l'émerveillement peut en effet être considéré comme un régime particulier de production et de manipulation des affects, entraînant un certain type d'investissement libidinal de la part du spectateur, auquel le développement du cinéma apporte un certain renouveau. Enfin, cette théâtralité généralisée, ce plaisir immodéré pris à repousser toujours davantage les cadres de l'artifice, ce goût insatiable pour l'illusion à tout prix, qui se cristallise dans la figure récurrente du charlatan, depuis Molière jusqu'à Mercier, dessinent les contours de ce qu'on peut appeler, sans anachronisme, une 'première société du spectacle', complaisante envers le simulacre, soucieuse de se donner elle-même en spectacle et d'estomper les contours déjà flous de l'illusion, mais aussi, dans un paradoxe qui n'est qu'apparent, de fixer l'instant fugitif, de contrebalancer l'influence dissolvante du temps qui passe et ne se rattrape jamais. Les techniques cinématographiques, depuis les décors animés jusqu'aux mouvements de *travelling* et aux projections scénarisées, en passant par les déroulements d'images en continu, arrivent donc à point nommé pour combler ce double désir contradictoire fait de la volonté de fixation de l'instant (captation ou capture d'un moment fugitif) et du constat de son irrémédiable altération (représentation ou projection d'un moment différé).

L'invention du cinéma au dix-huitième siècle participe pleinement et centralement de ce mouvement profond des usages sociaux comme des mentalités, au contact des arts du spectacle, au point qu'on peut parler, à l'instar de la 'théâtromanie' souvent constatée pour cette période, d'une véritable 'cinématomanie', qui touche tout aussi bien la culture savante que la culture populaire:

> La lanterne magique est un de ces instruments qu'une trop grande célébrité a presque rendu ridicule aux yeux de bien des gens. On la promène dans les rues, on en divertit les enfants et le peuple; cela prouve avec le nom qu'elle porte, que ses effets sont curieux et surprenants. Et parce que les trois quarts de ceux qui les voient, ne sont pas en état de comprendre les causes, quand on les leur dirait, est-ce une raison pour se dispenser d'en instruire les personnes qui peuvent les entendre?[14]

Quatre exemples significatifs permettent de décrire cette tendance générale qui s'intensifie encore dans la seconde moitié du siècle: Diderot, qui 'invente' le cinéma par contiguïté avec sa phénoménologie de la perception et, surtout, par passage à la limite de sa théorie du théâtre et de la mise en scène;[15] Mercier, véritable 'homme-caméra', autrement dit caisse enregistreuse du réel qui défile sous ses yeux, qui 'préfigure les conditions matérielles et psychiques d'une projection de cinéma';[16] Carmontelle, qui, avec l'art du portraitiste qu'on lui connaît, fort de son invention des 'transparents', saisit le réel sur le vif et fixe l'instant fugitif d'une société d'Ancien régime crépusculaire; Voltaire enfin, qui avec l'enthousiasme qui lui est coutumier nourrit une passion insatiable

---

14. Abbé Jean-Antoine Nollet, *Leçons de physique expérimentale*, 6 vol. (Paris, Guérin et Delatour, 1755), t.5, p.567-68.
15. Voir Jean-Claude Bonnet, 'Diderot a inventé le cinéma', *Recherches sur Diderot et l'Encyclopédie* 18-19 (octobre 1995), p.27-33, qui établit un fécond parallèle entre la philosophie de la perception, les théories théâtrales du 'quatrième mur' et de la scène composée et la problématique cinématographique naissante. On lira également l'analyse proposée par Sergei Eisenstein dans 'Diderot a parlé de cinéma', *Europe* 661, 'Diderot' (1984), p.133-42, et celle de Roland Barthes, 'Diderot, Brecht, Eisenstein', *Revue d'esthétique* (1973), reprise dans *L'Obvie et l'Obtus, Essais critique III* (Paris, 1992), p. 86-93. Ce dernier demeure prisonnier d'une vision statique de l'image et du 'tableau', tendant à privilégier la perspective photographique sur les effets proprement cinématographiques.
16. Selon les termes de Jean-Claude Bonnet dans ses analyses éclairantes du présent volume.

envers les spectacles de lanterne magique et expérimente de façon ludique et jubilatoire leur scénarisation. Seuls les deux derniers seront évoqués ici, les deux premiers ayant fait l'objet d'études convaincantes auxquelles je me permets de renvoyer.

Fournisseur prolixe des théâtres de société, auxquels il offre plusieurs centaines de comédies-proverbes, forme brève illustrant un bon mot ou une situation cocace dont il a contribué à forger la poétique, dessinateur de jardins paysagers qu'il conçoit comme des parcours subtilement scénographiés en 'négligences heureuses' et organisés comme 'un pays d'illusions', portraitiste prompt à croquer une silhouette, l'expression d'un visage ou plus généralement, les rites de sociabilité d'un monde en voie de disparition, organisateur de fêtes somptueuses,[17] Carmontelle est également l'inventeur du premier procédé de déroulement continu d'images animées. Ses fameux 'transparents' sont des papiers calques (papiers japonais puis Wathman...) peints en couleurs, montés sur des plaques, puis sur des rouleaux continus, et projetés à l'aide d'une boîte d'optique dont l'évolution suit de près la prise de conscience progressive de possibilités proprement cinématographiques: évolution des techniques de projection et affranchissement progressif de l'image par rapport au spectacle; expérimentation d'"effets' optique propres à l'image animée (*travelling*, mise en scène de l'image); scénarisation et articulation problématique entre la fable et l'image mobile, par la succession des plans...[18] A travers ces activités diverses, développant des talents multiples, Carmontelle poursuit toujours le même type de démarche et nourrit le même objectif (n'a-t-il pas affirmé avoir 'mis ses proverbes en transparents'?),[19] consistant à 'devenir spectateur dans le monde, et [...] sortir de soi-même'. Il précise ainsi: '[q]uand on s'est mis une fois à observer, combien le champ est vaste.'[20] Théâtre, peinture, dessin, transparents sont en effet pour lui autant de modes différents de saisie et d'expression de l'instant fugitif, qui mêlent étroitement considérations esthétiques et idéologiques.

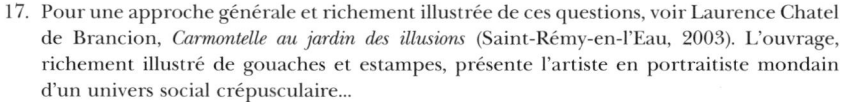

17. Pour une approche générale et richement illustrée de ces questions, voir Laurence Chatel de Brancion, *Carmontelle au jardin des illusions* (Saint-Rémy-en-l'Eau, 2003). L'ouvrage, richement illustré de gouaches et estampes, présente l'artiste en portraitiste mondain d'un univers social crépusculaire...
18. La démonstration de Laurence Chatel de Brancion, documents et images à l'appui, est particulièrement convaincante dans *Le Cinéma au siècle des Lumières* (Saint-Rémy-en-l'Eau, 2007). Elle y reproduit de très nombreux transparents peints par Carmontelle.
19. Sur le lien entre théâtre et cinéma chez Carmontelle, je renvoie aux remarques de Jacques Scherer dans *La Dramaturgie classique en France* (Paris, 1959), p.180. Jean-Hervé Donnard, dans *Le Théâtre de Carmontelle* (Paris, 1967), p.65-66, parle également de 'transposition cinématographique'. On est dans une 'fiction de théâtre', autrement dit, en termes modernes, un mouvement de *travelling* où le dramaturge donne à voir un mouvement au moyen d'un objectif lui-même en mouvement.
20. Louis Carrogis, dit Carmontelle, *Théâtre de campagne*, 4 vol. (Paris, Ruault, 1775), t.1, p.7.

Ce que cherche en effet à réaliser Carmontelle par ses projections de transparents, c'est une 'fiction documentaire'[21] sur la douceur de vivre de la fin d'ancien régime (futur sujet de prédilection, avec les ambiguïtés que l'on sait, des représentations cinématographiques contemporaines du dix-huitième siècle). Ainsi, il œuvre en 'témoin-reporteur' d'une société du spectacle déliquescente à force d'être dans un rapport spéculaire à elle-même. Mme de Genlis ne s'y est pas trompée, qui en plein Consulat voit déjà dans les transparents que lui présente Carmontelle un témoignage 'précieux aux yeux de tous ceux qui veulent avoir une idée juste d'une partie de la société du dix-huitième siècle';[22] pas plus que les frères Goncourt, en dépit de la piètre opinion qu'ils ont de l'écrivain, affirmant à propos du dessinateur, dans la *Maison d'un artiste*: 'Malgré tout ce qui lui fait défaut, Carmontelle est intéressant comme un homme qui a fait poser devant lui la société de son temps, et a recueilli tout ce que donne à un artiste incomplet le "d'après nature" du dessin.' Même type de constat dans leur *Journal*: 'Quel intérêt, quel charme, quelle vie dans ces portraits d'après nature [...] qui sont le portrait de l'homme entier et pris dans ses habitudes de pose et dans les entours ordinaires de sa vie.'[23] On est donc ici en présence d'un authentique travail de captation et de conservation, par l'image, de la réalité instantanée: ce n'est pas sans rapport avec la démarche de Voltaire, bien qu'elle soit d'une autre nature.

On connaît bien le goût immodéré du philosophe et de ses proches pour le théâtre,[24] mais moins sa passion brûlante, au sens propre du terme, comme on va le voir, pour le cinéma. Pourtant Mme de Graffigny, observatrice amusée des plaisirs de la petite société pendant son séjour à Cirey, entre décembre 1738 et février 1739, met la même application et le même humour à décrire à 'panpichon' (François-Antoine Devaux) un Voltaire 'lanterniste' qu'à le présenter en homme de théâtre:

Après souper, il nous donna la lanterne magique, avec des propos à mourir de rire. Il y a fourré la coquetterie de M. de Richelieu, l'histoire de l'abbé Desfontaines, et toutes sortes de contes, toujours sur le ton savoyard. Cela était fort drôle. Mais à force de tripoter le goupillon de sa lanterne, qui était rempli d'esprit-de-vin, il le verse sur sa main, le feu y prend. Elle était très belle

---

21. Selon l'heureuse expression de Laurence Chatel de Brancion, *Le Cinéma au siècle des Lumières*, p.82 et suivantes.
22. Mme de Genlis, préface aux *Proverbes et comédies posthumes de Carmontelle*, 3 vol. (Paris, Ladvocat, 1825), t.1.
23. Edmond de Goncourt, *La Maison d'un artiste* (Paris, 1881); Edmond et Jules de Goncourt, *Journal: mémoires de la vie littéraire* (Paris, 1887-1896).
24. Voir sur ce point le colloque organisé par Christophe Cave et Martial Poirson, 'Voltaire homme de théâtre', 29-31 janvier 2009, Institut-Musée Voltaire de Genève et Ferney Voltaire.

entourée de flammes, mais elle est très brûlée. Cela troubla un peu le divertissement, qu'il continua un moment après.[25]

On conçoit aisément, à cette description d'une pratique cinématographique enchâssée dans les plaisirs de la table (on sort juste d'un 'souper fort gai' où la narratrice à demandé à boire du 'fin amour'), mais aussi dans la pratique du spectacle sous toutes ses formes (on s'amuse journellement du théâtre de société et de l'opéra, des marionnettes, du conte oral ou de l'art de l'affiche) et des délices de la sociabilité littéraire, les enjeux d'un tel dispositif technique. En outre, cette lanterne magique de son invention ne dépare pas aux côtés d'instruments transitant dans le cabinet de curiosités du philosophe tels que le thermomètre de Fahrenheit, la machine pneumatique de Boyle ou le char de guerre à grenades conçu par Voltaire lui-même. Mais on perçoit surtout à quel point les séductions de l'image ne sont jamais éloignées, chez Voltaire, de l'art du récit: 'Il se peut très bien aussi que les hommes aimant naturellement les images et les contes, les gens d'esprit se soient amusés à leur faire des fables sans aucune autre vue.'[26] Il existe, dans sa pensée comme dans sa pratique, une complémentarité forte, une véritable communauté de nature, voire un rapport d'homologie entre image et récit. Si l'image animée appelle au commentaire, la 'physique récréative et spectaculaire' de cette 'science nouvelle' de la lanterne magique ne peut faire l'économie de la narration dont elle se nourrit et de laquelle elle absorbe une partie du pouvoir fantasmagorique ou fictiongène, par une sorte de cinétique du récit.

En dépit de ce pouvoir de contamination de la lanterne magique, de cette fascination pour l'image-mouvement, il n'existe pourtant presque aucune trace d'évocation de séances de lanterne magique ou de projections animées dans l'ample correspondance de Voltaire, pourtant particulièrement sensible aux pouvoirs de l'image, comme on peut s'en convaincre au moyen d'un relevé méticuleux d'occurrences, qui donne seulement trois lettres tardives sur 15 000 traitant explicitement de la question, de façon essentiellement métaphorique : c'est ainsi qu'André Magnan insiste sur la 'tentation de lanterne qui de fait affectera le Récit voltairien, soit en vers soit en prose, contes et romans, satires et facéties, et le propos qui partout souligne et intensifie les mouvements physiques ou mentaux inscrits dans le texte, et les divers effets pour cet "œil lanterne" dont le spectateur bénévole est supposé toujours doué. On pourrait s'exercer à repérer ce jeu jusque dans des micro-récits jetés au

---

25. Mme de Graffigny, *Correspondance de Mme de Graffigny*, éd. J. A. Dainard *et al.* (Oxford, 1985), t.1, p.210.
26. Voltaire, *Questions sur l'Encyclopédie* (Amsterdam, M.-M. Rey, 1771-1772), 'Fable'.

hasard, souvent enclavés, mais comme traversés d'ondes cinétiques.'[27] Ses textes de la maturité renvoient à une perception claire de cette première société du spectacle fondée sur la vitesse et l'immédiateté, sorte de culture de l'instant où Voltaire 'entend parler quelquefois des révolutions de la Cour et de tant de ministres qui passent en revue rapidement comme dans une lanterne magique', où '[t]out passe rapidement comme les figures de la lanterne magique.' Ailleurs, il oppose de façon plus personnelle les 'passions vives et profondes' de la retraite à l'évanescence de la vie mondaine: 'La vie de Paris éparpille toutes les idées, on oublie tout, on s'amuse un moment de tout dans cette grande lanterne magique où toutes les figures passent rapidement comme des ombres; dans la solitude, on s'acharne sur ses sentiments.'[28] C'est donc finalement l'écran du monde et de l'Histoire qui se projette à travers la lanterne magique, érigée en catégorie esthétique, existentielle et politique à part entière, nourrissant une représentation cohérente du monde fondée sur ces jeux d'optique sans fin aux résonnances idéologiques évidentes.

Autant le travail de Carmontelle sur les transparents relève-t-il d'une recherche, particulièrement poussée et aboutie, de capture de l'instant, de fixation du réel et de la temporalité, autrement dit, en termes modernes, de captation et de tournage, au moyen d'effets de cadrage et d'une subtile dialectique avec le hors-champ; autant celui de Voltaire avec la lanterne magique révèle-t-il une prescience du montage cinématographique, considéré comme un art de l'agencement des séquences animées et, partant, du scénario, autrement dit du récit, avec ses ellipses, ses accélérations, ses ralentissements dans la conduite générale de l'intrigue et finalement, son rapport distendu au temps et à la perception.

On peut donc sans anachronisme parler de cinéma des Lumières de trois points de vue au moins: d'abord, au plan des techniques développées pour produire, sur écran, des images animées; ensuite, au plan du regard porté sur les choses et les êtres que ces techniques peuvent contribuer à développer; enfin, au plan de la poétique de la vision mobile qu'elles concourent, avec d'autres modes d'expression, au

---

27. André Magnan, 'Sur un Voltaire à la lanterne: petite suite de cinq chapitres pour balancer le plus longtemps possible entre littérature et cinéma', dans Claude Leroy et Laurence Schifano (dir.), *L'Empire du récit: hommage à Francis Vanoye* (Paris, 2007), p. 225-43. L'auteur propose une rêverie solidement documentée sur un rapport possible entre Voltaire et le cinéma et évoque en note de bas de page un intéressant 'effet de méta-lanterne' caractéristique du *Dictionnaire philosophique*.
28. Voltaire, *Correspondence and related documents*, éd. Th. Besterman, dans *Œuvres complètes de Voltaire*, t.85-135 (Oxford, 1968-1977), respectivement lettre à Mme Du Deffand du 27 décembre 1758 (D8004); lettre à David Hume du 25 octobre 1766 (D13623); lettre à Mme Du Deffand du 31 décembre 1774 (D19263).

premier rang desquels les arts du spectacle, à engendrer, modifiant en profondeur la configuration esthético-idéologique du temps. Ces moyens, parfois rudimentaires mais souvent ingénieux et complexes, posent les bases d'un premier cinéma d'images mouvantes: le plan fixe, l'image continue, la succession, l'accélération, le ralentissement, l'avance et le retour sur image, le va-et-vient, l'apparition et la disparition à vue, l'approche et l'éloignement, le flou, la suggestion du hors-cadre ou hors-champ, sont autant d'effets optiques que ne cessera plus d'exploiter, avec une sophistication croissante, le cinématographe jusqu'à nos jours. Cependant que la succession à plus ou moins grande vitesse d'images-mouvement appelle le commentaire d'une voix *off* ou l'animation d'un dialogue en hors-champ susceptible de repousser toujours plus loin les frontières de l'empire du récit et de créer une complémentarité durable entre les arts du récit, du spectacle et de l'image.

Sur un tout autre plan, ces expérimentations tous azimuts inspirent durablement, dès l'origine, les cinéastes: véritable matrice symbolique, l'exhibition de la lanterne magique, du théâtre de silhouettes et autres pratiques de montreurs d'ombres peut donc s'envisager comme la métaphore filée d'un cinéma à la recherche de lui-même, en quête de ses origines intimement liées à la fois à la révolution optique et à la théâtralité des Lumières. Certains réalisateurs pourront ainsi, à différents niveaux, se représenter implicitement en cinéastes des Lumières, intégrant à leur sujet d'inspiration et à leur pratique contemporaine du cinéma, par la citation, l'illusion, l'imprégnation ou la surimpression, des modes de narration, de figuration et de représentation évoquant le dix-huitième siècle ou en relevant.

ii. Ce que le dix-huitième siècle doit au cinéma

Il y a cependant bien plus, dans la relation durable unissant le cinéma au dix-huitième siècle, qu'une simple communauté de destin, fruit de l'histoire longue des techniques et des mentalités, au point qu'on est autorisé à parler d'affinités électives plus profondes. En effet, le net engouement du dix-huitième siècle pour le cinéma, celui-ci le lui rend bien, en en faisant une de ses sources d'inspiration privilégiées et un de ses sujets de prédilection, depuis ses origines jusqu'à aujourd'hui.[29] De la

---

29. Beaucoup plus fiable qu'International Movie Database (IMDb) dont le travail, non assujetti à une expertise savante, est fondé sur le dépouillement des génériques de films, la base de données Kinématoscope inventorie, de façon relativement exhaustive, les adaptations des œuvres d'auteurs français des dix-huitième et dix-neuvième siècles, mais aussi leurs représentations cinématographiques. Elle recense actuellement près de 1300 films ou téléfilms, impliquant 936 réalisateurs et 3971 acteurs, répertoriés en 11 679 notices: http:// kinematoscope.ish-lyon.cnrs.fr. Trois quarts de ces films à caractère historique sont consacrés au seul dix-huitième siècle, contre seulement, un quart au dix-neuvième,

même façon que, délaissé par les historiens, 'le dix-huitième siècle est devenu la proie du roman et du théâtre' au dix-neuvième siècle, selon les termes des frères Goncourt,[30] il est aussi devenu ultérieurement, pour des raisons tout autres, le champ de manœuvre du cinéma au vingtième siècle, tendance qui ne semble pas se démentir au vingt et unième siècle, pour autant qu'on puisse en juger.[31] Le dix-huitième siècle tient en effet une bonne place dans ce qu'on peut appeler provisoirement, pour y revenir par la suite, le cinéma de reconstitution historique: moins burlesque que pour le Moyen Age, moins épique que pour le dix-septième siècle, moins romanesque que pour le dix-neuvième siècle, moins pathétique que pour le vingtième, le traitement cinématographique du dix-huitième siècle oscille, le plus souvent, entre la posture critique toujours sujette à caution de l'actualisation ou de la prise de distance et la recherche toujours illusoire de vérité ou, pour le moins, de vraisemblance historique.

Il y a bien plus qu'une simple coïncidence dans le choix, par les frères Lumière, de deux sujets tirés de la Révolution française parmi les tout premiers films de l'histoire du cinéma moderne: dès 1897, moins de deux ans après la première grande projection publique au Salon indien du Grand Café, à Paris, en décembre 1895, ils tournent en effet deux saynètes (qu'ils décrivent comme des 'vues historiques'), plans fixes d'une vingtaine de secondes chacun librement inspirés de la mort de Marat (*L'Assassinat de Marat*) et de la tentative d'assassinat de Robespierre en pleine assemblée (*La Mort de Robespierre*).[32] Depuis, le siècle des Lumières n'a cessé de fournir d'intarissables sujets d'inspiration aux cinéastes les plus divers, en France, en Angleterre et aux Etats-Unis principalement, mais aussi, dans une moindre mesure, dans le reste de l'Occident[33] et même d'une partie du monde,[34] nourrissant de féconds

---

auxquels il faudrait encore retrancher les adaptations d'auteurs du dix-neuvième siècle inspirées d'œuvres ou d'événements du dix-huitième.
30. E. et J. de Goncourt, *La Femme au dix-huitième siècle* (Paris, 1877), préface de la première édition, p.7.
31. J'en veux pour preuve les deux derniers films inspirés de la vie de Marie-Antoinette, au cinéma, par Sofia Coppola, en 2006, et à la télévision, par Francis Leclerc et Yves Simoneau, sur un script de Jean-Claude Carrière (dont on lira l'entretien, dans le présent volume), en 2007, sous le titre combien révélateur de *Marie-Antoinette, la véritable histoire*.
32. Le Musée de la Révolution française de Vizille en propose aujourd'hui le spectacle dans une salle en cours de réalisation et qui serait, à terme, à en croire les propos du directeur Alain Chevalier, entièrement dédiée aux relations entre cinéma et Révolution.
33. Voir sur ces questions la filmographie sélective proposée dans le présent volume.
34. Ainsi du Japon, où Marie-Antoinette fait l'objet d'un véritable culte, depuis l'adaptation sous forme de romance sentimentale de sa vie dans un célèbre manga (*Berusaiyu no bara*, 'La rose de Versailles', souvent contracté en *Berubara*), dès 1972, son adaptation théâtrale par la compagnie Takarazuka, en 1974, enregistrant plus de 4 millions de spectateurs en

transferts culturels. Un rapide calcul statistique, même réduit aux étroites bornes chronologiques de la périodisation habituelle, permet en effet de montrer qu'une part importante du cinéma à caractère historique se cristallise sur le dix-huitième siècle, au point que seul le Moyen Age semble en mesure de rivaliser avec lui sur le plan quantitatif. La remarque est encore mieux fondée si on prend en considération dans le décompte l'intense production télévisuelle, qui permet de raisonner sur de plus grands nombres. Mais ce constat est encore plus flagrant si l'on ne se limite plus, comme de coutume, au seul décompte des adaptations littéraires et reconstitutions historiques à caractère explicitement référentiel, mais qu'on étend l'investigation aux formes d'inspiration plus diffuses qui exploitent un certain imaginaire du siècle des Lumières pris au sens le plus large, dans des films en apparence très éloignés de toute recherche à caractère historique, comme on le verra plus loin.

Parmi les sujets d'inspiration les plus fréquents du cinéma contemporain, on compte bien sûr la Révolution française et sa mythologie, dont la présence est écrasante, mais aussi, la guerre d'Indépendance américaine, l'histoire coloniale, la biographie réelle ou fantasmée des grandes figures monarchiques ou politiques, des hommes de science ou de lettres, sans compter les grandes adaptations d'œuvres littéraires de l'époque (Laclos, à de très nombreuses reprises, mais aussi Voltaire, Diderot, Sade ou Rétif de La Bretonne...). Parmi les personnages de prédilection, on trouve Marie-Antoinette, loin en tête, puis, par ordre décroissant de fréquence d'apparition, Louis XV et, juste derrière, Louis XVI et Bonaparte, suivis de près par Robespierre, puis par Casanova et Voltaire,[35] premières figures d'hommes de lettres de ce palmarès (Rousseau occupe seulement la vingt-septième position du classement, et Diderot la quarantième), mais aussi la Pompadour, Catherine II de Russie ou encore Danton et Mme Du Barry, bien loin devant les grands scientifiques (Benjamin Franklin en tête), les grands artistes (Mozart, en vingt-quatrième position)...[36]

Deux postures à la fois esthétiques et idéologiques principales peuvent être identifiées à partir de ce vaste corpus des représentations

---

2000 représentations, et ses multiples avatars audiovisuels, dans les années 1980 et 1990, sans parler de la commande nipponne du film *Lady Oscar* à Jacques Demy, d'après le manga de Riyoko Ikeda, financé par les cosmétiques Shiseido, en mars 1979, ni du récent accueil triomphal fait au film de Sofia Coppola, ou du long métrage réalisé autour de *Berubara* (sortie prévue en 2009).

35. On lira sur la question Denis Reynaud, 'Voltaire au cinéma', dans *Les Vies de Voltaire: discours et représentations biographiques, XVIIIe-XXIe siècle*, éd. Christophe Cave et Simon Davies, *SVEC* 2008:04, p.423-33.

36. Ce classement s'appuie en partie sur la base de données en ligne Kinématoscope déjà mentionnée.

Figure 2: 'Casanova'

Esquisse préparatoire d'Ettore Scola pendant le tournage de *La Nuit de Varennes*, reproduite dans le dossier de presse du film.

cinématographiques du dix-huitième siècle, dont on constate aisément d'emblée le caractère majoritairement réactionnaire. Dans la première catégorie, placée sous le signe du manque et de la nostalgie sourde, en demi-teinte, on trouve les films déplorant la perte d'un certain esprit d'ancien régime, fait de jouissance, de frivolité, d'insouciance, de désinvolture et, pour tout dire, d'insoutenable légèreté, qui ne trouve pas de meilleure illustration que dans des scènes de genre comme la fête galante, le bal masqué ou encore le ballet de Cour, reflets des splendeurs et de la permissivité d'une société décomplexée. Dans la seconde catégorie, résolument critique et polémique, mais largement minoritaire, on trouve des films pleins de compassion sociale, d'indignation morale ou de sensibilité politique envers le destin brisé des minorités subalternes, femmes, esclaves, étrangers, peuples en souffrance, marqués au fer rouge par une société de castes et un pouvoir abusif, évalués à l'aune de nos modernes exigences humanistes et égalitaires. Ces dernières se traduisent généralement par des scènes pathétiques sur la misère et l'humiliation dans lesquelles sont maintenus les paysans, par des diatribes empreintes de mauvaise conscience postcoloniale ou par des procès d'intention à l'encontre de la société patriarcale qui tient la condition féminine sous le boisseau. Parfois, la réalité est plus complexe: il n'est pas rare de voir coexister, comme dans *Un médecin des Lumières* (1988) de René Allio, sur fond de désillusion politique, voire de désarroi militant, ces deux tendances contradictoires.

Dans la première configuration mentionnée, on représente le dix-huitième siècle par ce qu'il n'est plus aujourd'hui (et parfois n'a jamais été que dans l'imaginaire collectif d'une conscience historique approximative); dans la seconde, par ce qu'il n'est pas encore à l'époque (sauf à tirer sa source d'inspiration d'une historiographie datée ou fantaisiste). Mais dans les deux configurations, il s'agit toujours d'instruire a posteriori le procès à charge, tantôt de l'ancien régime, qui a légitimé une telle situation d'injustice, voire, plus subtilement, comme dans les *cultural studies* anglo-saxonnes, des Lumières, qui lui ont indirectement et malgré elles servi de caution; tantôt de la Révolution française, qui aurait, selon certains cinéastes, entraîné une rupture irrémédiable dans la continuité historique et endommagé un certain esprit français, selon les autres trahi ses promesses et bafoué ses engagements, en se rendant complice d'un retour à l'ordre archaïque d'autant plus efficace qu'il ne s'avoue plus comme tel et s'appuie sur sa caution.

Plus globalement, il semble que se dessinent deux visions possibles du dix-huitième siècle au cinéma, qui ne recoupent que très partiellement les lignes de partage politiques habituelles: d'un côté, une vision qu'on peut à bon droit qualifier de révisionniste et passéiste, nourrie par l'historiographie réactionnaire ou, pour le moins, conservatrice, animée par une certaine forme de nostalgie des origines, qui voit dans la frivolité de la société d'ancien régime un art de vivre et de pensée dont le modèle se serait perdu à l'âge démocratique, qui cherche un contre-transfert dans l'outrance compassionnelle envers les victimes réelles ou supposées de l'ordre démocratique nouveau et qui s'exprime à travers le goût sans retenue ni entrave pour la jouissance éphémère d'un raffinement élitiste; de l'autre côté, une vision qu'on peut qualifier de téléologique et de moderniste, qui voit dans cette même période prérévolutionnaire un âge d'une scandaleuse insouciance, marqué par l'indifférence envers les criantes inégalités d'une société de castes, par l'immoralité d'un pouvoir politique personnel et monopoliste, et surtout, par les ferments intellectuels et culturels d'un ordre supérieur à venir dont nous serions à la fois les héritiers et les garants.

Dans de nombreux cas, ces deux traitements pourtant apparemment contradictoires du dix-huitième siècle cohabitent dans un même film et concourent à la production de 'fictions patrimoniales', autrement dit, ce que les anglo-saxons appellent *heritage film*, à quelques nuances près,[37] à ne pas confondre avec *period film*, *historical drama* ou *costume drama*. Elles sont le plus souvent lénifiantes, tant la tentation est forte, pour les réalisateurs, d'œuvrer à la perception consensuelle et conventionnelle d'une période considérée comme fondatrice de notre modernité et du pacte social républicain. Cette notion émergente dans les études cinématographiques consacrées aux films à caractère historique (toutes périodes confondues), bien qu'éclairante, me paraît cependant insuffisante à rendre compte de la variété et de la complexité des représentations cinématographiques du dix-huitième siècle. La fiction patrimoniale est définie comme un genre historiquement daté, qui amorcerait sa renaissance, dans la production française tout au moins, au début des années 1980, après une éclipse d'une vingtaine d'années (*Jean de Florette*, *Cyrano de Bergerac*, *Germinal*), rencontrant depuis un succès non démenti jusqu'à nos jours. Ces films 'ont pour mission d'être le ciment d'une nation ébranlée par les premiers échecs de la politique sociale de la gauche' mais sont aussi 'les ambassadeurs de l'identité nationale à l'étranger':

L'extension et le succès du patrimoine comme bien commun qui scelle une identité collective ont été mis en rapport par les sociologues avec les déstabilisations identitaires contemporaines, la mondialisation, la fin des Etats-Nations. De quelque manière – célébratoire, nostalgique ou critique – qu'elles investissent le passé, les fictions patrimoniales ont ainsi, elles aussi, pour fonction de contenir l'angoisse commune d'une discontinuité insensée,

---

37. Voir la comparaison proposée par Ginette Vincendeau dans 'Un genre qui fait problème: le *heritage film*: la critique face à un genre populaire des deux côtés de la Manche', dans *Le Cinéma français face aux genres*, éd. Raphaëlle Moine (Paris, 2005), p.131-41.

de procurer l'illusion de la pérennité en fixant le passé dans le présent qui le conserve pour le futur.³⁸

La fiction patrimoniale, considérée ici comme genre cinématographique à part entière, se situerait donc à la croisée entre 'film historique' (reconstitution mettant en scène des personnages ayant réellement existé, ordinaires ou célèbres, envisagés sous l'angle de leur dimension publique, afin de proposer une certaine lecture de l'Histoire) et 'film en costumes' (personnages de fictions, souvent issus d'adaptations, et envisagés essentiellement dans leur dimension privée, sur fond de contexte historique diffus). Elle relèverait donc, à en croire ces analyses, d'une triple fonction: économique d'abord, en facilitant l'insertion d'un segment du cinéma français à gros budget et à forte audience dans les industries culturelles, susceptibles d'entrer en concurrence avec l'*Entertainment business* américain; sociologique ensuite, en tant qu'espace de projection identitaire d'une 'communauté imaginaire'³⁹ structurée autour de valeurs partagées; politique enfin, par la valeur patrimoniale, autrement dit mémorielle, attribuée au cinéma à caractère historique,⁴⁰ souvent considéré comme porte-étendard d'une certaine vision de la France et trouvant dans les institutions culturelles dominantes de légitimation de puissants relais.

On l'aura compris, la fiction cinématographique, pour prétendre à la 'patrimonialisation', doit procéder par idéalisation ou, pour le moins, par stylisation des faits saillants de l'Histoire qu'elle convoque et qui lui servent de référent, s'autorisant, mais à la marge, un rire qui n'est jamais subversif et une critique qui ne porte jamais sur le fond. Ce genre connaît une éclipse pendant les années 1960 et 1970, sous le double feu de critiques de gauche (à l'exception du Parti communiste français qui en fait une référence obligée dans son panthéon personnel et un levier de son programme d'éducation populaire), promptes à voir dans les

---

38. Raphaëlle Moine, 'La fonction mémorielle du film d'époque', *Textes et documents pour la classe* 932, 'L'Histoire au cinéma' (15 mars 2007), p.14-15. L'auteur évoque une 'reconstitution minutieuse, à valeur authentifiante, qu'on peut parfois qualifier d'esthétique muséale'. Voir aussi les séances du groupe de recherche qu'elle a animées, avec Pierre Beylot, à l'université Paris X-Nanterre, en partenariat avec l'INA, de 2005 à 2007, au colloque de la médiathèque de Pessac, du 22 au 24 novembre 2006, 'Genèse et contours des fictions patrimoniales' et à leur ouvrage, *Les Fictions patrimoniales sur grand et petit écran: contours et enjeux d'un genre intermédiatique* (Bordeaux, 2009).
39. Benedict Anderson, *Imagined communities: reflections on the origin and spread of nationalism* (London, 1983), traduit par Pierre-Emmanuel Dauzat, *L'Imaginaire national: réflexions sur l'origine et l'essor du nationalisme* (Paris, 1996).
40. On lira, sur cette notion, l'article d'André Chastel, 'La notion de patrimoine', dans *Les Lieux de mémoire*, t.1: *La Nation*, éd. Pierre Nora (Paris, 1997), p.1433-69, évoquant un 'héritage artistique et monumental où l'on peut se reconnaître'. Voir aussi André Chastel et Jean-Pierre Badelon, *La Notion de patrimoine* (Paris, 2008).

Lumières une forme de rationalité instrumentale pouvant conduire au totalitarisme et au fascisme, et des critiques de droite, hostiles à la Révolution française, laissant libre place à un cinéma majoritairement réactionnaire envers les Lumières. A la marge, on trouve encore quelques expériences cinématographiques particulièrement critiques envers le siècle, au premier rang desquelles on ne peut manquer de citer le *Casanova* (1976) de Fellini, qui ne cache pas sa répugnance envers les Lumières, et un an avant *Salò ou les 120 journées de Sodome* de Pasolini, transposition d'une rare violence de l'œuvre de Sade en pleine Italie fasciste. Revivifiée dans les années 1980, à la faveur du reflux des idéologies révolutionnaires, de l'ouverture internationale sans précédent de la France au cinéma étranger, facteur d'incertitude identitaire, de la montée en puissance de la production audiovisuelle et des exigences 'grand public' de son cahier des charges, du fléchissement relatif du cinéma d'auteur comme du cinéma militant et de la crise de confiance envers les modes de régulation traditionnels, la fiction patrimoniale trouve une actualité nouvelle aujourd'hui. Elle s'avère cependant plus féconde pour analyser la conscience collective de notre temps, considérée comme reconfiguration problématique de l'Histoire, que pour témoigner, même de façon indirecte, d'une quelconque situation historique, sociale ou culturelle supposée propre à la période. Le dix-huitième siècle, investi d'une fonction de conservatoire d'une certaine perfection de la langue (le fameux 'style français') et de laboratoire de notre modernité, est particulièrement exposé à ces stratégies mémorielles nationales qui se cristallisent volontiers sur des épisodes stéréotypés de l'Histoire de France tels que l'affaire du Collier de la reine, ou sur de véritables scènes de genre comme le bal masqué ou la séance de libertinage dans le boudoir...

Tel semble bien être le cas de films comme *Beaumarchais, l'insolent* (1996) d'Edouard Molinaro, au titre trompeur, ou, dans un tout autre ordre d'idée et de façon plus complexe, comme *Ridicule* (1996) de Patrice Leconte. Entre devoir de mémoire et droit d'inventaire, il semble donc que les représentations cinématographiques du dix-huitième siècle aient en partie au moins opté en faveur d'un cinéma de la connivence avec le public autour de valeurs consensuelles partagées, qui s'expriment à travers une symbolique sommaire immédiatement lisible et s'appuient sur un horizon d'attente clairement identifiable et jamais totalement trompé. C'est sans doute encore plus flagrant en ce qui concerne la production télévisuelle, comme l'indique le récent 'documentaire-fiction' au titre révélateur, *Marie-Antoinette, la véritable histoire* (2007) d'Yves Simonneau et Francis Leclerc, qui sous couvert de chercher le 'vrai' de l'Histoire sous le fatras des légendes dorées, multiplie les clichés consensuels et les stéréotypes, pour le plus grand bonheur d'un téléspectateur placé d'emblée en familiarité avec ses souvenirs d'école et ses certitudes morales dogmatiques. Mais c'est encore plus flagrant en ce qui concerne les feuilletons télévisés (le cycle des *Nuits révolutionnaires* de Charles Brabant, adapté de Rétif de La Bretonne, faisant exception) tels que *Les Compagnons de Jéhu*, *La Grande Cabriole* ou encore *Le Chevalier de Maison-Rouge*, souvent assez librement inspirés des feuilletons romanesques nés au dix-neuvième siècle. Ceux-ci évacuent le plus souvent les violences révolutionnaires, euphémisent les rapports de force et de domination au profit d'une image rassurante de la nation réconciliée, par-delà les clivages de castes ou les différends politiques, et flattent les attentes d'une certaine culture de masse (bien que le public populaire n'en soit généralement pas dupe),[41] quitte à perdre de vue l'essentiel: l'évocation de la grandeur, mais aussi des dérapages de la Révolution française, et la difficile conciliation entre humanisme et Terreur, selon les termes de Maurice Merleau-Ponty, autrement dit la conception dialectique de l'Histoire.

Cependant, si une telle vision s'avère relativement efficace pour penser des films à l'identité générique incontestable, au premier rang desquels on trouve reconstitutions historiques et adaptations d'œuvres littéraires de facture traditionnelle, elle achoppe selon moi à rendre compte d'une production beaucoup moins identifiable sur le plan poétique, caractéristique de formes d'emprunt plus diffuses ou indirectes. Or force est de constater qu'une partie non négligeable de la production cinématographique consacrée au dix-huitième siècle relève de l'hybridation, de la fragmentation, voire de la transposition et de la création continuée. La période historique y est envisagée, tantôt à travers le prisme déformant d'une autre époque, sur le mode de l'anachronisme, tantôt sur le mode de l'insertion ou de l'allusion, souvent très indirecte, comme dans *Le Testament d'Orphée* (1960) de Cocteau, *La Voie lactée* (1968) de Buñuel ou encore *Week-end* (1967) de Godard. Evoquant le dix-huitième siècle par tout autre chose que lui-même, de façon souvent très ténue et allusive, pervertissant le rapprochement implicite entre différentes temporalités en l'exhibant dans toute son incongruité, refusant toute vision homogène et partant, toute prise de position sur les faits comme sur les œuvres, ces films (en tout plus d'une cinquantaine selon mes estimations) sapent le dispositif commémoratif et jusqu'à la possibilité de consensus, même provisoire, sur la représentation historique, minant d'emblée et sans retour toute fonction

---

41. C'est ce qu'a bien montré déjà Richard Hoggart dans *The Uses of literacy: aspects of working-class life* (Londres, 1957), traduit par Jean-Claude Garcias et Jean-Claude Passeron, *La Culture du pauvre: étude sur le style de vie des classes populaires en Angleterre* (Paris, 1976) à propos des tabloïdes et de la presse populaire à sensation.

Figure 3: 'Rétif de La Bretonne'

Esquisse préparatoire d'Ettore Scola pendant le tournage de *La Nuit de Varennes,* reproduite dans le dossier de presse du film.

patrimoniale du cinéma qui se saisit de l'Histoire par la bande, de façon biaisée et traversière.

De telles considérations conduisent à un réexamen critique des représentations du dix-huitième siècle même les plus apparemment adaptatives ou reconstitutives, susceptible d'engager un débat scientifique avec les théoriciens de la fiction patrimoniale. On pourrait ainsi dire, à la lumière de ce qui vient d'être avancé, que les genres cinématographiques même les plus clairement identifiables échappent, en partie au moins, à la patrimonialisation, tendance naturelle des films en décors et costumes d'époque, au point qu'il est permis de risquer à leur propos le terme de 'fiction patrimoniale contrariée'. Tel est le cas d'une œuvre pourtant emblématique de la reconstitution historique à vocation patrimoniale comme *Si Versailles m'était conté* (1953) de Sacha Guitry, fruit de l'omniprésence mégalomaniaque du réalisateur-scénariste-comédien, de la vocation délibérément divertissante du film et de la profonde désinvolture affichée du 'peintre' d'histoire, qui affirme haut et fort procéder à une reconfiguration fantaisiste assumée et revendiquée comme telle de l'Histoire. Cherchant souterrainement, à travers ce 'film-conférence', la forme cinématographique adéquate de l'Histoire, Guitry, qui ne fait pas mystère de son attachement à la France d'ancien régime, trouve dans le traitement du temps, des corps et de la langue les ressources d'un théâtre d'histoire où affleurent, même de façon inconsciente, de grands paradigmes herméneutiques tels que celui du 'double corps du roi' de Kantorowickz. Il en est de même d'un *costume drama* tel que *Marie-Antoinette* (2006) de Sofia Coppola, fantaisie postmoderne en décors naturels tournée dans les châteaux de la région parisienne, sur fond d'anachronismes revendiqués et de provocations ouvertes d'américaine envers une vision étroitement nationale de l'Histoire de France, qui rejoint sans le savoir le 'processus de civilisation' de la société de cour bien mis à jour par Norbert Elias.[42]

La remarque est encore mieux fondée concernant la grande majorité des films portant sur le dix-huitième siècle, à savoir des adaptations d'œuvres littéraires, et tout particulièrement de celles écrites au siècle des Lumières. Dans un tel cas de figure, la fiction cinématographique apparaît comme l'œuvre seconde transposée d'une œuvre elle-même seconde, puisque témoignant de l'Histoire sur le mode de la fiction littéraire. Elle est donc d'emblée de l'ordre du pari impossible ou de la pratique impure, qu'elle s'inspire directement d'une œuvre littéraire identifiable ou d'un substrat romanesque plus diffus, relayé par une

---

42. Je me permets de renvoyer, au sujet du débat théorique qui précède et de l'analyse de ce film, à mon article 'Marie-Antoinette héroïne paradoxale d'une fiction patrimoniale contrariée', dans *Filmer le dix-huitième siècle*, éd. M. Poirson et L. Schifano (Paris, 2009).

Figure 4a: 'Sa majesté'

Figure 4b: 'Le roi et la reine'

Esquisses préparatoires d'Ettore Scola pendant le tournage de *La Nuit de Varennes*, reproduites dans le dossier de presse du film.

Figure 5: 'Le coucher du roi'

Esquisse préparatoire d'Ettore Scola pendant le tournage de *La Nuit de Varennes*, reproduite dans le dossier de presse du film.

'mythologie extra-romanesque'.[43] A ce titre, il y a lieu de distinguer les adaptations d'œuvres effectivement écrites au dix-huitième siècle de celles écrites sur le dix-huitième siècle, en particulier par des auteurs du dix-neuvième, ce qui introduit une dimension diachronique et donc, une nouvelle source de mise à distance. Si les adaptations de Dumas, Hugo, Sue, Zola, Balzac, Stendhal ou encore Féval ont contribué à fausser la perspective, en donnant du siècle des Lumières une image largement reconstruite et fantasmée par les hommes du dix-neuvième siècle, qui est encore en grande partie la nôtre, en dépit de l'évolution profonde de l'historiographie consacrée à la période, et entrent de plain-pied dans le domaine de la fiction patrimoniale, tel n'est pas le cas d'un nombre significatif d'adaptations cinématographiques d'œuvres écrites au dix-huitième siècle. Creuset de l'invention de formes nouvelles, de la remise en cause des codes établis et de la mise en crise de l''âge de la représentation', ce siècle a en effet légué au cinéma contemporain un goût prononcé pour les formes déconstruites et déstructurées, telles que *Tristram Shandy: a cock and bull story* (2005), réalisé par Michael Winterbottom, qui épouse la forme anti-diégétique du roman source de Sterne et interroge ses propres modalités d'énonciation, mais aussi, dans une moindre mesure, *Les Aventures du baron de Münchausen* (1988), réalisé par Terry Gilliam, qui avec l'imagination débridée qu'on lui connaît ménage l'art consommé du non-sens à travers l'amplification d'un épisode secondaire du roman allemand.

Avec les moyens qui lui sont propres, le cinéma réinvestit donc un certain esprit du dix-huitième siècle qui bat en brèche toute forme de véracité dans l'établissement des faits ou de fidélité dans l'adaptation des œuvres et des témoignages. Il introduit ainsi une tension fondamentale au sein d'une fiction patrimoniale pourtant d'une particulière efficacité symbolique, mais déconstruite de l'intérieur, et recherche une forme cinématographique adéquate de l'Histoire susceptible de remettre en question un tel dispositif mémoriel, bien que de façon le plus souvent indirecte et en court-circuitant les références obligées ou, pour le moins, attendues. Ce faisant, les représentations cinématographiques du dix-huitième siècle exacerbent la dimension 'contrariée' attribuée par Jacques Rancière à toute fable cinématographique. En effet, la fiction cinématographique qui se saisit de ce type de matériau historique instable oscille sans cesse entre, d'un côté, la quête improbable d'une linéarité diégétique, autrement dit d'une construction du scénario à partir d'une histoire immédiatement repérable, de personnages clairement identifiables, au moyen d'un code expressif réglé connu et

---

43. André Bazin, 'Pour un cinéma impur: défense de l'adaptation', dans *Qu'est-ce que le cinéma?* (Paris, 1958), p.81-106.

reconnu de tous, qui est propre au régime esthétique; d'un autre côté, le recours improbable à la fragmentation, à la déconstruction et à la défiguration qui prétendent puiser dans l'éloquence des choses sensibles et le caractère ontologique de l'œuvre le sens des idées, au-delà même de toute forme prédéfinie:

> Cette logique oppose au modèle représentatif des actions enchaînées et des codes expressifs appropriés aux sujets et aux situations une puissance originaire de l'art initialement partagée entre deux extrêmes: entre la pure activité d'une création désormais sans règles ni modèles et la pure passivité d'une puissance expressive inscrite à même les choses, indépendamment de toute volonté de signification et d'œuvre. Elle oppose au vieux principe de la forme qui travaille la matière l'identité du pur pouvoir de l'idée et du radical impouvoir de la présence sensible et de l'écriture muette des choses. Mais cette unité des contraires qui fait coïncider le travail de l'idée avec la puissance de l'origine ne se gagne en fait que dans le long travail de la dé-figuration qui, dans l'œuvre nouvelle, contredit les attentes dont le sujet de l'histoire sont porteuses, ou bien, dans l'œuvre ancienne, re-voit, re-lit et re-dispose les éléments.[44]

Ainsi, les représentations filmographiques du dix-huitième siècle sont-elle partagées, de façon souvent problématique, entre deux tentations contradictoires: d'une part, celle de la fonction commémorative et mémorielle qui est le propre de la fiction patrimoniale à laquelle elles sont particulièrement exposées, telle qu'on peut notamment l'observer dans certains films historiques et certains films en costumes; d'autre part, celle de la fable contrariée, en perpétuelle négation et renégociation d'elle-même, véritable principe actif d'un cinéma en rupture permanente avec les attentes spectatorielles, qui place le public en position d'arbitre en dernier ressort, comme dans les nombreuses insertions du dix-huitième siècle dans des films dont le propos est en apparence au moins ailleurs. Toujours, elles conduisent à reconsidérer, tantôt le passé à partir du présent, tantôt le présent à partir du passé, dans un va-et-vient sans fin qui interroge les 'communautés interprétatives' susceptibles de s'en saisir[45] et les processus herméneutiques de lecture et de qualification des œuvres qui en découlent ou s'en inspirent. Le cinéma, par d'autres voies que la littérature, et par des voies multiples, offre donc par ce biais un moyen de renouer avec ce territoire dont les manuels scolaires dressent une cartographie fatalement sommaire, et représente ainsi une sorte de négatif à développer.

Qu'il s'agisse d'adaptations, comme *La Religieuse* (1966) de Rivette, frappée d'interdit par la censure de l'époque, ou *Les Liaisons dangereuses*

---

44. J. Rancière, *La Fable cinématographique*, p.15.
45. Sur cette notion anglo-saxonne controversée du courant pragmatique, je renvoie à Stanley Fish, *Quand dire c'est faire: l'autorité des communautés interprétatives* (Paris, 2007) et à sa théorie du 'lecteur-faiseur'.

(1988) de Stephen Frears; de reconstitutions historiques plus ou moins partisanes, comme les divers *Danton, Casanova, Marie-Antoinette* ou comme *La Nuit de Varennes* (1982) d'Ettore Scola; de purs divertissements en costumes comme *Fanfan la tulipe* (2003) ou *Ridicule* (1996); ou d'appropriations provocantes des formes les plus libres du dix-huitième siècle comme *Marat/Sade* de Peter Brook, en 1966, *Salò ou les 120 journées* de Pasolini, en 1975, *Marquis* de Topor et Xhonneux, en 1988, les dispositifs filmiques révèlent – au sens photographique du terme – sans doute davantage notre présent qu'ils ne captent ni ne ressuscitent le passé. Ils sont, par définition et jusque dans la posture mimétique qui les légitime, interaction et projection du dix-huitième sur le vingtième et le vingt et unième siècle, et par un chemin inverse, du vingtième et du vingt et unième siècle sur le dix-huitième... Plus que jamais, en satisfaisant les désirs et fantasmes contemporains, en poussant à l'extrême les jeux de la raison et de l'imaginaire, le cinéma substitue à notre regard un monde qui s'accorde à nos désirs. Plus que jamais, il est ainsi véhicule de pensée et, par éclats fusionnels, de plaisir et d'affects. Rien d'étonnant, dès lors, à ce que le siècle des Lumières soit le plus à même de rendre compte de cette curieuse alchimie qui est au fondement même de l'esthétique comme de la pratique cinématographique contemporaine. Invention du dix-huitième siècle, le cinéma n'a pas fini de se projeter au miroir de ce siècle, à travers une des plus fécondes interactions de l'histoire culturelle.

iii. Considérations inactuelles

Le présent volume vise ainsi à considérer, inventorier et interroger les pouvoirs dont dispose le langage cinématographique pour faire ressurgir, voir et entendre une époque située hors de la portée des mémoires individuelles, et représente tout à la fois un style, un esprit, un patrimoine culturel, une référence identitaire, une expérimentation de forme et un écran où se projettent les rêves, les nostalgies, les déceptions, les fantasmes, les utopies de notre temps, à travers toutes sortes d'interactions, de surimpressions, de détours et de réemplois. Il y a bien plus, à travers le titre volontairement équivoque et métaphorique de l'ouvrage, qu'un simple jeu de langage: parler d'écran des Lumières' pour évoquer le traitement cinématographique du dix-huitième siècle, c'est en effet opérer un triple déplacement sur lequel il convient maintenant de dire quelques mots.

L'écran, petit ou grand, désigne d'abord et avant tout le support matériel, le dispositif technique sur lequel vient se projeter l'image cinématographique animée. C'est donc, en dépit de l'apparente immédiateté de ses modes de perception, un point d'optique, nécessairement sélectif et, partant, restrictif, qui contribue à configurer

Figure 6a: 'Le postillon'

Figure 6b: 'Le soldat'

Esquisses préparatoires d'Ettore Scola pendant le tournage de *La Nuit de Varennes*, reproduites dans le dossier de presse du film.

une certaine vision du dix-huitième siècle, reposant sur des choix clairs intervenant à différentes étapes du processus (paramétrage du champ et du hors-champ, travail de cadrage, de capture et de montage). Système d'optique clos, c'est donc un parti-pris sur le référent historique, relevant d'orientations axiologiques et idéologiques plus ou moins clairement revendiquées par le réalisateur et identifiées par le spectateur.

Mais la notion d'écran est également à prendre au sens figuré de projection imaginaire collective, de construction sociale et culturelle transhistorique et de cristallisation d'une certaine forme symbolique, d'une certaine mythologie active dont le dix-huitième siècle serait le point d'ancrage privilégié, en vertu de sa valeur centrale, aussi bien pour l'historiographie de la culture savante que pour l'inventaire des représentations courantes issues du sens commun. C'est donc un espace de projection et de réflexion, au sens propre comme au figuré, qui tranche avec l'immédiateté apparente de la perception, pour atteindre à une forme de distanciation et d'interaction entre le dispositif réfléchissant et la surface de projection. Dans cette mesure, le dix-huitième siècle et le cinéma contemporain qui lui sert de plate-forme entrent dans des jeux sans fin de miroirs, d'interactions et de reconfigurations mutuelles.

Enfin, l'écran est, dans une toute autre acception, en apparence contradictoire, ce qui opacifie et fait obstacle à la vue ('faire écran'), ce qui crée un filtre ou un prisme déformant entre la réalité observable et l'œil de l'observateur, autrement dit le champ d'expansion et de réalisation d'un irreprésentable, qui est souvent également un impensable. Il semble donc que ce rapport cinématographique au dix-huitième siècle, ambivalent et complexe, puisse servir de paradigme à une réflexion plus large sur ce qu'on est en droit de qualifier de lecture actualisante des Lumières ou de projection contemporaine sur le siècle des Lumières, dont les enjeux contemporains, à la fois esthétiques et idéologiques, sont multiples.

Le récent film de Sofia Coppola, *Marie-Antoinette* (2006), qui vante les mérites de l'anachronisme et surtout, de l'illusion rétrospective, assumant un rapport affranchi à l'Histoire, tout comme sa récupération par la publicité et les médias, pour en faire une héroïne *fashion* à vocation *teen queen*,[46] en pleine montée en puissance de la 'peopolitique', peut ainsi

---

46. Le public américain, loin de traquer l'anachronisme, a orchestré une réception du film *fashionable* et lancé une vogue 'teen queen' dont la publicité (Jury couture, Dolce & Gabbana...), la presse *people* ou féminine, les tabloïdes et les magazines de mode se sont emparés, titrant 'Style secret of Marie-Antoinette: Kirsten Dunst as the teen queen who rocked Versailles', timidement repris en écho par la presse féminine française. Dans le même temps, la sortie du film alimente une série de sites internet et de blogs qui n'hésitent pas à le déclarer 'only for girls and gays', cependant que le milieu *queer* s'émerveille de ces figures poudrées androgynes dans lesquelles s'est un temps reconnue la mode *drag queen*.

être analysé comme le symptôme d'un retour au dix-huitième siècle là où on l'attendait le moins. Il semble donc, plus que jamais, comme nous y invitait déjà Michel Foucault en son temps, qu'il faille aujourd'hui repenser les Lumières moins comme une 'période historique' délimitée que comme une 'attitude toujours renouvelable' et même, comme un jeu entre gestes herméneutique et historiographique. L'analyse de l'actualité des Lumières, et plus largement du dix-huitième siècle, par le truchement de la médiation cinématographique, peut donc s'avérer utile, dans la mesure où elle permet de sortir du repli méthodologique vers des positions d'érudition et d'historicisation pures, et de faire porter la réflexion sur l'articulation entre les discours interprétatifs et les usages sociaux, politiques, voire artistiques des savoirs qui en émanent. A ce titre, le débat polémique avec les *cultural studies* telles qu'on les pratique dans la recherche anglo-saxonne est d'une particulière fécondité: il nous incite à décomplexer notre rapport au passé et à assumer notre inévitable et féconde réappropriation des textes et des contextes, fondement de toute recherche, même scientifique et académique. Il s'agit donc de sortir du cadre spéculaire du cercle herméneutique habituel en réaffirmant un double processus actif d'"actualisation"[47] (autrement dit, d'interrogation des œuvres du passé au moyen de nos préoccupations et regards contemporains) et d'"indisciplinarité"[48] (entendue à la fois comme articulation horizontale entre disciplines connexes et comme articulation verticale entre les enjeux esthétiques, sociétaux, institutionnels ou encore idéologiques de ces disciplines). On l'aura compris, cette démarche relève d'implications indissociablement épistémologiques et idéologiques qui doivent pouvoir être assumées et interrogées comme telles pour s'avérer fécondes.

Restée longtemps aux marges de toute approche scientifique, la question intrinsèque de l'actualité du dix-huitième siècle mérite donc aujourd'hui d'être posée, de deux façons au moins, allant de l'empreinte à l'emprunt. D'abord, il convient d'interroger l'archéologie des Lumières, à travers la question de l'historicisme, dont nous proposons de donner une définition extensive, allant de la référence ou filiation revendiquée au contresens ou au fantasme projectif. Chaque époque, chaque courant de pensée, chaque mouvement d'opinion s'invente une

---

47. Yves Citton, *Lire, interpréter, actualiser* (Paris, 2007), p.265: 'Une interprétation littéraire d'un texte ancien est actualisante dès lors que (a) elle s'attache à exploiter les virtualités connotatives des signes de ce texte, (b) afin d'en tirer une modélisation capable de reconfigurer un problème propre à la situation historique de l'interprète, (c) sans viser à correspondre à la réalité historique de l'auteur, mais (d) en exploitant, lorsque cela est possible, la différence entre les deux époques (leur langue, leur outillage mental, leurs situations sociopolitiques) pour apporter un éclairage dépaysant sur le présent'.
48. Le néologisme est né sous la plume de Laurent Loty dans 'Pour l'indisciplinarité', *SVEC* 2005:04, p.245-59.

certaine vision du dix-huitième siècle, au prix d'une illusion rétrospective consistant à placer dans son objet d'étude, précisément, ce qu'on prétend chercher à y trouver. C'est ainsi qu'on est conduit à voir dans le siècle des Lumières le champ d'expérimentation de réflexions sur la laïcité, sur le système capitaliste et/ou libéral, et le terrain de manœuvre de théories féministes ou post-colonialistes… Ensuite, il s'agit d'envisager la généalogie de notre modernité, examinant la question de l'héritage supposé au fondement d'un consensus assez largement partagé, très rarement interrogé en tant que tel sur le système axiologique et normatif né de l'entrée en modernité. De la même façon que le dix-huitième siècle est investi de problématiques qui nous sont contemporaines, on le dépossède dans le même mouvement des questions qui sont les siennes pour justifier des équations qui sont les nôtres. Il est donc temps de faire le point sur ses phénomènes d'autojustification reposant sur un dix-huitième siècle pris comme principe d'autorité, non pas tant pour les accuser, en les renvoyant aux marges de la science, que pour en comprendre les dérives et en interroger les mécanismes d'emprunt. Or la question est rendue doublement délicate par le fait même que le dix-huitième siècle a produit sa propre mythologie spontanée, forgé ses propres stéréotypes, jamais réellement mis à distance, et que ceux-ci ont été revisités, amplifiés et finalement, vulgarisés par une vision très souvent héritée d'une historiographie propre au dix-neuvième siècle (Bonald, Michelet, les frères Goncourt, Sainte-Beuve…).

Par cette double démarche complémentaire, on cherche donc à offrir une grille de lecture scientifique des approches du dix-huitième siècle (politiques, idéologiques, sociétales, militantes…), consistant à prendre au pied de la lettre ces discours rapportés et à en faire des objets d'étude à part entière, afin de comprendre par quels mécanismes ce siècle autorise une instrumentalisation qu'il a pourtant tout fait pour éviter. Dans le domaine cinématographique en effet, ces deux postures à la fois idéologiques et esthétiques se partagent les représentations du dix-huitième siècle. Dans un cas, il s'agit de tirer le dix-huitième siècle du côté de notre modernité, en remettant par exemple au premier plan, sous la poussée du féminisme des années 1970, les héroïnes restées dans l'ombre des manuels scolaires, les présentant tour à tour comme des victimes du patriarcat marchand d'ancien régime et comme des actrices de tout premier plan du devenir historique;[49] ou en montrant, même timidement, les contradictions du système colonial et la fascination ambiguë pour l'Afrique, sur fond de luttes d'émancipation, comme

---

49. C'est déjà le cas pour une partie du dix-septième siècle, avec des films comme *Saint-Cyr* (2000), où Mazuy, décentrant l'intérêt de la Cour au collège de jeunes filles, montre l'impuissance de Mme de Maintenon/Isabelle Huppert à réaliser son projet d'émancipation des jeunes filles.

dans *Les Caprices d'un fleuve* (1996) de Bertrand Giraudeau; ou encore, en cherchant à mettre en évidence à travers la fin de l'ancien régime ou la Révolution française la lutte des classes, en investissant la fiction historique d'une grille d'analyse marxiste, comme à l'évidence chez Renoir déjà. Dans l'autre cas au contraire, il s'agit de mettre en valeur les 'fractures du temps', selon les termes de Vitez à propos des textes classiques, qu'il refusait de 'dépoussiérer',[50] autrement dit, d'exacerber ostensiblement un effet de distanciation, d'exhibition de temporalités discordantes, comme dans *L'Esquive* (2003) d'Abdellatif Kechiche, qui propose une lecture croisée de Marivaux et de la situation des jeunes des banlieues, ou dans les nombreux inserts de presque tous les films de Kubrick. Tel est notamment le cas, non seulement de *Barry Lyndon* (1975), au moyen d'un jeu subtil sur l'authenticité historique apparente, en fait minée de l'intérieur et comme sapée par un ensemble d'effets discordants incongrus savamment disséminés dans le film, mais encore, selon un procédé inverse, de toute une série de séquences en apparence isolées, comme la scène d'orgie masquée et de meurtre de l'inachevé *Eyes wide shut* (1999), le château vaguement baroque de la scène de procès des *Sentiers de la gloire* (1958), le décor de théâtre rococo de la scène de rixe d'*Orange mécanique* (1971) ou, plus encore, la chambre où Dave se voit vieillir dans *2001: l'odyssée de l'espace* (1968)... Tous ces films font ainsi éclater à leur façon les lignes de partage chronologiques, estompent les réappropriations esthétiques ou idéologiques et motivent symboliquement l'intrusion d'un stéréotype du dix-huitième siècle rendu opératoire au sein même de la fiction à sujet contemporain...

Le plus sûr moyen d'atteindre à cet effet de distance immédiate qui, dans un paradoxe qui n'est qu'apparent, touche souvent au plus près de l'esprit, sinon de la lettre du dix-huitième siècle, est sans doute l'exploitation d'une théâtralité diffuse, consciente ou non de la part des réalisateurs, mais présente dans bon nombre de représentations cinématographiques du dix-huitième siècle. Marquée par la 'théâtromanie', cette période exhale en effet un rapport très particulier au spectacle qui n'a pas échappé au cinéma, lui-même intimement lié, dès sa naissance, précisément à cette période, aux arts du spectacle, dans lesquels ses procédés et dispositifs s'enracinent profondément. De Renoir à Sofia Coppola, il semble ainsi que s'exprime un mouvement quasi continu de 'théâtralisation cinématographique'[51] qui, à rebours de

---

50. Antoine Vitez, 'Des classiques (I)', dans *Le Théâtre des idées* (Paris, 1992).
51. Sur ce concept de 'théâtralité cinématographique', je renvoie aux travaux de Marguerite Chabrol et Tiphaine Karsenti et à la journée d'études de l'université Paris X-Nanterre du 11 avril 2008, 'Théâtralité du cinéma, cinématographicité du théâtre'.

toute esthétisation spectaculaire,[52] par des effets de mise en scène, une habile exploitation de la scénographie ou encore, plus subtilement, une forme de métathéâtralité diffuse dans les dialogues, inscrit le dix-huitième siècle dans un certain régime d'illusion théâtrale. Comme si la théâtralité était susceptible de devenir la forme cinématographique adéquate de l'Histoire, plusieurs générations de cinéastes et de réalisateurs, souvent eux-mêmes hommes de théâtre, se sont plu à littéralement mettre en scène un certain dix huitième siècle, depuis *Marat/Sade* (1966) de Peter Brook jusqu'à *L'Esquive* (2003) d'Abdellatif Kechiche, en passant par *Marquis* (1988) de Roland Topor et Henri Xhonneux... Cependant, un certain statisme, tout en picturalité, anime des films, plus rares, visant, à travers un système de références aux arts visuels, souvent empreint d'une vision propre au dix-neuvième siècle, ou d'une perspective de type plutôt britannique, une esthétique plus figée du tableau, comme chez Peter Greenaway et son *Meurtre dans un jardin anglais* (1982), de façon particulièrement convaincante.

Georges Didi-Huberman, appelant de ses vœux la 'levée du tabou de l'anachronisme', considérée comme une véritable 'rupture épistémologique', et cherchant à interroger 'l'archive des refoulements', considère l'image comme 'un tourbillon, un kaléidoscope, une pelote de fil, une affaire de fantômes', et affirme que, de la même façon qu'on a mis le temps au centre de la pensée de l'image, il convient de mettre l'image au centre de la pensée du temps, ce que propose précisément ce volume en s'affranchissant en partie des limites usuelles de la chronologie:

> Le motif de l'anachronisme apparaît dès lors que l'on admet ceci: une image est affaire de mémoire, et pas seulement d'histoire. Elle a sa place dans le continu des événements, des 'influences', des 'époques', des 'cultures', bien évidemment: elle est donc historique, elle est dans son temps. Mais elle est aussi contre son temps, parce que, si elle véhicule une mémoire, cela signifie qu'elle manipule ensemble des temps différents, éloignés les uns des autres, discontinus et cependant associés. Parler de l'anachronisme des images, c'est d'abord considérer les images comme des montages de temps hétérogènes. [...] L'anachronisme est une façon d'exprimer à la fois la longue durée des survivances et la discontinuité du temps historique.[53]

Plutôt que de vitupérer sur la mort probable ou simplement possible du cinéma, comme le font de nos jours un certain nombre de réalisateurs, à travers des discours souvent réactionnaires ou conservateurs, il peut donc s'avérer fécond au contraire d'en exhiber la genèse, de remonter

---

52. A l'image du massacre de la Saint-Barthélemy dans *La Reine Margot* de Patrice Chéreau, concernant une période antérieure.
53. Georges Didi-Huberman, 'Des gammes anachroniques, entretien avec Robert Maggiori', *Libération* (23 novembre 2000), p.7-15. On lira également *Devant le temps: histoire de l'art et anachronisme des images* (Paris, 2000), notamment le chapitre 'Modernité de l'anachronisme'.

aux sources du cinéma avant le cinéma, autrement dit, de faire l'histoire longue des formes d'expression, qui ne recoupe qu'imparfaitement celle de leurs procédés techniques de mise en œuvre et d'expérimentation. Ce faisant, on est conduit à s'interroger, de façon privilégiée, sur l'impact du dix-huitième siècle dans la construction de notre modernité, envisagée à travers une forme de médiation symbolique d'autant plus significative qu'elle passe par un art relativement populaire. C'est donc une certaine idée du dix-huitième siècle qui s'exprime par l'imaginaire cinématographique des Lumières,[54] par conséquent irréductible à une forme quelconque de vérité historique, qu'elle se présente comme directe (reconstitution historique) ou indirecte (adaptation d'œuvres littéraires). C'est la raison pour laquelle nous avons cherché, dans le présent ouvrage, à nous éloigner autant que faire se pouvait de ces perspectives trop restrictives pour privilégier l'analyse croisée de l'inconscient culturel qui s'exprime dans la représentation cinématographique du dix-huitième siècle.

iv. Conception et organisation de l'ouvrage

Aucune époque n'a bénéficié des moyens dont disposent les vingtième et vingt et unième siècles pour faire retour sur le passé en le restaurant, en le reconstituant, en l'évoquant, au sens littéral du terme. Le dix-huitième siècle français, si souvent analysé, rêvé, fictionnalisé, présente la particularité d'être une époque fondatrice entre toutes: il s'agit d'un siècle historiquement lointain, qui ne se trouve plus à portée de mémoire, mais nous est familier, intériorisé, associé à des affects profonds, à une matière moins froidement 'objective' que passionnelle et polémique. Dans une perspective moins étroitement nationale, les grandes fables historiques du dix-huitième siècle ont été présentes dès l'origine du cinéma, qu'elles aient été inspirées par la Révolution et les Lumières, nourries par l'*Enlightenment*, l'*Aufklärung* ou l'*Illuminismo*. Depuis, elles n'ont cessé d'occuper les écrans dans ce que j'appellerais volontiers un 'processus de création continuée', marqué de tensions et de contradictions durables aussi bien que productives. La rencontre du cinéma et du dix-huitième siècle est donc porteuse d'un certain nombre de tentations, d'un réseau de relations complexes, à la fois historiques, mémorielles et fantasmatiques, que le présent volume s'est donné pour tâche, non point de passer au crible et de restituer dans sa totalité, mais

---

54. Ce qu'a perçu Jean-Marie Goulemot dans son déceptif mais néanmoins programmatique *Adieu les philosophes: que reste-t-il des Lumières?* (Paris, 2001), affirmant à propos de ce dix-huitième siècle qu'il qualifie de 'construction commune, d'objet d'interprétations diverses, une espèce d'image de kaléidoscope, mouvante': 'C'est plutôt du côté des romanciers, des essayistes, de la filmographie, du discours diffus de la presse... ce que le XVIIIe siècle lui-même appelait l'opinion, que l'enquêteur doit se tourner' (p.17-18).

de traverser d'une série cohérente d'interrogations récurrentes et structurantes.

L'ouvrage envisage d'abord l'incidence de la naissance des techniques et pratiques proto-cinématographiques sur les représentations du dix-huitième siècle, entraînant l'émergence d'une nouvelle culture du visible dans l'ensemble des formes de production artistique et d'intellection, avant d'analyser, sans solution de continuité, la façon dont elles sont mises en abyme dans les œuvres cinématographiques d'aujourd'hui et contribuent activement, bien que par la bande, à la conscience (auto-) critique du cinéma contemporain (partie I).

Il s'intéresse ensuite de près à quelques 'histoires exemplaires', c'est-à-dire à certaines figures archétypiques du cinéma des Lumières, au premier rang desquelles on retrouve notamment des personnalités historiques telles que Beaumarchais ou Marie-Antoinette, des personnages de fiction tels que Werther, Don Juan ou Robinson Crusoé, ou des personnes hybrides telles que Cartouche, Robespierre, Mozart ou Sade, à la fois et indissociablement réels et fantasmés (partie II). Tantôt projectives, tantôt répulsives, ces figures et contre-figures sont comme l'incarnation, à travers une galerie de portraits réels et inventés, de quelques-uns des imaginaires contemporains du siècle des Lumières. Sous l'Histoire, parfois même à contre-sens de l'Histoire, derrière les spectres du dix-huitième siècle, les fantasmes se succèdent, mais ne se ressemblent pas. Cependant, à travers ces diverses postures incarnées par les figures majeures de Sade ou de Casanova, l'hypothèse qui s'exprime ici est que, d'une part, le rapport au dix-huitième siècle, plus qu'à tout autre, passe par le corps et l'érotisme et que, d'autre part, la caméra est, plus qu'un autre mode d'expression, capable de restituer une telle sensualité, une telle liberté de ton et d'esprit jusque dans ses procédés de scénarisation. Le cinéma apparaît ainsi comme un mode de représentation privilégié qui fait loupe sur les corps et les événements, qui pénètre dans le détail et l'intime des vies individuelles, qui voit et surtout fait voir ce sur quoi l'Histoire fait généralement silence, qui consacre enfin le retour du refoulé culturel.

Mettre en œuvre la représentation filmique du dix-huitième siècle revient donc à chercher une forme cinématographique adéquate de l'Histoire, à inventer de toutes pièces une forme-sens susceptible de rendre compte de ses contradictions comme de ses effets de superposition et d'interpénétration (partie III). Vouloir penser ce siècle revient ainsi à vouloir penser le temps, et pour ce faire à en donner une représentation précise: non point une forme de reconstitution naïve et utopique, mais celle d'un écart et surtout, du soulignement de cet écart. Pour ce faire, il convient d'engendrer, par l'image, ses dispositifs et ses ressources propres, des systèmes narratifs et interprétatifs adaptés, nourris par des effets proprement cinématographiques de citation, des régimes d'insertion et d'évocation fantasmatique du passé ainsi revisité. Les études mettant en évidence ce type très particulier de transposition d'art ou de proximité portent alors sur l'invention des formes tant au plan de la narration (l'écriture 'à la Diderot' de Woody Allen), ou de l'adaptation des textes réputés inadaptables (*Le Baron de Münchausen*, *Tristram Shandy*), qu'à celui des modes narratifs et figuratifs de la temporalité. L'accent est mis sur la tension entre réalité de la distance et fiction ou métaphorisation de la présence, entre dix-huitième et vingtième siècle, entre trompe-l'œil et relief, entre signes, traces historiques et vie concrète de l'image (partie IV).

L'ouvrage s'interroge alors sur le processus actif de mythification de l'Histoire à l'œuvre dans une part importante de la production cinématographique consacrée au dix-huitième siècle, et sur les régimes de fictionnalité qu'il induit, aussi bien au cinéma qu'à la télévision (partie V). 'L'Histoire est hystérique' notait déjà Roland Barthes dans *La Chambre claire*. Entendons par Histoire un discours sur les *res gestae*, dont les intrigues ne sont plus à portée de mémoire et qui sont par définition enrobées d'affects, de peurs, de passions, d'élaborations mythiques. A quoi s'ajoute, en particulier pour la France, la richesse fantasmatique générée par ce double matériau de la réalité historique du dix-huitième siècle: une société frivole dont les classes les plus en vue ont exalté et incarné la course au plaisir et le fait, on ne peut plus fantasmatique, de la Révolution. Autour de ces deux figures antinomiques s'élabore une imagerie transhistorique, voire anhistorique, qui vient notamment nourrir les scénarii télévisuels et le cinéma d'histoire ou de mémoire à vocation patrimoniale. On repère alors aisément un certain nombre de 'scènes' récurrentes, dès lors que les metteurs en scène se saisissent du dix-huitième siècle: siècle d'or finissant, Régence et Révolution française comptent parmi ces mythes fondateurs dans des fictions cinématographiques les plus diverses, qui n'ont pourtant pas toutes ni toujours vocation à devenir patrimoniales. Forme hybride, ce cinéma réalise le fragile équilibre entre culture savante et culture populaire et apparaît, dans la majeure partie des cas, comme un 'art élitaire pour tous'. Seule une telle exigence permet d'expliquer la contribution majeure du cinéma des Lumières à l'édification de l'identité socioculturelle de la France contemporaine, mais aussi à sa récente crise de conscience sur le plan politique et sociétal.

Il s'agit également, pour le cinéma contemporain, de chercher à déconstruire le rapport au dix-huitième siècle, autrement dit, de s'installer délibérément dans l'équivocité indissociable d'une telle démarche, quitte à reprendre à son compte et à exhiber l'artifice, le simulacre propre à cette période historique, en exploitant, le cas échéant, les procédés d'une forme de théâtralité filmique particulièrement pertinente pour ce siècle du théâtre. En conséquence, il n'est peut-être pas de meilleur moyen d'entrer en osmose avec le siècle de Marivaux et ses décors rococos que de le jouer, de s'en jouer, et partant de retrouver, comme chez Sofia Coppola, les voies d'une théâtralité portée jusqu'à l'excès, l'inconscience, le scandale, le caractère excessif du frivole symbolisé par la société de Cour et de spectacle. Dans cet entre-deux qui se passe éventuellement, mais pas nécessairement, du souci de l'exactitude historique, s'établit ainsi un passage à notre propre époque, au risque de l'anachronisme volontaire et assumé (partie V).

Il convient ainsi, pour le cinéma contemporain, de procéder à la reconstruction fantasmatique d'un imaginaire collectif du siècle des Lumières. On attend d'un cinéma des Lumières qu'il soit subversif et anticonformiste, voire éventuellement didactique ou, pour le moins, pédagogique. Il l'a parfois été, chez Pasolini par exemple ou chez Peter Brook. Pourtant, sa complexité rend problématique une telle vocation. Ce n'est pas le moindre des paradoxes que ces films proposent, à travers le principe de plaisir, voire de jouissance, au sens des Lumières, une réflexion grave sur les mirages de la raison et les fatigues de la chair... Il faut faire les comptes avec les vocations que se donne ouvertement ou non le cinéma des Lumières, selon qu'on situe ces retours ou ces captations de fantômes, ces résurgences d'un monde disparu, dans une perspective de commémoration identitaire patrimoniale ou selon qu'on voit littéralement à l'œuvre l'instauration d'un rapport historique neuf et ouvert, libéré des mythes et des illusions rétrospectives, des légitimations nationales sclérosantes et des consécrations républicaines lénifiantes. En marge des analyses académiques, mais dans le même mouvement de pensée, le volume donne ainsi le dernier mot aux professionnels du cinéma et de l'audiovisuel, qu'ils travaillent comme scénaristes, réalisateurs ou acteurs, aussi bien pour le petit que pour le grand écran (comme Benoît Jacquot), ou que leurs écrits aient inspiré, de façon plus ou moins directe, les cinéastes qui s'y réfèrent (comme Jean-Claude Carrière). Bien plus qu'un simple témoignage, il s'agit là de capter des visions aussi complémentaires, voire aussi antagonistes que possible, afin de rendre apparente la variété des postures artistiques envisageables, dès lors qu'on s'intéresse à reconstituer ou à adapter le dix-huitième siècle à l'écran, mais surtout, d'aller au-delà des formes codifiées de l'adaptation ou de la reconstitution historique (partie VI).

Aborder le dix-huitième siècle par ses dehors et traquer le cinéma par ce qui l'a précédé constituent ainsi les deux pendants d'une même démarche scientifique cohérente et, de façon indissociable, nourrissent une conviction forte : au lieu de se complaire à prophétiser la mort annoncée de l'écran, faisant suite à celle de l'écrit, et à travers elle d'un certain 'esprit des Lumières', à la fois et contradictoirement indépassable et perdu,[55] il s'agit donc au contraire de ménager des allers-retours, n'hésitant pas à débusquer le cinéma là où on l'attendrait le moins, au dix-huitième siècle, et à l'inverse, le dix-huitième siècle là où on penserait le chercher en vain, dans une imprégnation du cinéma moderne et contemporain, en-dehors de toute historicité explicite ou référencialité affichée. Il n'échappera à personne ce qu'une telle démarche peut avoir de moderne.

---

55. Tel était le cas du forum *Le Monde* qui s'est tenu au Mans du 17 au 19 novembre 2006, 'L'esprit des Lumières est-il perdu?', (Rennes, 2007), de l'exposition de la BnF 'Lumières! Un héritage pour demain', dirigée par Yann Fauchois, Thierry Grillet et Tzvetan Todorov, entre le 1er mars et le 28 mai 2006, ou encore des expositions consacrées à Marie-Antoinette (Grand Palais, 15 mars au 30 juin 2008) ou à Mme du Châtelet (BnF, 7 mars au 3 juin 2006). Voir surtout les nombreux essais de ces dernières années: Robert Darnton, *Pour les Lumières: défense, illustration, méthode* (Bordeaux, 2002); Régis Debray, *Aveuglantes Lumières: journal en clair-obscur* (Paris, 2006); *Sens des Lumières*, éd. Michel Porret (Paris, 2007); Tzvetan Todorov, *L'Esprit des Lumières* (Paris, 2006).

Remerciements

Entre 2005 et 2007, Laurence Schifano et Martial Poirson ont animé, à intervalles réguliers, à l'Université Paris Ouest Nanterre La Défence, un séminaire commun consacré aux représentations cinématographiques des Lumières, permettant la collaboration scientifique et la mise en commun des résultats d'enquêtes interdisciplinaires menés par des chercheurs des Universités Paris-Sorbonne, Paris Ouest-Nanterre et Stendhal-Grenoble III. Ce travail a permis de faire émerger, à partir de la mise en examen d'un grand nombre de productions cinématographiques et de la confrontation de méthodes et approches disciplinaires différentes, des problématiques communes et de dessiner les contours d'un nouveau champ d'investigation scientifique, qui a partie liée à notre modernité et interroge nos propres pratiques savantes.

Nous tenons à exprimer nos plus vifs remerciements envers Yvette Ehrler-Chiffre et Xavier Bittar, doctorant en Etudes cinématographiques, pour leur aide précieuse dans la réalisation matérielle et la mise en forme de ce volume. Merci également à l'UMR LIRE-CNRS de l'Université de Grenoble, dirigée par Yves Citton, et à l'équipe d'accueil HAR: Histoire des Arts et des Représentations, dirigée par Christian Biet, pour leur soutien sans faille dans ce projet de longue haleine. Merci enfin à Ettore Scola, qui nous a autorisé à reproduire ses dessins préparatoires à *La Nuit de Varennes*.

Cet ouvrage a été publié avec le soutien financier de l'UMR LIRE-CNRS 5611 de l'Université Stendhal-Grenoble III pour les crédits photographiques.

I
Archéologie filmique des Lumières

Louis-Sébastien Mercier: l'homme caméra

JEAN-CLAUDE BONNET

Lorsque l'abbé Dubos proclame en 1719, dans ses *Réflexions sur la poésie et la peinture*, que 'le tragique fait son effet à l'aide des yeux', il ouvre une brèche dans le champ des beaux-arts où avait prévalu jusque-là, conformément à la poétique aristotélicienne, la suprématie du discours sur le visuel. Un processus inéluctable d'autonomisation de la vue se constitue alors qui produit une nouvelle culture du regard. Au théâtre, on s'intéresse désormais à tout ce qui contribue à l'illusion (le décor, le costume, l'éclairage). Et Diderot fonde l'espace théâtral en demandant aux comédiens d'agir 'comme si le rideau ne s'était jamais levé', selon sa fameuse théorie du 'quatrième mur'. On n'a longtemps voulu voir dans cette évolution que l'affirmation d'un plaisir de mauvais aloi où s'annonçait la décadence de la littérature: à l'insurpassable répertoire classique ont succédé incontestablement les pauvres rejetons du drame et ensuite du mélodrame. Mais si les grands textes dramatiques ne sont effectivement pas légion au dix-huitième siècle, on ne saurait méconnaître la fécondité de la réflexion esthétique à cette époque. De cette curiosité tout à la fois 'philosophique' et scientifique, qui caractérise l'esprit encyclopédique, naît alors un prodigieux laboratoire de formes.

Diderot s'impose immédiatement comme le chef de file de l'innovation en ce domaine. Dans ses premiers écrits fondateurs que sont la *Lettre sur les aveugles* (1749) et la *Lettre sur les sourds et muets* (1751), il apparaît impatient, selon son expression, de 'décomposer un homme', c'est-à-dire de considérer ce que nous tenons de chacun de nos sens. En étudiant ce qui se joue dans l'entendement des infirmes du fait de la privation de la vue ou de l'ouïe, il recherche et trouve, selon une admirable continuité expérimentale, des éléments essentiels pour analyser ensuite sémiotiquement ce qu'il désigne comme le 'hiéroglyphe' de chaque art. Il rapporte dans la *Lettre sur les sourds et muets* que lorsqu'il se proposait, au théâtre, un 'examen des mouvements et des gestes', il se plaçait tout en arrière et mettait ses doigts dans ses oreilles, alors que les jours où il s'agissait pour lui de juger de la dimension sonore du spectacle il préférait les premiers rangs et fermait les yeux. Ne se demande-t-il pas très précisément en la circonstance: qu'est-ce qu'une image? Qu'est-ce qu'un son? Qu'est-ce que la combinaison des deux? Il m'était apparu que par ce simple geste si génialement scientifique et esthétique (son étude des infirmes l'ayant conduit à sa réflexion sur les arts), Diderot inventait <u>de facto</u> le cinéma et j'avais été confirmé peu après dans cette idée en découvrant un article d'Eisenstein.[1] Grâce à la notion dynamique de 'scène composée' (dont le principe est d'entremêler la pantomime et le discours), Diderot définit non seulement ce que nous entendons aujourd'hui par mise en scène au théâtre, mais annonce ce que sera le cinéma lui-même. S'il est arrivé souvent à Jean-Luc Godard et à Serge Daney d'anticiper sur une probable disparition du septième art en évoquant celui-ci au passé, il me semble qu'on peut inversement (en inscrivant résolument l'histoire des formes dans le temps long) en parler sans paradoxe comme s'il avait été en quelque sorte déjà là au dix-huitième siècle, car bien avant l'invention technique du cinéma, Diderot avait pressenti la logique de son 'hiéroglyphe'.

Louis-Sébastien Mercier (1740-1814) est un des écrivains de la génération suivante qui a le mieux retenu cette leçon magistrale dont il a tiré le meilleur parti pour lui-même. Il s'était fait connaître en 1771 par son utopie de *L'An 2440, rêve s'il en fut jamais*, puis comme dramaturge et comme auteur d'un important essai sur le théâtre en 1773. Mais c'est au *Tableau de Paris* (1782-1788) et au *Nouveau Paris* (1799), publication monumentale en dix-huit volumes, que son nom reste avant tout attaché. Il se plaît à évoquer 'ses trente années d'observations' qui lui ont permis de faire un tableau complet et mouvant de la capitale. Parce qu'il se définit d'abord comme un 'descripteur', la question du regard est au cœur de son écriture. Lecteur perspicace de la *Lettre sur les aveugles* et de la *Lettre sur les sourds et muets*, il s'efforcera de répondre sa vie durant à l'impérieuse invite que ces ouvrages lui ont lancée dans ses années de formation, en l'appelant à intensifier méthodiquement toutes les opérations de l'esprit et des sens pour mieux déchiffrer la beauté et la complexité du monde.

Premier 'piéton de Paris', Mercier reconnaît qu'il n'aurait jamais écrit son *Tableau* s'il n'avait arpenté assidûment les rues de la capitale. Et il est vrai que l'on ne saurait découvrir une ville sans montrer cette inlassable vigueur de marcheur que Colette admirera ensuite chez son cher Léon-Paul Fargue. Cette énergique déambulation apparaît comme le seul véritable gage de l'acuité du regard: 'J'ai tant couru pour faire le *Tableau*

---

1. J'avais signalé que Diderot avait en quelque sorte inventé le cinéma dans la revue *Cinématographe* en 1981 et dans une édition du *Neveu de Rameau* (Paris, 1984), puis découvert peu après un texte de Sergei Eisenstein écrit en 1943 dont la traduction est parue sous le titre 'Diderot a parlé de cinéma' (*Europe* 661, 'Diderot', 1984, p.133-42). J'ai développé ultérieurement ce thème dans un article: 'Diderot a inventé le cinéma', *Recherches sur Diderot et l'Encyclopédie* 18-19 (octobre 1995), p 27-33.

de Paris que je puis dire l'avoir fait avec mes jambes; aussi ai-je appris à marcher sur le pavé de la capitale, d'une manière leste, vive et prompte. C'est un secret qu'il faut posséder pour tout voir. L'exercice le donne; on ne peut rien faire lentement à Paris, parce que d'autres attendent.'[2]

Il parvient à se faufiler allègrement dans les embarras de la capitale d'un pas léger et rapide, parcours sinueux et dansant qui libère la mobilité de son regard. Sa vigilance d'observateur aux aguets se conjugue avec l'extrême concentration de l'écouteur qui prête une oreille attentive à ce qui se dit alentour en tâchant de surprendre quelque aparté intéressant. 'En traversant les rues de Paris, regardant et écoutant tout, selon ma coutume, j'ai entendu un mot sublime d'une femme du peuple',[3] déclare Mercier qui tâche de se familiariser avec la voix humaine dans toutes ses nuances et parfois sous des formes particulièrement difficiles à saisir. Ainsi des fameux cris de Paris pour la compréhension desquels les servantes ont, selon lui, 'l'oreille beaucoup plus exercée que l'académicien'. C'est que 'l'idiome de ces crieurs ambulants est tel, qu'il faut en faire une étude pour bien distinguer ce qu'il signifie.'[4] Ainsi le ramage du vendeur de tisane représente-t-il un véritable défi pour les oreilles non prévenues: 'Anatomistes, dites-le-moi, comment son gosier docile peut-il suffire à crier sans interruption, à chanter sa marchandise, avec des roulades, des passages et des tons qui me surprennent véritablement? Le larynx de ces hommes-là est bien remarquable et leur glotte de perroquet doit avoir, si je ne me trompe, une configuration toute particulière.'[5] Un tel phénomène anatomique relève à la fois du virtuose et du monstre. Il oblige celui qui l'écoute à développer ses capacités auditives et il en va de même dans de nombreux autres cas, si bien que le *Tableau de Paris* ne vaut pas seulement par son champ visuel étendu mais aussi par la richesse de son paysage sonore.

Mercier s'efforce de rendre compte de la diversité des voix comme de toute une gamme de bruits surprenants (le grincement des enseignes) ou de sons familiers (le timbre singulier de chacune des cloches). Il apprécie particulièrement les sons en quelque sorte 'voyageurs' qui croissent et qui décroissent: ceux, par exemple, qu'il est 'doux d'entendre de son lit', comme la 'musique ambulante des rues et les voix humaines qui se répondent'.[6] Il note que l'étranger s'en émerveille lui aussi et 'prête l'oreille à ces sons qui s'éloignent, et qui dans le lointain ont encore plus

---

2. Louis-Sébastien Mercier, *Tableau de Paris*, éd. J.-C. Bonnet, 2 vol. (Paris, 1994), 'Mes jambes', t.2, p.1309.
3. *Tableau de Paris*, 'Tueries', t.1, p.1022.
4. *Tableau de Paris*, 'Cris de Paris', t.1, p.1050.
5. *Tableau de Paris*, 'Vendeur de tisane', t.1, p.1229.
6. *Tableau de Paris*, 'Fête de sainte Cécile', t.2, p.1394.

de charmes'.⁷ Dans l'assourdissement progressif de cette ritournelle, et à travers bien d'autres notations du même genre, dont l'effet est déjà très 'moderne', se creuse une sorte de profondeur de champ sonore. C'est pourquoi, loin de renvoyer au 'moment' statique de la peinture, l'esthétique du 'tableau' chez Mercier est bien plutôt de l'ordre cinétique d'une 'scène composée' selon le sens très dynamique que Diderot a donné à cette notion. L'auteur du *Tableau de Paris*, qui a bon pied, bon œil et qui est loin d'être sourd, constitue en lui-même un dispositif sensorimoteur complet, une étonnante machine propre à enregistrer les images et les sons que la réalité, en bonne pourvoyeuse, lui fournit sans trêve. Il a quelque chose d'un homme-orchestre à la façon du neveu de Rameau ou d'un colporteur qui ferait son cinéma de tout, et contribue ainsi par son regard de piéton à l'invention de l'image mouvante.⁸

Répondant à la belle injonction de voir le monde qui est au cœur de la culture des Lumières, Mercier découvre très vite qu'il n'y a rien de plus difficile à mettre en œuvre, contrairement à ce que proclameront toujours les sempiternels contempteurs du 'réalisme'. Ouvrir une fenêtre sur la réalité demande, selon lui, un savant apprentissage. Pour que la littérature devienne l'instrument optique dont il rêvait, il lui aura fallu, il est vrai, consacrer d'abord bien des années à une longue réflexion sur les arts et particulièrement sur le théâtre. C'est au prix d'une véritable réforme sémiotique qu'il est finalement parvenu à inventer un regard: en se débarrassant, par exemple, de l'enseignement des collèges tellement obnubilé par l'antiquité qu'il fait oublier le présent, en luttant contre cette inertie de l'habitude qui rend les Parisiens aveugles aux beautés de leur ville, en récusant tout ce qui paralyse l'"esprit d'observation'.

Il a une véritable phobie pour ce qui fige le regard et déteste par dessus tout les 'lorgneurs' insolents qui 'fixent sur votre personne des yeux immobiles et assurés'.⁹ Il assure dans le même sens que le 'cabinet du roi' (le cabinet d'histoire naturelle du Jardin du roi, aujourd'hui Jardin des plantes) lui donne la migraine avec sa 'nomenclature effrayante', ses curiosités entassées dans un ordre symétrique et surtout ses animaux naturalisés au regard vitreux. Les ouvrages accumulés dans les bibliothèques produisent sur lui la même désagréable impression parce qu'ils lui apparaissent à jamais embaumés dans leur reliure en peau de bête, prison fatale qui condamne, selon lui, tout exercice libre de la lecture. Il en vient à déplorer plus généralement que les arts ne soient

---

7. *Tableau de Paris*, 'Musique ambulante', t.1, p.1051.
8. Sur le 'regard' de Mercier, voir mes différentes introductions à ses œuvres au *Mercure de France*, ainsi que Jean-Rémy Mantion, 'L'œil: modes d'emploi: les psychés de Louis-Sébastien Mercier', dans *Louis-Sébastien Mercier, un hérétique en littérature*, éd. Jean-Claude Bonnet (Paris, 1995), p.153-98.
9. *Tableau de Paris*, 'Les lorgneurs', t.1, p.379.

faits que pour 'l'indolence' et 'l'œil de la mollesse', c'est-à-dire pour 'réveiller de sa léthargie et de son ennui' le 'voluptueux oisif'.[10] Ce qu'il désigne par dérision comme le 'Beau fixe' et que prônent les 'prédicateurs du goût' impose partout des règles obsolètes qui rendent les arts incapables de reproduire la variété du monde. Aussi en vient-il à renier la peinture[11] qui lui semble définitivement aveugle à l'infinie diversité des choses et des visages, et à regretter que le théâtre se limite à un petit nombre de rôles monotones sans rapport avec les riches nuances du monde social. Dans ce contexte artistique qui lui paraît pauvre et qui est surtout bien trop statique à son gré, Mercier s'efforce de régénérer et de stimuler méthodiquement sa propre vision en variant les angles et les vitesses afin de déjouer les pièges d'une fatale et médusante immobilité.

Passionné de physiognomonie, Mercier s'applique également à développer en lui-même un don de seconde vue qu'il revendique hautement comme une partie intégrante de son talent d'écrivain. Obsédé par l'idée lancinante de l'incroyable 'aveuglement' qui caractérise, à ses yeux, la vie urbaine et la condition humaine en général ('On passe à côté les uns des autres sans se connaître. Telle femme qui conviendrait à telle homme, et qui ferait son bonheur, en est coudoyée rudement, et n'en est pas aperçue'),[12] il conçoit, pour déceler la nature des êtres et percer leur secret, de véritables exercices sémiologiques qui tiennent de la divination: en 'traversant les rues toujours remplies d'un peuple en mouvement', il tâche ainsi de 'lire sur les physionomies les passions qui les agitent' ou d''exercer sa pénétration sur l'état et le rang de tous ceux qui y circulent'.[13] Enfermé dans une voiture publique avec un voyageur qu'il ne connaît pas, il s'ingénie de même à 'deviner son état'.[14] Aussi saura-t-il immédiatement reconnaître, plus tard, en Robespierre un 'chat sauvage' et en Marat un 'oiseau de nuit', métaphores utilisées dans le *Nouveau Paris* que reprendront non seulement Michelet dans son *Histoire de la Révolution* et Hugo dans *Quatre-vingt-treize*, mais dont s'inspirera Abel Gance pour la mise en scène (le 'typage' photographique et le casting) de son *Napoléon*. Au-delà de ces expériences singulières, Mercier devait surtout rompre avec ce qu'il y avait de sec dans une culture des Lumières trop exclusivement fondée sur les 'idées' et sur l'esprit d'analyse si bien qu'elle finissait par devenir oublieuse de la puissance de l'imagination et de la littérature. N'avait-il pas donné lui-même trop longtemps dans cette écriture

10. *Tableau de Paris*, 'Pour qui les arts? Hélas!', t.1, p.51.
11. Sur cette 'iconophobie' de Mercier, voir Philippe Roger, '*Tableau* contre tableaux: la querelle des images selon Louis-Sébastien Mercier', *Cahiers de l'AIEF* 58 (2006), p.121-40.
12. *Tableau de Paris*, 'Aveuglement', t.1, p.237.
13. *Tableau de Paris*, 'Audiences', t.1, p.1026.
14. *Tableau de Paris*, 'Rencontre', t.2, p.663.

blanche avec son utopie de *L'An 2440* et ses *Songes philosophiques*? A cette 'classicomanie qui n'a point d'yeux' et qui, selon lui, 'voile le brillant spectacle du monde', à ce qu'il appelle également la 'muse pâlotte', il en vient à opposer ce qu'il désigne tout aussi joliment comme les 'mots couleurs'. Pour chacun de ses domaines d'investigation, il produit, de fait, une gamme très étendue de nuances afin d'en appréhender les modalités diverses. Cette large palette qu'il nomme le 'gradin symbolique' tient à la richesse du lexique et à la force des vocables qui viennent aussitôt relayer l'énergie de la vision.

Au principe de son écriture il y a d'abord, et on peut même dire en tout et pour tout, la force d'effraction de cette unité minimale qu'est le mot, ce qui lui a permis de s'émanciper des contraintes des genres préétablis, et d'inventer un style très libre, pleinement accordé aux hasards de sa déambulation. C'est dans une même collecte aléatoire, en effet, que Mercier saisit un fragment de la réalité et trouve le mot qui s'y accorde. Le *Tableau de Paris* offre quelques emblèmes secrets de cette poétique originale, comme, par exemple, l'image des filets de la Seine qui retiennent tout ce qui se présente au fil de l'eau ('On trouve souvent dans ces filets les plus singuliers débris, que le hasard entasse pêle-mêle, et que la Seine a charriés de la capitale')[15] ou bien le personnage du 'trouveur' qui vit des objets perdus qu'il ramasse au petit matin dans les rues de la capitale ('Notre œil a huit muscles; les huit muscles de cet homme travaillent, le long des routes, avec une mobilité surprenante').[16] Pareillement à l'affût, l'auteur du *Tableau de Paris* est guidé lui aussi par un sûr instinct de la cueillette qui a indiscutablement quelque chose à voir avec le cinéma: dans *Les Glaneurs et la glaneuse*, sa belle variation à partir des toiles de Jean-François Millet, Agnès Varda a récemment fait son autoportrait en filmant différentes formes du ramassage (dans les champs, les poubelles et les brocantes) qui sont données comme autant de métaphores de son art, fondé depuis le début sur les aléas et le *kairos* de la saisie photographique.

Si Mercier développe bien lui aussi, en quelque sorte, dans ses promenades la même acuité visuelle que l'herborisateur ou la même énergie compulsive que le ramasseur de champignons, son regard ne subit pas cependant l'astreinte d'une semblable quête obsessionnelle tournée vers un seul objet mais tend, au contraire, à se pluraliser sans cesse en s'accrochant à d'autres yeux qui sont autant de relais multiplicateurs. Il ne s'agit pas de se brancher sur ces terribles regards dont il se plaît à dévoiler la froideur ou la méchanceté (comme le coup d'œil glaçant du clinicien ou l'œillade arrogante du ministre), mais de chercher à épouser

---

15. *Tableau de Paris*, 'Filets de Saint-Cloud', t.1, p.658.
16. *Tableau de Paris*, 'Trouveur', t.2, p.651.

tout au contraire ceux qui sont propres à raviver le sien par leur fraîcheur et par leur gaieté. Ainsi aime-t-il à se faire, chaque fois que l'occasion s'en présente, le mentor des voyageurs (et surtout des jolies voyageuses) qui s'émerveillent en découvrant la capitale pour la première fois et au contact desquels son propre regard se régénère. Le piéton de Paris s'enchante surtout du spectacle plein de séduction offert à chaque pas par les vitrines et les étals de la ville où brillent les petits métiers féminins: comme la marchande d'huîtres si agile qu'elle n'en renverse aucune ou la servante d'auberge qui se faufile lestement à travers les clients en préparant la note avec une rapidité prodigieuse. Il ne résiste pas à l'attrait particulier des 'marchandes de modes' dont les jolies employées 'enchaînées au comptoir, l'aiguille à la main, jettent incessamment l'œil dans la rue',[17] aussi heureuses de voir que d'être vues. Ainsi s'annonce non seulement le riche horizon romanesque du dix-neuvième siècle, mais déjà la franche gaieté et la vigueur sans pareille du grand cinéma français, que ce soient les grisettes de *Casque d'or* et les petites mains de *French cancan*, la Danièle Darrieux de *Pot-bouille* chez Duvivier et la Suzy Delair de *Rocco et ses frères* qui sont, en effet, toutes les deux postées 'au comptoir' de leur magasin.

Mercier se montre d'autre part fasciné par la police pour laquelle il ne marque pas de sympathie particulière, mais qu'il admire pour la précision et l'ampleur de ses enquêtes. Aussi consacre-t-il de nombreux chapitres à décrire les ramifications de ce réseau panoptique qui quadrille la capitale à partir d'un 'point central':[18] de cette formidable machinerie qu'il décrit comme un Argus aux cent yeux procéderont à la fois Vautrin et Mabuse. L'auteur du *Tableau de Paris* est le premier à dévoiler comment les différentes polices ne cessent de se doubler entre elles ('Les espions ont d'autres espions à leurs trousses qui les surveillent, et qui voient s'ils font leur devoir'),[19] complexe entrelacs de regards sur lequel se fondera l'esthétique du film noir, et il esquisse par ailleurs (dans une perspective que l'on peut désigner déjà comme documentariste) une belle étude de milieu en décrivant la difficile condition du commissaire ('trop peu payé'), pris entre le lieutenant de police qui le réprimande et le peuple qui se plaint. Dans sa vocation de 'descripteur', Mercier en vient à s'identifier à 'l'espion' qui prend les escrocs en filature ('Il est tout yeux, tout oreilles, tout jambes; car il bat, je ne sais comment, le pavé des seize quartiers').[20] De même que l'espion, 'tapi dans le coin d'un café', fait semblant de dormir pour mieux observer, Mercier se couvre 'd'une redingote brune' pour aller dans un faubourg étudier la vie des gueux.

17. *Tableau de Paris*, 'Marchandes de modes', t.1, p.1478.
18. Voir *Tableau de Paris*, 'Point central', t.2, p.160.
19. *Tableau de Paris*, 'Hommes de la police', t.1, p.161.
20. *Tableau de Paris*, 'Espions', t.1, p.156.

L'art du signalement est incontestablement ce qui les rapproche le plus: c'est 'un véritable portrait auquel il est impossible de se méprendre; et l'art de décrire ainsi la figure avec la parole est poussé si loin, que le meilleur écrivain, en y réfléchissant beaucoup. n'y saurait rien ajouter, ni se servir d'autres expressions'.[21]

En faisant jouer diverses lignes concurrentes, Diderot avait brisé la frontalité de la scène et donné de la profondeur à l'espace théâtral. Le regard que Mercier invente est fondé sur un même principe, mais il vise quant à lui la totalité du réel et tend à s'exercer dans un au-delà de la scène ou du tableau, c'est-à-dire dans toute cette part de hors champ qui excède le cadre imposé par les arts du temps. L'auteur du *Tableau de Paris* aime ainsi décrire ce que l'on voit depuis le trou du souffleur ou 'derrière la toile', et montrer les acteurs en coulisse: 'tout cela forme un spectacle plus neuf, plus varié et plus réjouissant que celui qu'ils pourraient donner.'[22] C'est en quelque sorte 'l'envers du music-hall' qui l'intéresse, cette profonde théâtralité de la vie qu'il scrute partout dans la ville et qui représente une part prépondérante de son ouvrage. Selon un profond mimétisme social et une 'pantomime' générale, en effet, les femmes de chambre prennent les manies de leur maîtresse et les 'jeunes gens qui fréquentent les spectacles ont tous une légère nuance du comédien à la mode',[23] les 'mendiants valides' se font passer pour des infirmes, les sergents recruteurs se composent un personnage propre à déguiser leurs vraies intentions, et les 'matrones' font jouer, dans leur 'sérail', toutes 'sortes de rôles à leurs filles' pour satisfaire 'les caprices et les fantaisies des hommes': 'La marchande de modes devient une petite villageoise nouvellement débarquée; l'ouvrière en linge est une timide provinciale toute neuve, qui a fui la cruauté insigne d'une belle mère impérieuse. Le langage répond à l'habillement.'[24] C'est dans la rue, les cafés, le théâtre de société, ou dans un repas (et non pas sur les théâtres) que l'on peut voir des 'mimes d'un genre nouveau' qui font paraître 'maniéré' le jeu des 'comédiens du roi':

> J'ai vu trois hommes doués d'un talent singulier. Ils imitaient parfaitement ce que personne ne songe à imiter, comme le bruit léger d'une mouche qui vole et bourdonne, d'une porte qui se ferme et de la clef qui tombe, d'un pot qui se casse. [...] Le même homme à table se métamorphose rapidement en plusieurs personnages, pleure, rit, chante, sanglote, éternue, tousse, fait le sourd, le niais, l'aveugle, le goutteux. Chaque tableau passe comme un éclair; ce sont des nuances fines, délicates, promptes, qui donnent à sa physionomie

---

21. *Tableau de Paris*, 'Hommes de la police', t.1, p.161.
22. *Tableau de Paris*, 'Café de la rue des Boucheries', t.2, p.1137.
23. *Tableau de Paris*, 'Théâtre national', t.2, p.87.
24. *Tableau de Paris*, 'Matrones', t.2, p.12.

des physionomies diverses, et qui lui impriment une prodigieuse et incroyable mobilité.'[25]

Mercier s'efforce de se montrer lui-même aussi véloce dans son *Tableau*, car son œil n'a qu'un instant, à chaque fois, pour saisir 'ce qui se passe' à travers un 'nuage ouvert et refermé'.[26] Aussi définit-il ses écrits sur Paris comme des 'esquisses rapides' privées de 'ces embellissements factices' qui, dans la peinture, 'défigurent le trait réel',[27] si bien qu'elles tiennent davantage du dessin: les longues préparations et en quelque sorte le temps de pose (on pourrait dire aussi de pause) que nécessite l'art trop savant du lié néoclassique, si éloigné du génie de l'instantané et de la temporalité du clin d'œil, lui semblent devoir plomber la toile par un fatal empâtement. Il lui faut tout au contraire écrire dans l'urgence sinon son livre aura, il en est certain, 'perdu de ses couleurs avant qu'il soit imprimé': 'Hâtons les chapitres, et rattrapons, s'il est possible, la physionomie du moment.'[28] Son regard ne saurait être authentifié que par une saisie foudroyante propre à capter le présent le plus volatil.

Mercier veut d'autre part rendre compte d'une réalité qui se présente comme un continuum. Ainsi Paris, qu'il se propose de peindre dans ses accroissements, est un sujet sans forme et sans limite qui réclame une poétique inédite et dont les halles sont un des centres emblématiques: 'Là, point de silence, point de repos, point d'entracte.'[29] Et quand, pour agrandir encore son champ de vision, il décide de partir 'voir le monde' en chaise de poste, au-delà des barrières, il s'abandonne sans réserve à un mouvement perpétuel: 'Oh! qu'il est doux, ratatiné dans un enclos commode, de se rendre observateur, tantôt d'une ville, tantôt d'un village. De tous les états de la vie, celui de voyageur est le plus fécond en plaisirs purs et nouveaux. Je suis heureux lorsque je voyage; ma tête s'illumine, et tous les livres alors me semblent froids et fastidieux.'[30] Le voyageur cède en la circonstance à une sorte d'allégresse de l'immédiation, car c'est manifestement à la condition qu'il oublie tous les livres (ce qui le ravit incontestablement) que la réalité s'offre à lui. Il ne s'agit pas ici, en effet, de s'appuyer sur la bibliothèque en ajoutant des mots à des mots ou de commenter les signes de la peinture comme dans la savante *ekphrasis* de la 'Promenade Vernet' où Diderot parcourt un à un les sites de quelques tableaux, mais d'une confrontation directe avec le visible à l'occasion de laquelle le voyageur déclare que sa 'tête s'illumine': les mots qui lui viennent alors aussi spontanément qu'impérieusement à l'esprit

---

25. *Tableau de Paris*, 'Mimes d'un genre nouveau', t.1, p.1491-92.
26. *Tableau de Paris*, 'Layetiers', t.1, p.1096.
27. *Tableau de Paris*, 'Laitières', t.2, p.206.
28. *Tableau de Paris*, 'Les marchandes de modes', t.1, p.411.
29. *Tableau de Paris*, 'Les heures du jour', t.1, p.877.
30. *Tableau de Paris*, 'Chaise de poste', t.2, p.1452.

n'obéissent pas aux codes littéraires ni aux contraintes génériques en vigueur, mais tiennent à la mystérieuse et irréfutable logique du langage et d'un style qui est le sien. Dans son expérience contemplative qui fait défiler sous ses yeux 'une foule d'objets mouvants dont le cadre est immense', le voyageur découvre un exercice pleinement libre de son regard, alors qu'au contraire 'la peinture isole perpétuellement l'objet, coupe incessamment le grand cadre de la nature.'[31] Voyager en chaise de poste le comble littéralement, non seulement parce que cette posture rejoint le topos du 'Suave mari magno...', mais plus prosaïquement parce que c'est en quelque sorte le repos mérité du piéton de Paris et, par exemple, du visiteur du Salon de peinture que la station debout a fini par fatiguer. Dans ce pur plaisir paraît s'annoncer et se dire aussi par anticipation le bien-être très particulier du spectateur de cinéma confortablement installé dans son fauteuil et lui aussi 'ratatiné dans un enclos commode'. En voyageant, Mercier a indéniablement approfondi son goût pour l'image mouvante si bien qu'il prétend dès lors ne plus pouvoir jeter sur la peinture qu'un regard de 'voyageur' et visiter le Salon qu'à la course. Et ce ne sont pas tant les tableaux immobiles qui retiennent alors son attention que l'activité visuelle des spectateurs: 'Je ne regarde presque plus ces toiles savamment coloriées; je regarde l'œil qui regarde.'[32]

C'est à l'épreuve de la montagne que son regard s'est sans doute le plus enrichi. Bien avant de prendre la vraie mesure des Alpes lors de son séjour à Neuchâtel (de 1781 à 1785) où la Société typographique éditait le *Tableau de Paris*, Mercier ne manque pas d'associer lui aussi la montagne au 'sublime' (à la suite de Diderot et de Burke) en y voyant une formidable invite à la régénération des arts. Il supplie alors les poètes de laisser là le 'goût futile' de leurs 'cadences maniérées', et finit par leur lancer cette belle et énergique exhortation: 'Ecrivez pour les montagnes.'[33] Une fois arrivé sur les lieux et découvrant les admirables paysages qu'il est un des premiers à qualifier de 'romantiques', il s'émerveille d'une disproportion inhumaine qui rompt le cercle habituel de l'imitation et fait paraître ridicules (ainsi que l'avait déjà remarqué Rousseau dans *La Nouvelle Héloïse*) les petits décors des scènes parisiennes. Il rêve alors d'organiser des spectacles d'une tout autre échelle en imaginant, par exemple, d'utiliser comme un théâtre le site naturel du lac de Nantua, 'la salle', selon lui, 'la plus magique peut-être qui existe dans le monde':[34] des

---

31. *Journal de Paris* (13 février 1797), textes publiés dans la presse, dans L.-S. Mercier, *Le Nouveau Paris*, éd. Jean-Claude Bonnet (Paris, 1994), p.956.
32. *Musée central des arts*, textes annexes, dans *Le Nouveau Paris*, p.1003.
33. 'Montagnes', *Journal des dames* (1775), texte cité dans les notes du *Tableau de Paris*, t.2, p.1684.
34. *Mon bonnet de nuit*, 'Lac de Nantua', éd. Jean-Claude Bonnet (Paris, 1994), p.483.

'pots à feu' et des 'hommes habillés en géants' seraient distribués sur les hauteurs d'où l'on tirerait des feux d'artifice, spectacle qui par son ampleur peut préfigurer à nos yeux certains événements artistiques contemporains comme, par exemple, les installations de Christo ou les grands dispositifs de Jean-Michel Jarre. A Neuchâtel, Mercier s'enthousiasme pour les différents spectacles de la nature en considérant au microscope l'infiniment petit et en parcourant à l'aide du télescope le sublime panorama dont le cadre de sa 'fenêtre' le gratifie à chaque instant. Il observe tantôt le Mont-Blanc, tantôt le manège fascinant d'un oiseau de proie qui pêche sur le lac, et souhaiterait pouvoir s'abandonner lui aussi à l'ivresse et à l'extase de voler: 'Je voudrais être oiseau, je le répète, à cause de la force et de l'étendue de la vision.'[35] Cette rêverie s'offre, en effet, comme la métaphore exacte d'un regard très mobile avec des accélérés et des ascensions vertigineuses.

Il en va ainsi dans le *Napoléon* de Gance où l'aigle qui accompagne Bonaparte durant tout le film (de Brienne à la campagne d'Italie) n'est pas tant un emblème impérial que l'image du cinéma lui-même qualifié par le cinéaste d'art 'souple, précis, violent, rieur, puissant'. Eisenstein a recours lui aussi à cette image de l'oiseau. Il rappelle que Lesage, dans *Le Diable boiteux*, 'soulevait les toits, en donnant la possibilité de jeter un coup d'œil sur la vie de ses voisins à hauteur d'oiseau',[36] ce qui suscitait (tout comme la théorie du 'quatrième mur' chez Diderot) un regard de voyeur. L'auteur du *Tableau de Paris* aime également cette idée de 'soulever les toits' dont il assure qu'il l'a mise en œuvre, d'une certaine façon, dans son ouvrage. Et quand l'heure du septième art sera venue, les caméras survoleront à leur tour l'espace des studios et viendront d'autant plus aisément s'immiscer dans les intimités domestiques que les décors sont ouverts par le haut, permettant ainsi le point de vue surplombant suggéré par Lesage et qu'affectionne aujourd'hui, par exemple, Alain Resnais comme on a pu le voir récemment dans *Cœurs*.

Avec la montagne, Mercier découvre principalement ce quelque chose 'd'énorme, de barbare, de sauvage' que la poésie réclame selon la fameuse expression de Diderot dans l'*Essai sur la poésie dramatique*. Et cette différence d'échelle qui le stupéfie l'amène à radicaliser un peu plus un principe dynamique de décadrage, c'est-à-dire tout un jeu des plans qui fait échapper à une inerte et monotone vision moyenne (qu'Eisenstein précisément stigmatisera dans le théâtre filmé). En passant dans son *Tableau* du 'coup d'œil général' à de 'légères observations', il varie perpétuellement les formats et les modules. Les phénomènes de miniaturisation le fascinent comme cette 'foire comique' en Chine qui

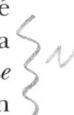

---

35. *Mon bonnet de nuit*, 'Oiseau', p.31.
36. S. Eisenstein, 'Diderot a parlé de cinéma'.

consiste à 'représenter les villes en petit dans une étendue d'un quart de lieue'[37] ou bien les chorégraphies enfantines qu'il qualifie par une poétique formule: 'Ô bals d'enfants... grands...'[38] Chez Jean Vigo, Eisenstein et Bergman, des nains et des marionnettes ne viendront-ils pas souvent produire le même effet troublant où s'affirmera incontestablement la force intempestive du 'gros plan' où se fonde la mise en scène? Et il en va de même ensuite chez Hans-Jürgen Syberberg qui aime en outre utiliser des maquettes en jouant constamment, et d'une façon tout aussi dérangeante, sur les proportions. Mercier affirme avoir été, quant à lui, subjugué par des sensations optiques du même ordre en voyant à Lucerne un 'tableau en relief de la Suisse' si judicieusement éclairé à l'aide d'un 'châssis' qu'on pouvait y mesurer la progression des heures du jour et celle des 'ombres des montagnes'.[39] De retour dans la capitale, il s'émerveille en 1797 d'un 'Plan de Paris en relief', dont il donne en quelque sorte le mode d'emploi: 'Au premier coup d'œil c'est une miniature dont l'image s'agrandit insensiblement à mesure qu'on la contemple. [...] Mais le charme de l'illusion est complet si, muni d'un verre qui grossisse les objets, on le porte successivement sur les tours et les dômes qui s'élèvent au-dessus des humbles maisons.'[40] On peut dire que le spectateur, organisant lui-même le jeu des plans et calculant son parcours visuel, se fait en quelque sorte son cinéma. Des 'installations' récentes, fondées sur le même principe, ont proposé un semblable programme de stimulation de l'œil. Les sculpteurs Anne et Patrick Poirier ont présenté dans la chapelle de la Salpétrière, il y a quelques années, une sorte de champ archéologique imaginaire (avec des ruines pittoresques en pierre et sable noirs) qui était savamment éclairé et que l'on pouvait regarder à la jumelle. Au festival d'Avignon (en 2006), un vidéaste helvète a conçu un étonnant spectacle: à travers un plan en relief de la Suisse circulait un train électrique équipé d'une minuscule caméra dont les images étaient projetées sur un écran.

Dans son expérience du regard, Mercier affronte avec la Révolution une aussi forte épreuve que celle de la montagne auparavant, car c'est un immense événement sans équivalent. Soucieux de s'en faire le témoin, il tâche de discerner le secret des 'engrenures' et de la causalité historique. Mais le ciel est devenu si changeant dans cette formidable accélération du temps qu'il doute de pouvoir jamais trouver le bon angle pour peindre le nouveau Paris. Aussi soulève-t-il, quelques années avant Stendhal, la question de la relativité du point de vue qui se posera plus tard à l'historien et au romancier, comme dans le film historique ou le

---

37. *Tableau de Paris*, 'Suite du Palais-Royal', t.2, p.943.
38. *Tableau de Paris*, 'Bal d'enfants', t.2, p.236.
39. *Mon bonnet de nuit*, 'Tableau en relief de la Suisse', p.963.
40. *Le Nouveau Paris*, p.485.

cinéma de reportage: 'Il est impossible de se figurer ce qui est; [...] Comment l'historien se retirera-t-il de ce labyrinthe? Comment évitera-t-il l'empire de sa propre opinion, lorsque les hommes les mieux exercés à voir ont eu peine à saisir un point de vue, et à fixer un objet dans cette extrême et continuelle mobilité d'optique?'[41] Confronté cette fois au défi de rendre compte de 'ce qui ne s'est jamais vu', Mercier s'efforce de cerner à son habitude les 'infiniment petits', toute une foule d'événements 'inobservés' et de spectacles jusque-là 'dérobés à l'histoire'. Son regard suit toujours la pente surréaliste de son esprit brocanteur mais, sous l'effet traumatisant de la Terreur, il s'approfondit en culminant dans des visions qu'aucun autre écrivain de cette période n'a eu la capacité de saisir ainsi sur le vif: comme, par exemple, un 'pied dressé en l'air' sortant 'd'une pile de cadavres' entassés sur une charrette, la pluie de neige des matelas éventrés lors de la prise des Tuileries, une 'marquise qui se fait ravaudeuse', un bourreau jouant du violon à côté des cadavres, des statues descendues de leur niche aux Invalides ressemblant à des 'simulacres d'évêques' et offrant 'de loin, à l'œil du spectateur, l'image d'un concile', autant d'aperçus sidérants qui inspireront bien des romans au dix-neuvième siècle et dont la dimension onirique aura des échos dans de nombreux films (batailles de polochon et plumes qui volent chez Abel Gance et Jean Vigo, 'simulacres' d'évêques chez Luis Buñuel...).

Loin d'être mélancolique, le dernier regard de l'auteur du *Nouveau Paris* est pour les innombrables spectacles des boulevards, dans lesquels brillent tous les 'miracles de l'optique': le cirque, le cabinet de cire, le panorama dont on peut jouir sans 's'essouffler' en montant seulement 'vingt marches', ou bien la fantasmagorie de Robertson[42] dont Mercier mesure la nouveauté en des termes qui préfigurent les conditions matérielles et psychiques d'une projection de cinéma. C'est le premier spectacle, en effet, où l'on soit absolument dans le noir, ce qui produit cette psychose hallucinatoire artificielle qui sera le propre du cinéma: dès lors les 'fantômes' peuvent venir à notre 'rencontre' (pour reprendre un carton du *Nosferatu* de Murnau). Aussi la fantasmagorie permet-elle à Mercier de s'abandonner à une rêverie spiritualiste qui lui est familière: 'Quand je suis perdu dans cet espace sans clarté, ma pensée vole au centre unique et s'y rattache.'[43] Le spectateur ne manque pas de noter également l'effet visuel inédit que procure la projection sur un écran des images mobiles de cette nouvelle lanterne magique à roulettes. En évoquant la 'nonne qui vient à pas lents du bout de l'avenue d'un cloître', il témoigne incontestablement du premier *travelling* de l'histoire.

41. *Le Nouveau Paris*, 'Tout est optique', p.878.
42. Voir sur ce point Jérôme Prieur, *Séance de lanterne magique* (Paris, 1985).
43. 'Fantasmagorie de Robertson', article paru dans le *Journal de Paris* (12 octobre 1799), cité dans les notes du *Nouveau Paris*, p.1715.

Le dix-huitième siècle optique et mécanique de Jean Renoir: préfiguration du siècle du cinéma

FRANÇOIS AMY DE LA BRETÈQUE

i. René Clair / Jean Renoir: deux dix-huitième siècles différents

Les deux cinéastes français qui ont sans doute le plus d'affinités avec le dix-huitième siècle sont ces deux représentants de la génération 'classique', celle qui a commencé sous le muet et dont la carrière culmine des années 1930 aux années 1950. Deux cinéastes que l'on oppose souvent, mais que l'on rassemble aussi communément comme les plus purs représentants de l'"esprit français'. Ceci expliquerait-il cela?

Pourtant, ni l'un ni l'autre n'ont consacré beaucoup de films à la période qui nous occupe. Pour René Clair, outre un épisode révolutionnaire des *Belles de nuit* (1952), on ne peut citer que son dernier film, d'ailleurs très décrié, *Les Fêtes galantes* (1965), une parodie de guerre située dans un pays imaginaire, traitée sous la forme d'un conte philosophique très voltairien. Jean Renoir préférait les intrigues contemporaines et dans ses films 'historiques' (il y en a un certain nombre), deux seulement se placent au siècle des Lumières: je laisserai de côté le brillant *Carrosse d'or* (1952), qui est une adaptation de Mérimée comme on le sait, qui se déroule au Pérou et dont la référence principale est la *commedia dell'arte*; reste *La Marseillaise* (1937) que l'on a davantage l'habitude de rapporter à l'actualité politique de la France du Front Populaire qu'à l'époque des philosophes, son objet explicite n'étant pas d'essayer de la représenter avec une exactitude d'historien.

J'argumenterai pourtant sur l'idée que l'ensemble de l'œuvre de nos deux cinéastes est marquée par l'esprit du dix-huitième siècle, tel qu'il pouvait être connu d'hommes cultivés dans la première moitié du vingtième, et que ce 'grand intertexte' a servi de socle à la réflexion sur le cinéma comme art de la représentation et de la dramaturgie que ces films contiennent. C'est à ce point de vue que la référence au dix-huitième siècle, siècle technique qui prépare et préfigure à bien des égards le siècle du cinéma, devient fructueuse à examiner.

Cet examen, je le limiterai au cas de Jean Renoir. Mais je m'arrête un instant au parallèle – un peu académique, j'en conviens – que je viens d'esquisser. C'est Barthélemy Amengual avec son acuité habituelle qui a le mieux décrit René Clair comme 'un esprit du XVIIIe siècle'.[1] Il cite d'abord cette déclaration du cinéaste: 'Le *bon temps* pour moi serait plutôt le XVIIIe siècle finissant. Quand un régime s'effondre et va disparaître, les rigueurs sont emportées et malgré certaines persécutions, on respecte la liberté.' Et de commenter: 'pareil aveu peut surprendre. Pourtant l'art de Clair n'est pas étranger à cette famille spirituelle qui va de Marivaux et Voltaire à Beaumarchais et Laclos, ironique, sensible et raisonnable, et dont Rivarol dit pour la définir: *tout ce qui n'est pas clair n'est pas français*.' Amengual continue en montrant que ce penchant pour une fin d'époque, 'un régime finissant et qui va disparaître', transpose des thématiques très personnelles de l'auteur de *A nous la liberté*: 'cette inquiétude dans la quiétude, ce déchirement contenu [ont leur équivalent dans] une enfance qui consent mal à s'effacer devant l'âge d'homme, une bourgeoisie dorée qui branle sous la poussée de l'émancipation ouvrière et voit s'éloigner ses certitudes..., cette nostalgie enfin d'une communion de classe à classe résolument chimérique désormais.' Et de conclure:

> Vu à travers les mirages du désir, de la convention et de l'art, le siècle des Lumières ressemble à s'y méprendre au monde poétique de Clair. Epoque de sociabilité, de politesse, d'amitié, de mondanité, soumise dans tous les domaines à *la règle du jeu*; paradis du théâtre italien, des mascarades, des fêtes galantes et des embarquements pour Cythère, où les divertissements du marivaudage *savent faire accéder, comme nuls autres, à l'émotion par le chemin de l'esprit*.[2]

La Règle du jeu, c'est précisément le titre d'un des films les plus célèbres de Jean Renoir dont les références au dix-huitième siècle littéraire sont explicites et bien connues (nous y reviendrons dans un instant). Mais cet exergue ne signifie en aucune façon un programme de représentation dans lequel le meneur de jeu – le cinéaste – se contenterait de faire agir ses personnages sans aucune contestation sur le fond. On sait bien que Renoir, héritier de la critique sociale naturaliste, se plaît à épingler la vanité et la futilité des usages vidés de sens et de l'étiquette, comme le montrent aussi bien *Boudu sauvé des eaux* que les séquences versaillaises de *La Marseillaise*. Les scènes qui présentent la noblesse dans ce dernier film ne visent pas à exalter la douceur de vivre d'avant la Révolution, mais plutôt à signifier que tout ce monde 'danse sur un volcan'. On pourrait en dire autant des deux aristocrates de la *Grande illusion*. Cette façon de voir nous éloigne de la douce nostalgie de René Clair. Cependant, il convient encore de nuancer. Renoir ne jette sur aucun des personnages

---

1. Barthélemy Amengual, *René Clair* (Paris, 1963), p.92-94.
2. Nous soulignons 'la règle du jeu'.

un regard dépourvu de sympathie, y compris sur les représentants de ces classes appelées à disparaître dans les abîmes de l'histoire. 'Si les hommes sont déterminés par leur milieu social, ils le sont tout autant par la Nature et le caractère', écrit justement Philippe Esnaut. 'Renoir est plus d'une fois complice de ses héros, – "*tout le monde a ses raisons*"[3] –, et ne ménage pas son estime à l'adversaire quand il a la lucidité brillante d'un La Chesnaye... En fait, nous avons affaire non pas à une étude sociale, mais à une critique de mœurs.'[4] Il faut donc voir Renoir comme un moraliste au sens de Chamfort (qu'il fait citer par un des personnages de ce film) plutôt que comme un critique social à la façon de Zola.

ii. Un dix-huitième siècle qui n'est pas fait que de références littéraires

Ceci m'amène à dire un mot sur les références au dix-huitième siècle littéraire de *La Règle du jeu*, pour ne plus avoir à y revenir par la suite. Je crois en effet que ce n'est pas là que se situe le plus intéressant de ce travail intertextuel, car ces citations se situent à un niveau d'évidence.

Renoir a placé en exergue du film une citation du *Mariage de Figaro*, la chanson de Basile à l'acte IV scène x, dont le refrain est:

> Si l'amour porte des ailes
> N'est-ce pas pour voltiger?

Les autres références théâtrales sont à Marivaux et à Musset principalement. *Les Caprices de Marianne* a fourni le point de départ de l'intrigue, aux dires même de Renoir, qui lui a emprunté le nom qu'il porte dans le film (Octave).[5] Philippe Esnaut a bien synthétisé le mélange de ces références:

> Renoir parvient à trouver *un secret accord avec un siècle jumeau du nôtre: le XVIIIᵉ*. Les astres de ce ciel orageux éclairent sa farandole: Marivaux pour le sentiment, Beaumarchais pour la critique sociale, Laclos..., tout l'éclat de l'esprit français. Et par-delà ces maîtres, la *Commedia dell'arte*, dont les

3. Renoir a placé cette phrase si souvent citée dans la bouche d'Octave, le personnage qu'il interprète lui-même dans *La Règle du jeu*: plan 64. Voir *L'Avant-scène cinéma*, n° 52, octobre 1965, p.24. On peut encore citer cette déclaration du cinéaste: 'on aurait tort de trouver dans *La Règle du jeu* des thèmes satiriques ou sociaux. Les personnages sont de simples êtres humains, ni bons, ni mauvais, et chacun d'eux est fonction de sa condition, de son milieu, de son passé', p.10. Dans *La Marseillaise*, son indulgence pour Louis XVI est un fait connu que Renoir lui-même a glosé dans un entretien: Michel Delahaye et Jean Narboni, 'Entretien avec Jean Renoir', *Cahiers du cinéma* 196 (décembre 1967).
4. Philippe Esnaut, 'Le jeu de la vérité', préface à l'édition du découpage du film *La Règle du jeu*, *L'Avant-scène cinéma* 52 (1 octobre 1965), p.10. Toutes les références aux plans dans la suite de l'article sont prises à ce découpage.
5. La genèse du scénario a été étudiée magistralement et en détail par Olivier Curchod et Christopher Faulkner, *La Règle du jeu, scénario original de Jean Renoir* (Paris, 1999).

dramaturges ont su garder l'inventive liberté en émancipant le valet qui, de Scapin, se métamorphose en Figaro.[6]

On pourrait poursuivre le parallèle jusque dans le détail. Il n'en reste pas moins que c'est du *Mariage de Figaro* et du *Jeu de l'amour et du hasard* que proviennent la plupart des éléments structurels du scénario: le parallèle des intrigues des maîtres et des valets, le goût des déguisements et des portes comme élément de scénographie, le resserrement dramatique et l'accélération de la 'folle journée', l'apothéose de la scène de rendez-vous dans le jardin ici transposée dans les couloirs, la terrasse, le parc et la serre du château...[7]

De sorte que, si René Clair transposait dans des films comme *Le Million* ou *Sous les toits de Paris* la mécanique de la comédie 'à l'italienne' du dix-huitième siècle français, alors que l'action se déroulait dans le Paris contemporain, Renoir fait de même mais sur un registre plus grave par la médiation de la pièce de Musset ('Que quand on vient d'en rire, on devrait en pleurer'): la marque la plus évidente en est le dénouement tragique qui est un décalque de celui des *Caprices de Marianne* avec son quiproquo, Christine se trouvant ici à la place de Marianne, André Jurieu à la place de Coelio, et Octave dans son propre rôle. Ce qui prédomine en fin de compte, chez l'un comme chez l'autre, c'est l'effet d'une mécanique invisible qui meut les personnages de la comédie. Francis Vanoye a finement analysé cette construction qu'il compare à celle de la fugue dans la musique baroque:[8] on doit ne pas oublier ici que l'un des intertextes latents est évidemment *Les Noces de Figaro* de Mozart et Da Ponte. On entend, du reste, une musique de Mozart (mais pas celle des *Noces*) à plusieurs endroits du film.

L'illustration musicale de *La Marseillaise* est partiellement empruntée elle aussi à des compositeurs du dix-huitième siècle: la sonnerie authentique de Lalande pour le lever du roi, par exemple.[9] En revanche, le scénario affiche des ambitions plus historiennes que littéraires. Il est pourtant l'œuvre des mêmes hommes que celui de *La Règle*: Jean Renoir assisté de Carl Koch, personnage que nous retrouverons. Par une étude très fouillée des divers brouillons du scénario de *La Marseillaise*, Bruno Bertheuil[10] a établi que la source principale de Renoir était Albert

---

6. P. Esnaut, 'Le jeu de la vérité', p.11. C'est moi qui souligne.
7. Voir étude des parallèles entre les pièces et la structure du scénario du film dans Francis Vanoye, *La Règle du jeu, étude critique* (Paris, 1989).
8. F. Vanoye, *La Règle du jeu*, p.35-36.
9. On entend aussi du Mozart, du Rameau et du Grétry (j'y reviendrai), soit plusieurs des musiciens préférés de Marie-Antoinette.
10. Bruno Bertheuil, 'D'Albert Mathiez à Jean Renoir, inspirations et interprétations historiques autour de *La Marseillaise*', *Les Cahiers de la cinémathèque* 53, 'Regards sur la Révolution' (décembre 1989), p.87-98.

Mathiez, l'historiographe marxisant de la Révolution, auquel il faut adjoindre *Le Bataillon du dix août* de Joseph Pollio et Adrien Marcel consacré spécifiquement au bataillon marseillais dont le film retrace l'histoire.[11] C'est donc le positivisme scientifique et politique du vingtième siècle qui a fourni le premier modèle de son film. Cependant, il est bien évident que d'autres formes ont interféré dans cette composition. La structure polyphonique, la composition par tableaux, les situations mêmes à l'intérieur de ceux-ci renvoient à de multiples reprises à une forme théâtrale.[12] Il y a d'ailleurs dans *La Marseillaise* une référence directe à un opéra du dix-huitième siècle. Au moment où Louis XVI va tenter de s'adresser à sa garde, aux Tuileries, les gentilshommes présents s'agenouillent et entonnent l'air le plus célèbre de *Richard Cœur de Lion* de Grétry (livret de Sedaine, 1784):

> Ô Richard, ô mon roi
> L'univers t'abandonne...

Les analogies avec *La Règle du jeu*[13] tourné l'année suivante ne sont pas le fait du hasard et nous renvoient dans une certaine mesure du côté du dix-huitième siècle. Mais ce dix-huitième siècle de Renoir, dans *La Marseillaise* aussi bien que dans *La Règle du jeu*, n'est pas fait que de matériau littéraire: c'est ce que je voudrais montrer dans ce qui va suivre.

iii. Dispositifs mécaniques

Deux séries d'indices dispersés à l'intérieur des films, qui forment deux isotopies, doivent attirer notre attention. Ce sont d'une part des objets mécaniques, d'autre part des dispositifs optiques. Commençons par la première.

La Règle du jeu est jalonné de poupées mécaniques et d'automates. La justification scénaristique est simple: le baron Robert de La Chesnaye est un collectionneur passionné, nous l'apprenons dès sa première apparition. Il est d'autant plus remarquable de le noter que cette idée est venue tardivement à Renoir, nous apprennent Claude Gauteur et Olivier Curchod.[14] Dans l'une des premières séquences du film, plan 18, c'est une 'petite négresse romantique' que remarque Christine, son épouse,

---

11. Albert Mathiez, *La Révolution française*, 3 vol. (Paris, 1922-1927); Joseph Pollio et Adrien Marcel, *Le Bataillon du dix août* (Paris, 1881). Sur Mathiez: *Dictionnaire biographique des historiens français et francophones*, éd. Christian Amalvi (Paris, 2004), p.214-15.
12. La référence théâtrale dans l'œuvre de Renoir est un pont aux ânes qui a été étudié par beaucoup, notamment Claude Beylie, 'Jean Renoir', *Cinéma d'aujourd'hui* 1 (1975).
13. Un indice minime est donné par un personnage qui porte le même nom, La Chesnaye.
14. Claude Gauteur, '*La Règle du jeu*, quatre synopsis et quatre extraits de scénario inédits', *Positif* 255-57 (juillet-août 1982), p.35-51. O. Curchod et C. Faulkner, *La Règle du jeu*, p.247, écrit: 'ces accessoires fameux sont apparus tardivement dans la conception du film, peut-être même quelques jours à peine avant le premier tour de manivelle.'

dès qu'elle entre dans le bureau de Robert. Il met en route pour elle le mécanisme, une musique se fait entendre. Un contrechamp en plan très rapproché montre la poupée encadrée par un pan du manteau de Christine et la main de Robert. Un peu plus tard (plan 24), resté seul dans son bureau, Robert téléphone à sa maîtresse Geneviève tout en mettant en marche une boîte à musique. Toujours dans l'hôtel parisien de La Chesnaye, un matin quelques jours après, Robert apparaît à Octave avec un oiseau mécanique à la main (plan 46): une fauvette, dit-il, qui est capable de chanter toutes les vingt secondes. Cet objet occupera la conversation un certain temps et on en reparle à nouveau au plan 66, où Robert se plaint à son majordome d'avoir perdu une précieuse vis nécessaire à son fonctionnement.

Le jour de l'arrivée des invités au château de La Colinière en Sologne, Marceau, le braconnier qui vient d'être engagé comme domestique, retrouve Lisette, la femme du garde-chasse Schumacher (on se souvient que cette intrigue chez les valets joue un rôle déterminant dans le drame). Un automate s'interpose entre les deux personnages, que Marceau met en marche pendant leur marivaudage; un gros plan de la tête de l'automate qui remue (220) est intercalé entre un plan rapproché de Marceau, puis de Lisette.

Le commentaire de ces premières occurrences est simple en termes de rhétorique: nous sommes en présence d'une figure, une forme iconique de comparaison.[15] Mais s'en tenir à ce niveau de lecture serait appauvrir le film. Olivier Curchod remarque excellemment, à propos du retour de la fauvette que j'ai signalé plus haut: 'un motif d'abord purement ornemental – l'oiseau mécanique – s'est progressivement étoffé et mêle désormais, comme un écho en mineur, ses propres accents à ceux du dialogue principal.'[16] A ceux du thème principal, pourrait-on ajouter.

L'objet mécanique le plus mémorable de *La Règle du jeu* est le fameux limonaire, ou 'orchestrion' comme Renoir aurait dit, que Robert de La Chesnaye présente à ses invités le soir de la représentation. Nous devons nous y attarder un instant car c'est lui qui porte la plus grande charge de signification. C'est à la fin de la longue macro-séquence[17] de la fête qui s'est ouverte par un autre objet mécanique, un piano pneumatique qui joue la *Danse macabre* de Saint-Saëns. Robert est resté seul sur la scène

---

15. Dans son livre *L'Automate et le cinéma* (Paris, 2005), Rose-Marie Godier a consacré tout un chapitre à l'étude des automates de *La Règle du jeu*. Elle les voit fonctionner sur trois registres: mythique, rationnel et esthétique. Je ne peux que renvoyer à son étude. Mon point de vue ici sera un peu différent.
16. O. Curchod et C. Faulkner, *La Règle du jeu*, p.273.
17. Je suis ici le découpage proposé par F. Vanoye, *La Règle du jeu*, p.22. Cette macro-séquence (14) comporterait dix-sept sous-séquences. Le limonaire apparaît à la septième. J'emprunte les descriptions à *L'Avant-scène*, p.50, plans 265-67.

devant le rideau sombre qui s'est refermé. Il est ému, il a le trac mais il est fier de présenter sa 'dernière acquisition' par un petit discours. 'Le rideau s'ouvre, le limonaire à trois personnages apparaît. Cris d'admiration.' Il se met en marche, la musique qui en sort est celle d'une chanson de Vincent Scotto '*A Barbizon*'.[18] L'appareil est couronné par un fronton entouré de guirlandes d'ampoules électriques. On y voit peintes trois figures dévêtues. Trois pantins mécaniques sont placés devant le rideau d'une scène minuscule. Un *travelling* en gros plan permet de les détailler: 'le premier fait sonner une clochette, le second bat la mesure, le troisième agite une clochette. On découvre enfin Robert en plan rapproché poitrine qui s'essuie la figure avec son mouchoir [dans le plan précédent, il battait lui aussi la mesure]. La musique s'achève.'

Olivier Curchod a démontré comment Renoir a modifié son scénario par étapes successives, à partir du moment où il prit connaissance de l'appareil, de façon à en faire pour finir le véritable déclencheur de la poursuite et de la catastrophe finale.[19] Il est évident que le début de la scène incite à faire la comparaison de La Chesnaye et de ses congénères avec l'appareil de musique mécanique. 'Cette image condense certains traits de La Chesnaye: futilité, irresponsabilité teintée de lâcheté, agitation "automatique". Elle équivaut presque à la métaphore du pantin, mais elle n'en possède pas le caractère de cliché et s'intègre admirablement à la dynamique de l'action.'[20]

Le limonaire va réapparaître à trois reprises pendant la poursuite générale: au plan 279, on suit Marceau qui (pour se donner une contenance) traverse le salon avec un plateau qu'il a pris à un serviteur. Une série de panoramiques le conduit jusque devant le limonaire en marche. L'appareil joue alors *La Chauve-souris* de Johann Strauss. Au plan 283, au milieu de la poursuite, Berthelin (un personnage secondaire mais important) fait dérailler la machine au moment même où Schumacher, au milieu des invités, met Marceau en joue. On peut dire comme Olivier Curchod que c'est cet appareil et cette musique qui 'chasse(nt) Marceau du grand salon'.[21] Cette rengaine mécanique produit un effet que Renoir avait déjà expérimenté dans *La Chienne*, que Michel Chion baptise 'musique anempathique' et dont il dit que 'la musique peut prendre et isoler dans sa bulle un fragment court du temps de l'action [...] pour le porter au rang de destin.'[22]

18. O. Curchod et C. Faulkner, *La Règle du jeu*, p.344, n.573.
19. O. Curchod et C. Faulkner, *La Règle du jeu*, p.343.
20. F. Vanoye, *La Règle du jeu*, p.48.
21. O. Curchod et C. Faulkner, *La Règle du jeu*, p.351.
22. Michel Chion, *Le Son au cinéma* (Paris, 1985), p.132. Dans *La Chienne*, un assassinat se produit tandis qu'on entend de la rue un chanteur débiter sa rengaine sur un orgue de barbarie. Dans *Quai des brumes*, réalisé par Carné un peu plus tard, c'est un piano mécanique qui se déclenche à la chute d'un personnage (Michel Simon) tué d'un coup de feu.

Cet orchestrion, d'où venait-il? D'Allemagne, si j'en crois Philippe Esnaut, qui le range dans la liste des objets coûteux que le réalisateur s'offrit pour meubler le décor de Lourié aux studios Pathé de Joinville, contribuant ainsi à ruiner un peu plus son producteur.[23] C'est probablement un objet du dix-neuvième siècle, et sans doute de la marque Limonaire (c'est ce que pense R. M. Godier).[24] On en sait moins sur cet objet mystérieux que sur celui que, peu d'années auparavant, Jean Vigo plaça dans la cabine du père Jules dans *L'Atalante*, un autre film peuplé d'automates: ce 'chef d'orchestre ravagé' avait été apporté par Gilles Margaritis qui l'avait trouvé chez un oncle fabricant de guignols.[25] Il est intéressant de faire ce rapprochement, car presque tout oppose les objets mécaniques de Vigo et ceux de Renoir, en dépit de leur ressemblance de surface: ceux du second sont aristocratiques, bien conservés, et pour finir 'philosophiques', là où ceux du premier sont plébéiens, issus du cirque et de la rue, dégradés et empilés dans un bric-à-brac, et pour finir 'surréalistes'. La référence de Vigo n'est pas le dix-huitième siècle mais plutôt le dix-neuvième siècle populaire et anarchiste.

On pourra m'objecter que ces objets datent tous du dix-neuvième ou du vingtième siècle. Cependant, si l'on se réfère à l'Histoire, et quoique leur principe remonte au siècle précédent, il apparaît que le grand siècle des automates est bien le dix-huitième. Vaucanson, le plus célèbre des fabricants, est mort en 1782 et c'est vers 1760 qu'un horloger genevois a inventé les boîtes à musique. C'est la fin du siècle des Lumières qui donne son essor à la popularité de ces objets. Celle-ci prend deux voies: les automates sont, d'une part, des objets de salon destinés à agrémenter les loisirs des privilégiés (il en est de même pour les pianos mécaniques) et, d'autre part, par le biais des colporteurs, ils voyageront dans les campagnes et les faubourgs populaires (là où Vigo, précisément, ira les placer). On observera d'ailleurs que c'est à la fin de ce siècle, en période prérévolutionnaire et révolutionnaire, que ces objets triomphent comme objets de spectacle.[26]

Qu'ont-ils de spécifiquement 'dix-huitième' dans leur esprit? C'est bien évidemment la réflexion qu'ils proposent sur les rapports de la mécanique et du vivant. Leur apparition dans le film de Renoir

---

23. P. Esnaut, 'Le jeu de la vérité', p.9. Il ne cite pas sa source.
24. La société Limonaire avait ses ateliers à Paris et à Waldkirch en Forêt-Noire. Elle fabriqua ce type d'objets jusque vers 1920. Un exemplaire bien conservé, datant des années 1910, se voit dans le musée de la musique mécanique des Gets en Haute-Savoie. Il ressemble fort à celui de *La Règle du jeu* (sauf qu'il présente deux personnages et non trois). Il servait à accompagner un manège de chevaux de bois.
25. Paulo-Emilio Salès-Gomès, *Jean Vigo* (1957; Paris, 1988), p.178.
26. Pour 'preuve' indirecte: le fameux *Joueur d'échecs*, roman de Dupuy-Mazuel adapté deux fois au cinéma, par R. Bernard en 1928 et par J. Dréville en 1938, se situe au temps de Catherine de Russie.

outrepasse la critique sociale que j'ai invoquée tout à l'heure et incite à réfléchir aux rapports de la représentation cinématographique (qui est l'effet d'un dispositif mécanique elle aussi) et de la vérité humaine. Aurait-il souscrit aux formules célèbres de La Mettrie selon laquelle l'âme est 'un principe de mouvement, ou une partie matérielle, sensible, du cerveau, qu'on peut regarder comme un ressort principal de toute la machine'? Ou que 'l'homme est une machine et qu'il n'y a dans tout l'univers qu'une seule substance diversement modifiée'? Certainement pas entièrement. Même en 1936 où il affiche un matérialisme de surface, Renoir reste avant tout un vitaliste, et non un pur mécaniste.[27] Plus proche en fin de compte de Rousseau ou de Condillac que de *L'Homme machine*. Dans *La Règle du jeu*, c'est le mouvement qui a toujours le dernier mot.

iv. Dispositifs optiques

A côté des automates et des appareils à musique mécanique, les films de Renoir sont jalonnés de mécanismes et de dispositifs optiques qui, eux aussi, nous renvoient au dix-huitième siècle.

Dans *La Marseillaise*, le volontaire Bomier et la cousette Louison assistent à Paris à un spectacle de théâtre d'ombres.[28] Celui-ci met en scène le Roi et la Nation séparés par un pont écroulé. L'auteur de cette reconstitution est l'Allemand Carl Koch, époux de Lotte Reiniger et coscénariste de Renoir, à propos duquel ce dernier a reconnu: 'je dois beaucoup aux Allemands. Je leur dois Carl Koch [...] (dont) la vraie profession était la philosophie. C'était un esprit universel, *un peu à la façon des philosophes du XVIIIe siècle.*'[29]

Que voient Bomier et Louison? Sur un écran, 'à gauche: la nature; à droite, une maison; au centre: l'amorce d'un pont coupé en son milieu. De la maison sort le roi, du moins son ombre plate.'[30] Une voix d'homme assure le commentaire (comme plus tard on le fera pour les films muets) et un clavecin accompagne l'action. Le Roi est séparé de la Nation par ce pont rompu. Cet abîme, 'c'est le manifeste de Brunswick.' La Nation s'en retourne, refusant les avances du Roi. Des canards apparaissent sur la rivière, le Roi est obligé de repartir d'où il venait.

Il se trouve que ce spectacle d'ombres, soigneusement documenté et reconstitué, s'inspire directement d'une pièce célèbre de Séraphin, le *Pont cassé*, dont l'image d'Epinal avait prolongé la popularité. Dans la

---

27. Pour toute cette discussion, voir R.-M. Godier, *L'Automate et le cinéma*, p.55. Sur le vitalisme de Renoir, je renvoie au texte classique d'André Bazin, *Jean Renoir* (Paris, 1989).
28. Jean Renoir, *La Marseillaise*, *L'Avant-scène cinéma* 383-84 (juillet-août 1989), p.132-34, plan 258 et suivants (toutes les références ultérieures renverront à ce découpage).
29. J. Renoir, *Ma vie et mes films* (Paris, 1974), p.85 et 147. C'est moi qui souligne.
30. J. Renoir, *La Marseillaise*, p.133 (plan 260).

pièce de Séraphin, c'est un garnement qui proférait des grossièretés à l'intention d'un bourgeois qui voulait traverser.[31] Historiquement parlant, en effet, le théâtre d'ombres commence avec Séraphin, actif à Versailles à partir de 1784, puis, après qu'il se fut mis au service de la Révolution, installé au Palais-Royal jusqu'en 1790.[32] Mort en 1800, il a eu des successeurs jusqu'en 1858 qui s'installèrent ensuite passage Jouffroy (jusqu'en 1870). Il est vrai que l'épisode le plus illustre de l'histoire du théâtre d'ombres en France reste le Chat Noir de Rodolphe Salis à Montmartre, dans lequel Henri Rivière monta des spectacles de ce type de 1887 à 1897.[33] Le théâtre d'ombres se répandit ensuite dans d'autres nations et notamment en Allemagne, dont témoigne un fameux texte de Goethe (1781). Sa vogue culmina à Munich autour de 1910 avec les *Schwabinger Schattenspiele*. Cette technique fut même introduite dans l'enseignement des écoles d'art – ce qui explique d'où sort Lotte Reiniger.[34] Et c'est donc par l'intermédiaire de celle-ci que nous retrouvons Carl Koch.

Il est clair que, par l'entremise de cette archéologie pratique, Renoir fait remonter aux origines du dispositif cinématographique et conduit à s'interroger sur l'ontologie même de l'image de cinéma.[35]

Une référence moins directe au théâtre d'ombres se rencontre dans *La Règle du jeu*. C'est, au cours de la soirée de représentation, le numéro de la danse macabre dont Curchod fait à juste titre 'une des minutes les plus extraordinaires de *La Règle du jeu*'.[36] En voici le descriptif:

> Le piano de biais en plongée. Il joue tout seul. Panoramique vers le haut gauche sur le visage de Charlotte qui fixe avec stupeur les touches en mouvement, puis panoramique plus haut sur Jackie en plan rapproché poitrine jusqu'au moment où le rideau noir se lève et apparaissent les spectres en plan moyen: trois fantômes avec lanternes et squelettes de parapluie précédant la Mort. Cris d'effroi. Musique: *Danse macabre* de Saint-Saëns.[37]

---

31. Voir P. Remise et R. Van der Walle, *Magie lumineuse, du théâtre d'ombres à la lanterne magique* (Paris, 1979).
32. P. Jeanne, *Le Théâtre d'ombres à Montmartre de 1887 à 1923* (Paris, 1937); D. Bordat et F. Boucrot, *Le Théâtre d'ombres* (Paris, 1981); Laurent Mannoni, *Trois siècles de cinéma, de la lanterne magique au cinématographe* (Paris, 1995), p.28 et suivantes.
33. Marianne Oberthür, *Le Chat Noir 1881-1897* (Paris, 1992).
34. Georg Böhm, *Puppentheater* (1969; Munich, 1977).
35. Sur les rapports entre théâtre d'ombres et cinéma, je renvoie à mon article: 'Théâtre d'ombres, silhouettes et cinéma', dans *La Decima Musa / The Tenth muse: il cinema e le altre arti*, éd. Leonardo Quaresima et Laura Vichi (Udine, 2001), p.507-24.
36. O. Curchod et C. Faulkner, *La Règle du jeu*, p.342, n.566.
37. Jean Renoir, *La Marseillaise*, p.46, plan 233.

Les pseudo spectres envahissent la salle et provoquent la frayeur des spectateurs, puis s'en vont vers le fond de l'écran.[38]

Je laisse de côté le commentaire sur les significations de cette séquence et je voudrais m'attacher à sa provenance et à la tradition iconographique qu'elle véhicule. Celle-ci, que l'on a coutume de nommer 'la danse macabre', remonte à la fin du Moyen Age et représente un cas exceptionnel de transmission sur la longue durée.[39] Il est intéressant de rappeler que ce motif (le squelette dansant) avait fourni le sujet de la première plaque de lanterne magique dont l'existence soit attestée: celle de Huyguens, datée de 1659.[40] Au passage, notons que Huyguens s'intéressait aussi au microscope, au télescope et aux marionnettes. Or, tout au long des dix-huitième et dix-neuvième siècles, ce motif est repris sur des plaques de lanterne et dans les spectacles optiques,[41] jusqu'à Emile Raynaud et jusqu'au cinématographe naissant. Lumière, en 1898, tourne une vue intitulée *Le Squelette joyeux* qui reprend exactement le même motif et dont le titre pourrait par avance servir de glose à *La Règle du jeu*...[42] La pantomime est ici filmée frontalement et scénographiée avec un dispositif visuel simple: maillots noirs sur rideau noir, surchargés du dessin du squelette (on pense aux marcheurs chronophotographiés par Marey), lumière atténuée et directionnelle.

L'important à souligner est qu'ici la mécanique rejoint l'optique et réciproquement. Un autre appareil optique intervient dans le film, et il sera aussi à sa façon messager de mort. Il s'agit d'une longue-vue utilisée au moment de la chasse. Berthelin (celui qui, plus tard, mettra en marche et détraquera le limonaire) le tend à Charlotte (l'épouse de La Chesnaye) pour observer tout d'abord un écureuil – innocent animal qui préfigure les fameux lapins massacrés. Mais ensuite, le hasard met sous ses yeux son époux en train de flirter (du moins elle le croit, car il est en fait en train de rompre) avec Geneviève, sa maîtresse.[43]

Le théâtre d'ombres, le spectacle de la danse macabre inspirée (ou non) par les plaques de lanterne magique, la lorgnette, les automates,

---

38. Analyse de la séquence: F. Vanoye, *La Règle du jeu*, p.101-105.
39. Je ne la développerai pas ici et je renvoie au chapitre de mon livre *L'Imaginaire médiéval dans le cinéma occidental* (Paris, 2004), p.701-11.
40. Il s'agit en fait d'un dessin représentant les motifs de cette plaque. Voir L. Mannoni, *Trois siècles de cinéma*, p.46, où l'on en trouvera une reproduction.
41. L. Mannoni cite une plaque anglaise du dix-huitième siècle (*Trois siècles de cinéma*, p.113) et C. W. Ceram dit qu'il y en avait un dans les fantasmagories de Robertson en 1798: *Archéologie du cinéma* (Paris, 1966), planche 29.
42. Catalogue Lumière n° 398. *La Production cinématographique des frères Lumière*, éd. Michelle Aubert et Jean-Claude Seguin (Paris, 1995), p.147. Reproduite dans Jacques Rittaud-Huttinet, *Le Cinéma des origines* (Paris, 1995), p.48.
43. J. Renoir, *La Marseillaise*, p.38, plan 191 et plans 201 à 204. O. Curchod et C. Faulkner, *La Règle du jeu*, p.348, explique en détail comment Renoir a tâtonné avant de s'arrêter à cette idée. Voir commentaire par R.-M. Godier, *L'Automate et le cinéma*, p.84.

tous ces éléments font la liaison entre trois thématiques: la mécanisation sociale de l'être humain, contre laquelle le flux de la vie que cherche à reproduire l'enregistrement invite à réagir; la dimension morbide sinon mortifère que véhiculent certains de ces dispositifs; et, enfin, la nature de l'illusion de toutes ces images virtuelles qui ne sont pas la vie mais un reflet, une projection de celle-ci: tous ces appareils que le dix-huitième siècle avait affectionnés, sinon inventés, représentent à l'intérieur des films de Renoir, comme sans doute dans la réalité, une préfiguration du cinéma.

II
La caméra dans le boudoir

Variations autour du libertinage dans les films de la Nouvelle Vague: entre *Werther* et *Don Juan*

ERICKA KNUDSON

Peu d'époques ont été aussi visiblement associées à l'idée de liberté que l'époque de *A bout de souffle*, de *Pierrot le fou*, de *La Peau douce* et de *Jules et Jim*... Peu d'époques qui semblent rétrospectivement conduites avec autant de naturel et de nécessité à la libération sexuelle et à 1968. D'où cette affinité ou, si l'on préfère, cette harmonique qui semble s'imposer avec le dix-huitième siècle, comme le suggère Robin Lefere:

> Aussi longtemps que durera la mémoire culturelle, certains motifs/thèmes/figures traditionnels seront périodiquement réactualisés, sous la pression des circonstances historiques. Chaque époque a ses 'préférences'; la deuxième moitié du vingtième siècle, caractérisée entre autres, dans le monde occidental, par la 'libération' de la femme, puis des mœurs sexuelles, et, corrélativement, par la généralisation d'un certain 'libertinage', a stimulé et continue à stimuler l'intérêt – narcissique en dernière instance – pour le dix-huitième siècle du libertinage et, en particulier, pour les protagonistes si parfaitement suggestifs des *Liaisons dangereuses*.[1]

Nouvelle Vague: révolution formelle traduite par plus de liberté, réponse aux aspirations de la jeunesse, rupture avec les conformismes d'une société sclérosée, affirmation d'une modernité à la française. On a néanmoins plutôt tendance à souligner, en ce qui concerne le traitement des rapports amoureux, les références aux modèles romanesques du dix-neuvième tout imprégnés qu'ils seraient de 'romantisme' dans le 'mal de vivre des personnages ou dans le doute exprimé sur la nature des sentiments'.[2] Georges Sadoul évoque même une école de 'néo-romantisme' qui prendrait la place du 'néo-réalisme'.[3]

Voulant rendre compte de la manière dont la transmission et la transformation des formes littéraires et des représentations du passé reflètent et façonnent tout à la fois la construction d'une identité

---

1. Robin Lefere, '*Les Liaisons dangereuses* cinématographiées: modalités d'un retour au passé', dans *Etudes sur le XVIIIe siècle*, éd. Roland Mortier (Bruxelles, 1994), p. 137-45 (142).
2. Maria Tortajada, *Le Spectateur séduit: le libertinage dans le cinéma d'Eric Rohmer* (Paris, 1999), p.45.
3. Mentionné par François Albera, 'Mise en scène et rituels sociaux', conférence donnée au Collège d'histoire de l'art cinématographique, Cinémathèque française, Musée du cinéma (décembre 1997), dans M. Tortajada, *Le Spectateur séduit*, p.46.

nouvelle dans une société en mutation, Geneviève Sellier inscrit pour sa part la peinture de l'amour au sein des œuvres de la Nouvelle Vague dans la tradition romantique du roman d'apprentissage dont le modèle serait *Les Souffrances du jeune Werther*. Dans ces films, selon l'auteur, souvent le point de vue dominant se construit à partir d'un jeune homme, 'sorte d'alter ego de l'auteur, avec lequel le spectateur va établir une relation d'empathie. [...] Deux abîmes s'ouvrent devant le jeune poète imaginé par Goethe: sa propre passivité d'être sensible [...], et la passivité de la femme qui s'interpose entre lui et ses désirs de création'.[4] Elle souligne cependant une tension interne du mouvement qu'elle raccorde à la traditionnelle opposition entre sentimentalisme ou sensibilité romantique et dandysme libertin, entre Werther et Don Juan pour reprendre la tension relevée par Stendhal au chapitre 59 de *De l'amour*, entre l'aspiration romantique, passionnelle et égotiste à trouver une réalisation du Moi dans l'amour et l'affirmation tout aussi égotiste d'une volonté de connaissance et de puissance souvent cynique, dont les modèles sont à chercher du côté de Laclos, plus encore que de Molière. Elle note que '[p]resque tous les films de la Nouvelle Vague tournent autour du thème de l'amour comme risque ultime: donner un sens à sa vie ou mourir', affirmation qu'elle appelle 'romantique' par son rapport à 'la valeur transcendantale de la passion', tout en reconnaissant le rôle du libertinage où 'l'individu, ne dépendant plus que de soi, y est *débordé par l'excès même de sa liberté*',[5] où '[l]'irruption de l'amour', précise-t-elle, 'vient perturber un libertinage bien réglé, l'amour étant vécu comme un attachement menaçant la disponibilité du héros'.[6] L'amour représente un désordre dans une vie où le libertinage implique une maîtrise des sentiments, une démarche rationnelle.

La figure du libertin traverse visiblement le cinéma de la Nouvelle Vague. De façon avouée, directe, dans *Les Liaisons dangereuses 1960* de Roger Vadim (1959), et de façon sous-jacente par exemple dans *Les Cousins* de Claude Chabrol (1958). La réception critique de l'époque prend acte de cette présence: Jacques Siclier emploie le terme pour désigner le rejet par les jeunes de l'ordre établi, de la morale, disant que 'le libertinage dont les personnages de ces films font profession de diverses manières est envisagé comme la première forme de combat de l'anti-morale'.[7]

Libertinage et romantisme colorent donc en profondeur, avec des tons plus ou moins affirmés, plus ou moins mis à distance et décantés, le

4. Geneviève Sellier, *La Nouvelle Vague: un cinéma au masculin singulier* (Paris, 2005), p.89.
5. G. Sellier, *La Nouvelle Vague*, p.88, nos italiques.
6. G. Sellier, *La Nouvelle Vague*, p.88.
7. Jacques Siclier, *Nouvelle Vague?* (Paris, 1961), p.107, dans M. Tortajada, *Le Spectateur séduit*, p.46.

paysage filmique français à ce moment particulier qui voit naître la Nouvelle Vague. On peut y voir, à la suite de G. Sellier, 'l'intériorisation d'un héritage culturel reconnu comme légitime'.[8] Une tension bien française, donc, se jouerait au sein de cet avatar moderne du libertin, du roué, du séducteur, ou du renouvellement moderne du personnage et de son apprentissage amoureux, de son éducation sentimentale. Tension entre romantisme et libertinage, entre dix-huitième, dix-neuvième et vingtième siècles, qui renvoie moins à des textes préexistants qu'à des figures et des topoï littéraires, voire des stéréotypes, que le cinéma capte, adapte, dont il s'inspire, s'imprègne selon des modalités que proposent de manière exemplaire *Les Liaisons dangereuses 1960* et *Les Cousins*. Tension dont on perçoit le prolongement chez Eric Rohmer dans *Le Genou de Claire* (1970).

i. Entre réalité et imaginaire: le libertin du dix-septième au vingtième siècle

De quel libertin, de quel libertinage le cinéma de la Nouvelle Vague nous offre-t-il la représentation, l'inspiration? Lui fait-il retrouver le sens fort qui était le sien au début du dix-septième siècle lorsqu'il désignait une 'attitude d'affranchissement à l'égard des croyances religieuses' avant d'évoquer une attitude 'd'indépendance vis-à-vis de toute sujétion'?[9] Ou lui donne-t-il, en deçà de la recherche d'une morale laïque et d'un certain matérialisme, d'une 'libre pensée', la simple dimension d'un épicurisme mondain, cette dimension plus directement érotique qu'il prendra au dix-huitième et qui 'se systématisera autour d'une pratique et d'une stratégie amoureuses'[10] que codifieront *Les Liaisons dangereuses* de Choderlos de Laclos? Le fait est que le libertin continue à hanter notre siècle. Michel Delon affirme en 2000 que '[n]otre époque ne cesse de chercher son reflet dans le libertinage d'il y a deux siècles. 68 prônait la communauté et la nudité, le refus des contraintes et le partage des plaisirs [...]. Une utopie sensuelle semblait à portée de la main, à portée du corps'.[11] Est-ce à dire que la promesse n'a pas été tenue? Et si elle ne l'a pas été, que sa potentialité de révolte et de contestation des interdits, ou bien s'est émoussée, ou bien a été détournée, récupérée, ou bien encore a échoué? Que le libertinage a été, comme le suggère R. Lefere, soumis par le cinéma à un processus 'd'évaluation', qui implique une prise de position morale sur le libertinage et sur les circonstances qui en favorisent la renaissance, la dénonciation, ou l'abandon? S'il est vrai,

---

8. G. Sellier, *La Nouvelle Vague*, p.5.
9. *Le Robert: dictionnaire historique de la langue française*, éd. Alain Rey (Paris, 1993).
10. Joël Magny, *Eric Rohmer* (Paris, 1995), p.57.
11. Michel Delon, *Le Savoir-vivre libertin* (Paris, 2000), p.9.

pour reprendre les termes de Michel Delon, que 'le libertin s'installe dans l'entre-deux, entre l'interdit et la transgression, entre la réalité et l'imaginaire',[12] que le libertinage du dix-huitième siècle nécessite une tension 'entre la liberté de parler et d'aimer et les contraintes de la société',[13] n'en va-t-il pas de même en 1959, et l'existence des films ne traduit-elle pas exemplairement cette tension et même l'opposition entre les aspirations libertines et les réalités d'une société conservatrice?

Dans le contexte social du début de la Nouvelle Vague, il s'agissait bien de contraintes et d'interdits. Le film de Vadim fait scandale, et le projet pour ce deuxième film de Chabrol est refusé par le Crédit National, à qui le cinéaste avait fait une demande de financement, à cause du 'sujet'.[14] Voilà pour la société. Mais qu'en est-il des 'audaces' légitimement escomptées du cinéma, art du montrer, lieu pressenti d'une libération du regard?

ii. Cachez ce sein...

On pourrait s'attendre à ce que le cinéma réalise ce qui n'était dans la forme littéraire, fatalement, que suggéré, dit, et non montré, qu'il donne des œuvres où Fragonard, Boucher et Watteau rejoignent, et même dépassent, Marivaux et Laclos. Mais avec le recul de presque cinquante ans, il est difficile d'apercevoir la moindre scène choquante dans ces films 'scandaleux'. En plus de la censure externe, sociale, qui empêche de montrer les corps, s'agit-il d'une autre censure, interne et plus profonde, qui mettrait en place d'autres dispositifs narratifs et scéniques? Chez Vadim les libertins sont punis par la mort et la défiguration; chez Chabrol il s'agit d'une prise de conscience désespérante. Dans le roman de Laclos, selon Jean-Marie Goulemot, les événements du dénouement 'constituent une fin que produit cette censure nécessaire et qui ne relève bien sûr ni de l'institution, ni même de la morale établie, [...] mais d'une dynamique propre à la mise en scène fantasmatique elle-même'.[15] Notre siècle jette ses propres ombres sur le libertinage.

A propos des romans libertins du dix-huitième, Anne de Marnhac note que '[c]urieusement, ces romans consacrés à la séduction laissent peu de place à l'érotisme'.[16] Dans nos films, des scènes 'érotiques' – et le corps même – sont tout aussi remarquablement absents. On note que 'les

---

12. M. Delon, *Le Savoir-vivre libertin*, p.13-14.
13. M. Delon, *Le Savoir-vivre libertin*, p.13.
14. Archives de la Bibliothèque du film: CN014-B10, Dossier A 'Rapports et décisions', 29 juillet 1958.
15. Jean-Marie Goulemot, 'Le lecteur-voyeur et la mise en scène de l'imaginaire viril dans *Les Liaisons dangereuses*', dans *Laclos et le libertinage 1782-1982 : Actes du Colloque du bicentenaire des 'Liaisons dangereuses'*, éd. René Pomeau (Paris, 1983), p. 163-75 (175).
16. Anne de Marnhac, *Séducteurs et séductrices: de Casanova à Lolita* (Paris, 2002), p.49.

héros des romans libertins ont plus d'intelligence que de chair';[17] or, si la nature même du cinéma fait que les libertins prennent chair, leur corps reste peu visible. La 'liberté' qui vaut l'étiquette de libertinage aux films de la Nouvelle Vague vient surtout d'une liberté de la parole dans des mises en scène verbales. On prend la parole pour s'approcher du corps. Chez Vadim, par exemple, dans un film qui a pourtant fait scandale à l'époque, le 'choc' des scènes de séduction n'existe quasiment que par ce moyen. Pour dire la conquête de la Tourvel, les champs–contrechamps alternés des visages de la Présidente et de Valmont se resserrent de plus en plus jusqu'à un très gros plan des yeux. En flash-back, Valmont lit la lettre à sa femme en voix *off* – citation directe de la lettre 125 chez Laclos – commençant par 'La voilà donc vaincue'.[18] L'image montre des plans de la pièce du point de vue de Valmont jusqu'à un plan de leur baiser, qui fait basculer l'action dans le présent, suivi d'une ellipse rompue par un panoramique du corps nu de la Tourvel, couvert pudiquement, des pieds à la tête. On entend en voix *off* la suite de la lettre: 'L'ivresse fut complète et réciproque.'[19]

Dans *Les Cousins*, on remarque tout autant l'absence du corps. La seule séquence qui le dévoile est fort similaire. Il s'agit du personnage féminin, Florence, vue semi-nue sur le ventre et prenant un bain de soleil, posture qui rappelle Brigitte Bardot dans *Et Dieu créa la femme* et annonce *Le Mépris*. Plusieurs plans la cadrent derrière des barreaux du balcon où elle est plus élevée que Charles resté en contrebas. Doublement éloignée, elle est doublement inaccessible, le corps étant interdit au garçon 'romantique'. Par ailleurs la scène de séduction entre Florence et Paul, le cousin libertin, est dirigée seulement par la parole de Clovis, personnage machiavélique. En touchant le bras de Florence, Clovis lui dit: 'Tu as une peau d'allumeuse [...]; tu es née pour être chatouillée. Tu n'es pas faite pour les choses de l'esprit', puis lui ordonne de toucher Paul en ajoutant: 'Voilà une peau qui répond.'[20] Même les 'scènes d'amour' libertin se passent en ellipses, comprises par la seule suggestion: un lit défait vide, les pieds nus de Florence qui descend l'escalier; ou bien elles sont carrément cachées: la séquence de Florence et Paul sous la douche, montrée principalement en ombres chinoises derrière un verre dépoli.

Chez Rohmer, le traitement est plus complexe: le corps, irradiant autour du 'genou de Claire' est, dès le titre, au centre du récit. Tous les discours tournent autour des 'pôles du désir' de la femme convoitée. Raconter des exploits renvoie directement à l'esprit libertin. La parole

---

17. A. de Marnhac, *Séducteurs et séductrices*, p.49.
18. Pierre-Ambroise-François Choderlos de Laclos, *Les Liaisons dangereuses*, (1782; Paris, 1964), p.331.
19. Roger Vadim, *Les Liaisons dangereuses 1960* (1959).
20. Claude Chabrol, *Les Cousins* (1958).

est aussi importante pour le protagoniste de Rohmer que pour celui de Laclos et, dans les deux cas, il faut un interlocuteur. Aurora, selon Marion Vidal, 'est indispensable à Jérôme: c'est en dialoguant avec elle qu'il donne forme et consistance à son aventure [...]. On peut même dire que la parole crée de toutes pièces l'événement'.[21] Rohmer se montre tout aussi proche de Laclos lorsqu'il explique le but de ses *Contes moraux*: '[m]on intention n'était pas de filmer des événements bruts mais le *récit* que quelqu'un faisait d'eux'; ainsi les *Contes* sont 'quasiment dénués d'actions physiques: tout se passe dans la tête du narrateur.'[22] Effectivement, M. Vidal observe 'le caractère presque exclusivement cérébral de l'érotisme du narrateur' du *Genou de Claire*, ce qui 'entraîne chez lui une propension au libertinage nettement plus accusée que dans les autres contes' et, selon lui, 'des tendances fétichistes ailleurs à peine évoquées'.[23] Pour essentielles qu'elles soient, les séquences dédiées à l'image du corps sont peu nombreuses et plus brèves comparées à celles du discours *sur* le corps et à l'analyse du désir de l'objet physique. Rohmer établit un rapport cinématographique plus profond et 'honnête' au libertinage, où le pouvoir du regard est doublement renforcé par celui de la caméra qui permet le va-et-vient entre le plaisir de voir et celui de raconter. Le corps lointain, qui apparaît comme objet énigmatique, observé, scruté même, devient plus accessible au protagoniste rohmérien par le biais de la parole, et de la littérature. Parler, décrire pour s'approprier ce corps pendant que la caméra le filme d'une certaine distance, d'un point de vue qu'on peut qualifier de 'respectueux', de 'courtois', créant visuellement une version moderne et silencieuse du blason.

iii. Le libertinage comme posture et théâtre de la volonté de puissance

Maria Tortajada affirme que certains cinéastes de l'époque suivent l'exemple du dix-huitième, prisant 'le libertinage léger qui oublie son origine libertaire, qui renvoie au jeu et à sa futilité comme aux stratégies amoureuses, à l'inconstance et à la facilité des liaisons, à la revendication d'une indépendance du sentiment et au refus de la passion'.[24] La notion de jeu, par exemple, est suggérée par Vadim dès le générique de son film en noir et blanc qui isole des pièces sur un échiquier avec pour fond sonore une musique de jazz qui implique la nécessité d'improvisation. On peut parler d'une 'séduction fondée sur les stratégies et le jeu, d'une

---

21. Marion Vidal, *Les Contes moraux d'Eric Rohmer* (Paris, 1977), p.126.
22. Eric Rohmer, préface des *Contes moraux*, dans M. Vidal, *Les Contes moraux*, p.12.
23. M. Vidal, *Les Contes moraux*, p.109.
24. M. Tortajada, *Le Spectateur séduit*, p.53.

séduction qui préfère la connivence à la tromperie'.²⁵ Mais, pour cela, il faut une égalité entre les deux partenaires. Dans le contexte de la fin des années 1950, le déséquilibre social entre hommes et femmes devait être rectifié pour établir cette connivence. Vadim explique qu'il a dû marier Valmont et Mme de Merteuil 'pour rendre vraisemblable leur complicité. Ils sont liés par des intérêts d'ordre psychologique et matériel'.²⁶ Dans *Les Cousins*, on voit émerger un début d'égalité chez les jeunes. La jeune fille, Florence, connaît les règles du jeu, et sa lucidité est mise en opposition avec l'esprit romantique de Charles. Comme le souligne M. Tortajada, l'apparition de la figure du dragueur dans le lexique de la génération de la Nouvelle Vague marque une concrétisation d'un nouveau jeu de connivence entre garçons et filles, permis par l'assouplissement des mœurs. Chez Rohmer, la relation plus amicale entre le protagoniste, Jérôme, et Aurora, la romancière, est fondée sur une égalité qui permet des projets stratégiques en amour comparables à ceux de Valmont et de la Merteuil.

Pourtant, à l'exception de Rohmer, l'analyse qui pourrait déboucher sur des éléments libérateurs et positifs reste dans la ligne du moralisme. Le libertinage chez les jeunes est certes bien en accord avec l'attitude que décrit M. Tortajada, qui comprend la futilité du jeu, la facilité des liaisons et le refus du sentimentalisme. Le stéréotype du libertin cynique, condamné chez Vadim et Chabrol, devient le véhicule d'une vision moralisante par rapport aux mutations sociales. Les libertins planifient la séduction de leurs victimes en fondant les relations sur une inégalité de pouvoir. M. Tortajada rappelle que '[l]a séduction comme stratégie codée est un jeu de règles', qu'elle 's'organise en étapes, elle se présente comme une progression et de fait se conçoit dans la durée: pour séduire, il faut avoir un projet, il faut prévoir, savoir par avance le coup qu'il est bon de porter'.²⁷ Ils sont aussi dans le spectacle; les libertins se font 'acteurs et metteurs en scène d'extraordinaires scénographies',²⁸ tentant tout pour se cacher et prendre le pouvoir sur leurs victimes plus faibles. La séduction des roués est un 'art de la dissimulation'.²⁹ Vadim, avec des préoccupations commerciales non dissimulées, montre un Valmont qui joue la comédie avec le sourire et une part d'humour, feignant un accident de ski, par exemple, pour rencontrer la Tourvel. Chez Chabrol, le scénario de Paul Gégauff laisse une grande part au spectaculaire, le

---

25. M. Tortajada, *Le Spectateur séduit*, p.34.
26. Yvonne Baby, 'Les "Liaisons dangereuses" de Laclos (version 1958)', *Le Monde* (3 décembre 1958).
27. M. Tortajada, *Le Spectateur séduit*, p.20-21.
28. A. de Marnhac, *Séducteurs et séductrices*, p.50.
29. A. de Marnhac, *Séducteurs et séductrices*, p.50.

libertin se mettant en scène d'une façon théâtrale, sans qu'il s'agisse toujours de stratégies amoureuses.

L'anticonformisme de Chabrol ajoute en effet à cette peinture du libertinage un élément politique où la dénonciation laisse percer un moralisme de fond. Point sans doute plus original, et nécessitant une analyse spécifique, le lien entre voir et pouvoir, par exemple, est montré d'emblée avec la présentation de Paul qui regarde à travers une longue-vue. Regard où s'affirme, plus que le simple désir de savoir: une volonté de puissance; à travers ce regard s'établit de fait un autre lien, plus historique que métaphorique, entre le libertin et la guerre et ce n'est pas un hasard si la caméra s'attarde à prendre les soldats rangés sur les étagères et la collection d'armes de Paul. Chabrol non seulement associe certaines questions épineuses, la dédramatisation de l'avortement par exemple, l'inconstance et la multiplicité des relations physiques, l'ivresse, les jeux de roulette russe, à un libertinage mis au compte d'un désenchantement et d'un cynisme profonds, mais il les associe aussi avec l'après-nazisme. Paul, déguisé en gestapiste, déclamant un poème sur l'amour, se dirige, candélabre à la main, dans la direction des amoureux 'romantiques', Florence et Charles, éclairant un amour qui semble lui échapper: 'Oh! Ma mère, je suis seul... tout seul, sans ami, sans camarade... Ils sont tous morts, tout est mort, c'est le silence. Je crie: "A l'aide, maman" mais je reste seul. Un jour, pourtant, la guerre se termine, le printemps revient... les oiseaux chantent de nouveau, on entend la musique... et l'on trouve l'amour...'[30]

La presse relèvera ce lien avec le nazisme aussi bien que l'influence du Gide de *L'Immoraliste*, et de Camus dans le comportement des héros: Charles qui 'rappelle un peu Meursault, l'Etranger de Camus' et Paul, 'l'étudiant exubérant jouisseur et désinvolte, qui savoure l'instant présent'.[31] On note que derrière ce bon vivant cynique se cache autre chose: le libertin 'inflige à ses amis la grande musique de Wagner, et un étrange "numéro" où passe la "nostalgie"[32] de la guerre, de la Gestapo, des S.S.', écrit Georges Sadoul. Le critique attribue le succès du film à la sincérité de scènes comme 'l'aveu pudique d'un amour partagé, où le Parisien est hanté par la mort et la guerre'; Paul 'ne se réfère pas seulement à Wagner, mais à une volonté de puissance, bien définie, celle qui faisait en 1942 trembler les malheureux juifs réveillés à l'aube par la Gestapo. [...] la croix gammée et ses mythes hantent toujours certains "bons jeunes

---

30. C. Chabrol, *Les Cousins*. Paul prononce le poème en allemand pendant que la traduction française apparaît en sous-titres.
31. Pierre Achème, 'Un nouveau cinéaste: Claude Chabrol; Deux films à voir: *Le beau Serge – Les Cousins*, *Populaire dimanche* (23 mars 1959).
32. Nos guillemets.

gens", nés à Passy ou à Neuilly'. Selon Sadoul, ces thèmes auraient dû être développés pour donner plus de force au film: '[u]ne allusion précise à la réalité contemporaine lui aurait donné plus de vérité et de profondeur.'[33] Ce personnage insulte 'un nègre', harcèle un étudiant juif et brise un buste de Voltaire en plâtre, gestes qui pour Sadoul sont 'peu compréhensibles' dans le contexte du film. La quête du bonheur par le plaisir dans l'esprit de Voltaire – qui ne perd pas de vue la morale – n'est pas celle de Paul qui se veut plus proche de Sade ou de Laclos... Ainsi, la diabolisation 'bourgeoise' décadente du libertinage chez Chabrol implique un dix-huitième ironique et désenchanté.

Les deux cousins de Chabrol sont censés incarner les conflits de leur époque. La fin du film laisse penser que le bonheur selon Voltaire ou selon Laclos n'est plus possible. Charles, qui rend son exemplaire des *Illusions perdues* au vieux libraire et jette son espoir et son identité (sa carte d'étudiant) dans la Seine, est tué par son cousin libertin, mais c'est le hasard qui intervient sur leurs destins. Après cette mort 'accidentelle', la caméra s'attarde sur Paul resté seul, silencieux, sa vie de plaisir léger perdue également. Ce que Chabrol suggère va bien au-delà de la dénonciation moralisante du libertinage. Sous l'extrême cynisme de Paul perce alors le nihilisme né de la guerre.

iv. Tensions sous-jacentes: libertinage moderne? Ambiguïté

'J'ai vu les mœurs de mon temps, et j'ai publié ces lettres.'[34] L'épigraphe des *Liaisons dangereuses*, empruntée par Laclos à *La Nouvelle Héloïse*, exprime un désir de témoigner mais sert en même temps de prétexte pour justifier une œuvre scandaleuse. Vadim, dans une 'Préface filmée' où il présente ses *Liaisons* à lui, adopte une stratégie similaire. Très loin du dix-huitième, 'le siècle de la toute-puissance de la femme' selon Elisabeth Badinter, où l'aristocrate était libre de son corps, de son esprit, de son cœur, 'l'égale de homme, une partenaire plutôt qu'une assistée',[35] le contexte des années 1950 était tout autre et nous pousse à considérer la question du pouvoir des femmes à cette époque. On voit bien les contraintes et le désir de les surmonter; Vadim parle de sa volonté de montrer 'cette autre femme', différente de 'cette race de jeune fille libérée des contraintes sociales attachées au sexe' à la Brigitte Bardot. Ici,

---

33. Georges Sadoul, 'Un film néo-romantique "Les Cousins", film français de Claude Chabrol', *Lettres françaises* (19 mars 1959).
34. Laclos emprunte l'épigraphe de la préface de *La Nouvelle Héloïse*, cité par M. Delon dans P.-A. Choderlos de Laclos, *les Liaisons dangereuses* (Paris, 1986), p.37.
35. Edmond et Jules de Goncourt, *La Femme au dix-huitième siècle*, avec préface d'Elisabeth Badinter (1877; Paris, 1982), p.28-31.

il prétend vouloir montrer les femmes 'conscientes des règles de la morale et qui cherchent cette égalité des sexes sans avoir à affronter l'opinion', celles qui 'gardent un masque'. Les contraintes et la tension sont flagrantes. Il parle d'une 'femme qui ne peut plus supporter ce rôle de femme, cette femme qui veut à tout prix se prouver qu'elle est libre de ses sentiments comme de ses désirs, cette femme qui sait qu'[...] un homme qui a beaucoup de maîtresses est un Don Juan alors qu'une femme qui a beaucoup d'aventures est une grue et qui ne l'accepte pas'.[36]

Dans un tel contexte d'inégalité, tout jeu fondé sur la connivence est truqué. Et ce qui ressort du film est la diabolisation d'une femme 'trop libre', à la place d'une punition partagée de 'roués'. En effet, la mise en scène et le choix de Gérard Philipe dans le rôle de Valmont ajoutent ce côté romantique qui permet au personnage masculin d'être racheté par l'amour. Entre 'Monsieur et Madame Valmont', il s'agit surtout d'un 'pacte' contre l'amour. Un nouveau type d'union établit un rapport renouvelé, fondé sur une prétendue liberté du corps. Valmont dit même dans une de ses lettres à la Tourvel, en parlant de son mariage, 'je lui ai tout raconté de toi et de moi, notre pacte de tout se dire, de tout se permettre, de tout oser où la seule règle n'était pas de se laisser prendre au piège de l'amour, de rester *lucide*.'[37] La lucidité est, en effet, ce qui différencie cette 'nouvelle' femme des autres et l'investit d'une menace pour l'ordre social. La Merteuil de la tradition représente un danger pour l'ordre établi; elle 'dérange la partition traditionnelle des fonctions sexuées',[38] selon Michel Delon. L'un des paradoxes du roman, ainsi que du film, est qu'une femme incarne le libertinage le plus pur et qu'on lui fait 'revendiquer le stéréotype de la sexualité masculine'[39] et les valeurs que revendique le libertin: la raison, le savoir et l'art mathématique autant que militaire des stratégies. Selon Laurent Versini, elle 'n'est pas née sensuelle'; sa curiosité par rapport à l'amour est 'purement intellectuelle'.[40] En effet, chez ce personnage joué par Jeanne Moreau, le trait le plus prononcé est l'intelligence mise au service d'une manipulation en amour, et le danger qu'elle représente est proportionnel à sa punition: son image défigurée. En même temps, elle incarne peut-être le mieux l'esprit libertin du dix-huitième siècle, l'image d'un roué servant de bouc émissaire pour chasser les peurs propres au vingtième siècle.

---

36. R. Vadim, préface filmée en première personne, *Les Liaisons dangereuses 1960*.
37. R. Vadim, *Les Liaisons dangereuses 1960*. Nos italiques.
38. M. Delon, *P.-A. Choderlos de Laclos, les Liaisons dangereuses*, p.64.
39. M. Delon, *P.-A. Choderlos de Laclos*, p.69.
40. Laurent Versini, *'Le Roman le plus intelligent': Les Liaisons dangereuses de Laclos* (Paris, 1998), p.108.

v. Rohmer et le jeu retrouvé? La chasse au bonheur ou l'échec du libertin (conte moral)

Après 1968, la tension dont parle Michel Delon s'est bien dissipée, mais il rappelle opportunément 'qu'il n'est pas de séduction sans contrainte, que chaque jouissance est une négociation avec des interdits'.[41] Exemplaire, à ce titre, la dramaturgie intime d'Eric Rohmer et sa façon de mettre en scène désirs, conflits, obsessions même, à travers des topoï littéraires, *Le Genou de Claire* est de ce point de vue emblématique de la tension entre désir et contraintes. Comme tous les narrateurs rohmériens, Jérôme, dans *Le Genou de Claire*, est un personnage complexe, plus ambigu que l'apparent stéréotype donjuaniste. M. Vidal repère en lui 'toutes les caractéristiques du libertin: l'expérience, le cynisme, le manque de scrupules, la volonté de dominer par l'esprit ou par les sens des êtres plus jeunes ou moins expérimentés, le plaisir comme règle de vie et le désir comme critère moral...'[42] Toutefois, l'ambiguïté du personnage complique une assimilation aussi totale à cette figure. Dans *Modernes libertins*, Isabelle Rabineau présente le libertinage comme 'un art de la résistance, pratiqué par les séducteurs du XVIIIe siècle aussi bien que par nos joueurs d'aujourd'hui' dont elle souligne le 'zeste de transgression',[43] mot clé pour aborder ce héros rohmérien.

Rappelons la trame de ce 'conte moral' réalisé par Rohmer en 1970: Jérôme, diplomate de trente-cinq ans, fait un voyage à Annecy avant de se marier avec Lucinde et retourner en Suède. Il y rencontre par hasard Aurora, romancière et ancienne amie qui lui présente Mme W. et ses deux filles adolescentes, Laura et Claire. La première, éprise de lui, arrête le jeu de séduction après une conversation où elle apprend que Jérôme ne croit pas en l'amour passion. Jérôme s'éprend ensuite de Claire, indifférente à lui, et amoureuse d'un garçon de son âge, Gilles. Jérôme analyse ses sentiments au cours d'un dialogue avec la romancière qui lui conseille d'exorciser son désir pour Claire en touchant le genou de la jeune fille. Un orage imprévu lui fournit le cadre d'un tel 'exorcisme': il apprend à Claire l'infidélité de son ami, puis la console en accomplissant le geste préconisé (et rêvé). Il repart satisfait alors que Claire se réconcilie avec Gilles sous le regard amusé d'Aurora.

C'est le goût de la transgression de Jérôme et son désir narcissique de projeter l'image d'un séducteur qui favorisent son rapprochement avec le libertin. Mais l'image est en décalage avec ses actes et de ce décalage naît l'ambiguïté. L'angoisse de passer à l'acte ne correspond pas en effet au comportement libertin. Pour M. Vidal, caresser le genou apparaît à

---

41. M. Delon, *Le Savoir-vivre libertin*, p.9.
42. M. Vidal, *Les Contes moraux*, p.111.
43. M. Delon, *Le Savoir-vivre libertin*, p.10.

Jérôme 'comme LA relation "sexuelle"'[44] idéale, parfaite, privilégiée avec la jeune fille',[45] mais cette localisation fétichiste signale un écart, tout de même, par rapport aux stéréotypes. Comme dit sa complice, Aurora, après que Jérôme lui a décrit son 'exploit': 'Ton histoire est intéressante, mais parfaitement anodine. Il n'y a pas d'autre perversité que celle que tu prétends y mettre.'[46] En effet, l'image resterait banale voire innocente sans sa version racontée à Aurora. Pourtant, un parallèle s'établit bien avec le libertin dont 'les actes importent moins (ce en quoi le roman libertin se distingue du roman érotique ou grivois, simple récit de prouesses physiques) que leur *réfraction dans la conscience de leur auteur*, l'interprétation qu'il s'en donne et par laquelle un banal séducteur s'affirme maître de son destin, défiant les valeurs sociales et divines'.[47] Mais la cérébralité exacerbée de Jérôme prime sur ses actes: son statut de libertin n'est qu'une posture. Il lui manque également la cruauté qui définit les roués du dix-huitième siècle. Ici, le mal est évacué et la sexualité confinée à l'esprit.

D'un côté, Rohmer restaure une légèreté dans l'attitude et le discours du 'libertin'. La séduction redevient un jeu léger, une stratégie calculée avec une complice. Selon Joël Magny, il serait possible que le héros rohmérien soit 'plus conforme à ce "jeu de société dramatique" de la seconde moitié du dix-huitième siècle', où le libertin tardif 'se veut libre à l'endroit des choses de l'amour, nouvel enjeu social'.[48] Effectivement, Jérôme évoque toujours la liberté de ses actes, l'origine de son plaisir qu'il met en opposition avec l'idée du devoir. Dans ses relations amoureuses, il prétend que la raison règne, le laissant libre. Il va même jusqu'à s'engager dans un mariage dépourvu d'amour passionnel avec 'Lucinde', union rationnelle qui lui permet, soutient-il, de garder sa liberté.[49] D'après Michel Serceau, 'Jérôme souligne que Lucinde n'est pas son type de femme. La proposition plaide pour la lucidité; elle marque la volonté de rompre avec l'automatisme et les pulsions.'[50] Or la nécessité du libertin, selon J. Magny, est 'd'affirmer sa souveraineté sur sa situation et sur les êtres. Il ne peut jouir de sa liberté que si celle-ci se fonde sur une destruction des liens qui l'attachent à sa proie, voire à la destruction morale de celle-ci'.[51]

---

44. Nos guillemets.
45. M. Vidal, *Les Contes moraux*, p.112.
46. Eric Rohmer, *Le Genou de Claire* (1970).
47. J. Magny, *Eric Rohmer*, p.60, nos italiques.
48. J. Magny, *Eric Rohmer*, p.58.
49. Il parle de 'l'inutilité' d'aller avec une autre femme pendant qu'il caresse la main d'Aurora et ajoute, 'si je m'interdisais de regarder [les femmes], de leur parler ou même fuir leurs avances, mon amour pour Lucinde m'apparaîtrait comme un devoir, et non pas comme un plaisir.' E. Rohmer, *Le Genou de Claire*.
50. Michel Serceau, *Eric Rohmer: les jeux de l'amour du hasard et du discours* (Paris, 2000), p.97.
51. J. Magny, *Eric Rohmer*, p.60.

Mais chez Rohmer, ce libertin n'est pas un stéréotype; le cinéaste donne à son personnage une humanité et une profondeur toutes romanesques. Et le décalage entre les gestes (l'image et les non-dits) et la parole rend une telle association problématique. L'image 'montre' le désir de Jérôme pour les jeunes filles; il n'arrive jamais à maîtriser le jeu, à avoir le contrôle sur les femmes et il ne cherche pas à détruire ses 'proies', mais à exorciser son propre désir. Il n'est pas maître du jeu de la séduction comme le libertin, mais se rapproche davantage d'une marionnette, manipulée par la romancière, contrôlée par son désir pour les jeunes filles qui ont tout pouvoir sur lui. En adoptant la posture du libertin, cependant, il peut sauver les apparences.

Parallèlement, Rohmer met en scène, à travers Jérôme, faux libertin, vrai dandy, Narcisse, le désir de toute puissance qu'il exerce par son regard. C'est ici que nous retrouvons le jeu, mais c'est un jeu entre le regard du cinéaste et son personnage. Cette manipulation est dédoublée par le personnage de la romancière qui joue aussi avec Jérôme dans le récit. On trouve alors un jeu de miroirs renforçant l'ambiguïté, un jeu de pouvoir, de création et de désir entre le metteur en scène et ses personnages. Avec Jérôme, on observe sa chasse au bonheur en même temps que ses mensonges, impliquant un certain échec. Dans ce conte moral, le regard d'Aurora dévoile la posture de Jérôme. Et en dernier recours il est possible que le vrai libertin soit ici à chercher chez la femme, Aurora, dont le regard plus froid, plus lucide, plus libre, est également plus proche de celui du metteur en scène. Derrière l'opacité de son personnage romanesque se trouve l'œil de Rohmer dont les exigences esthétiques et morales guident la caméra.

vi. L'adieu au dix-huitième?

Selon Jean-Pierre Esquenazi, les films dits modernes 'ne visent pas à reconstruire des identités défaillantes'.[52] Du moins la Nouvelle Vague, au sortir de la guerre, eut bien à faire ses comptes avec les figures et les codes du passé. Codes amoureux, utopie sensuelle du libertinage également en opposition avec les normes sociales recomposées. Dans cette configuration le libertin aura été une figure susceptible d'exprimer de façon rassurante les conflits contemporains. Et les aspirations ambiguës d'une jeunesse qui, après les horreurs du siècle, semble avoir aussi perdu ses 'illusions' en amour. Dans le cinéma 'moderne' de l'après-guerre (Bergman, Godard, Antonioni), J.-P. Esquenazi parle des personnages 'enfermés dans des problèmes existentiels profonds', qui

---

52. Jean-Pierre Esquenazi, 'Un cinéma de l'après-guerre', dans *Nouvelle Vague, nouveaux rivages: permanences du récit au cinéma (1950-1970)*, éd. Jean Cléder et Gilles Mouëllic (Rennes, 2001), p. 245-57 (247).

sont 'enclos dans la contemplation de leur ego' dans un décor insensible 'à leurs émotions intimes'.[53] Le contexte de nos films est le même. Même si, à un certain niveau, les personnages y semblent près de Werther, ils sont, à l'âge de *La Nausée*, également lucides, voire cyniques. Déçus, blasés, ils veulent une liberté en amour, séparer l'amour de la sexualité, au sein d'un libertinage qui veut dire sexualité sans morale, loin de son sens du dix-huitième qui comprenait le jeu, la stratégie ou même la cruauté. Chez Vadim comme chez Chabrol, les 'libertins' désignent bien une 'anti-morale'. Ils sont en quête d'une liberté en amour, une liberté de corps mais dont les jeux ou les stratégies (imitées des roués) sont moins présents que le désir d'une victoire personnelle sur l'amour passion. Dans les deux cas, le modèle ramène encore à Werther et à Don Juan, exemplairement dans le cas des *Cousins*, plus subtilement dans celui des *Liaisons* où Vadim prête un cœur de Werther à son Valmont. Le portrait stéréotypé du libertin est le prétexte à la peinture d'une société pendant une période de mutation des mœurs. On y voit s'affirmer l'offensive d'un retour à l'ordre qui permettra la punition des 'méchants' et le bonheur amoureux des 'innocents' réunis. Le libertin au féminin sert à poser la question du pouvoir des femmes, de l'égalité dans le couple, mais le retour à l'ordre final, avec la punition de ce personnage, rassure le spectateur en neutralisant le déséquilibre de la libération potentielle. *Les Cousins* dit explicitement la bataille entre le bien et le mal, mais sans résoudre le problème. Ce conflit oppose en même temps Werther et Don Juan. Mais, ici, le manque de résolution reflète le manque de réponse après la catastrophe, la mort de Werther. La posture du libertin dans la dernière scène – son silence face à ses actes – exprime une prise de conscience morale après la quête d'un bonheur sans morale. La forte résonance que la séquence implique avec la guerre et le nazisme chez ce libertin lui fait incarner le mal de son siècle dans une vision moralisante qui dit la nostalgie d'une innocence à jamais perdue.

Dans le film de Rohmer, plus de dix ans ont passé, et une autre tension se présente, cette fois une tension plus intérieure, plus intime. Ici, le cinéaste adopte lui même une posture de libertin pour 'jouer' avec ses personnages qu'il installe dans un paysage idyllique, au cours d'un huis clos romanesque qui sert de cadre à son expérimentation moderne de figures et de topoï amoureux. Variation sur l'amour, ses leurres et ses masques dans le plus pur style français... Jérôme joue à être ou paraître libertin; lui-même se prend à son jeu; et avance dans ce récit quichottesque, 'les yeux bandés'. Selon M. Serceau, Rohmer 'démasque l'homme derrière son discours. Il le renvoie, par-delà les décisions qu'il

---

53. J.-P. Esquenazi, 'Un cinéma de l'après-guerre', p.246-47.

prétend prendre, aux figures, voire aux mythes, qui le gouvernent'.[54] En jouant sur des topoï et des stéréotypes littéraires éculés, le cinéaste fait tomber le masque du personnage à travers le conflit entre l'image et le discours, sous le regard d'un autre personnage, Aurora, la romancière à laquelle il donne une position d'omniscience.

Derrière Aurora n'est-ce pas Rohmer qui s'exprime?

> Je n'arrive pas, dit-elle, à raconter ma vie. [...] Je me suis déjà trouvée dans des situations semblables à toi [...] et je ne suis jamais arrivée à aller jusqu'au bout [...]. Je peux très bien écrire cette histoire par rapport à moi parce que je sais, par moi et par référence à moi, mais en transférant sur un autre.[55]

Le regard supérieur de la romancière et de l'auteur sur ce personnage 'libertin' implique l'échec d'une prétendue liberté en amour, d'une utopie fondée sur un modèle de libertinage fantasmé, mais en même temps annonce une autre utopie secrète: celle de la toute puissance exercée par le cinéaste (ou de l'écrivain) sur ses personnages, comédiens qui jouent des scènes de sa casuistique amoureuse, dans la lumière captée par la caméra.

La figure du libertin est donc, chez Rohmer comme chez les autres cinéastes de la Nouvelle Vague, éminemment porteuse et révélatrice des sensibilités et des imaginaires intimes. Sa condamnation ou son démasquage ne sauraient cependant effacer les vraies audaces, par lesquelles le septième art peut rivaliser en délicatesse avec la littérature. Car il existe au cinéma une tension spécifique: celle qui naît de l'échange entre parole, idées et image. Ce que l'image interdit de montrer, la parole le décrit ou l'évoque. Ce que la parole ne peut saisir, l'image le capte ou le suggère. Et sans doute dans ces questions d'amour et de liberté, Don Juan et Werther ne cesseront-ils de lutter, mais, dans le pur cinéma de Rohmer, ce qui prévaut derrière les discours, ce sont le regard et le 'goût de la beauté' si en accord avec le sensualisme des Lumières.

---

54. M. Serceau, *Eric Rohmer*, p.97.
55. E. Rohmer, *Le Genou de Claire*.

L'ascenseur, le téléphone et l'amour, ou la modernisation du dix-huitième siècle

MICHEL DELON

La vie culturelle des grands textes du dix-huitième siècle s'est faite au rythme des rééditions et des commentaires scolaires, des illustrations demandées à des artistes contemporains et des adaptations dramatiques. Le cinéma est venu s'ajouter à ces modes d'appropriation des classiques; au lendemain de la Seconde Guerre, il est sans doute reconnu en France comme un art majeur, en voie d'occuper la première place dans la consommation culturelle. Le vingtième siècle se reconnaît dans les œuvres du passé à travers un double mouvement d'éloignement et de rapprochement: éloignement des films à costume qui soulignent la permanence des sentiments ou des situations, rapprochement des transpositions qui actualisent les textes anciens et cherchent leur équivalent dans le monde moderne. On peut rapprocher, de ce point de vue, *Les Dames du Bois de Boulogne* de Bresson (1945), *Les Amants* de Louis Malle (1958) et *Les Liaisons dangereuses 1960* de Vadim. Trois cinéastes français s'attaquent à trois grands textes romanesques des Lumières, à l'aide de dialoguistes qui savent retrouver l'éclat de la langue du dix-huitième siècle. Les personnages se téléphonent, se déplacent en voiture, mais leur langue reste, dans ses ellipses et ses jeux, celle de Diderot, de Denon ou de Laclos.

Dans la première scène des *Dames du Bois de Boulogne*, un soupirant, malheureux et moraliste, édicte: 'Il n'y a pas d'amour, il n'y a que des preuves d'amour.' On a reconnu le style de Jean Cocteau qui dit le remplacement de la métaphysique par la physique. Lorsque l'héroïne de Louis Malle retrouve son mari, leurs échanges sont ciselés par Louise de Vilmorin. '*Toujours*, c'est un mot de femme [...] *S'amuser*, c'est un mot d'homme.' Ce retour de la langue sur elle-même est nourri de Marivaux, de toute une interrogation de son siècle sur les pouvoirs et les pièges du langage. A son mari qui lui reproche de faire de l'esprit, Jeanne rétorque: '*Primo* je n'ai pas d'esprit. *Secundo*, je ne peux pas faire mieux.' On sait comment l'esprit vient aux jeunes femmes. Signés de Roger Vailland, les dialogues des *Liaisons dangereuses 1960* brillent du même feu. Mme de Volanges annonce à Juliette de Merteuil les fiançailles de sa fille avec Jerry Court, avatar américain de Gercourt, dont elle ignore la liaison avec Juliette. Celle-ci admet qu'elle ne connaît l'Américain qu'"à fleur de peau'. Plus loin, elle résume son plan à Valmont: 'Il croit épouser la vertu, il faut qu'il épouse le vice.' La transposition et le changement d'époque se font dans le cadre d'une même culture du mot. Il faudrait sans doute compléter ce trio par les deux *Manon Lescaut*, d'Henri Georges Clouzot en 1949 et de Jean Aurel en 1970, par le *Candide* de Norbert Carbonnaux[1]. Mais, pour associer Sade au corpus, on se référera plutôt à un film d'un registre tout à fait différent, tourné en français en 1970, mais ne prétendant aucunement au label d'une 'qualité française', *Eugénie* de l'Espagnol Jesus, devenu Jess, Franco, vite tombé dans la série B.

Le titre choisi par Robert Bresson ne renvoie pas immédiatement à Diderot, mais le générique annonce: 'd'après un conte de Diderot'. Le spectateur cultivé reconnaît l'épisode de Mme de La Pommeraye et du marquis des Arcis dans *Jacques le fataliste*. *Les Amants* de Louis Malle font exception, en ne mentionnant pas le conte de Vivant Denon. Il est vrai que l'adaptation ne reprend qu'une part de l'intrigue de *Point de lendemain* et en modifie profondément le dénouement qui répondait au titre. La censure en 1959 a exigé que soient distingués le titre du film et celui du conte. De même le film de Vadim ne porte pas exactement le nom du roman de Laclos, il est donc devenu *Les Liaisons dangereuses 1960*. Enfin, soucieux d'appâter le public, Jess Franco a complété le titre de la nouvelle dont il s'inspirait dans *Les Crimes de l'amour*, du nom de l'écrivain: *Eugénie de Sade*. Les quatre films se déroulent dans une tension entre la référence, explicite ou non, à un auteur du dix-huitième siècle et le cadre du vingtième siècle qui est choisi. Cette tension peut être interrogée dans le traitement du décor, du point de vue et de la morale du récit.

Plusieurs éléments suggèrent ironiquement la continuité du dix-huitième au vingtième siècle. Le film de Vadim commence en citant en surimpression une phrase de l'avertissement de Laclos, selon laquelle les mœurs présentées dans le récit sont trop exécrables pour être de son siècle. Le véritable décalage ne sépare pas tant le règne de Louis XVI de celui du général de Gaulle que la réalité de ce que les bien-pensants en font. *Les Amants* et *Les Liaisons dangereuses 1960* utilisent une des ressources de l'art classique, l'allégorie, chargée de donner le sens de l'œuvre au-delà des caractéristiques particulières. Dans une perspective classique qui privilégie la permanence par rapport aux modifications du lieu et du moment, l'allégorie assure une durée de l'œuvre, de génération en génération de lecteurs. *Les Amants* s'ouvrent sur la Carte du Tendre, vue du côté du Lac d'Indifférence. Entre Dijon et Paris, Jeanne vit dans le même ennui. A elle de découvrir Tendre sur Inclination. De même, le

---

1. Voir Michel Delon 'Heurs et malheurs de l'adaptation. *Manon* de Henri Georges Clouzot (1949) et *Candide* de Norbert Carbonnaux (1960)' dans *Filmer le dix-huitième siècle*, éd. Martial Poirson et Laurance Schifano (Paris, 2009).

damier et le jeu d'échecs qui servent de support au générique de Vadim suggèrent l'abstraction d'une lutte pour la maîtrise, la géométrie de rapports de force, susceptibles de s'actualiser dans des époques différentes. La caméra se fixe sur un roi et une reine de même couleur. Il semble évident, quand s'ouvre l'intrigue, que Merteuil et Valmont, devenus mari et femme, jouent dans le même camp.

L'autre marque traditionnelle de continuité est la présence du dix-huitième siècle dans l'œuvre du vingtième. La propriété d'Henri Fournier, près de Dijon, dans *Les Amants*, se présente comme une belle gentilhommière du dix-huitième siècle. Lorsque Valmont se rend dans la chambre de Cécile qui s'est endormie sans l'attendre, la caméra le suit pénétrant dans la pièce, puis s'arrête sur la gravure au-dessus du lit de la jeune fille. C'est une scène libertine du dix-huitième siècle qui évoque les premières illustrations du roman. Dans un premier projet, Roger Vadim avait songé à faire de Valmont un coureur automobile et à expliciter à l'écran le glissement d'un siècle à l'autre, d'une voiture à cheval à un bolide à moteur. Claude Brûlé qui a signé l'adaptation avec Vadim et Vailland se souvient:

> La caméra suivait de profil la course de l'attelage... Tout à coup, son poil noir perlé de sueur, un des chevaux se cabrait. Son image emplissait tout l'écran, puis se figeait brusquement tandis qu'un puissant grondement de moteur couvrait les bruits de la campagne de 1781... En reculant, la caméra expliquait ce violent anachronisme: par un trucage, le cheval noir était devenu le célèbre *cavallo* à la crinière hérissé qui orne la calandre des Ferrari. Et, au volant d'une Ferrari 250, Valmont 1959 se dirigeait à toute vitesse vers la villa de Mme de Rosemonde.

L'allégorie du damier et la gravure dans la chambre d'hôtel ont suffi à marquer le passage temporel. L'essentiel du film de Jess Franco est composé par le récit de l'héroïne qui évoque son adolescence, passée avec son beau-père, et la découverte dans la bibliothèque de celui-ci d'un livre érotique, suivie, sur ses conseils, par la lecture d'*Eugénie*, le conte de Sade. L'histoire du couple incestueux du père et de la fille change de siècle; on passe d'un libertin du dix-huitième siècle à l'un de ses disciples du vingtième; Eugénie Radeck s'est identifiée à son modèle littéraire.

Au-delà de tels signaux, chaque adaptation s'installe dans un vingtième siècle technique et mécanisé. La première scène des *Dames du Bois de Boulogne* nous montre Hélène et un ami au sortir d'un spectacle. Ils montent dans une voiture qui les ramène, puis Hélène entre seule chez elle en ascenseur. La lente montée jusqu'à son étage, sa solitude évoquent l'usure du temps, l'affadissement de la passion, la souffrance. Durant tout le film, l'ascenseur monte et descend. Il caractérise le rang social d'Hélène et de son immeuble: la maison où elle loge Agnès et sa mère n'en comporte pas. Il faut y monter par l'escalier. Nous voyons les deux femmes arriver avec leurs valises. La caméra les prend en plongée dans cet effort. Lorsque nous retrouvons les anciens amants prétendument devenus amis, en discussion, l'un à côté de l'autre, nous ne saisissons pas immédiatement qu'ils sont dans l'ascenseur; les étages qui défilent derrière eux, les variations de lumière nous en avertissent. L'incompréhension s'est installée. Il admire ce qu'il nomme l'héroïsme d'Hélène, elle ne songe qu'à sa vengeance. Le style feutré de l'ascenseur, conforme aux rituels de la vie bourgeoise, à la politesse des échanges, contraste avec l'effort de l'escalier, emprunté par Agnès, par sa mère.

Quand Hélène veut pousser Jean à bout, exacerber l'amour qu'il porte à Agnès, elle refuse de l'aider; il quitte l'appartement, furieux, prend l'ascenseur; elle le rejoint en bas par l'escalier. La caméra suit le couple désuni, Hélène descend en toute hâte par le grand escalier, sa robe noire en corolle autour d'elle. Lui se laisse entraîner par l'ascenseur, passif, se dérobant aux tensions de la conquête et de la résistance, aux éclats. Nous verrons encore Agnès et sa mère quitter l'appartement d'Hélène après le dîner où elle a fait une nouvelle fois se rencontrer ceux dont elle veut nouer les destins, pour sa vengeance: elles disparaissent dans l'ascenseur qui descend, happées par le vide, nous restons à l'étage avec la maîtresse de l'intrigue.

L'autre marque de la modernité est le téléphone. Là aussi, le décalage social est sensible, entre Hélène, qui dispose du téléphone dans son appartement, et les dames du Bois de Boulogne, qui doivent descendre dans la loge de la concierge pour répondre aux appels. Le téléphone qui sonne dans le vide, les appels dont elle se désintéresse disent l'abattement qui saisit Hélène après la découverte de l'éloignement de son amant. Il devient ensuite le moyen qu'elle utilise pour donner ses ordres aux deux femmes, pour les manœuvrer au mieux de ses intérêts. Moyen à sens unique: c'est elle qui appelle, dicte ses conditions, impose sa volonté, alors que la lettre reste à la disposition des autres. Le téléphone sonne encore, c'est Jean qui veut lui parler, tandis qu'Agnès et sa mère sont dans son appartement, en solliciteuses. Elle tient l'un au bout du fil et les deux autres auprès d'elle.

Les Amants jouent également du téléphone: appel reçu du journal qui fait partir Henri Tournier malgré le retour de sa jeune femme, appel reçu de Raoul qui laisse Jeanne énigmatique et peut-être indifférente, inversement appel du '413 à Dijon', depuis le garage Renault, pour prévenir chez elle de la panne, mais auquel Jeanne renonce pour poursuivre sa route avec l'inconnu. Les marques de la modernité dans le film sont plutôt les voitures et les imprimantes du journal local, *Le Moniteur de Bourgogne*. L'opposition de Bresson entre escalier et ascenseur se retrouve entre grosses cylindrées et 2 CV de Bernard, entre le monde de la frime et de la vitesse et celui des sentiments et des sensations.

Jeanne va découvrir le chemin des écoliers, le rythme des fleuves et des rivières, la dérive au fil de l'eau. 'Je n'aime pas la vitesse', avait prévenu Bernard: quelques heures plus tard, elle a compris que c'était la règle d'un art d'aimer. Le film de Vadim fait usage du téléphone, comme Laclos de la lettre, pour donner à voir la perversion de la communication. Le téléphone et la lettre s'inscrivent dans une série qui comporte aussi le télégraphe et le magnétophone, autant de moyens de communication, susceptibles de détournement. Transmission de l'écriture ou de la voix, de la présence et de la conscience, qui peut s'inverser en mensonge. Le contraste entre les voitures dans *Les Amants* devient ici opposition entre les moteurs qui vont vite et font du bruit et les traîneaux ou voitures à chevaux qu'utilise Mme de Tourvel. Dix ans plus tard chez Franco, l'avion appartient, tout comme la voiture, désormais une Mercedes, au matériel technique de la communication, du déplacement, qui peut être au service du mensonge aussi bien que de la vérité. Dans le dernier chapitre du film, la cabine jaune du téléphone allemand devient le lieu de la rupture de l'osmose incestueuse, le père n'y téléphone pas, il observe le couple épris d'Eugénie et de son amant. Un train de marchandise, procession de citernes, passe lentement, entre l'étreinte des jeunes amants et l'intervention meurtrière du père: inexorable défilé du temps, qui fait mûrir la jeune fille, la fait échapper à l'emprise paternelle, et dont la lenteur rappelle l'ascenseur de Robert Bresson. Ce temps véritable de la maturation est sans doute également celui de la 2 CV de Louis Malle et du traîneau de Roger Vadim. La modernité est plus qu'un décor, c'est un lexique qui traduit les rythmes et les tensions des textes classiques.

Elle met en valeur tous les signes d'un passé qui perdure ou d'une nature qui échappe aux transformations historiques. La cheminée dans les intérieurs, le cheval à l'extérieur, plus généralement le temps qu'il fait et les cycles de la nature suggèrent une vérité morale au-delà des bouleversements visibles. C'est devant un âtre que les amants parlent du cœur, de ses intermittences, de ses embrasements. Crébillon dans *Le Hasard au coin du feu* jouait de la métaphore du feu, à la fois matériel et moral, d'autant plus que les décorateurs ont pris l'habitude alors de surmonter les cheminées de hauts miroirs. Feu qu'on tisonne, feu qui flambe tout seul, et glace qui sert à observer les visages. Le lieu des confidences devient celui des manigances. Le décor de l'intimité capitonnée masque le piège de la vengeance. C'est devant une cheminée que Jeanne, de retour de Paris, discute avec son mari, des autres et d'eux-mêmes. L'intérieur est cossu; les bûches qui flambent appartiennent, comme les fauteuils profonds et l'électrophone pour écouter Brahms, à une aisance dont Jeanne est prisonnière. C'est devant une cheminée que les vacanciers de Megève se réunissent à l'hôtel le soir, devant une cheminée à Paris chez Miguel que Danceny provoque Valmont, contre un chenet que Valmont tombe et se tue. La chaleur de la richesse et du luxe devient un feu destructeur: Valmont en meurt, Merteuil se défigure en brûlant dans son lavabo une correspondance compromettante. C'est devant une cheminée dans le bureau de son père qu'Eugénie s'interroge, rêve, prend conscience de ses désirs, de ses sentiments.

Compagnon indispensable du noble au dix-huitième siècle, le cheval a été supplanté dans la vie moderne par la voiture. Il devient alors un signe de distinction aristocratique. *Les Amants* commence par une course de polo, le fringant Raoul apparaît du haut de son pur sang. La 2 CV, deux-chevaux, est d'autant plus bringuebalante et roturière pour le contraste, mais à la fin du récit, c'est elle qui emmène Jeanne, à travers une campagne profonde. Les amants passent à côté d'un cheval, un vrai cheval dans une prairie. Est-ce une illusion régressive ou bien le retour à une vérité oubliée? L'épisode de la bienfaisance théâtrale de Valmont dans le roman faisait entrevoir les paysans et leur misère. Le film s'achève dans un monde paysan qui va perdre de son importance économique. Un des projets initiaux de Vadim et de ses collaborateurs voulait incarner le glissement d'un siècle à l'autre par le passage du cheval réel au cheval symbolique comme marque d'une voiture de course. Les transpositions suivantes des *Liaisons dangereuses* par Roger Kumble et Josée Dayan, au tournant du vingtième au vingt-et-unième siècle, en useront de même: la tante de Sebastian Valmont le New-yorkais possède une grande propriété dans Long Island où elle monte à cheval, le duel de Danceny et de Valmont dans le téléfilm de TF1 est transposé à cheval et Valmont meurt d'une chute de la falaise. Le cheval n'est sans doute pas un renvoi explicite au dix-huitième siècle, mais il appartient à une civilisation ancienne dont les privilégiés gardent la maîtrise.

La grande bourgeoisie du vingtième siècle a pris le relais des privilégiés de l'ancien régime. Avec deux siècles de décalage, les barrières demeurent entre Hélène, Jean ou Jacques et les dames du Bois de Boulogne. Un homme du monde ne peut toujours pas épouser une danseuse. Bernard, dans *Les Amants*, étudiant attardé, marque ses distances par rapport à sa famille, aisée et bien-pensante. Roger Vailland a pris soin de présenter socialement et économiquement les personnages des *Liaisons dangereuses*. La fête continue à caractériser, d'une époque à l'autre, l'oisiveté d'une classe: soirée canaille où Agnès se produit, dîner mondain et boîte de nuit où Raoul entraîne Jeanne, réception initiale chez les Valmont et soirée finale chez Miguel, cabarets à Paris et à Berlin, encore que la boîte où Paul joue de la trompette n'est plus réservée à une élite sociale. Le chien de manchon d'Hélène et celui de Maguy, l'amie de Jeanne, marquent une époque, mais le collier de perles reste un signe permanent de distinction: Agnès le porte pour son mariage; Jeanne l'enlève rêveusement devant sa glace, en rentrant de Paris; elle le porte à nouveau pour l'impossible dîner à cinq; Juliette l'arbore, en arrivant à Megève et Valmont le lui brise rageusement lorsqu'il calcule que le télégramme de rupture est parvenu à Deauville.

La vie moderne prétend protéger les êtres des contraintes extérieures, mais le simple temps qu'il fait rappelle que nous restons soumis à des contingences, que le cœur n'est pas une simple mécanique à contrôler comme un objet. *Les Dames du Bois de Boulogne* se déroule en saison de pluie, les averses empêchent d'entrer et de sortir tout à fait librement, elles permettent des prêts et des oublis de parapluie. La révélation de l'amour pour Jeanne Moreau, qui donne son visage à Jeanne Tournier, reste liée à une nuit de lune, à l'eau dans la pénombre, au bruit de la rivière. La roue à aubes du moulin répond aux rotatives du journal, le moulin oppose sa tranquillité à l'urgence du journal qui doit suivre l'actualité et sortir des presses à l'heure; la profondeur des sentiments contraste avec les apparences de la vie sociale. Dans le film de Vadim, la neige des sports d'hiver reste très socialisée. La station de Deauville pourrait ne l'être pas moins, si elle n'apparaissait pas en dehors de la saison. L'escapade amoureuse de Valmont et de Tourvel semble rendue possible par cette plage vide, celle bientôt d'*Un homme et une femme*. Tourvel joue avec les vagues comme une enfant, hors du temps et des contraintes sociales. L'idylle de Merteuil et Danceny également a besoin, pour naître, du jardin du Luxembourg et de ses hauts fûts. Horizontalité de l'une, verticalité de l'autre, mais décor extérieur, naturel, dans les deux cas, à l'écart des ragots mondains. Jess Franco installe l'intrigue d'*Eugénie* près de Berlin dans un paysage hivernal de lacs. L'éveil sensuel de l'héroïne correspond aux premières neiges, au repli frileux sur soi, à l'inceste près de la cheminée. Le lac engloutit les victimes des jeux pervers. Les promenades de la fin, le long des étangs, disent la découverte d'un amour adulte et le possible dégel. Cette nature contraste avec les décors factices du studio de photo à Bruxelles et peut-être même avec l'imaginaire de pacotille des séries B où s'est enfermé le réalisateur.

Ces objets, ces décors ne prennent sens que par le traitement cinématographique du point de vue. Le roman du dix-huitième siècle introduit la relativité dans la narration, épistolaire ou mémorialiste. La lettre, le récit à la première personne donnent un point de vue subjectif; le recueil de lettres, le décalage entre le personnage qui agit et le narrateur qu'il est devenu, avec le recul de l'expérience, permettent de confronter les visions et mettent le lecteur en situation de juger une réalité complexe. *Les Dames du Bois de Boulogne* et *Les Amants* montrent des couples vides de sens: la caméra glisse du couple au portrait de la femme solitaire. Hélène et Jacques sont assis l'un à côté de l'autre, sans être ensemble, sur le siège arrière d'une voiture, puis Hélène est prise seule en gros plan. Seule encore dans l'ascenseur. Le couple qu'elle forme avec Jean n'est pas moins illusoire. Chez Louis Malle, les couples que forme Jeanne avec l'amie, l'amant ou le mari semblent pareillement se défaire visuellement pour renvoyer la jeune femme à sa solitude: elle interroge les glaces, le rétroviseur de sa voiture, les miroirs de chez elle, jusqu'à son reflet dans une vitre, pour un ultime doute, à la fin du film. *Les Dames du Bois de Boulogne* s'achève par un dernier face-à-face des anciens amants, de part et d'autre du carreau de la voiture, avant que le retour de Jean près de son épouse ne se concrétise par un pardon et le rapprochement des deux visages sur une même image. L'histoire d'une vengeance se termine tout à coup par une scène d'amour. Le désamour s'inverse finalement en promesse. Les ascenseurs, les combinés téléphoniques, les voitures ont dit la distance, la complication des relations, jusqu'à ce lit nuptial qui devient le lieu du vrai mariage d'amour, au-delà des gestes formels. L'engagement à l'église restait en partie social, celui des époux en tête-à-tête réinvente le mariage. Jeanne et Bernard, les amants de Louis Malle, se découvrent pareillement au cours de leur nuit d'amour. Les visages laissent place à des corps qui se rencontrent, se reconnaissent, s'accordent. Une voix *off* féminine, celle de Jeanne Moreau, commente les hésitations de l'héroïne au début et à la fin du récit. La narration de l'hôtesse du Grand Cerf dans *Jacques le fataliste*, le récit à la première personne masculine dans *Point de lendemain* laissent place à une narration cinématographique, centrée sur des visages de femme: Hélène, la femme trahie, remplacée finalement par Agnès, la femme pardonnée, ou bien Jeanne, la mal aimée, l'indifférente, soudain révélée à elle-même, montrée à la fois de l'extérieur et de l'intérieur.

Ce sont Vadim et Vailland qui ont sans doute le plus travaillé à la transposition cinématographique de la polyphonie épistolaire. Dès la première scène, la présentation du couple infernal se fait à travers des bribes de discours durant une réception, dans la dispersion du bavardage mondain. La caméra a saisi ce petit monde en contre-plongée, avant de fixer successivement les amis, les relations qui parlent de leurs hôtes. Le film s'attache ensuite à rendre visible l'hypocrisie magistrale des deux libertins. Il nous montre Gercourt seul devant son match de boxe à la télévision, le téléphone sonne chez les Valmont, Juliette répond en se laissant caresser par son mari. Le spectateur peut apprécier la double entente de son persiflage, de même que le lecteur du roman est à même de juger son double discours, d'une lettre à l'autre. Plus tard, nous sommes chez Mme de Tourvel, le téléphone sonne, la tante répond, et nous voyons Valmont vautré sur le corps nu de Cécile, en train de faire des maths. Cécile se trouve réduite au rôle d'Emilie la courtisane, et nous apprécions la sincérité des protestations de désespoir amoureux de Valmont. Cette scène d'Emilie dans la lettre 47 est l'une des plus fréquemment choisies par les illustrateurs, puis par leurs successeurs derrière la caméra.

Un autre éclatement des points de vue, plus subtil, touche à la complicité du mari et de l'épouse. Juliette à Paris reçoit une lettre-rapport sur la rencontre de Tourvel à Mégève puis, à New York, le récit de la chute de la femme exceptionnelle. Nous voyons la nouvelle Merteuil dépliant les longues missives, puis les scènes racontées avec la voix *off* de Valmont. Le détail du corps d'Annette Vadim en Tourvel, des pieds à la cuisse, de la poitrine au visage, dit une exaltation amoureuse qui retourne le rapport complice en une rupture inconsciente du pacte entre les époux libertins. Le film commençait par la présentation éclatée du couple des Valmont, par la rumeur sociale qui commente leur réussite; il s'achève par les flashes des appareils photo, par les questions d'une meute de journalistes, par les portraits de Cécile, réduite à son statut d'enfant, et de Merteuil, à demi-défigurée, devenant un monstre social, opposant ses cicatrices à la bonne conscience de Mme de Volanges. La marque par le feu est un équivalent superbe de la petite vérole qui frappait l'héroïne de Laclos.

Moins subtilement sans doute, Jess Franco présente son récit au second degré comme une mise en scène de cinéma. Il délègue à un personnage ambivalent de journaliste, qui suit pas à pas le couple d'Eugénie et de son père, les fonctions contradictoires de conscience critique et de metteur en scène complaisant. C'est lui qui fait raconter sa vie à Eugénie sur un lit d'hôpital. Le cadre du récit est régulièrement rappelé avec la vue de l'église du Souvenir à Berlin et la chambre d'hôpital. Le regard est souvent celui de la jeune femme qui rapporte ses expériences, parfois aussi celui d'un regard masculin pour lequel elle doit se dénuder suggestivement et manifester ses attentes sexuelles. A moins que la voix *off* d'Eugénie soit en contradiction avec l'image, simple fantasme masculin.

Quelle est la morale de l'histoire? Deux femmes se vengent, Hélène, la Mme de La Pommeraye de Diderot, Juliette, la Merteuil de Laclos, dotée d'un prénom sadien, font payer cher à leur amant la rupture d'un pacte. La vie l'emporte chez Diderot: le marquis des Arcis est paradoxalement puni par le bonheur trouvé avec sa femme. Le couple initial associait un homme médiocre à une femme exceptionnelle, qui méritait un homme dans son genre, par exemple le scandaleux père Hudson. Le couple final rapproche deux êtres souples, changeants, capables sans doute de saisir l'occasion qui leur est offerte. La critique sociale domine dans *Les Liaisons dangereuses* qui livre Merteuil à la vindicte publique et ne peut opposer à la grandeur du personnage que la dérisoire Mme de Volanges et le non moins mesquin Danceny, l'un et l'autre enfermés dans leurs certitudes conformistes. Deux femmes découvrent l'amour: Jeanne, l'héroïne des *Amants*, Eugénie, personnage de Sade et de Franco.

Mais si *Point de lendemain* reste fidèle à son titre, en refusant d'envisager le lendemain, si le récit littéraire se contente d'une merveilleuse parenthèse dans la monotonie des bienséances sociales, le film ouvre la perspective d'une autre vie, fondée sur la réciprocité des sentiments. L'absence de référence explicite à Vivant Denon dans le générique vient peut-être de cette transformation qui substitue à l'ironique trio un couple moderne, sincère, prêt à réinventer l'amour. Quant à l'héroïne de Sade, elle reste énigmatiquement située entre une passion scandaleuse et une prise de conscience moralisante, de même que l'œuvre entière du romancier reste en suspens entre ésotérisme pornographique et exotérisme.

Dans la France bien-pensante de l'après-guerre, à peine sortie de la bigoterie de Vichy, prisonnière de l'ordre moral bourgeois, la littérature du dix-huitième siècle garde une force de subversion qui a sans doute séduit le cinéma. Il s'agit moins pour lui d'opposer une morale à une autre, que d'apprendre à accepter la vie et sa richesse contre les préjugés qui la restreignent et l'étiolent. L'écriture de Diderot et de Denon, de Laclos et de Sade aide le cinéma à montrer les crispations de la société, les surprises du cœur et les fulgurances du corps. Dans la pénombre, les silhouettes de Jeanne et de Bernard, dans la lumière, les corps de Valmont et de Tourvel se rejoignent. La clarté de la lune donne soudain toute leur valeur aux grincements du moulin, au choc de deux verres, aux cordes de Brahms. Avec la disparition des contraintes sociales et d'une lumière frontale, la grande scène amoureuse de Louis Malle est faite de formes entrevues, de mouvements esquissés, de plaisirs suggérés. La caméra devient lyrique. Mais la lucidité d'Hélène-La Pommeraye et de Juliette-Merteuil a l'exactitude d'un diagnostic social: la caméra se fait alors critique. A l'inverse de tout ce qui a pu être raconté sur elle, la force germinative de la littérature des Lumières, entre privilège aristocratique et liberté nouvelle de penser, est de n'avoir jamais séparé la passion de l'intelligence, ni l'amour de l'ironie. Elle avait fait du bonheur une idée neuve en Europe. Jeanne commente son aventure: 'On ne résiste pas au bonheur.'

Ce bonheur n'est réductible ni à un dogme ni à une leçon. La vérité en est subtile, complexe, paradoxale, à l'image de romans qui jouent des idées nouvelles et de formes éclatées. Un pays corseté d'interdits, qui ne connaît encore ni la contraception, ni le divorce par consentement mutuel, qui veut ignorer toutes les formes d'amour et d'union en dehors de la monogamie hétérosexuelle, cherche dans sa culture des leçons d'acuité critique et de plaisir. L'actualisation de l'intrigue, la confrontation des situations et des sentiments aux moyens techniques de la modernité donnent à l'interrogation morale du dix-huitième siècle une profondeur renouvelée.

Le retour du refoulé cinématographique sadien dans *Marquis* de Topor et Xhonneux

MARTIAL POIRSON

> Un conte du Marquis de Sade, où l'érotisme sera transposé, figuré allégoriquement et habillé, dans le sens d'une extériorisation violente de la cruauté, et d'une dissimulation de tout le reste.
>
> Antonin Artaud, 'Premier manifeste',
> *Théâtre de la cruauté* (Paris, octobre 1932)

Sade est une source majeure d'inspiration et un sujet de prédilection pour le cinéma contemporain,[1] aussi bien en France qu'à l'étranger, depuis sa réhabilitation au cours des années 1960. Ainsi notamment de films aussi divers que *Le vice et la vertu* (1963) de Roger Vadim, interprété par Robert Hossein, *Marat/Sade* (1966) de Peter Brook, d'après Peter Weiss, *Satan bouche un coin* (1968) de Jean-Pierre Bouyxou et Raphaël Marongiu, *Les Infortunes de la vertu* (1969) de Jesus Franco (parmi bien d'autres adaptations du réalisateur espagnol), *De Sade* de Cyril Endfield, la même année, *Marquis de Sade* de Gwyneth Gibby, *Sade en procès* (1999) de Pierre Beuchot, *Sade* (2000) de Benoît Jacquot, interprété par Daniel Auteuil... A cette longue liste, loin d'être exhaustive, il convient d'ajouter les fréquents inserts, voire les très révélatrices allusions plus diffuses à l'univers sadien telles que le docteur David Bowman interprété par Keir Dullea dans *2001: l'odyssée de l'espace* (1968) de Stanley Kubrick ou tel personnage de *La Voie lactée* (1968) de Luis Buñuel... Mais rares sont, dans cette abondante filmographie, les œuvres sachant pleinement retrouver le 'souffle sadien',[2] et plus rares encore

---

1. On relève sa présence dans une vingtaine d'œuvres parmi un corpus de 600 films français, américains, anglais, allemands, italiens et russes, selon la base de données Kinématoscope. Ce qui le classe en dix-neuvième position parmi les personnages historiques du dix-huitième siècle les plus populaires du cinéma contemporain, mais en fait l'un des tous premiers parmi les auteurs et, même, les artistes de ce palmarès. On se reportera à l'article de Dorothée Polanz et à sa filmographie, dans le présent volume.
2. Selon l'expression de Michel Delon dans *Les Vies de Sade*, 2 vol. (Paris, 2007), t.1, partie 2: 'Sade après Sade'. L'auteur, selon lequel le recours à l'image obère le rapport aux textes de Sade ('Si notre époque se repait d'images, le pouvoir germinatif de Sade reste celui des mots', p.132), consacre une section de l'ouvrage à l'énumération déceptive de la filmographie sadienne, au sein de laquelle seules trois œuvres trouvent grâce à ses yeux: *Marat/Sade* de Peter Brook, *Salò ou les 120 journées de Sodome* de Pasolini et, précisément, le film de Topor et Xhonneux.

celles où cet acteur majeur de l'Histoire comme, de manière plus générale, de notre modernité est représenté de façon aussi truculente et jubilatoire que dans *Marquis*[3] (1988) de Roland Topor et Henri Xhonneux, en dépit des circonstances de l'épisode biographique choisi par les deux cinéastes.

C'est dire la portée subversive de ce curieux 'film de spectacle' pour marionnettes à caractère pornographique dont la revendication générique précise, de façon aussi lapidaire que désinvolte: 'film révolutionnaire pour créatures *hardcore*'. En pleine préparation, à droite comme à gauche, des célébrations officielles du bicentenaire de la Révolution française, alors que se multiplient les hommages compassés envers un dix-huitième siècle considéré comme le berceau de l'humanisme moderne (après en avoir été le fossoyeur, chez Adorno, Horkheimer et leurs épigones) et que se renforce le mythe fondateur d'une Révolution émancipatrice, au gré des nombreuses fictions patrimoniales – souvent commandées par les pouvoirs publics dans le cadre de politiques culturelles d'éducation de masse ou de productions à grand budget et à large audience – le film de Topor et Xhonneux apparaît à bon droit comme un pavé dans la mare, ne serait-ce que par sa volonté délibérée de solder l'héritage de Lumières trop consensuelles, troquées au profit de Lumières plus nettement 'corrosives'[4], pour ne pas dire 'radicales'. Pour ce faire, ils adoptent la forme injustement considérée comme mineure du téléfilm, qu'ils érigent au rang du Septième art et du cinéma d'auteur,[5] en réalisant une œuvre des plus composites: conçu pour des acteurs masqués de figures animalières et pornographiques, ce théâtre de marionnettes grandeur nature fait l'objet d'une captation cinématographique qui mélange prises de vue en décor naturel, en extérieur-jour, et scènes d'animation tournées en studio. Sur fond d'insurrection et de complots prérévolutionnaires, dans une atmosphère fantastique et fantasmatique où les pulsions sadiennes

3. *Marquis*, 1h 19min, couleur, film 35mm, YC Aligator films, co-production franco-belge, disponible en DVD depuis 2004 en version remastérisée avec bonus et *making of*. Le film, interdit aux moins de quatorze ans lors de sa sortie en salle et étrillé par la critique, connaîtra ensuite un succès européen, marqué par la consécration du Festival du film de Barcelone.
4. On lira, sur ces deux notions et sur leurs perspectives 'actualisantes', qui font écho aux travaux de Jonathan Israël sur les 'Lumières radicales' et offrent une alternative au paradigme de Tzvetan Todorov sur 'l'héritage des Lumières', Yves Citton, 'Lumières consensuelles ou Lumières corrosives', dans *L'Esprit des Lumières est-il perdu?*, éd. Nicolas Weil (Rennes, 2007), p.157-66.
5. En dépit d'une réception médiatique très hostile, ce trait caractéristique a été signalé par Marc Van Hellemont dans *Cinergie* 64 (novembre-décembre 1989): 'Topor et Xhonneux ont réussi à reconstituer une adaptation parfaite. [...] Irrévérencieuse ode aux libertés, *Marquis*, film difficile, s'inscrit surtout dans une catégorie devenue rare: celle des films d'auteur, des vrais.'

sont converties, avec humour et dans un esprit décalé, en scènes grotesques et fantaisistes, l'action mise en scène est entrecoupée par les visions de l'écrivain libertin, animées en *stop-motion*[6] par Luc Noël et Michel Mirkovic, sur une voix *off* récitant des passages des œuvres de Sade, mais aussi, ponctuellement, de Mirabeau.

Topor, illustrateur, peintre, auteur et cinéaste sulfureux, membre du groupe 'Panique', s'exposant au Grand Palais dès 1972, collaborateur du journal de caricature politique à scandale *Hara Kiri* et de l'émission satirique télévisée *Palace*, aux côtés de Jean-Michel Ribes (série produite la même année que le film), monte un certain nombre de pièces avec Jérôme Savary, avant de se lancer, seul maître à bord, dans la mise en scène, les décors et les costumes d'un *Ubu roi* (1992) représenté au Théâtre national de Chaillot. Dans le même temps, il travaille pour le cinéma (jouant notamment dans le *Nosferatu* de Werner Herzog) et surtout, la télévision, pour laquelle il réalise en 1983, déjà avec Henri Xhonneux, l'émission *Téléchat*, fable animalière subversive pour 'jeune public'. La série rencontre un franc succès auprès du public averti (234 épisodes diffusés), tout comme l'ouvrage qui s'en inspire, *A rebrousse-poil* (1987), relatant les tribulations du chat Groucha, héros de la série, lors de son voyage autour du monde en quatre-vingts jours. Influencé en art par le surréalisme et en politique par l'anarchisme, Topor est un 'esprit libre', autodidacte et éclectique, qui poursuit une œuvre engagée, aux marges de l'institution, à contre-courant des tendances dominantes, et définit sa propre vie en ces termes:

> Je veux que mon existence
> Soit une suprême offense
> Aux vautours qui s'impatientent
> Depuis les années quarante
> En illustrant sans complexe
> Le sang, la merde et le sexe.[7]

Qualifié par son principal biographe à ce jour d'"acrobate de l'imaginaire', cet humaniste pessimiste, chantre d'un 'rire étranglé'[8] qui mêle, dans ses dessins, le jeu de l'amour et de la mort et trahit une obsession du sang, des excréments, du sexe et de la chair, avait peu de chance de passer à côté de la figure du marquis de Sade. Au moment où il conçoit *Marquis*, dans un compagnonnage artistique de longue haleine avec Henri Xhonneux, Topor n'en est d'ailleurs pas à son coup d'essai en matière d'adaptation cinématographique du dix-huitième siècle,

---

6. Vision image par image de figurines en pâte à modeler permettant la création de mouvements décomposés à partir d'objets inanimés.
7. Roland Topor, *Pense-bêtes* (Paris, 1992).
8. Frantz Vaillant, *Roland Topor, ou le Rire étranglé* (Paris, 2007).

puisqu'il a déjà collaboré avec Federico Fellini pour *Casanova* (les rapports entre les deux œuvres sont de fait nombreux), dessinant précisément les images de la séquence de lanterne magique.

Librement inspiré de l'emprisonnement, pour propos blasphématoires, de Donatien Alphonse François, marquis de Sade, à la Bastille, au moment de son transfert, à quelques jours du 14 juillet 1789, le film relève le défi controversé de la représentation filmique de la vie comme de l'œuvre du 'divin marquis'. Loin de l'image d'Epinal du libertin-athée, jouisseur sans peur et sans reproche au destin aventureux, qui sert de trame à bon nombre d'exploitations cinématographiques de cette figure essentielle de notre modernité, ce film d'auteur fait apparaître, par une habile transposition d'art, la dimension visuelle et cinétique dissimulée à l'œuvre dans les textes. Il concentre également l'intrigue sur le point aveugle mais récurent dans la vie du marquis de l'emprisonnement, afin de tromper les attentes du spectateur, de mettre en évidence la valeur matricielle de la situation carcérale d'isolement dans l'émancipation paradoxale de l'écriture comme de la pensée, de faire échec à toute exploitation hagiographique du film et de corrompre tout parcours herméneutique prédéfini de l'œuvre. Il retrouve enfin, comme par la bande, la forme adéquate de l'Histoire, au plus loin de toute valeur patrimoniale de la fiction cinématographique, en exploitant la théâtralité diffuse de la fable animalière, en revendiquant le traitement burlesque et distancié du siècle des Lumières et en poussant l'interprétation de cette logique désirante jusqu'aux confins de l'absurde.

i. Les perversions textuelles du marquis de Sade

A peine sorti du purgatoire où l'avait plongé et maintenu avec acharnement la majeure partie du dix-neuvième siècle, au gré des autodafés, des détournements biographiques et des jugements péremptoires, Sade est dès le début du vingtième siècle, à la faveur de son propre processus de légitimation, immédiatement retombé dans un autre, parfaitement résumé par l'expression 'l'Enfer sur papier bible' accompagnant l'entrée de ses œuvres dans la 'Bibliothèque de la Pléiade' en 1990: au Sade innommable a ainsi succédé un Sade irreprésentable. Tel est le paradoxe ultime du grand retournement hagiographique opéré à partir de 1909 par Apollinaire,[9] au moyen de la publication de la première anthologie de ses textes, le faisant passer du statut de bourreau des corps à celui de martyre du verbe et de l'esprit; d'aristocrate libertin et dégénéré à celui d'auteur révolutionnaire et engagé. Le poète n'hésite pas à prophétiser en lui l'annonciateur de

---

9. *L'Œuvre du marquis de Sade*, avec pages choisies, introduction, essai biographique et notes de Guillaume Apollinaire (Paris, 1909).

notre modernité littéraire, et non plus la figure crépusculaire d'un monde finissant, décadent, condamné, et propose d'explorer son œuvre au lieu de juger l'homme en s'appuyant sur des légendes mal fondées. Ce véritable mythe littéraire entourant subitement l'œuvre, qui efface en partie, ou plutôt se nourrit de la légende noire de son auteur, est ensuite rapidement conforté par les surréalistes, Breton et Eluard en tête, mais aussi par des intellectuels engagés tels qu'Aragon, Bataille, Barthes, Blanchot ou Sollers, puis relayé par une série d'amateurs, d'auteurs et d'universitaires éclairés (Maurice Heine, Gilbert Lely, Jean-Jacques Brochier, Jean-Jacques Pauvert, Michel Delon) soucieux de donner une édition aussi complète que possible de ses œuvres longtemps mutilées, enfin rendues à leur stupéfiante littérarité et érigées en véritables chefs-d'œuvre.

Pourtant, cet intense travail critique et éditorial, bravant le mépris et l'opprobre, a entraîné bien malgré lui un retournement, voire un biais dans la réception de l'œuvre. Certes, le salubre recentrement sur les textes a eu pour conséquence directe de mettre fin à un certain acharnement biographique, basculant de l'indignation devant les perversions sexuelles, réelles ou supposées, à l'admiration envers les perversions textuelles, autrement dit l'expérimentation linguistique et l'exploration imaginaire à l'œuvre dans ses écrits enfin rendus disponibles. Mais il a dans le même temps eu pour effet indirect et involontaire de créer une nouvelle forme d'orthodoxie critique, contribuant à véhiculer l'idée selon laquelle la démesure littéraire de l'œuvre du marquis de Sade nécessiterait un contact direct, immédiat et exclusif avec les œuvres, souvent vécu sur le mode de la révélation, voire de l'initiation,[10] à l'exclusion de toute autre forme d'intermédiation symbolique: cette écriture serait ainsi décrétée proprement intraduisible, irreprésentable, et tolérerait mal la réécriture ou, à plus forte raison, la transposition. Un discrédit assez unanime s'est alors porté sur les formes de médiation culturelle, pourtant les plus caractéristiques de notre modernité, de cet auteur pourtant censé incarner notre modernité, voire notre postmodernité.[11]

Au fur et à mesure qu'on s'est pris à convoquer Sade comme 'notre

---

10. Il existe ainsi une filiation directe entre la profession de foi d'Apollinaire, en 1909, et la défense et l'illustration d'Annie Le Brun, récusant toute position de 'spécialiste', revendiquant le droit à une lecture poétique, rêveuse, pure de tout compromis, de toute forme de marchandisation, dans *Sade, aller et détour* (Paris, 1989) et tout récemment dans *On n'enchaîne pas les volcans* (Paris, 2006).
11. M. Delon, dans *Les Vies de Sade*, p.5, affirme opportunément: 'La trace de sa sépulture effacée, son nom gommé de l'arbre généalogique familial, ses manuscrits détruits, ses livres traqués, commence la revanche de celui qui devient l'une des figures centrales de notre modernité et même de notre postmodernité.'

contemporain', pour penser notre monde et notre époque,[12] le *retour* aux textes s'est bien vite transformé en *recours* au texte pour justifier un certain désaveu envers toute tentative d'adaptation ou de réécriture littéraire, mais plus encore de transposition cinématographique ou théâtrale.[13] Les tentatives les plus audacieuses retournent pourtant la contrainte en la mettant en abyme, jouant à plein sur cette impossibilité de figurer ou de montrer. C'est ainsi que Yukio Mishima, pour aborder Sade, passe dans *Madame de Sade* (1969) par l'évocation du 'regard des femmes' qui gravitent autour du libertin; ou qu'Enzo Cormann, dans *Sade, concert d'enfers* (1989), fait éclater la fiction biographique en fragmentant la figure sadienne en plusieurs personnages censés incarner différents moments du cycle de vie, alternativement tirés de l'œuvre et de la vie de l'auteur. Cependant que Guy Debord, dans son film expérimental à valeur de provocation (sa projection a déclenché l'émeute), *Hurlements en faveur de Sade* (1952), fait se succéder un fond uniformément blanc, pendant vingt minutes, juste habillé d'une voix *off* citant Saint Just et évoquant le suicide, la sexualité et la vie en société, à un fond uniformément noir et nimbé de silence, pendant une heure, exhibant de façon ostentatoire cette saturation de la représentation et ce nécessaire retour à un texte supposé se suffire à lui-même... Lorsque Sade est convoqué par la littérature ou le cinéma, c'est également pour évoquer par la bande autre chose que lui-même, comme chez Pasolini, dans *Salò ou les 120 journées de Sodome* (1975), film antifasciste; chez Peter Brook dans *Marat/Sade* (1966), adaptation cinématographique de la pièce de Peter Weiss, film militant d'inspiration révolutionnaire; ou encore chez Pierre Bourgeade, dans *Sade-Sainte Thérèse* (1987-1995), roman, puis pièce de théâtre qui interroge la rencontre improbable entre deux formes d'amour et de mortification irréconciliables...

Lire 'Sade dans le texte', pour reprendre l'exhortation de Philippe Sollers, revient donc le plus souvent à borner l'interprétation au seul plaisir d'un texte qui se passe de toute forme d'intermédiaire et se caractérise, pour beaucoup de défenseurs de l'œuvre, par une forte intolérance à l'image, qu'elle soit scénique ou filmique. Ce qui n'est pas le moindre des paradoxes concernant un auteur qui eut à cœur de pro-

---

12. D'abord revendiqué par le courant marxiste et un certain nombre d'auteurs communistes et de 'compagnons de route', il est ensuite accusé par une partie des intellectuels de gauche d'être un inspirateur de l'horreur concentrationnaire et un initiateur des massacres de la Seconde Guerre Mondiale, notamment par Raymond Queneau, à la suite d'Adorno et Horkheimer.

13. Je renvoie sur ces questions à la journée d'études que j'ai organisée le 2 avril 2008 à l'université de Grenoble en partenariat avec la Maison de la culture de Grenoble sur le thème 'Sade notre contemporain: cinéma, théâtre, littérature', réunissant auteurs contemporains, dramaturges, metteurs en scène, comédiens et cinéastes qui se sont essayé au pari souvent jugé impossible de réécrire ou d'adapter l'œuvre de Sade.

poser, en son temps, une centaine de gravures obscènes pour illustrer *Justine, ou les Malheurs de la vertu*, un des rares romans publiés de son vivant, considéré par Jean-Jacques Pauvert comme 'la plus importante entreprise de librairie pornographique clandestine jamais vue dans le monde'.[14] Offrir Sade en cinéma relève donc aujourd'hui encore de la gageure, voire du pari impossible, en dépit des nombreuses tentatives qu'il a, par sa vie comme par son œuvre, et parfois par les deux en même temps, inspirées. La critique pourtant divisée à son endroit est presque unanime sur ce point, en vertu de ce que j'appellerais volontiers l'embarras d'une littérarité irréductible à l'image et d'une théâtralité inhérente aux textes. De nombreux exégètes s'accordent en effet à décréter l'œuvre de Sade proprement irreprésentable, depuis Barthes et Foucault jusqu'à Blanchot et Sollers, évoquant la 'radicale impossibilité de représenter l'œuvre de Sade qui vient inquiéter au maximum notre fin de siècle dans sa certitude de contrôler économiquement toutes les images'.[15] 'Sade n'est aucunement figurable', affirme Barthes à sa tour, car son imaginaire relève du fantasme, et non du rêve, fantasme dont l'écriture seule est garante et qu'elle seule est à même de porter: 'le fantasme n'est pas le rêve, il ne suit pas le lié, même biscornu, d'une histoire; [...] le fantasme ne peut que s'écrire, pas se décrire.' C'est la raison pour laquelle 'Sade ne passera jamais au cinéma' et, de façon plus définitive encore, 'tout ce qui réalise Sade est mauvais.'[16] 'Je crois qu'il n'y a rien de plus allergique au cinéma que l'œuvre de Sade', renchérit Foucault, suivant un argumentaire différent, voire opposé, selon lequel la caméra ne peut être que surnuméraire et redondante par rapport à l'agencement subtil du langage: 'la méticulosité, le rituel, la forme de cérémonie rigoureuse que prennent toutes les scènes de Sade excluent tout ce qui pourrait être jeu supplémentaire de la caméra. La moindre addition, la moindre suppression, le plus petit ornement sont insupportables.'[17]

Les réalisateurs de *Marquis* n'ignoraient rien de ces sérieuses réserves émises par les commentateurs émérites de l'œuvre du marquis, ce 'personnage hors du commun, irrécupérable', comme le reconnaît Topor lui-même:

14. Topor rend d'ailleurs un discret hommage au Sade illustrateur de roman en offrant, dans la scène de jeu de société au Procope, d'espiègles reproductions de gravures licencieuses issues de *Juliette* sur les cartes à jouer (séquence 14).
15. Philippe Sollers, *Sade contre l'Etre suprême* (Paris, 1996), p.23-24.
16. Roland Barthes, 'Sade-Pasolini', article paru en 1975 à l'occasion de la sortie du film de Pasolini à l'intérieur duquel, rappelons-le, les quatre protagonistes lisent un extrait de son *Sade, Fourier, Loyola*, bouclant la boucle herméneutique, repris dans *Œuvres complètes*, 5 vol. (Paris, 2002), t.4, p.945.
17. Michel Foucault, 'Sade, sergent du sexe', dans *Dits et écrits I: 1954-75* (Paris, 2001), p.1686-1690 (1686).

Le sexe est difficilement racontable. D'abord parce que ce n'est pas sa finalité, et que l'imaginaire qu'il sous-tend est rarement pris en compte. Dès qu'elle est objectivée, la sexualité passe dans le domaine du médical ou du sociologique, elle devient rébarbative, ce n'est plus la nôtre. L'intérêt que nous lui portons cesse d'être d'ordre intime. Il ne provoque pas l'émotion. Il y a dans les œuvres du marquis une exaspération de la systématique sexuelle qui ne prétend pas, du moins à mon avis, à l'objectivité, mais vise plutôt à rendre une réalité fantasmatique. Je veux dire qu'il s'agit d'un univers intérieur que les adaptations cinématographiques ou théâtrales ne peuvent transposer honnêtement qu'en opérant également une transposition visuelle. Réduire Sade à ce qui se passe dans le récit sans tenir compte de son style, de ses images, de son choix de mots, revient à le trahir.[18]

Pour autant, la réponse du film à ce défi de la transposition visuelle ne manque pas d'audace: il s'agit de défigurer le marquis, de montrer l'écriture à l'œuvre, d'exhiber les obsessions sexuelles mâtinées de monstruosités cauchemardesques qui ne sont pas sans rapport avec le *Casanova* de Fellini, mais abordées cette fois par la matière organique et non plus par la mécanique du vivant... Prenant le problème à la racine, décidant de traiter le mal par le mal, les deux réalisateurs insufflent ainsi au texte comme à la figure sadienne une forme de grotesque qui tranche avec l'esprit de sérieux par lequel les abordent même les surréalistes, soucieux de l'habilitation en littérature de ce corpus consigné dans l''enfer des bibliothèques'. Pour ce faire, force est de revisiter la légende de l'homme et de désacraliser l'œuvre prise à la lettre, mêlant adroitement épisodes biographiques bien connus et morceaux d'anthologie pour mieux les revisiter et les subvertir.

ii. Le désamorçage hagiographique et herméneutique

L'un des grands mérites de Roland Topor dans ce film est de prendre pour sujet du scénario l'emprisonnement du marquis de Sade, qui a effectivement passé plus de vingt-huit années de son existence en captivité pour immoralité (Vincennes, Bastille, Madelonnettes, Carmes, Saint-Lazare, Picpus, Bicêtre, Charenton...), et non pas les anecdotes romanesques de sa vie dissolue et scandaleuse véhiculées par la tradition et amplifiées par toute une vogue cinématographique souvent racoleuse, au premier rang de laquelle on trouve la tradition des *bad movies* et du *porno chic*. Ce faisant, il a une intuition juste en se plaçant au plus près des

---

18. Roland Topor et Henri Xhonneux, *Marquis, story-board du film* (Paris, 1990), p.87-88. C'est l'édition de référence pour les citations qui suivent, indiquées par leur séquence d'appartenance. Ce document de première main propose le script du scénario complet du film, plan par plan, et richement illustré, mais aussi une galerie d'esquisses préparatoires, de photogrammes, de photos prises pendant le tournage ou issues du *making of* et un texte de présentation du projet (note d'intention).

perspectives mises en relief par les biographies de référence publiées quelques années après la sortie du téléfilm,[19] et entre curieusement en écho avec le ton de la correspondance de Sade, mêlant sans solution de continuité persiflage, absolue distance face au monde social et rage d'impuissance.[20]

Plutôt que de céder à la tentation forte de brosser un portrait à charge du libertin aventureux, sorte de Casanova funèbre à la manière de Federico Fellini dans son film éponyme ou, plus tard, de Laurence Dunmore dans *Rochester, ou le Dernier des libertins* (2005), il préfère mettre en scène la solitude absolue de l'individu isolé, mais de façon moins mélodramatique que le réalisateur Benoît Jacquot qui, dans *Sade* (2000), reprendra à son compte la situation carcérale de celui qu'il présente comme un grand homme méconnu et incompris (l'intrigue est située non plus dans le Paris prérévolutionnaire mais sous la Terreur de 1794, ce qui représente une inflexion idéologique majeure). Benoît Jacquot reconnaît lui-même, dans un entretien accordé au moment de la sortie de son film, la grande liberté interprétative offerte au cinéma par ce point relativement aveugle dans la biographie du marquis:

> C'est la seule partie de la vie de Sade sur laquelle il reste encore aujourd'hui un vrai mystère. La seule période qui est restée sujette à caution, sur laquelle on s'interroge sur ce qu'il a fait et comment il a vécu, c'est ce moment qui se situe vers la fin de la Terreur. Ce moment est le plus obscur de la vie de Sade, c'est commode dès lors qu'il s'agit d'une fiction, de faire œuvre d'imagination: c'est un moment qui permet de broder, d'inventer.

Jacques Fieschi, coscénariste, tient à peu près le même langage:

> Ce qui m'intéresse en lui, c'est cet exercice-limite de la liberté, alors même que la société vous en prive. Comment ne pas être fasciné par son côté irréductible? Peut-être a-t-il accepté de rester si longtemps en prison parce que cette expérience de l'isolement lui permettait de lire, d'apprendre, d'écrire. En refusant de s'amender, donc de sortir, il choisissait la situation de l'homme seul dont il avait deviné qu'elle conduit à faire une œuvre. Il y a passé vingt-cinq ans, soutenu par une foi indéracinable en lui-même qui aurait pu le conduire à la folie. Mais non, il a tenu.[21]

---

19. Comme celle de Maurice Lever, *Donatien François marquis de Sade* (Paris, 2003).
20. Notamment les *Lettres à sa femme* (Arles, 2007), où il se montre tout à la fois incisif et pathétique.
21. L'ensemble des citations qui précèdent sont extraites du dossier de promotion diffusé au moment de la sortie du film, dans lequel le chef décorateur, Sylvain Chauvelot, déclare avoir voulu 'traduire le purgatoire aux portes de l'enfer, l'odeur du sang qui se niche dans la dentelle, dans le quotidien des pensionnaires' et 'créer cette impression d'écrin carcéral', tout en 'ménageant l'anachronisme des personnages et des lieux'... On se reportera à l'entretien avec Benoît Jacquot dans le présent volume pour plus de détails sur ce type de parti pris.

Mais *Marquis* va bien plus loin que *Sade* dans l'exploitation d'une telle situation cinématographique. Ce portrait de l'artiste en solitaire est précisément, pour Topor et Xhonneux, la condition de possibilité d'une expansion de l'imagination, d'un affranchissement par rapport à l'écriture clandestine et, plus profondément, d'un 'devenir-auteur' ou d'une 'encapacitation' littéraire (*empowerment*), au sens de Jacques Rancière. Un tel aspect n'a pas échappé à Simone de Beauvoir, qui affirme: 'en prison entre un homme, il en sort un écrivain.'[22] Le milieu carcéral serait en effet, pour ce jeune libertin libertaire, l'espace paradoxal d'une émancipation de l'écriture, tout comme l'asile de Charenton sera, plus tard, celui d'un passage à l'acte de la performance théâtrale, bien rendu par Peter Brook, sur les brisées de Peter Weiss, dans *Marat/Sade* (1966). Autrement dit, pour ce 'chien notoirement rétif', la privation récurrente de liberté paraît être la forme ultime de la révolte, autrement dit de la mise à distance cynique et surtout, de la compensation symbolique de la frustration, de la sublimation du manque et des privations de tous ordres qui lui sont infligées par une société qui a prétention à organiser les plaisirs et à réguler, c'est-à-dire à juguler les désirs. Ce faisant, le film développe un imaginaire contradictoire, dans la mesure où il renvoie Sade, à la fois, du côté de la minéralité et de la fermentation potentiellement explosive, à la manière du *Portrait imaginaire de Sade* par Man Ray en 1938, profil impavide sculpté à même la muraille de la prison, sur fond de Bastille en flammes. Ainsi de la scène où Colin, l'insatiable vit du marquis, oblige ce dernier à pénétrer un mur auquel les aspérités et les tâches de moisi donnent les vagues apparences d'une silhouette de femme nue. C'est le signe, comme dans *Vendredi, ou les Limbes du Pacifique*, où Michel Tournier impose à Robinson une épreuve du même ordre, de la solitude absolue de l'homme sans compagnie et de la détresse animale née de la privation sexuelle. Comment mieux expliciter le caractère compulsif d'une écriture libidinale qu'en représentant son activité masturbatoire et pornographique frénétique, comme l'a fait Enzo Cormann, la même année que le film de Topor, dans le même type de situation, avec *Sade, concert d'enfers*? Comment mieux matérialiser la volonté de puissance de cette écriture turgescente qui brave tous les obstacles à force d'être maintenue entravée?

A travers le personnage de prisonnier sadien s'exprime donc, dans le film, tout un imaginaire carcéral culturel, social et surtout politique, enraciné dans la pensée des Lumières (on se souvient des thèses de Michel Foucault) et tout particulièrement dans l'art du roman.[23] Mais il

---

22. Simone de Beauvoir, *Faut-il brûler Sade?* (Paris, 1972).
23. Tel est l'enjeu de la démonstration de Jacques Berchtold dans *Les Prisons du roman (XVIIe-XVIIIe siècles)* (Genève, 2000).

s'y crée surtout une analogie profonde entre l'art des fortifications et les techniques de l'écriture comme 'force de résistance'[24] et espace de liberté–contrainte pour la pensée. La situation de réclusion carcérale serait ainsi comme la métaphore filée de l'artiste qui s'emmure volontairement et qui prétend, par ses textes, contraindre le système herméneutique, considéré comme une forme d'intrusion violente, et développer un parcours de lecture imposée, voire coercitive. Ainsi Topor choisit-il de prendre les propos de l'un des plus célèbres prisonniers de son temps au pied de la lettre ('Ce n'est point ma façon de penser qui a fait mon malheur, c'est celle des autres'),[25] renvoyant subtilement aux structures anthropologiques profondes d'un certain inconscient culturel des Lumières: rappelons, à ce titre, que Laclos écrit *Les Liaisons dangereuses* alors même qu'il est en train de fortifier l'entrée de l'estuaire de la Gironde...

Dans le même ordre d'idée, le film prend le bestiaire traditionnel[26] à contre-emploi, transformant l'imaginaire du chien, habituellement associé, depuis Esope jusqu'à La Fontaine, à la domesticité, la servitude et l'avilissement, en un personnage-oxymore, celui du 'chien notoirement rétif', selon les termes du *story-board* – double hommage à Sade et à Rétif de La Bretonne, autre grand modèle d'insurgé – figure à la fois libertine et libertaire rejoignant l'esprit le plus libre qui ait encore existé' vanté par Apollinaire, cette 'âme indomptable' sur laquelle ont 'bavé tous les assis', selon Eluard: 'je dénie à la société le droit de régir ma nature, puisque moi-même je refuse d'asservir mes passions et mes envies' (séquence 10). Mais il procède également, dans le même temps, à une forme d'inversion du processus de stigmatisation, la métaphore dégradante du chien étant souvent associée à Sade, dès son vivant, par ses détracteurs, notamment dans les pamphlets et dans les chefs d'accusation judiciaires. Mais, plus généralement et plus profondément, il s'amuse à renouveler l'imaginaire animalier du cinéma concernant le dix-huitième siècle, tranchant nettement, par la trivialité revendiquée de son bestiaire, avec une imagerie sadienne laudative insistant surtout sur la hauteur de vue, le surplomb ou encore, la perspective et la prise de champ, qui trouve à broder sur l'image du prédateur, de l'oiseau de proie, voire de l'aigle héraldique impérial présent sur le blason des armes

---

24. On reconnaît là la thèse célèbre de Joan DeJean dans *Literary fortifications: Rousseau, Laclos, Sade* (Princeton, NJ, 1984).
25. Marquis de Sade, 'Lettre de la prison de Vincennes' (novembre 1783), dans *Lettres et mélanges littéraires*, éd. Georges Daumas et Gilbert Lely (Paris, 1980), p. 238.
26. Mais aussi le bestiaire révolutionnaire tel qu'on le trouve notamment chez Mercier (repris ensuite par Michelet et Hugo, puis au cinéma par Abel Gance dans son *Napoléon*), associant Robespierre au chat sauvage et Marat à l'oiseau de nuit...

de sa famille,[27] planant sur le monde.[28] Dans le même temps, il prend à parti et retourne une métaphore obsédante aujourd'hui associée à l'intellectuel depuis les 'chiens de garde' du capitalisme pointés du doigt par Paul Nizan, dénonçant leur rôle dans la légitimation de l'aliénation économique et sociale par la bourgeoisie, contribuant à renouveler le discours pamphlétaire, jusqu'à Michel Surya, fustigeant les élites dans *Portrait de l'intellectuel en animal de compagnie* (2000), et publiant, en mai 2004, un numéro de la revue *Lignes* intitulé 'Penser Sade'.[29] Portant la figuration de l'univers libertin, non plus sur le terrain de la machine désirante ou de la mécanique du désir qui était celui du *Casanova* (1976) de Fellini, mais sur celui des pulsions animales et de la présence obsessionnelle de l'organisme, Topor réincorpore ou métabolise ainsi l'imaginaire sadien et exploite ses significations esthétiques et idéologiques à front renversé par rapport aux lectures usuelles de l'œuvre et aux stéréotypes biographiques habituels.

Le plus sûr moyen d'enrayer la dynamique hagiographique indissociable de l'évocation de la biographie du marquis de Sade, comme les deux réalisateurs l'ont compris, consisterait donc à jouer des ambiguïtés du genre de la fiction biographique,[30] à brouiller les frontières poreuses entre faits historiques avérés, légendes ou fantasmes invoqués à différentes époques et écriture d'invention, à déplacer la ligne de partage entre vie et œuvre du marquis. Ainsi, si le point de départ de l'intrigue repose sur un fait avéré, en lui-même fictiogène, à savoir l'épisode du transfert de Sade à Charenton (et non son évasion, par le truchement d'un personnage de fiction, comme dans le film), à la veille de la prise de la Bastille, tout début juillet, ce qui lui a sans doute sauvé la vie, c'est pour mieux tromper l'horizon d'attente du spectateur d'aujourd'hui face à cet ancrage référentiel clairement identifiable.

27. Ainsi notamment de *L'Aigle, mademoiselle*, recueil de lettres publiées par Gilbert Lely (Paris, 1949), qui n'hésite pas à comparer le marquis, pour sa poésie, à un aigle musicien, qui 'éblouit et déchire'. Tel est également le cas, sur le plan iconographique, des *Très riches heures du marquis de Sade* (Paris, 1989) de Mimi Parent, où l'on voit un aigle saisissant dans ses serres des corps de femmes au sommet d'une montagne, ou encore, la même année, d'*Etudes sur Sade-Révolution-impossible* (Paris, 1989), de Jacques Monory, dont la série fait survoler par le rapace prédateur souverain les charniers urbains de notre modernité...
28. Le point de vue surplombant est d'ailleurs plus largement emblématique d'un certain imaginaire filmique des Lumières qui trouve dans le hibou des *Nuits révolutionnaires* de Brabant d'après Rétif de La Bretonne, tournées à la même époque, une poignante image cinématographique.
29. Gilbert Lely inverse déjà la métaphore lorsqu'il qualifie les adversaires de Sade, dans la dédicace à Maurice Heine de sa *Vie du marquis de Sade*, 2 vol. (Paris, 1952-1957), p.133, de 'chiens éternels, ennemis de l'amour et de la vérité'.
30. On lira sur cette question Caroline Vernisse, 'Paradoxe d'un genre renaissant en France: la biographie filmée', dans *Le Cinéma français face aux genres*, éd. Raphaëlle Moine (Paris, 2005), p.141-50.

Toutes sortes de marqueurs biographiques manifestes sont ainsi disséminées dans la fable cinématographique. On peut notamment reconnaître aisément, dans la confiscation des manuscrits par le gouverneur de la prison, l'épisode célèbre des rouleaux de papier de soie de *Les 120 journées de Sodome* (séquences 49 à 51), crus perdus par Sade lui-même, en fait un temps conservés dans les pierres de la Bastille et retrouvés au dix-neuvième siècle. Mais cet épisode réel est mêlé à des péripéties inventées ou librement brodées à partir de l'Histoire, comme dans la séquence romanesque où Sade, mis au secret au fond d'un cul de basse-fosse, privé de tout, écrit sur du papier de soie, en trempant sa plume dans son propre sang, *Les 120 journées de Sodome* (séquence 46),[31] clin d'œil au célèbre rouleau du manuscrit et libre adaptation d'un célèbre propos de Sade affirmant métaphoriquement avoir, au moment de cette confiscation, versé 'des larmes de sang'. La séquence de direction d'acteurs, où Sade fait jouer le spectacle aux prisonniers (séquences 60 et 64), est également un clin d'œil double, d'une part à l'épisode non moins célèbre de l'asile de Charenton, où Sade mettait en scène les aliénés, pour le plus grand plaisir des bourgeois-voyeurs de la région, avec la complicité d'un directeur libéral et éclairé (que n'est pas sans rappeler, sous certains côtés, le Gaëtan de Préaubois du film), mais encore à la pièce de Peter Weiss *Marat/Sade* et au film de Peter Brook qui s'en est inspiré. Le scénario procède donc par ellipse, concrétion et contaminations mutuelles entre fable et réalité historique.

Certes, le film n'évite pas certaines erreurs historiographiques, au premier rang desquelles le fait de donner à penser que Sade a été incarcéré pour ses écrits, ce qui revient à en faire une victime de l'arbitraire monarchique d'ancien régime et une figure romantique et militante d'artiste engagé avant la lettre (Topor parle notamment dans le *story-board* de 'son héroïsme de la révolte'). Or il s'agit là d'un contresens majeur communément répandu, né dès les années 1840 sous la plume de Pétrus Borel, plus tard de Baudelaire ou Verlaine, avant d'être conforté par les écrivains marxistes issus du surréalisme, puisqu'en réalité les chefs d'inculpation ont été, toute sa vie durant, liés à des complots de famille (lettre de cachet extorquée par sa belle-mère, Mme de Montreuil) ou à des scandales de mœurs (violences infligées à une fille du peuple à Arcueil, à deux prostituées à Marseille...). D'autant qu'il n'a presque rien publié de son vivant, sauf après la Révolution, à partir de 1791 et, surtout, de 1795, ni sous son nom, comme *La Nouvelle Justine* (1799), qu'il désavoue publiquement. Mais ces erreurs sont moins imputables à un déficit de

---

31. Cet épisode sert d'argument au film de Philip Kaufman, *Quills*, traduit en français sous le titre *De plume et de sang* (2000), où Sade, privé d'encre et de papier par Royer-Collard, en est réduit à la dernière extrémité d'écrire avec son sang sur son propre corps nu et supplicié...

documentation préalable qu'à une désinvolture affichée et revendiquée comme posture artistique iconoclaste dans le traitement du matériau historique, destinée à saper les bases de toute récupération patrimoniale du film, sorti l'année même du bicentenaire de la Révolution, dans un contexte sociopolitique prompt à s'emparer de figures consensuelles favorables à la célébration des valeurs modernes et qui s'embarrasse peu des illusions rétrospectives ou des projections anachroniques.

A cette indifférence envers l'Histoire s'ajoutent de surcroît un certain nombre d'anachronismes volontaires disposés dans la fiction à dessein d'en miner toute forme d'illusion référentielle possible. Tel est le cas de l'irruption du masque de fer, bâtard supposé du roi et de Justine (séquence 59), l'une des plus célèbres histoires de prisonnier, au tout début du dix-huitième siècle, devenue symbole de l'arbitraire royal pour les Lumières. Et pour que toute illusion historiciste soit définitivement perdue de vue par le spectateur, Topor se plaît en outre à tisser un dense réseau de références littéraires au cœur même des événements historiques, brouillant ainsi les règles du cinéma de reconstitution historique, mais aussi de l'adaptation d'œuvres littéraires. Tel est le cas de la scène du Café Procope (séquences 27 et 28) et de la rencontre improbable entre un personnage de Diderot (Jacquot le fataliste, en perroquet), le duc d'Orléans, en félin, Bernardin de Saint-Pierre, sous des traits simiesques, et un gazetier hollandais, Willem Van Mandarine, en carpe. Mais c'est aussi le cas, plus généralement, du subtil tressage entre épisodes biographiques de la vie du marquis et scènes de son œuvre littéraire (essentiellement *Les 120 journées de Sodome*, *La Philosophie dans le boudoir*, *Justine, ou les Malheurs de la vertu*, *La Nouvelle Justine* et *L'Histoire de Juliette, ou les Prospérités du vice*), ou de ses contemporains (textes de Mirabeau, dans les intermèdes révolutionnaires du film). Afin de fausser définitivement la perspective de ce film pourtant en costumes et décors d'époque, et de faire en sorte que la désillusion soit plus complète encore, Topor insère, au cœur des épisodes bien connus de la légende sadienne, des séquences dignes du surréalisme à la fantaisie la plus débridée, produisant un subtil maillage entre historiographie, affabulations délirantes et extraits de textes authentiques. C'est particulièrement frappant dans la stupéfiante séquence 24 où Colin, sexe du marquis dont le frein a été rompu par les soins de Justine, qui lui pratique la saignée à la suite de sa pénétration douloureuse de la muraille, et 'dont la tête bandée évoque un certain portrait d'Apollinaire' (*story-board*, p.40), demande au marquis, pour reprendre de la vigueur afin d'honorer l'infortunée Justine, quelque histoire bien musquée. Celui-ci lui sert un extrait de la première partie de *Justine, ou les Malheurs de la vertu*, fondu-enchaîné à une scène d'animation en voix *off* illustrant 'les images qu'imagine Justine, c'est-à-dire elle-même nue, livrée, sous le regard pervers de plusieurs Dom Pompero, au supplice décrit par Marquis'. La scène se solde par une vive discussion entre Sade et Colin sur la question de la préséance stylistique, le membre reprochant au marquis, comme à l'accoutumée, son 'style trop verbeux'.

L'une des toutes premières scènes (séquence 4), abordait déjà cette question du conflit d'auctorialité, Marquis rétorquant à Colin, qui lui reprochait déjà son langage ('Tu mets trop de verbes à la queue leu leu'): 'Te mêle pas de style... J'accepte que tu me donnes des idées de temps en temps, mais c'est moi qui écris'... La dernière réplique du scénario reprend comme un lointain écho ce *leitmotiv* du film interrogeant l'instance auctoriale (séquence 71), au moment de la séparation de corps du marquis et de Colin: 'N'oublie pas... soigne ton style... pas trop de verbes!', conseille-t-il en effet avant de disparaître hors-champ (*story-board*, p.84). On observe le même type de procédé dans la séquence 64, où Sade tance vertement Colin ('C'est ma tête qui te commande, ou toi qui commande ma tête!'), et surtout, dans la séquence 30, où l'on voit Sade aux prises avec Colin, qui se plaint d'être délaissé, et où s'entame une discussion, digne d'un dialogue d'idées philosophique à la façon du dix-huitième siècle, sur l'une des questions les plus essentielles du système sadien: celle du statut de l'imagination et de son pouvoir performatif. Dialogue du corps et de l'esprit, cette séquence traitée sur un mode drolatique, où Sade qualifie son vit de 'cul-de-jatte' et s'arroge le monopole, disputé par Colin ('même ton imagination, c'est moi qui la commande'), de l'imagination sur l'emportement des sens ('Sans mon imagination, tes sensations seraient aussi fades qu'une rêverie de Jean-Jacques Rousseau!'), se solde par la vision hallucinée d'une 'araignée réaliste' pendue à un fil et rapidement transformée, par le pouvoir de l'imagination, en pur objet de fantasme sexuel (*story-board*, p.52). Basculant plus complètement encore dans la fiction, c'est finalement par un de ses personnages, et pas des moindres (Juliette), que Sade est symboliquement délivré, dans une séquence stéréotypée digne d'un roman de cap et d'épée ou d'une scène de western (la fameuse scène typique d'évasion): c'est donc bien par l'imagination que Sade s'affranchit du joug de la société et de la morale, comme il n'a cessé de le clamer toute sa vie durant, et que le film s'affranchit des codes et des genres cinématographiques attendus.

Ainsi Topor et Xhonneux s'amusent-ils à revisiter la légende biobibliographique et à mêler histoire avérée, adaptation d'œuvres de fiction et écriture d'invention, pour donner à voir la naissance d'une écriture paradoxale, celle d'un 'malheureux écrivain sans lecteur' (longue séquence 24). Ce faisant, ils contribuent à un déplacement de perspective par rapport aux films fondés sur la confusion facile entre la vie aventureuse et scandaleuse et l'œuvre littéraire du marquis. Le personnage sort grandi de ce type de traitement, rendu à sa profonde solitude, mais aussi aux pouvoirs performatifs de l'imagination et de la littérature, dont il a lui-même fait la théorie, et surtout à la part du rêve et du fantasme projectif et compensatoire qui transparaissent si bien dans sa correspondance carcérale et dans son œuvre romanesque.

L'intrigue de cette fable philosophique burlesque est donc des plus enchevêtrées, mêlant avec hardiesse épisodes biographiques de l'emprisonnement de Sade à la Bastille et scènes de fiction librement inspirées de ses romans. Dans la solitude du cachot filmé en intérieur-nuit, Marquis n'a de cesse d'écrire, de lire et d'animer son théâtre de poche, ce qui plonge le vigoureux Colin, son énorme vit à visage humain et à la voix étranglée, dans un profond désarroi, occasionnant des disputes en forme de dialogue philosophique d'idées, entrecoupées de scènes ordinaires de la vie de prison à caractère pornographique, comme celle où Colin, au comble de la frustration et de l'excitation, dont l'imagination fermentée a été follement excitée par la prose du marquis, pénètre avec vigueur une fente de la muraille aux formes vaguement féminines. Pour améliorer l'ordinaire, Sade est dès la première scène du film sollicité par son geôlier Aubert, qui le poursuit sans relâche de ses pressantes assiduités, mais auquel il se refuse catégoriquement. Non loin de là, le gouverneur de la prison, Gaëtan de Préaubois, se livre à des scènes d'orgie sadomasochistes chez une Juliette affublée en *hardeuse*. Puis c'est Justine, autre prisonnière embastillée, qui confesse à Dom Pompero, chanoine lubrique de la prison, avoir été victime d'un viol perpétré par le roi en personne, dont elle affirme être enceinte. Pour faire endosser au marquis le forfait en lui en attribuant la paternité, le gouverneur de la prison décide alors d'enfermer la belle dans la cellule du libertin. Justine confie alors ses mésaventures au marquis, qui ne trouve pas de meilleure consolation à lui proposer que les services sexuels d'un Colin mal remis des blessures infligées par la fente du mur qui lui demande, pour reprendre force et vigueur, une histoire bien corsée. La séquence est alors interrompue par deux 'animations' en *stop-motion*: l'une représente la scène racontée par Sade, projection mentale de supplices fantasmés par Juliette, cependant qu'une voix *off* récite un passage de *Justine, ou les Malheurs de la vertu*; l'autre vient en appui du chapitre 5 de *La Nouvelle Justine*, dont Sade donne lecture à l'héroïne éponyme, après avoir garrotté Colin pour lui imposer silence et juguler son hémorragie, traitée en caméra subjective sur un mode érotico-macabre à la Georges Bataille (tout comme, séquence 51, les stigmates portés par Sade à la main, trou béant dans lequel il a trempé sa plume et dont la blessure figure une vulve de femme): 'Le texte est illustré par l'image d'un cimetière, à travers les allées duquel on se promène. La caméra découvre une tombe béante dans laquelle deux silhouettes humaines introduisent un cercueil. Deux immenses jambes surgissent de part et d'autre de la tombe; elles réagissent au mouvement de va-et-vient du cercueil. La tombe gémit de plaisir' (suite de la séquence 24, hommage indirect ou écho inconscient aux dessins de Pierre Klossowski représentant un Sade minuscule aux pieds d'une Juliette géante lisant *Les Prospérités du vice*). Justine guérit alors Colin par une fellation, avant d'être interrompue par Aubert, qui pour punition la met au supplice en salle de torture et la mutile sauvagement, en la trayant de façon impitoyable.

Pendant ce temps, la Révolution gronde aux portes de la prison. La scène en extérieur-jour qui suit fait pénétrer le spectateur dans la salle enfumée du Procope, remplie d'oiseaux rares, de poissons anormalement diserts et plus ou moins séditieux, qui trouvent dans le vin et les échecs de quoi animer leur ferveur contestataire. Au fond de la salle, le journaliste Willem Van Mandarine, envoyé spécial de la *Gazette des Pays Bas*, interroge le duc d'Orléans, bientôt interrompu par Jacquot le fataliste et par Bernardin de Saint-Pierre, propageant la rumeur urbaine savamment orchestrée du nouveau forfait du marquis et de la grossesse contre nature de Justine. Au même moment, Lupino, chef de la police et prisonnier politique, s'évade de façon romanesque de la prison afin d'organiser la lutte révolutionnaire, bénéficiant de la complicité de son codétenu Pigonou et, surtout, de l'ardeur révolutionnaire de Juliette. Il laisse ainsi le marquis seul, prisonnier de ses fantasmes et d'une imagination débridée, lui faisant reconnaître dans une araignée suspendue au plafond l'hallucination d'un ventre-nombril rose entouré de minuscules vulves montées de jambes féminines, portant bas résille et talons aiguilles, qui entame une danse de *saloon* sur un air de ragtime (séquence 30).

Alors que Lupino anime les ferveurs révolutionnaires du Club des citoyens patriotes, secondé par Juliette, bien introduite auprès du gouverneur et bénéficiant d'informations de la première importance, Marquis est relégué dans un cul de basse-fosse pour sa complicité présumée dans l'évasion et Colin rivé au mur par des fers. Marquis est alors condamné à écrire sur un pan de papier de soie, avec son propre sang, à l'aide d'une entaille qu'il s'est faite dans la paume de la main, un texte bientôt confisqué par Dom Pompero, qui s'en délecte immédiatement en galante société de joyeux libertins, entouré de quelques courtisanes complaisantes, dans un improbable bal masqué aux allures de lupanar. Le chanoine décide alors, avec la complicité de Willem Van Mandarine, de faire commerce des écrits du marquis à son propre profit. C'est la raison pour laquelle Sade est ramené dans sa cellule, entièrement refaite à neuf pour présenter toutes les commodités propices à la création littéraire, et mis en demeure d'écrire. Justine, proche de l'accouchement, se voit également proposer un régime de faveur, pendant que Marquis, la tête pleine de projets d'évasion, déplore le vol de ses manuscrits et refuse une telle aliénation de son talent.

C'est Juliette, toujours pleine de duplicité, qui facilite finalement son évasion en carrosse, le 14 juillet, juste avant la prise de la Bastille, tandis que Justine est retrouvée pendue avec ses bas dans sa cellule, après avoir accouché du masque de fer (immédiatement adopté par Aubert et élevé par ses soins, comme son propre fils, dans une campagne reculée) et récité, dans un ultime soupir, sa propre histoire. C'est alors que Colin, à la faveur du tumulte, annonce au marquis son projet de séparation de corps et de bien: non sans prodiguer quelques ultimes conseils stylistiques à l'écrivain, il s'avoue amoureux de Juliette, qu'il compte épauler dans son combat révolutionnaire, et souhaite désormais mener sa propre vie, prendre enfin son autonomie individuelle et jouir de sa liberté de sujet pensant.

Aussi habile qu'il puisse paraître sur le plan de la légende biographique revisitée, ce film en costumes et décors en apparence d'époque (en fait largement inspirés par les gravures de Hogarth et toute une culture picturale dix-huitiémiste), qui brouille les codes de la fiction patrimoniale et ménage de constants aller-retours entre Histoire et fiction, entre mise en contexte et actualisation, vise en fait à tout autre chose: 'Il convenait de trouver, là également, un style de vêtements ne visant ni à la stricte réalité historique, ni à l'opulence d'opérette des superproductions où le faste tue souvent l'émotion' (*story-board*, p.90). Son projet est à la fois plus modeste, par la désinvolture affichée de la déclaration d'intention des réalisateurs, et plus vaste, par la subversion de tout ancrage dans un genre cinématographique constitué qu'elle induit: le film oscille en effet entre fiction biographique, adaptation et reconstitution historique (vaste enquête sur les prémices de la Révolution française), au point de rendre toute identification poétique proprement indécidable. S'ouvrant sur une scène de théâtre filmée, voire de film de spectacle, il se termine en manière de série noire, mais relève également du film policier (vol des manuscrits, simulation d'accusation de viol à l'encontre de Sade sur un de ses personnages de fiction...), ménageant ponctuellement des effets dignes des *snuff movies* ou du cinéma d'épouvante, des séquences de film de cap et d'épée, de western ou de film d'évasion et des scènes en *stop-motion* proches des techniques du cinéma d'animation... Défiant l'analyse cinématographique, *Marquis* repose cependant sur deux procédés récurrents: d'abord, une forme de théâtralisation généralisée, non seulement à travers les nombreuses scènes explicites de mise en abyme de l'activité théâtrale ménagées dans la fable,[32] mais encore l'utilisation du masque et

---

32. Le théâtre tient une place de premier plan dans l'œuvre, depuis la scène d'ouverture sur le théâtre de marionnettes de poche (séquences 2 puis 10) jusqu'à la scène où le marquis fait

de la mise en scène de théâtre filmé; ensuite, le recours systématique à l'analogie, entretenant un dense réseau métaphorique qui tire l'interprétation du côté de la dimension symbolique et allégorique appelée de ses vœux par Antonin Artaud dans le 'Premier manifeste' du *Théâtre de la cruauté*. Mais la trivialité ostensible des répliques, tout comme la métamorphose animalière obsédante, désamorcent les effets trop appuyés de théâtralité et de distanciation, tout en ancrant la fable cinématographique dans un dense réseau de références théâtrales qui constitue une clé herméneutique du film sur laquelle il y aurait lieu de s'étendre.[33]

iii. Le retour de l'Histoire par d'autres moyens

La métamorphose animalière qui préside à la catégorisation des personnages est l'un des indices d'un traitement plus global, fréquent dans les films évoquant le Moyen Age, mais relativement rare dans le regard cinématographique porté sur le dix-huitième siècle (à l'exception de films tels que l'*Amadeus* de Milos Forman): celui du burlesque. Certes, un tel processus de dégradation par la trivialité n'est pas entièrement nouveau, comparé à d'autres domaines d'expression de la réception sadienne ou de sa réécriture. On l'observe déjà, bien qu'avec moins de bonheur, sous la plume de Jean Lorrain dès *La Maison Philibert* (1904), dont une des filles évoque le personnage du marquis en ces termes: 'Un type épatant pour les saloperies', expert en 'cochonneries', qui 'écorchait vif les gonzesses'; mais aussi chez Clovis Trouille, dans son adaptation boulevardière d'un kitsch achevé de *La Philosophie dans le boudoir*, intitulée *Dolmancé et ses fantômes de luxure, ou les Rêveries du marquis de Sade*... Dans un tout autre esprit, on pourrait encore comparer ce traitement par le grotesque au spectacle de Carmelo Bene, *S.A.D.E., ou Libertinage et décadence de la fanfare de la gendarmerie salentine* (1977). Mais ce qui chez Lorrain, Trouille, Bene et quelques autres reste de l'ordre de la provocation langagière, de la manipulation de l'indécence et de l'exhibition ordurière du bas corporel est placé dans le film de Topor et Xhonneux au cœur même d'un dispositif cinématographique qui cherche, dans un équilibre fragile et pas toujours totalement abouti, à concilier grotesque subversion et philosophie. Tel est le cas de la séquence 10 du film, où Gaëtan de Préaubois vient rappeler au marquis le motif de son inculpation en lui

---

répéter à ses codétenus *La Philosophie dans le boudoir* (séquences 60 et 64), clin d'œil au Sade dramaturge de Charenton.

33. Je me permets de renvoyer, sur ces questions essentielles de la théâtralité cinématographique, du rituel, de l'anthropologie négative et de l'animalité, à mon article "Sade chien notoirement rétif: l'envers du processus de civilisation dans *Marquis* de Topor et Xhonneux', dans *Images des Lumières: écriture et écrivains du dix-huitième siècle au cinéma*, éd. Martine Nuel et Régine Jomand-Baudry (Lyon, 2009).

brandissant sous le nez, comme pièce à conviction de la profanation dont il est supposé être l'auteur, un 'crucifix recouvert d'un vieil étron desséché', preuve que c'est un 'chien notoirement rétif qui, malgré sa race, prend un malin plaisir à saper les fondements de la religion et de la société'. Une telle scène scatologique a cependant vocation à entraîner un système de défense bien connu de la part du marquis, invectivant les 'lois scélérates', qui n'est pas sans rappeler, voire paraphraser, certains pamphlets sadiens, notamment *Français, encore un effort pour être républicains* ou *Dialogue d'un prêtre et d'un moribond*, mais transposés sur un mode parodique. Ainsi tient-il à Colin, qui lui reproche de ne pas l'avoir prévenu, le propos suivant:

> Si je devais me rappeler tous les crucifix que j'ai conchiés... Une prise de position purement poétique. [...] Que veux-tu, je dénie à la société le droit de régir ma nature, puisque moi-même je refuse d'asservir mes passions et mes envies. [...] Le sexe n'est pas le cul. Quand la main droite ignore ce que fait la main gauche, elles ne sont pas tentées d'applaudir servilement à tous propos.

Jamais film sur Sade, voire sur le dix-huitième siècle de façon plus générale, n'est allé aussi loin dans le travestissement burlesque de l'adaptation littéraire,[34] dans le traitement grotesque de la reconstitution historique, dans la subversion du discours aussi bien philosophique que politique, rompant en visière avec une certaine vulgate cinématographique trop prompte à associer le dix-huitième siècle, notamment dans les films en costume et en décors d'époque, au raffinement libertin, à la sophistication des mœurs, à l'expression maniérée des pratiques mondaines de sociabilité, qu'elles soient considérées, par un réinvestissement idéologique souvent contradictoire, comme révolutionnaires ou comme décadentes. Or cette dernière attitude, à laquelle *Marquis* est bien loin de souscrire, revient à brader, par un réductionnisme critique, le libertinage érudit, voire toute la filiation de ce qu'il est convenu d'appeler aujourd'hui les 'Lumières radicales' dont le texte est porteur, selon l'expression popularisée par Jonathan Israel, pour ne considérer que le libertinage de mœurs, souvent évoqué de façon affadie et même mièvre. Or, pour Sade encore plus que pour d'autres, une telle distinction sur le plan de l'histoire des formes et des idées ne tient pas la route. On est donc, par la posture radicale adaptée par le film de Topor et Xhonneux, aux antipodes de l'insolence revendiquée du finalement très conventionnel *Beaumarchais l'insolent* d'Edouard Molinaro, bien au-delà de l'obscénité de façade d'*Amadeus* de Milos Forman, de l'irrévérence toute relative du *Ridicule* de Patrice Leconte ou même, de la

---

34. J'emprunte ici, en l'appliquant à la poétique cinématographique, la catégorie critique transtextuelle de Gérard Genette dans *Palimpseste: la littérature au second degré* (Paris, 1982).

désinvolture historique affichée de Sacha Guitry dans *Si Versailles m'était conté...*[35] C'est donc un dix-huitième siècle réellement pris à contre-pied, voire à contre-emploi, rétif à toute forme de domestication des plaisirs, mais aussi, indissociablement, des idées et des pensées (dont le neveu de Rameau conçu par Diderot disait qu'elles étaient ses 'catins') qu'offre le film de Topor et Xhonneux. Sade y est abordé avec truculence et placé du côté de l'animalité, de la monstruosité, de l'expression non édulcorée des instincts, des pulsions et du 'bas corporel' propres au processus de 'carnavalisation' si bien analysés par Michael Bakhtine à propos de la culture de la Renaissance et de l'œuvre de François Rabelais,[36] mais dont la grille de lecture s'avère d'une particulière pertinence appliquée au dix-huitième siècle.

Par ce type de traitement, qui exploite toute la palette de la pornographie, de la violence et de la scatologie, et joue habilement d'un dense réseau analogique et métaphorique, Sade, et à travers lui une certaine idée dix-huitième siècle, sont ainsi tirés du côté, non pas d'une forme de contemporanéité artificielle, fruit d'une illusion rétrospective assez largement partagée aujourd'hui, mais précisément de la culture populaire du Moyen-Age ou, pour mieux dire, d'un certain hédonisme féodal qui entre en résonance insolite, mais de façon indirecte, avec notre modernité, envisagée dans son rapport à la barbarie. Et ce n'est pas le moindre des paradoxes du film que de proposer, par le moyen de l'artifice auto-désigné comme tel de la marionnette et du masque, une vision profondément vitaliste, organique et incorporée du dix-huitième siècle, débarrassé de l'historiographie exsangue et de la construction fantasmatique a posteriori du dix-neuvième siècle, enfin rendu à ses influences profondes contradictoires et au travail sourd du plaisir paradoxal, poussé jusqu'à l'exténuation, voire l'autodestruction du sujet désirant.

Le registre du grotesque infligé à la figure de Sade, et le travestissement burlesque appliqué par la transposition cinématographique à son œuvre rompent donc radicalement avec tout esprit de sérieux dans le traitement du dix-huitième siècle. Or on peut voir là, plus qu'une attitude didactique ou une stratégie compensatoire destinée à atténuer la violence de la situation ou du propos,[37] une authentique posture critique, faite d'historisation et d'actualisation mêlées, qui non

---

35. Je renvoie, sur ces deux derniers films, aux analyses de Christian Biet et d'Antoine de Baecque dans le présent volume.
36. Michaël Bakhtine, *L'Œuvre de François Rabelais et la culture populaire au Moyen-Age et sous la Renaissance* (Paris, 1970).
37. C'est en ces termes que Michel Delon analyse ce type de traitement 'distancié' du film dans *Les Vies de Sade*, p.131-32: 'Le décalage entre le tragique sadien et ce zoo burlesque fait sourire et réfléchir.'

seulement puise aux sources de la caricature politique révolutionnaire, mais encore explore la dimension parodique d'une certaine exploitation cinématographique des stéréotypes sadiens (*snuff movies*, porno-choc en costume et décor d'époque), voire la portée auto-parodique du film d'animation (nombreuses références à *Téléchat* et à l'univers graphique et télévisuel de Topor lui-même).

Loin de toute euphémisation ou sublimation de la charge critique et polémique que représente Sade, le film génère paradoxalement, par ce traitement décomplexé et outrancier, une forme cinématographique adéquate de l'Histoire, de deux façons au moins. En replaçant la production des affects dans ses aspects les plus archaïques, les plus profonds, au cœur même du dix-huitième siècle, il prend à parti un certain nombre de paradigmes interprétatifs, mettant en évidence, d'une part le processus de rationalisation des affects et sa traduction sociopolitique, le 'grand renfermement' analysé par Michel Foucault, comme acte de naissance des 'sociétés de contrôle' disciplinaires contemporaines, censées arraisonner les corps, les cœurs et les désirs; d'autre part, de façon plus subtile, l'effet d'hystérèse des formes culturelles médiévales les plus archaïques, véritablement à l'œuvre et encore largement opératoires au dix-huitième siècle: ce que véhicule la figure sadienne dans le film, qui entre en résonance avec un certain nombre d'hypothèses herméneutiques actuelles, parfois ultérieures à sa sortie en salle, c'est donc en définitive un 'mode d'improduction' libertin,[38] fondé sur l'échange non contractuel, la déperdition, la dépense sans contrepartie, à rebours de l'économie politique fondée sur l'intérêt souverain alors en plein essor, et, surtout, la résistance de certaines pratiques sociales à la 'curialisation des guerriers' dans laquelle Norbert Elias descelle un processus séculaire de 'civilisation des mœurs'[39] qui connaît, à partir du règne de Louis XIV, un point d'inflexion sans précédent. Le siècle des Lumières serait ainsi considéré par les deux réalisateurs du film, non pas comme celui de l'affirmation et de la généralisation d'un code de conduite imposant des modèles comportementaux (*hexis*) qui relèvent de normes psychologiques et éthiques (*ethos*), mais au contraire celui de l'émergence d'un 'savoir vivre libertin'[40] susceptible d'articuler, sans solution de continuité, code de conduite et code axiologique, discrétion mondaine et crudité pornographique, transgression et réaffirmation dans le rapport à la norme, principe de délicatesse et exhibition

---

38. Selon Marcel Henaff dans *Sade, l'invention du corps libertin* (Paris, 1978), 'Face II: économique', p.165-215. L'auteur évoque aussi le profond féodalisme des usages sociaux véhiculés par *Les 120 journées de Sodome*.
39. Norbert Elias, *La Civilisation des mœurs* (Paris, 1973) et *La Société de cour* (Paris, 1985).
40. Je renvoie sur ces questions aux analyses de Michel Delon dans *Le Savoir-vivre libertin* (Paris, 2000).

tapageuse de l'outrance la plus déréglée... Ainsi, l'obscénité sadienne telle qu'elle est traitée par l'image cinématographique représenterait non seulement un principe dissolvant de renversement du processus de civilisation et de domestication des affects propre au dix-huitième siècle, mais encore un principe actif de subversion, par la suggestion d'un désir potentiellement infini et insatiable, des fondements de notre propre humanisme contemporain: malaise dans la civilisation face au retour du refoulé sexuel et libidinal, sidération du spectateur devant la faillite du sens et la perte de ses propres repères, ouverture fondamentale des expériences, des significations et partant, des œuvres, autant de réinvestissements cinématographiques du dix-huitième siècle, par le truchement de la figure sadienne, qui interrogent à la fois la fabrique contemporaine du dix-huitième siècle et la déconstruction de notre propre modernité.

Là réside sans doute la portée réellement subversive du film, dans l'exhibition ostentatoire d'une obscénité faussement gratuite et d'une caricature faussement innocente, et partant, dans un lien profond, car médiatisé, avec le dix-huitième siècle et la Révolution française. Ce lien trouve à se cristalliser dans cet 'âge du rire', non exempt de pulsions de mort, mais traversé par les 'cultures de rieurs'[41] les plus contradictoires, historiquement, socialement et politiquement marquées par un ensemble disparate de pratiques et de représentations. Le grand mérite du film d'animation est donc de mettre en évidence le fait que le rire, s'il est à même de rassembler dans une forme d'identité collective partagée, de manifestation sensible du consensus sur les valeurs et les normes dominantes, comme dans la plupart des fictions patrimoniales, peut également légitimement être envisagé comme un *agôn* symbolique (notamment, mais pas seulement, entre roture et aristocratie), et considéré comme susceptible de diviser, d'altérer le lien identitaire profond entre la communauté interprétative imaginaire de la nation et les productions culturelles dans lesquelles elle se reconnaît ou se remet en cause.

Le film nous parle en outre d'une époque travaillée par les identités de genres, obsédée par le 'besoin de femmes' elles-mêmes considérées comme soumises au dérèglement des sens, aux dangers de désirs proprement insatiables et souvent vécus sur le mode de l'extase religieuse, mais aussi par une certaine arithmétique des performances sexuelles et par l'ostentation dans l'expression d'une virilité tapageuse.[42] Ce faisant, il brosse le tableau d'une époque où le mot obscénité opère

---

41. Pour reprendre la notion d'Antoine de Baecque dans *Les Eclats du rire: la culture des rieurs au XVIIIe siècle* (Paris, 2000).
42. Tel est en substance le tableau dressé par Alain Corbin dans *L'Harmonie des plaisirs: les manières de jouir du siècle des Lumières à l'avènement de la sexologie* (Paris, 2008).

un glissement sémantique majeur,[43] passant du dire au voir, de la désignation suggestive à la monstration explicite et au passage à l'acte. Si le mot sexualité n'existe pas encore dans les dictionnaires du temps, une telle vacance terminologique contraste fortement avec l'omniprésence d'une culture des affects et d'un art de jouir sans entraves qui n'a pas fini de travailler notre modernité, en dépit des attaques répétées d'une politique nationale constamment nataliste préconisant une sexualité essentiellement reproductrice, des offensives conservatrices chroniques et du désaveu lancinant de l'Eglise et des nouveaux entrepreneurs de morale, soucieux de rendre enfin la chair à l'effroi...

iv. L'insoutenable légèreté de l'être cinématographique

Aborder celui dont le nom provient de l'adjectif ancien, aujourd'hui perdu, 'sade', signifiant 'plaisant' (c'est le contraire de 'maussade'), en prenant le parti de la légèreté, tel est donc le pari audacieux relevé par le film expérimental de Roland Topor et Henri Xhonneux. Si un tel traitement, prenant à bras le corps la question de la figuration cinématographique de l'irreprésentable et exploitant habilement la biographie comme l'œuvre littéraire du marquis, ne laisse pas de surprendre, une telle démarche relève pourtant, selon moi, d'un regard aiguisé qu'on peut à bon droit considérer comme un des systèmes herméneutiques les plus convaincants de l'abondante filmographie sadienne. Entre amplification burlesque et carnavalesque, obscénité ostentatoire et 'froid regard du libertin', pour reprendre l'expression de Roger Vailland, la fable animalière relègue toute ambition patrimoniale autant que biographique dans les coulisses de la fiction, au profit d'une forme cinématographique qui prend l'Histoire à rebours, tout en retrouvant les tendances latentes profondes d'un certain dix-huitième siècle, placé sous le signe de la théâtralité exacerbée, de la jouissance débridée et d'une obscénité érigée en art de vivre et de penser. Or ce qui rend cette obscénité intolérable aujourd'hui, c'est précisément son caractère performatif et projectif, mais aussi sa charge politique, ce qui en fait un objet cinématographique par excellence et le levier d'une révocation en doute de tout consensualisme éclairé à destination de notre temps.

Cependant ce film, qui tire le meilleur parti d'une certaine économie libidinale des passions, mêlant les fantasmes sexuels aux pulsions de mort et se jouant habilement des conventions de la fiction patrimoniale, ne se prémunit que partiellement à l'encontre d'une tentation hagiographique qui s'exprime, ponctuellement, par la conversion des pulsions sadiennes

---

43. Jean-Christophe Abramovici, *Obscénité et classicisme* (Paris, 2003).

en effets pathético-romantiques, à l'image de cette scène mélodramatique où Sade trempe sa plume dans son propre sang (séquence 44 et suivantes), ou du choix contestable d'un accompagnement musical, 'tel le film, un poil romantique', de l'aveu même de Topor (*story-board*, p.91). Dans le même ordre d'idée, le scénario de la fiction filmique offre une étonnante linéarité narrative, qui tranche nettement avec la mise en crise systématique de la fable propre à l'écriture sadienne et reste très en-deçà, sur le plan cinématographique, de l'inventivité narrative d'une écriture fragmentaire et déconstruite, sans pour autant aller jusqu'à remettre en cause la force de cette transposition cinématographique d'une œuvre réputée irreprésentable, après être demeurée longtemps innommable.

Toujours est-il qu'à travers ce spectacle filmé pour marionnettes pornographiques et figures animalières s'exprime l'une des plus audacieuses tentatives de captation cinématographique de l'imaginaire sadien, mais aussi une certaine idée du dix-huitième siècle, qui sous les apparences de la fantaisie burlesque n'entame en rien la force de suggestion de l'impensable et prend violemment à parti le spectateur-voyeur, complice malgré lui de la représentation et de l'histoire de la modernité en train de se faire, ou plus exactement de se défaire sous ses yeux.

Sade au prisme du cinéma étranger

DOROTHÉE POLANZ

A travers les films (pseudo)biographiques ou les adaptations de romans, la personnalité et l'œuvre de Sade occupent une place singulière dans l'univers cinématographique hors de France. Parmi les nombreuses figures historiques ou littéraires françaises du dix-huitième siècle qui jouissent par ailleurs d'une grande notoriété, le 'Divin Marquis' a en effet retenu l'attention des réalisateurs étrangers de manière disproportionnée, à tel point qu'on peut s'interroger sur les raisons et la signification d'un tel parti pris. Ce n'est pas tant le désir de porter à l'écran l'un des textes de Sade qui prime – ils sont de toute évidence très difficilement adaptables;[1] la fascination que l'auteur exerce tient à sa capacité à devenir lui-même un personnage de fiction, et, par l'effet d'une insolite confusion, à s'identifier aux personnages de ses propres œuvres.

Si le cas n'est pas absolument unique – pensons à Beaumarchais, Diderot ou Casanova – Sade jouit d'un statut très particulier du fait de sa présence dans une abondante filmographie internationale, notamment dans le domaine des films dits 'de genre' (fantastique et érotique notamment). Cette appropriation filmique de Sade, particulièrement marquée dans la culture anglo-saxonne, présente trois degrés d'assimilation entre l'auteur et ses créations littéraires:

- Au premier niveau – représenté par des films comme *Quills* de Philip Kaufman (2000)[2] – se trouve une veine biographique qui suit d'assez près la réalité historique en dépit d'un certain nombre de libertés que le réalisateur s'accorde avec les détails.
- Le deuxième niveau – représenté entre autres par *Marquis de Sade*, film américain de Gwyneth Gibby (1996) ou par *De Sade* de Cyril Endfield, Roger Corman et Gordon Hassler (1969) – est celui de la confusion entre auteur et personnage. Il ne s'agit plus simplement de

---

1. Nous pouvons citer à ce jour, et depuis les années 1960, sept adaptations de *Justine* et *Juliette* (dont deux françaises), six de *La Philosophie dans le boudoir* (dont deux françaises), trois d'*Eugénie de Franval* (dont une française) et une seule des *120 journées* (les deux autres films cités dans ma filmographie n'étant que des parodies de la version de Pasolini). Sur les raisons de ce phénomène, on lira l'article de Martial Poirson, dans le présent volume.
2. Les références complètes des films cités figurent dans la filmographie placée en fin d'article.

fictionnaliser la vie du marquis, mais de combiner dans une même narration des épisodes biographiques (plus ou moins romancés) et d'autres qui appartiennent en propre à l'une de ses œuvres, ce qui revient à faire de lui un grand criminel qu'il n'a évidemment jamais été.

- Au troisième niveau, principalement représenté par des films fantastiques comme *The Skull* de Freddie Francis (1965) ou *Waxwork* d'Anthony Hickox (1988), Sade prend une dimension proprement mythique. Il peut donc figurer dans une galerie de monstres surnaturels au même titre que le *Wolfman* (loup-garou), Dracula et une meute de zombies, ou bien encore exercer des pouvoirs maléfiques en plein vingtième siècle, par le truchement de son crâne, conservé par des adeptes de l'occulte. A ce stade, le Sade historique a complètement disparu, au point que la présence de l'individu physique ne semble plus nécessaire; ne subsiste que son nom, devenu par synecdoque une sorte de signifiant du Mal absolu. On peut éventuellement ajouter un autre niveau, celui où le nom de Sade est évoqué ('la marquise de Sade', 'le descendant de Sade'...) sans que l'homme soit directement représenté.

Au vu de ce corpus, on pourra finalement se demander si, dans le domaine étranger, les meilleurs films 'sadiens' ne sont pas ceux qui s'imprègnent d'une esthétique, sans chercher à retracer la vie du marquis ou à adapter une de ses œuvres, comme par exemple *La Frusta e il corpo* (*Le Corps et le fouet*) de Mario Bava (1963), le *Gothic* de Ken Russell (1986), ou, par certains aspects, plusieurs des films de David Lynch (*Blue velvet*, 1986; *Wild at heart*, 1990; *Mulholland Drive*, 2001).

Dans une première catégorie, que l'on pourrait qualifier de biographique, se rangent la quinzaine de films qui mettent en scène le Sade historique et qui sont nettement minoritaires dans la filmographie sadienne. L'histoire du *Quills* de l'Américain Philip Kaufman (2000), qui met en scène la vie de Sade à l'asile de Charenton, se rapproche de celle du *Sade* de Benoît Jacquot, sorti la même année en France, qui dépeint également la relation du marquis et d'une jeune fille dans une prison. Le film français se concentre cependant sur une période plus obscure de la vie de Sade, celle où il fut enfermé à Picpus à la fin de la Terreur, et dresse des parallèles avec une de ses œuvres, *La Philosophie dans le boudoir*, comme on peut le constater avec la scène de défloration opérée par Augustin et dirigée par Sade/Dolmancé. *Quills* se concentre plutôt sur le rapport de Sade au théâtre et à la folie, ce qui n'est pas sans rappeler la pièce de Peter Weiss, *Marat/Sade*, filmée par Peter Brook en 1966. Lorsque les cinéastes choisissent pour sujet ce célèbre personnage, ils doivent envisager leur film en tenant compte des nombreuses représentations déjà existantes, et également de l'attente que produit inévitablement le nom du 'Divin Marquis' – attente qui découle d'une confusion entre la vie de l'homme et son œuvre fictionnelle. En choisissant de traiter de la vie de Sade à Charenton, *Quills* affiche clairement une volonté biographique qui entraînerait l'adhésion du spectateur moyen, peu au fait des détails biographiques, et que l'abondance de faits ostensiblement 'historiques' doit convaincre de la fidélité de l'histoire filmique à la réalité. De plus, l'esthétique de ces films (décors et costumes) conduit le public à penser qu'il y a eu recherche et reconstitution de la vie au dix-huitième siècle, si bien que le questionnement quant à la véracité des faits sera donc assez faible.

Cependant, comme pour tous les films à prétention historique, le problème de la fidélité et du vraisemblable (de la musique, des costumes, de la langue...) se pose avec infiniment plus d'acuité pour les spécialistes de la période. Quiconque connaît la biographie de Sade s'étonnera de voir ce dernier se faire torturer et couper la langue à l'asile (*Quills*), tandis que l'historien de la médecine pourra mettre en question les traitements dépeints dans ce film. Pourtant, afin de dresser ce portrait d'un Sade en 'fin de vie', le metteur en scène est parti de faits avérés, mais qu'il a fictionnalisés pour renforcer son propos: si le marquis n'a certes pas eu la langue coupée, l'image est utilisée en tant que métaphore de la censure ('on l'a empêché de s'exprimer').[3] Considérer ce genre d'effet au premier degré reviendrait à négliger un autre niveau de sens qui s'exprime au travers d'images fantasmées, de digressions poétiques autour de la figure de Sade. Tandis que, du point de vue de l'historicité, il y a incohérence, trahison même, du point de vue métaphorique, la décision du metteur en scène se justifie parfaitement: à ses yeux, l'image de la mutilation est plus 'vraie' que les événements connus. La nature même du cinéma 'historique' est ainsi en jeu lorsqu'il veut exprimer un point de vue, un engagement, voire une thèse, et doit donc amplifier certains aspects, au point parfois de les déformer, afin de les rendre propres à une transposition cinématographique susceptible d'intéresser non seulement les quelques spécialistes, mais surtout l'ensemble des spectateurs.

Appliquée au marquis de Sade, cette technique a entraîné une confusion entre sa vie et ses écrits, créant un horizon d'attente très marqué où apparaissent forcément la luxure et les 'crimes de l'amour', ainsi que le souligne très justement Benoît Jacquot dans un entretien: 'People are not very familiar with his life at all. They think he's a character out of his books – a criminal, an ogre – Sade is a name that evokes violent images

---

3. Rappelons à cet égard la volonté de Sacha Guitry de représenter une rencontre à Versailles entre Louis XIV et Clemenceau pour rendre compte d'une 'image mouvante de l'histoire de France', et conférer ainsi à Versailles une autre présence, une présence symbolique.

and horrors. When you hear the name Sade or hear that a film is called "Sade," you expect it to be full of orgies and torture.'[4]

Les films à prétention biographique contribuent ainsi presque toujours à cet imaginaire de la cruauté et de la débauche, quand bien même l'intention des metteurs en scène n'est pas forcément de romancer à outrance la vie du marquis: la tentation d'assimiler l'écrivain à ses personnages, et de lui attribuer les mêmes perversions, paraît tout simplement irrésistible.

Ainsi, la *Justine* de l'espagnol Jesus ('Jess') Franco (1969) – pourtant féru de l'œuvre de Sade – s'ouvre sur une scène de mise en abyme où le marquis emprisonné rédige *Justine*, car ainsi que le souligne le réalisateur, Sade 'contribue' à l'écriture du scénario.[5] De plus, Franco a choisi de donner au héros les traits de Klaus Kinski (ce devait d'abord être Orson Welles), acteur qui prêta son visage torturé à des monstres célèbres (dont le Nosferatu de Herzog), et dont l'apparition à l'écran connote immédiatement l'anormalité. Kinski ne parle pas: nous entendons simplement en voix *off* les mots de Sade, tirés du roman et de la préface de *Justine*. Le marquis est dépeint comme un personnage atteint de troubles psychologiques, ainsi que le soulignent la musique exagérément dramatique et les invraisemblables éclairages modernes verts et rouges; sa cellule même semble participer d'un 'hors-lieu', plus symbolique (les grilles, la plume) que réaliste. Sade est clairement décrit comme fou (interprétation pleinement assumée par le réalisateur), hanté jusque dans sa cellule par ses personnages, visions d'horreur qu'il rejette et qu'il combat (on le voit pleurant).

A un degré encore plus avancé, *Marquis* (*Dark prince: intimate tales of marquis de Sade*) de Gwyneth Gibby (1996) assimile l'écrivain et ses personnages jusqu'à lui faire investir l'histoire de Justine et de Juliette. Les invraisemblances (du point de vue tant esthétique que biographique) abondent, et l'histoire vire au burlesque lorsque Sade tue le bourreau qui devait l'exécuter en place publique. Mais encore une fois, ne s'agit-il pas ici de la métaphore d'un homme au-dessus des lois, métaphore certes quelque peu grossière, mais qu'il faut replacer dans le contexte d'un film américain destiné à un large public ignorant que Sade ne monta jamais sur l'échafaud? Qu'on en juge par le résumé tel qu'on peut le trouver au dos de la pochette du DVD: 'A woman's search for her sister leads her into the sexually deviant world of the Marquis de Sade, wherein she

---

4. Andrea Meyer/indieWIRE, 'Pushing things to their limits: Benoît Jacquot takes on the marquis de Sade', disponible sur le site http://www.indiewire.com/people/int_Jacquot_Benoit_020501.html.
5. 'Comment adapter les œuvres de Sade? Le point de vue d'un maître de l'érotisme et de l'horreur'. Entretien avec Jesus Franco Manera, propos recueillis par Dorothée Polanz, *Filmer le dix-huitième siècle*, éd. M. Poirson et L. Schifano (Paris, 2009)

discovers a completely new outlook on the sordid life of 17th century Paris. Based on a true story.'[6]

Force est de constater que la précision n'est pas le point fort du réalisateur: dix-huitième ou dix-septième siècle, qu'importe, c'est un *costume drama* – 'film d'époque', auquel correspond le *period style* passe-partout. Seul l'historien ou le spécialiste (exceptionnellement, le spectateur exigeant) pressentira le danger de tels raccourcis, où le metteur en scène, partant d'une personne bien réelle, en fait d'abord un personnage de fiction, puis l'érige en figure maléfique, dénuée de vraisemblance et de psychologie, caricature non seulement de l'écrivain, mais de ses propres créations littéraires.

Dans ce cinéma, américain notamment, le personnage de Sade, à travers l'adaptation de ses œuvres et les films relatant sa vie, a fini par acquérir une dimension quasi mythique, devenant une sorte d'image d'Epinal cinématographique. L'aristocrate débauché se transforme en grand criminel, voire en être monstrueux ou en incarnation du Mal absolu: car ses crimes supposés doivent être extrapolés par les cinéastes de façon à pouvoir encore effrayer le spectateur d'aujourd'hui, d'où la présence surprenante du marquis dans nombre de films d'épouvante à petit budget.

Le prototype du genre est sans doute *The Skull* de Freddie Francis (1965), où deux collectionneurs – interprétés par Peter Cushing et Christopher Lee, acteurs cultes du cinéma fantastique des années 1960 et 1970 – se disputent la possession du crâne du marquis, l'acquéreur se trouvant ensuite atteint de troubles et commettant divers meurtres 'sous la direction' de la relique. D'abord déterré de nuit en 1814 dans le cimetière de Charenton, le crâne provoque la mort mystérieuse d'un premier collectionneur qui l'avait plongé dans de l'acide. Un siècle plus tard, les deux principaux protagonistes du film se retrouvent lors d'une vente aux enchères où figurent des statues de démons tels que Lucifer, Belzébuth, Leviathan et Balberith. Ces objets exercent une influence néfaste sur les deux hommes qui dépensent des fortunes pour les obtenir sans trop savoir pourquoi. C'est dans ce contexte qu'apparaît Sade: le second objet maléfique est un livre relié en peau humaine sur la vie du marquis, et présenté en ces termes: 'The life of the notorious Marquis de Sade, the man whose name has become the symbol of cruelty and savagery that is in all of us.' Selon la présentation du commissaire priseur, Sade a fait des sacrifices sanglants et se livrait à la sorcellerie avant de sombrer dans la folie, professant une haine terrible pour toute l'humanité. A l'amateur (Dr Christopher Maitland-Peter Cushing) qui vient d'acquérir le crâne, un de ses amis (Sir Matthew Phillips-

---

6. Voir http://movies.yahoo.com/movie/1800288988/info.

Christopher Lee) prodigue des conseils de prudence; pour l'avoir une fois détenu puis se l'être fait voler, il connaît la puissance de la relique: 'De Sade said he wasn't mad. He was far worse than mad, he was possessed by an evil spirit. The spirit still inhabited the skull.' De fait, les nuits de pleine lune, le crâne bouge et semble animé de volonté (une caméra est placée à l'intérieur pour accentuer l'effet). Tandis que le collectionneur et sa femme font d'étranges rêves, le revendeur se fait assassiner la première nuit de pleine lune. Le crâne, soigneusement mis en valeur dans un cabinet de curiosités, déchaîne alors sa puissance: il devient vert et clignote, ouvre fenêtres et portes, fait voler les livres, et se déplace dans les airs. Le Dr Maitland, possédé, finit par tuer son ami et réunit autour du crâne les objets nécessaires pour un rite satanique. Après une première tentative de meurtre avortée (sur une femme protégée par un crucifix), le héros périt à son tour, mordu par le crâne de Sade.

Les personnages, l'intrigue et les incidents sembleront familiers aux amateurs de films fantastiques: ils furent utilisés, *mutatis mutandis*, dans des dizaines de productions sur le thème de l'occulte, de la sorcellerie, du vampirisme, du vaudou, dont plusieurs de la même compagnie (Amicus) avec les mêmes acteurs principaux. Si dans cette formule éprouvée Sade ne joue guère que le rôle de variante, il revient au scénariste Robert Bloch (prolifique fournisseur du cinéma d'épouvante) d'avoir accordé au marquis un statut nouveau: l'homme était représenté comme un débauché, voire un criminel digne des personnages de ses romans, ce qui constituait déjà une sérieuse exagération; le voici promu – si l'on peut dire – au rang d'être surnaturel doué de pouvoirs démoniaques dans une envolée hyperbolique qui éclipse le Sade historique.

D'autres exemples plus récents confirment cette remarquable transformation du romancier en personnage mythique. On le retrouve par exemple dans le *Waxwork* d'Anthony Hickox (1988), qui se place dans la tradition des films fantastiques situés dans un musée constitué de personnes vivantes transformées en statues de cire. Dénuée de toute prétention intellectuelle et littéraire, cette production 'de série Z' est le type du film de genre qui se conforme strictement à des codes bien établis, avec lesquels il joue parfois avec une certaine ironie, sans jamais les démystifier tout à fait: les anaphores laborieuses qui préviennent le spectateur du danger imminent, le rendez-vous avec un inconnu qui apparaît et disparaît à minuit, le majordome nain et le sinistre (mais sensible) homme de main, les statues qui s'animent, la nuit de pleine lune noyée dans le brouillard, la percée d'une lumière invraisemblablement bleue et directionnelle, le recours fréquent à la contre-plongée et à la caméra subjective.

D'un point de vue narratif, *Waxwork* fonctionne sur le principe de la revue, selon une structure itérative faisant intervenir tour à tour divers monstres tirés du cinéma d'horreur classique par qui les héros adolescents se font trucider: loup-garou, vampire, momie, zombies, fantôme de l'opéra, *aliens*, homme-serpent, homme invisible. Ces créatures envahissent la réalité des protagonistes jusqu'à ce que ceux-ci comprennent que tout est illusion et que rien ne peut les atteindre dans le monde de la fiction. Le marquis de Sade constitue l'un des 'monstres' les plus attendus du musée au sens où son apparition, reportée à deux reprises, intervient au terme d'un suspense longuement ménagé. De plus, c'est lui qui affrontera seul le héros dans un duel final, ce qui laisse supposer qu'il est l'adversaire le plus dangereux, bien que ne possédant aucun attribut véritablement surnaturel comme l'immortalité, l'invisibilité, la métamorphose...[7] Son pouvoir de menace réside dans l'attrait mystérieux que sa statue semble exercer sur les innocentes jeunes filles, les poussant à entrer dans son univers fictionnel où il peut disposer d'elles à sa guise. Par ailleurs, les livres trouvés dans le grenier par l'héroïne ne sont autres que les œuvres du marquis, également maléfiques – il en sort une lumière blanche violente sur fond de musique étrange – si l'on en juge par l'espèce de possession que leur lecture induit: métaphore sans voile de la fameuse contamination qui fut (et qui demeure) continuellement reprochée aux romans de l'écrivain. Comme dans *The Skull*, la contamination dépasse ici la morale pour affecter les personnages de la manière la plus physique qui soit: ils sont littéralement envoûtés. D'autres titres comme *The Dark prince* ou *The Devil in velvet* reflètent la mythification de Sade en créature diabolique dans la culture populaire des films de genre.

Une variation sur ce même thème des statues de cire utilise la figure de Sade sur un mode fantastico-érotique dans *The Exotic house of wax* de Cybil Richards (1996).[8] Toujours sur le principe itératif de la revue, nous voyons s'animer respectivement des couples d'amants célèbres: Antoine et Cléopâtre, Roméo et Juliette, Aphrodite et Vénus...[9] Personnages historiques et fictionnels se trouvent ainsi déjà mélangés pour satisfaire le besoin de combinatoires érotiques (rapport violent, romantique, lesbien, à trois...). De nouveau, Sade apparaît dans la toute dernière scène, sans être nommément identifié, comme Casanova: le spectateur ne peut donc savoir avec certitude de qui il s'agit avant de voir inscrit ces deux noms au générique – preuve que l'on s'attend à une reconnaissance

7. Sade est en effet représenté dans ce film avec un curieux mélange de costume dix-neuvième revu et corrigé par la mode 'pirate' des années 1980: grande chemise blanche ouverte, longs cheveux noirs retenus par un bandeau, hautes bottes et épée glissée dans un ceinturon très large.
8. Le titre alternatif étant: *The Erotic house of wax: legacy of lust*.
9. Bien qu'il s'agisse de la même déesse, Aphrodite et Vénus sont ici dédoublées pour la séquence 'lesbienne'.

purement visuelle d'un personnage familier. Si Casanova sert de prétexte au développement d'une scène libertine avec deux servantes, Sade est retenu comme l'incarnation archétypique du sadomasochisme: costumé de cuir, longs cheveux noirs et fouet en main, il se contente de regarder les ébats amoureux d'un couple et d'aider l'homme à répandre de la cire sur sa partenaire. A l'inverse d'un Sade français aux perversions beaucoup plus 'cérébrales',[10] le Sade américain représente avant tout une sexualité physique et hors normes, où le plaisir se mêle à la souffrance, métonymiquement représentée par le fouet. C'est cet accessoire qui, combiné au costume 'd'époque', permet au spectateur d'identifier sûrement le marquis sans qu'aucune autre indication ne lui soit fournie.

Dans cette logique, on ne s'étonnera pas de retrouver Sade parmi les plus noirs pêcheurs de l'enfer dans *Go to hell* (1999), autre film d'horreur à petit budget où il sert de sbire à Belzébuth: tortionnaire sadique, comme il se doit, naturellement muni d'un fouet (mais très efféminé en l'occurrence), on le trouve parmi une improbable cohorte de damnés en compagnie d'Edgar Allan Poe, de Josef Mengele et de Jim Jones.

Les monstres du folklore d'une part (loups-garous, vampires), les grands criminels de l'histoire d'autre part, rejoignent ainsi ceux qui ont relaté des horreurs sans en commettre eux-mêmes; catégorie fort éclectique qui, non contente de confondre réalité et fiction, met sur un même plan la fiction et son écriture. *The Skull* nous propose même un admirable raccourci par lequel on relie Sade, Gilles de Rais et Barbe Bleue.

Comment apprécier cette place très particulière de Sade dans le cinéma américain, sans équivalent dans le domaine français?[11] La figure du marquis se situe au carrefour d'une certaine incompréhension: nous avons affaire au regard d'une nation sur l'histoire d'une autre, avec l'anamorphose que cela implique. Mais on relève aussi un besoin d'expliquer cette personnalité hors normes par des causes rationnelles ou irrationnelles: à partir du comportement de Sade (attesté ou fantasmé), les cinéastes tentent de reconstituer l'époque qui a connu un tel personnage et les moyens employés pour le contenir.

En effet, bien qu'à un deuxième niveau d'autres cinéastes se soient concentrés sur l'adaptation de ces textes scandaleux, l'ombre du marquis rode toujours: on le met en scène écrivant depuis sa prison, ou bien intervenant dans ses romans. Ainsi, il semblerait que la production de

---

10. Voir le *Sade* de Benoît Jacquot.
11. Seulement cinq films français relatent la vie du marquis, dont une fantaisie pour marionnettes: *Monsieur Sade*, Georges Duairam (1977); *Le Marquis de Sade*, Patrick Antoine (1983); *Marquis*, Roland Topor et Henri Xhonneux (1988), *Marquis de Sade* (1988); *Sade en procès*, Pierre Beuchot (1999); *Sade*, Benoît Jacquot, *Sade – Folge deiner Lust!* (2000).

textes 'monstrueux' reste le problème le plus fascinant,[12] et que la folie, l'enfermement, les troubles psychologiques n'interviennent que comme autant de facteurs capables de justifier des écrits amoraux. Le cinéma fantastique américain, en revanche, ne se soucie pas du 'cas Sade', et tient pour acquis que le marquis est une incarnation du mal, à placer dans sa 'petite boutique des horreurs'. Dans l'un et l'autre cas, l'homme et l'écrivain, dans toute leur complexité, intéressent moins que la figure symbolique et parfois caricaturale à force de simplifications.

Adaptations de ses romans, tentatives de mettre en scène sa vie, utilisation de cette figure dans les films: autant de critères qui pourraient a priori servir à définir le 'film sadien'. Certes, le réalisateur Jess Franco questionne la fragilité de cette définition: 'Qu'est-ce que cela veut dire un film "sadien"? Etre sadien ou pas c'est finalement une étiquette qui ne veut rien dire.' Mais selon quels critères peut-on attribuer cette étiquette? Certains des exemples cités plus haut suggèrent que la seule présence du personnage de Sade dans un film, le fait qu'un film soit basé sur l'une de ses œuvres ou, comme l'explique Franco, le 'mélange amour, violence et sexe', ne suffisent pas forcément à lui prodiguer un caractère sadien. Le désir d'expliquer le sadisme par la folie, qui mène certains à s'interroger sur les causes de cette démence, peut même déboucher sur une démarche inverse qui, loin de diaboliser Sade, lui trouve des circonstances atténuantes.

Dans *De Sade*, Nicholson et Kaufman choisissent ainsi de nous montrer un marquis jeune et plein d'idéaux, transformé en homme cruel par les brimades de sa belle-famille, vision finalement très romantique d'un homme brisé par des années de prison et cherchant à assouvir sa soif de vengeance, victime qu'il fut de son père, de son oncle, de sa belle-mère: 'But De Sade was not always a purveyor of corruption and depravity. He was once a young boy, honnest, innocent... and about to become the victim of another's perverse brutality.'[13]

Cette thèse, relativement vraisemblable, est pourtant à peine plus satisfaisante que les 'rêveries fantastiques' autour de Sade à coup de possession et de magie noire, si bien qu'on peut finalement se demander si les meilleurs films 'sadiens' ne sont pas ceux qui s'inscrivent dans une dynamique sadienne sans jamais nommer ou mettre en scène le marquis, comme si le simple fait de l'évoquer amenait d'emblée un lourd héritage bien souvent caricatural. Ainsi, nous avons sciemment choisi d'analyser des films espagnol, italien, anglais et américain qui ne traitent aucunement de Sade.

---

12. Entretien avec Jess Franco: 'C'est une écriture pleine d'humour, pleine d'intelligence, de petits détails, de trouvailles formidables et qui dépasse le sujet qu'elle traite.'
13. Telle est la description du marquis placée au dos du DVD du film de Cyril Endfield (avec un scénario de Richard Matheson, grand maître du fantastique), *De Sade* (1969).

Au niveau de la production filmique, nous connaissons l'influence de Sade sur les œuvres du surréaliste Buñuel ou encore sur les réalisateurs espagnols Berlanga et Franco, qui puisent continuellement et librement dans *Juliette* ou *Justine* pour des films qui ne prétendent être des adaptations d'aucun roman du marquis. Cependant des motifs sadiens se détachent: victime innocente, série d'épreuves allant de la souffrance à la mort, viols et agressions sexuelles avec animaux, comme on peut le voir par exemple dans *Sadomania* (1981).[14] Il s'agit plus de restituer une ambiance (terme cher à Franco) que de conserver tels quels la trame narrative ou les personnages des romans de Sade: 'Je ne crois pas que les films doivent avoir une histoire, solide ou concrète ou quoi que ce soit. Mais il doit y avoir une atmosphère, quelque chose qui doit te captiver.' 'Motif', 'ambiance', 'atmosphère', autant de termes finalement assez vagues qui ne permettent pas de cerner cette fameuse 'essence' sadienne, même lorsque le réalisateur reconnaît que 'insanity is essential for my erotic films.'[15] On peut relever cependant quelques points communs à ces réalisateurs: le jeu sur une dualité souffrance/plaisir, la mise en scène d'une perversion – qui n'est pas nécessairement précédée ou suivie d'une explication – et des 'tableaux', scènes visuelles très fortes et contrastées que ménage Sade dans son écriture.

Si la mythification du personnage de Sade, dans sa volonté explicative, semble l'enfermer dans un univers étriqué, le réduire à un symbole aussi grossier que le fouet, les films empreints d'une esthétique sadienne cohérente tendent à effacer le personnage et privilégient un discours.[16] Ainsi retrouve-t-on les ingrédients indispensables (le château, le merveilleux, l'humour noir, les perversions) mais transposés au dix-neuvième ou au vingtième siècle. Dans ces films plus 'travaillés' – plus connus aussi[17] – Sade n'est jamais nommé: seul un spectateur averti peut percevoir les possibles références, les influences, les contaminations avouées ou non.

La Frusta e il corpo (*Le Corps et le fouet*) de Mario Bava (1963), avec ses éclairages verts, ses anaphores convenues, ses personnages stéréotypés,

---

14. De façon très intéressante, les producteurs et distributeurs – comme souvent avec les films de Franco – ont renommé le film. Originairement intitulé *El Infierno de la pasión*, *Sadomania* comporte à présent une référence directe à Sade quand bien même celui-ci n'est ni cité, ni évoqué.
15. Jess Franco, propos recueillis par Brian D. Horrorwitz pour le film *Antena criminal: making a Jess Franco movie* (2007).
16. Entretien avec Jess Franco: 'On peut aimer l'érotisme ou le sado-maso, mais tout dépend surtout du discours. Ce n'est pas le "quoi?", mais le "comment?" qui importe.' 'Comment adapter les œuvres de Sade? Le point de vue d'un maître de l'érotisme et de l'horreur', propos recueillis par Dorothé Polanz dans *Filmer le dix-huitième siècle*, éd. Poirson et Schifano (Paris, 2009).
17. De Russell, Bava ou Lynch cités plus haut.

aurait aisément pu tomber dans la caricature. Cependant, le fouet, arme du personnage principal, Kurt Menliff (interprété par Christopher Lee), maintient les autres personnages sous une menace surnaturelle. Le héros que l'on croyait mort revient hanter ses meurtriers, et la jeune épousée de son frère se sent irrésistiblement attirée par cet homme violent et sadique. Château, tombeau, crypte, cimetière, falaise, servent de décor à cette union réprouvée, mais malgré cela – ou peut-être à cause de cela – très sensuelle. Craint comme un esprit, ou comme le diable lui-même, ce 'revenant' (à supposer qu'il soit vraiment mort) n'est jamais représenté comme un être immatériel, si bien que le spectateur en vient à douter de la réalité telle que la perçoit la famille. Histoire de spectre potentiellement banale, *Le Corps et le fouet* déjoue la vision conventionnelle du 'monstre': car non seulement la belle-sœur est séduite mais elle se satisfait manifestement des coups de fouet de son cruel suborneur. C'est en fait la famille qui apparaît comme dévoyée: le frère modèle nourrit un amour incestueux pour sa sœur tandis que le père censément menacé a comploté pour tuer ce fils à la virilité impérieuse. Bien que Menliff semble correspondre à une caricature du héros sadien armé de son fouet, il subvertit ce lieu commun en prenant le rôle du redresseur de torts.[18]

Gothic (1986) de Ken Russell relate la fameuse nuit de 1816 à la Villa Deodati où Lord Byron, Percy Shelley et d'autres amis réunis s'amusèrent à inventer des histoires d'épouvante dont la plus célèbre fut le *Frankenstein* de Mary Shelley. Au cours de cette nuit pleine de cauchemars à la Füssli, le fantôme du marquis est évoqué de diverses manières: tout d'abord, Mary Shelley découvre un volume libertin qui contient les gravures des œuvres de Sade (*La Philosophie dans le boudoir* et l'*Histoire de Juliette* sont clairement identifiables); la servante soumise de Lord Byron s'appelle Justine, et enfin l'auteur de *The Vampyre* entretient des relations sadiques tant avec le docteur Polidori qu'avec sa maîtresse Claire Clairmont. Au-delà de ces références, *Gothic* expose les déviances et les turpitudes réprouvées par la société bourgeoise et pose de façon métaphorique le problème de la monstruosité au cœur d'une société aristocratique, la créature de Frankenstein imaginée la nuit au sein de ce château comme un écho à la figure de Sade tel qu'il est perçu hors de France.

Nous pourrions enfin tenter une analyse de *Mulholland Drive* (2001)[19] à la lumière de l'histoire de Justine et Juliette, de par la présence de motifs clés: une jeune femme naïve se refuse à suivre le chemin de la corruption hollywoodienne et, après une série d'épreuves infructueuses, subit une ultime trahison de son amie très chère à la sexualité trouble. On peut

18. Le thème de la famille persécutrice qui conduit le héros à la perversion est central dans certains films biographiques comme le *De Sade* de Cyril Endfield.
19. *Mulholland Drive*, David Lynch (2001).

avancer dans ce cas que le jeu des contrastes (la candeur/l'arrivisme, la blonde/la brune, le rêve/la réalité, le merveilleux/le macabre), représentés à travers une série de personnages ou de tableaux, oriente ce film dans une direction 'sadienne'. De même, dans *Blue velvet* (1986) ou *Wild at heart* (1990), Lynch met en scène des obsessions qui ont des échos nettement sadiens (la chanteuse Dorothy Vallens interprétée par Isabella Rossellini dans *Blue velvet* et la Lula Fortune jouée par Laura Dern dans *Wild at heart* sont toutes les deux la victime consentante d'un tortionnaire sadique et monstrueux) sans forcément leur apporter de justification, comme pour conforter la thèse sadienne que l'homme n'est pas séduit par le Mal, mais que le Mal par nature est en lui.[20]

A travers ces différentes techniques d'appropriation, de la citation explicite au motif à la métaphore et à l'allusion, les cinéastes étrangers élaborent une essence sadienne qui transcende à la fois la simple adaptation de romans, et l'évocation biographique plus ou moins vraisemblable. Il en résulte des films très personnels qui revendiquent l'héritage de Sade sans s'asservir ni à une intrigue particulière, ni à la réalité historique.

La thématique du regard hante ce volume. Tourner un film sur le dix-huitième siècle implique de porter un regard – péjoratif ou mélioratif – vers le passé soit pour expliquer notre présent, soit pour tirer des enseignements qui puissent éclairer notre avenir. Cependant, la figure de Sade, en particulier dans le cinéma hors de France, invite bien plus qu'un regard introspectif. L'histoire du marquis ne se prête pas à une reconstitution de l'Histoire, mais sert de toile à la projection d'une image du dix-huitième siècle. Le fait que cette image soit en partie anachronique se justifie par le besoin d'assurer au spectateur du vingt et unième siècle une impression de continuité entre des événements éloignés dans le passé et son présent; paradoxalement un Sade plus 'authentique' paraîtrait sans doute moins proche de nous, moins captivant, moins choquant et donc moins utile pour véhiculer le message de la 'modernité' des Lumières. Ces films que nous avons évoqués appartiennent pour la plupart à ce 'cinéma de genre' souvent négligé par les historiens et les critiques à cause de son caractère particulièrement codé et son manque d'ambition artistique; pourtant, ces films fantastiques et érotiques tissent un réseau de références qui suscite une image populaire de Sade, le débauché au fouet, image inexacte mais forte et surtout particulièrement exceptionnelle: combien d'écrivains – et *a fortiori* combien de romanciers du dix-huitième siècle – sont à ce point reconnaissables par le plus grand nombre? Parmi tous les écrivains français, Sade est incontestablement celui qui est lié au plus grand nombre de films: ceux qui sont tirés de ses romans, ceux qui

---

20. Voir l'abbé dans *De Sade* de Cyril Endfield: 'Man is not seduced by evil, he *is* evil.'

sont plus généralement inspirés de son œuvre, et ceux où il figure en tant que personnage.

On peut se demander pourquoi, sous les strates qui recouvrent la pensée de l'Histoire (filtres culturels, idéologiques, obsessions personnelles des metteurs en scène, visions conditionnées par l'air du temps) la figure de Sade demeure. Peut-être faut-il cesser de considérer que Sade est envisagé au prisme du cinéma étranger pour comprendre qu'on l'utilise comme prisme dans la projection d'un imaginaire. Dans ce rôle de lentille, le Sade historique, trop précis, ne conviendrait pas: c'est donc un personnage à la biographie floue et au statut quasi mythique que l'on substitue à l'original. Les cinéastes étrangers tendent à s'emparer de ce Sade pour renvoyer à leur société l'image de ses propres perversions, sans admettre la responsabilité d'avoir engendré un tel 'monstre'. Incarnation du Mal rassurante, puisque extérieure, le Sade ainsi créé par le cinéma permet à diverses sociétés de révéler leurs aspects les moins avouables. Plutôt donc que de déplorer les anachronismes et les déformations que le Sade historique subit dans de tels films, reconnaissons que la prédilection pour le 'Divin Marquis' sert surtout de révélateur aux maux de chaque nation et que, si l'on gratte la statue de Glacus du mythe sadien, on voit apparaître une autre Histoire, une histoire parallèle, l'histoire de l'Autre.

Filmographie sadienne

Justine/Juliette

1963 *Le Vice et la vertu*, Roger Vadim. *Vice and virtue* (Royaume-Uni), *Il Vizio e la virtù* (Italie). Langue: français. Pays: France/Italie.

1969 *Marquis de Sade: Justine*, Jess Franco. *Deadly sanctuary* (USA), *Justine* (USA), *Justine and Juliet* (Royaume-Uni), *Justine ovvero le disavventure della virtù* (Italie). Langue: italien. Pays: Italie/Allemagne de l'Ouest.

1969 *Juliette de Sade*, Lorenzo Sabatini. *Heterosexual* (Royaume-Uni), *Juliette de Sade* (USA), *Mademoiselle de Sade e i suoi vizi* (Italie). Langue: anglais. Pays: Suède.

1970 *Juliette*, Jess Franco (inachevé). Langue: espagnol. Pays: Espagne.

1972 *Justine de Sade*, Claude Pierson. Langue: français. Pays: France/Italie/Canada.

1975 *Justine och Juliette*, Mac Ahlberg. *Justine and Juliette* (Royaume-Uni), *Swedish minx* (Etats-Unis). Langue: suédois. Pays: Suède.

1975 *Justine*, Jess Franco. *Justine and the whip* (USA), *Justine, una minorenne deliziosa* (Italie), *La Suceuse* (France). Langue: italien. Pays: Italie/Espagne.

1977 *Cruel passion*, Chris Boger. *Amori vizi e depravazioni di Justine* (Italie), *De Sade's Justine, Justine, Justine – Grausame Leidenschaften* (Allemagne de l'Ouest), *Marquis de Sade's Justine*. Langue: anglais. Pays: Royaume-Uni/Italie/Allemagne de l'Ouest.

La Philosophie dans le boudoir

1969 *La Philosophie dans le boudoir*, Jacques Scandelari. *Beyond love and evil* (USA), *The Philosophy of the bedroom*. Langue: français. Pays: France.
1970 *Eugénie*, Jess Franco. *De Sade 70, Eugenie... the story of her journey into perversion* (USA), *La Isla de la muerte* (Espagne), *Die Jungfrau und die Peitsche* (Allemagne de l'Ouest), *Die Wildkatze, Philosophy in the boudoir*. Langue: anglais. Pays: Espagne/Allemagne de l'Ouest.
1978 *Cocktail special*, Jess Franco. Langue: français. Pays: France.
1980 *Eugenie, historia de una perversion*, Jess Franco. *Erotismo* (Europe), *Wicked memoirs of Eugenie* (USA), *Lolita am Scheideweg* (Allemagne). Langue: espagnol. Pays: Espagne.
1984 *Historia sexual de O*, Jess Franco. Langue: espagnol. Pays: Espagne.
1991 *La Philosophie dans le boudoir*, Olivier Smolders. Langue: français. Pays: Belgique.
1995 *Philosophy in the bedroom*, Tony Guzman. Langue: anglais. Pays: USA.
2005 *L'Educazione sentimentale di Eugenie*, Aurelio Grimaldi. *Sentimental education of Eugenie*. Langues: italien/russe. Pays: Italie.

Eugénie de Franval

1970 *Eugénie*, Jess Franco. *De Sade 2000* (Italie), *Eugénie de Franval* (Liechtenstein), *Eugenie sex happening* (USA), *Eugenie de Sade* (USA). Langues: allemand/français. Pays: Italie/Liechtenstein.
1974 *Eugenie de Franval*, Louis Skorecki. Langue: français. Pays: France.
1998 *Island, Alicia*, Ken Yunome. Langue: anglais. Pays: USA.

Les 120 journées de Sodome

1975 *Salò o le 120 giornate di Sodoma*, Pier Paolo Pasolini. *Salò ou les 120 journées de Sodome* (France), *Salò or the 120 days of Sodom*. Langue: italien, français. Pays: Italie/France/Allemagne.
1995 *Le 120 giornate di Sodoma*, Joe D'Amato. *120 days of the anal, Anal palace, Passioni erotiche*. Langue: anglais. Pays: USA.
1997 *Die 120 Tage von Bottrop*, Christoph Schlingensief. Langue: allemand. Pays: Allemagne.

Films reprenant explicitement des intrigues sadiennes (les textes de Sade sont incorporés au scénario)

1930 *L'Age d'or*, Luis Buñuel. *Age d'or, Age of gold, The Golden age* (USA). Langue: français. Pays: France.

1974 *Plaisir à trois*, Jess Franco. *How to seduce a virgin*. Langue: français. Pays: France.
1980 *Sinfonia erotica*, Jess Franco. Langue: espagnol. Pays: Espagne/Portugal.
1983 *Gemidos de placer*, Jess Franco. *Cries of pleasure*. Langue: espagnol. Pays: Espagne.
1992 *Markisinnan de Sade*, Ingmar Bergman. Langue: suédois. Pays: Suède.
1996 *Spiklenci slasti*, Jan Svankmajer. *Conspirators of pleasure* (USA). Langue: tchèque. Pays: République tchèque/Royaume-Uni/Suisse.
2000 *Helter skelter*, Jess Franco. Langue: anglais. Pays: USA.

Vie de Sade

1966 *Marat/Sade*, Peter Brook. *The Persecution and assassination of Jean-Paul Marat as performed by the inmates of the asylum of Charenton under the direction of the marquis de Sade* (Royaume-Uni), *Die Verfolgung und Ermordung Jean-Paul Marats dargestellt durch die Schauspielgruppe des Hospizes zu Charenton unter der Anleitung des Herrn de Sade*. Langue: anglais. Pays: Royaume-Uni.
1967 *Jeg-en marki*, Mac Ahlberg Peer Guldbrandsen. *Greve Porrno och hans kvinnor* (Suisse), *I, a nobleman* (USA), *Jag en markis – med uppdrag att älska* (Suède), *The Reluctant sadist* (USA), *Le Marquis sadique* (France). Langue: danois. Pays: Danemark/Suède.
1967 *I, marquis de Sade*, Richard Hilliard. Langue: anglais. Pays: USA.
1968 *The Devil in velvet*, Larry Crane. Langue: anglais. Pays: USA.
1969 *De Sade*, Cyril Endfield. *Die Ausschweifende Leben des Marquis de Sade, Das Liebesabenteuer des Marquis S, O Insaciável Marquês de Sade, De Sade – den sexglade og sadistiske De Sade*. Langue: anglais. Pays: USA/Allemagne de l'Ouest.
1977 *Monsieur Sade*, Georges Duairam (production). Langue: français. Pays: France.
1983 *Le Marquis de Sade*, Patrick Antoine. Langue: français. Pays: France.
1987 *Biography: marquis de Sade, the depraved aristocrat*. Langue: anglais. Pays: USA.
1988 *Akutoku no sakae*, Aki Jissoji. Langue: japonais. Pays: Japon.
1988 *Marquis*, Roland Topor et Henri Xhonneux. *Marquis de Sade*. Langue: français. Pays: France.
1993 *Sade marki élete*, András Szirtes. Langue: hongrois. Pays: Hongrie.
1996 *Marquis de Sade*, Gwyneth Gibby. *Marchizul de Sade, Dark prince* (titre vidéo). Langue: anglais. Pays: USA/Russie.
1999 *Sade en procès*, Pierre Beuchot. Langue: français. Pays: France.
2000 *Quills*, Philip Kaufman. *Quills – Macht der Besessenheit* (Allemagne). Langue: anglais. Pays: USA/Allemagne/Royaume-Uni.

2000 *Sade*, Benoît Jacquot. *Sade – Folge deiner Lust!* Langue: français. Pays: France.

Sade comme personnage

1965 *The Skull*, Freddie Francis. *La Cavalera del marques, Der Schädel des Marquis de Sade.* Langue: anglais. Pays: Royaume-Uni.
1968 *La Voie lactée*, Luis Buñuel. *Die Milchstraße* (Allemagne de l'Ouest). *The Milky way* (USA), *La Via lattea* (Italie). Langue: français. Pays: France/Italie/Allemagne de l'Ouest.
1988 *Waxwork*, Anthony Hickox. *Reise zurück in der Zeit* (Allemagne de l'Ouest). Langue: anglais. Pays: USA/Allemagne de l'Ouest.
1996 *The Exotic house of wax*, Cybil Richards. *The Erotic house of wax: legacy of lust* (USA). Langue: anglais. Pays: USA.
1997 *The Skull of pain*, Macdonald Carpenter. *Dead 2: the skull of pain* (USA), *Dead part II* (USA). Langue: anglais. Pays: USA.
1999 *Go to hell*, Michael J. Heagle. *Dario Dare: go to hell* (USA). Langue: anglais. Pays: USA.
2005 *Sileni*, Jan Svankmajer. Langue: tchèque. Pays: République tchèque/Slovaquie.

Evocation de Sade

1952 *Hurlements en faveur de Sade*, Guy Debord. *Howlings in favour of de Sade.* Langue: français. Pays: France.
1968 *Satan bouche un coin*, Jean-Pierre Bouyxou et Raphaël Marongiu. Langue: français. Pays: France.
1976 *Die Marquise von Sade*, Jess Franco. *Doriana Grey.* Langue: allemand. Pays: Suisse.
1993 *Night terrors*, Tobe Hooper. *Nightmare, Tobe Hooper's night terrors* (USA), *Tobe Hooper's nightmare.* Langue: anglais. Pays: Canada/USA/Egypte.
2002 *De Sade: Richard Matheson story teller.* Langue: anglais. Pays: USA.

III
En mal de reconstitution

L'invention filmique du dix-huitième siècle

LAURENCE SCHIFANO

Il est admis, après Gilles Deleuze, Jacques Aumont, Jean-Louis Leutrat, Dominique Païni et, avant eux, les théoriciens des années 1920, Jean Epstein et Jean Cocteau, dans une filiation très française donc, que le cinéma pense, est un véhicule de pensée.[1] Comme la peinture définie par Léonard: *cosa mentale*... Et donc qu'il fait penser. Pour autant cette 'pensée' exige d'être définie: de quel type de pensée s'agit-il? Exclut-elle ou implique-t-elle l'effet de croyance et d'illusion qu'entraînent l'intrigue, les effets spéciaux, le dispositif illusionniste du cinéma? L'image y est-elle le vecteur le plus affirmé et le plus répandu, comme le suggère Roland Barthes à propos de notre monde envahi d'images,[2] d'une dévitalisation du réel, d'un affaiblissement des croyances? Ou au contraire le cinéma et ses dispositifs sont-ils en mesure, non seulement de réfléchir mais de faire réfléchir sur l'Histoire, sur la mémoire, sur la conscience?

Dans le cas où il s'agit de penser le dix-huitième siècle, et plus spécifiquement 'les Lumières, le moment est peut-être venu de s'interroger sur la présence filmique d'un passé qui ne se trouve plus à portée de mémoire individuelle mais dont le cinéma, via des médiations à la fois idéologiques, culturelles et esthétiques, peut par ses moyens et ses formes propres réveiller, libérer – ou figer – la présence. Une présence qui ne va pas de soi, malgré les possibilités d'animation et de reconstitution 'comme si vous y étiez' (à Pompéi, à l'époque des dinosaures, avec Hannibal pour traverser les Alpes, etc.) que promettent les technologies nouvelles: une présence toujours à redéfinir, à redessiner dans un territoire figurativement usé jusqu'à la corde, comme l'affirmait Fellini à propos du dix-huitième siècle de son *Casanova* – il en disait tout autant de l'antiquité de son *Satyricon* – une présence à réinventer.

i. La question des dispositifs

Le cinéma est l'art qui non seulement saisit objectivement la mort au travail, mais semble né pour en déjouer la fatalité; en vertu de quoi le

---

1. Pour plus de détail, on peut se référer à Suzanne Liandrat-Guigues et Jean-Louis Leutrat, *Penser le cinéma* (Paris, 2001).
2. Roland Barthes, *La Chambre claire: note sur la photographie* (Paris, 1980), p.182-83.

fantôme de Cagliostro le magicien plane sur lui, et plane légitimement sur bon nombre de films situés au dix-huitième siècle, de Marcel L'Herbier à Fellini en passant par Sacha Guitry, et bien d'autres sans doute tant le personnage est par nature associé aux mystères du cinéma et du temps. Cagliostro figure emblématique du cinéma, donc? Pour ouvrir son *Testament d'Orphée* (1960), Cocteau apparaît en marquis Louis XV; grâce à l'hibiscus, 'fleur de Cagliostro',[3] il traverse les temps, de l'antiquité œdipienne aux temps modernes et freudiens. Féru de sciences occultes, inventeur de technologies nouvelles, le dix-huitième siècle a pu de même rêver de tout voir, et de voir aussi bien le présent que le passé et l'avenir. Les instruments d'optique s'y développent, s'y perfectionnent au point de prendre la forme divertissante et populaire des lanternes magiques. Voltaire s'amuse de telles projections ouvrant à la fois des horizons d'exploration et de réminiscence; le passé lui-même ressurgit sous formes de fantasmagories. En 1791 Giandomenico Tiepolo signe la grande fresque du *Mondo Nuovo* peinte en même temps que d'autres scènes du quotidien, mais plus petites, pour la maison qu'il a héritée de son père Giambattista à Zianigo: la scène est à Venise; les coupoles de San Marco se profilent à l'arrière-plan; au premier plan, de dos, non identifiables donc et, pour peu qu'on reprenne la terminologie de Michael Fried,[4] 'absorbés' par le spectacle forain, une foule de badauds de tous âges et de toutes conditions est rassemblée en pleine rue, sous l'œil ironique d'un Pulcinella masqué et distant, autour de l'enceinte close d'une baraque; on se presse, dans l'espoir d'y pouvoir jeter un œil et d'y voir des images projetées – que nous, autres spectateurs, nous ne voyons pas. Pour peindre une telle attraction vénitienne, Fellini a préféré se laisser inspirer par Pietro Longhi dans son *Casanova* (1976); surtout il montre, lui, l'intérieur de la baraque, énorme baleine échouée dans la lagune, où montent et pénètrent par un petit escalier les spectateurs disposés en une interminable file; c'est à l'intérieur de cette grotte matricielle, de ce gigantesque utérus que sont projetées et défilent, au rythme des commentaires du bonimenteur et des appels de sa crécelle, des vues d'utérus, de matrice, d'araignée aspirante et dévorante dessinées au fusain, noir et blanc, par Topor.

Il Mondo nuovo sera aussi le titre italien de *La Nuit de Varennes* d'Ettore Scola (1982) qui entre ainsi directement en résonance avec la fresque peinte par Gian Domenico Tiepolo à la fin de sa vie: le film débute par la reconstitution d'un spectacle identique de lanterne magique, dans lequel

3. Roger Pillaudin, *Jean Cocteau tourne son dernier film – journal du Testament d'Orphée* (Paris, 1960), p.104.
4. Michael Fried, *Absorption and theatricality: painting and beholder in the age of Diderot* (Chicago, 1980), traduit par Claire Brunet, *La Place du spectateur: esthétique et origines de la peinture moderne* (Paris, 1990).

un identique (et vénitien) bonimenteur attire les chalands des bords de Seine – pour voir les premières images de la Révolution – en ces journées de 1791 au cours desquelles – la nuit du 21 au 22 juin – le roi et la reine ont tenté de fuir la France et ont été reconnus, puis arrêtés à Varennes.

Que sa visée soit de l'ordre du réel (et de l'historique) ou de l'imaginaire, chacun des dispositifs de représentation est d'abord un opérateur d'enchantement, et un révélateur de la crédulité spectatorielle (populaire dans les exemples évoqués), hier comme aujourd'hui... Le lien que nous avons pu établir d'un spectacle forain à un tableau et à plusieurs films donne à croire qu'une affinité secrète se perpétue d'un dispositif à l'autre, de la lanterne magique au cinéma... Rien de plus illusoire. Non point en raison de l'évolution des techniques qui les différencient, mais en raison de la visée commune et toujours diverse qui est la leur: le temps, l'Histoire. Paradoxalement les spectacles qui, dans la représentation du passé, incluent par des anachronismes voyants, ou par la présence affichée du dispositif de représentation, l'éloignement et la distance par rapport à ce passé, sont le plus près de prémunir le spectateur de l'illusion, et de l'associer à une réflexion historique. Dans la vocation potentiellement historicisante qu'ils attribuent au cinéma, les Italiens (cinéastes et critiques) affichent prudence, scepticisme, réalisme.

Et pourtant on peut s'étonner de la légèreté et de la nonchalance de leurs jeux en matière de reconstitution historique, sans que le dix-huitième siècle fasse exception. Sous son titre historique, directement relié à un épisode bien documenté et relaté par les historiens, *La Nuit de Varennes*, un des seuls films contemporains à visée historique que les Italiens aient consacré au siècle des Lumières, peut en fournir l'exemple. La mise en abyme qu'introduit en ouverture l'attraction de lanterne magique, à Paris, en pleine Terreur, place le film tout à la fois sous le signe du réel et de l'imaginaire révolutionnaires, des faits et des fables. Si le scénario écrit par Ettore Scola et Sergio Amidei se fonde sur les *Mémoires* de Casanova, s'il est contrôlé par Claude Manceron, 'conseiller historique', que peut raconter de ce 'monde nouveau' un bonimenteur sans doute soucieux de répondre à la fantaisie et à la curiosité plus qu'au besoin de vérité de la foule? Des épisodes de la Révolution française? Des vues exotiques (comme, à Venise, le rhinocéros de Tiepolo)? Ni la dimension fabuleuse ni le romanesque ne manquent à ce film 'historique' dont on a relevé, souligné et parfois dénoncé le caractère fantaisiste, à commencer par la rencontre improbable ce 22 juin 1791, de trois 'témoins' de l'épisode: Rétif de La Bretonne, Casanova et Thomas Payne, suivant ici la berline qui emporte la famille royale vers sa destinée, vingt-quatre heures durant, le long des routes de France.

La présence de la lanterne magique est-elle, comme le suggèrent nombre de films, le signe d'une affinité profonde entre le dix-huitième

Figure 7: Giandomenico Tiepolo, *Il Mondo nuovo*, 1791. Fresque. Ca' Rezzonico, Venise.

siècle et le siècle du cinéma? Ou, plus probablement, sous une fallacieuse proximité, le signe d'un lointain bien réel qui relève plus des mythologies accumulées que de l'Histoire? 'Il faut', note Starobinski,[5] 'reprendre le XVIIIe siècle à sa légende'. Le reprendre là, dans les clichés, dans les fictions, dans les effets d'échos pour lui 'rendre sa complexité, sa gravité...'. Et, par le cinéma, une présence latente enclose dans le matériau mémoriel et patrimonial disponible du dix-huitième siècle – monuments historiques, costumes, vestiges d'une théâtralité festive, et traces ignorées d'écritures et de corps anonymes – et dans d'autres matériaux plus subtils: ceux des gestes, du langage, des idées, des aspirations, des mœurs d'aujourd'hui.

L'épreuve d'une confrontation créatrice au dix-huitième siècle, d'un face-à-face entre vingtième–vingt et unième (outre que dix-neuvième siècle) et dix-huitième siècle, a peut-être pour enjeu de révéler une vocation mémorielle, et un rôle historiciste spécifique au cinéma, qui peut prendre ici encore la forme du palimpseste, à la différence près que la restauration du passé par le cinéma restera toujours aussi fragmentaire qu'elle l'est dans le *Satyricon* de Fellini. Quand bien même certains cinéastes, et parmi les plus grands – Abel Gance, Kubrick, Visconti – ont pu nourrir l'ambition de 'reconstituer' avec exactitude une période, un film est-il aussi susceptible qu'une approche historique ou fictionnelle de nous plonger dans la vérité d'une époque? On sait à ce propos la réponse de Michel Foucault qui, à propos du film de René Allio, *Moi, Pierre Rivière, ayant égorgé ma mère, ma sœur et mon frère*, distinguait les pouvoirs de l'historien et ceux du cinéaste: il s'agit moins pour le cinéma de 'faire de l'histoire' que de 'faire passer de l'Histoire, ou avoir un rapport à l'histoire, ou intensifier des régions de notre mémoire ou de notre oubli, c'est ce que fait Allio, c'est ce que peut faire le cinéma'.[6] Du moins permet-il de renouer avec ce qu'une époque garde de vivant, avec son fantôme donc, de rétablir cette circulation et ces passages que se vantaient d'emprunter à leur manière, par la magie, les 'Illuminés' Cagliostro, Galiani, Saint-Germain. Soit, en termes de cinéma, des stratégies de mise en scène rigoureusement ancrées dans la modernité, et porteuses d'un travail historique, et d'une 'historicité' spécifique, pas fatalement stéréotypée, où la rêverie, la mémoire, la réflexion critique du public ont potentiellement leur part.[7] Des formes dispositives,[8] donc,

---

5. Jean Starobinski, 'L'espace humain du XVIIIe siècle', dans *L'Invention de la liberté, 1700-1789* (Paris, 2006), p.13-14.
6. Michel Foucault, 'Entretien avec Guy Gauthier: "Moi, Pierre Rivière"', *Revue du cinéma* 312 (décembre 1976), p.37-42.
7. Voir Jacques Rancière, 'L'historicité du cinéma', dans *De l'histoire au cinéma*, éd. Antoine de Baecque et Christian Delage (Paris et Bruxelles, 1998), p.45-60.
8. Selon l'expression de Peter Sloterdjik.

sollicitant à des degrés divers l'émotion, les aspirations ou les nostalgies collectives dont nous nous limiterons ici à esquisser la présence, à travers quelques cas.

ii. La 'légende' du dix-huitième siècle

Ce n'est sans doute pas au souci d'exactitude historique qu'on doit l'inspiration et la durable attraction exercées sur les cinéastes d'Europe et d'ailleurs par un siècle qui a laissé en mots, en discours, en œuvres d'art, en lieux et en décors l'empreinte de 'la douceur de vivre d'avant la Révolution'... Et où l'invention du bonheur trouve, plus encore qu'en Saint-Just et dès 1736, l'un de ses plus fervents propagandistes en la personne de Voltaire, dans le poème du *Mondain*. Aux couleurs de Watteau, de Fragonard et de Boucher, à l'impertinence, la sensualité, la gaieté de Marivaux et de Beaumarchais, 'un art de vivre aristocratique, affiné par la mondanité de cour française se diffuse au-delà des cercles étroits du pouvoir et au-delà des frontières françaises à travers l'Europe';[9] aujourd'hui encore il met Hollywood à l'heure de Versailles. Le dix-huitième siècle du *Marie-Antoinette* de Sofia Coppola se partage entre jardins, salles de jeu, théâtres privés et boudoirs... La simple chronique semble ici, dans l'énumération de rituels qui mêlent l'étiquette aux désordres festifs, suffire au spectacle: il ne se passe rien d'autre dans le film de Coppola que de menus et coûteux plaisirs qu'ombrent à peine des intrigues de cour qui ont inspiré à foison récits, romans et films – la Du Barry, La Motte et son collier. Peu importe à la cinéaste de ne donner d'autre légitimité historique que celle des décors de Versailles. Peu lui importe de tourner à l'Opéra Garnier (cadre théâtral et anachronique du *Fantôme de l'opéra*) une séquence de bal masqué: masques de carnaval et de fêtes galantes font partie de la panoplie attendue pour un film sur le dix-huitième siècle; simple stéréotype ou figure révélatrice, c'est par le masque et le jeu des apparences qu'un film comme *L'Impératrice rouge* du Viennois Josef von Sternberg (1934) déplace et intériorise ou plutôt érotise ce thème à la fois si romanesque et si lié au regard et au cinéma. De ce point de vue le film, en évoquant l'apprentissage politique et érotique de la toute jeune future Catherine II (alias Marlene Dietrich) joue plus que tout autre sur la sensibilité baroque et libertine du dix-huitième siècle sans pour autant se préoccuper de la véridicité historique de sa fable. On se souvient de l'ouverture des *Liaisons dangereuses* de Stephen Frears (1988), qui commence sur la toilette et la prise de masque d'une marquise de Merteuil appelée à être exposée au finale, démasquée, défigurée, humiliée et conspuée dans le cadre d'un théâtre... Innombrables les

---

9. Michel Delon, article 'Bonheur' dans son *Dictionnaire européen des Lumières* (Paris, 1997), p.166.

variations (éminemment théâtrales) littéraires et cinématographiques du thème hyperbolisé par Milos Forman dans son *Amadeus* de 1984 pour recréer le carnaval de Salzbourg en arrière-plan de son portrait de Mozart; comme Fellini l'avait fait pour Venise dans son *Casanova* de 1976: la première apparition du protagoniste, au sortir du carnaval, se fait sous le masque d'un Pierrot. Mais le masque est partout à Venise, dans les *calli* et sur les *piazzette* comme à l'intérieur des palais, des couvents, conventionnelles bonbonnières rococo où l'on attend que se jouent escroqueries, impostures, échanges d'identités. Placé sous le signe de Marivaux et de Beaumarchais, *La Règle du jeu* (Renoir, 1939), quoique en costumes modernes, fit écho à un semblable théâtre.

Bonheur, sous le signe de Rousseau, s'associant de manière tout aussi conventionnelle à l'enfance et à la nature, à une civilisation qui choisirait, en plein triomphe du luxe et du matérialisme, de rester proche de ses racines et de la nature: l'option cette fois est celle de Comencini. Le générique de *L'Incompris* (1969) donne le ton et la coloration dix-huitième, arrangement d'un morceau de Mozart et toile de fond à la manière de Greuze, frisant la mièvrerie illustrative. A sa sortie, le public français réservera un accueil distant au film, qui traduit du moins le lien privilégié des Italiens à une représentation bourgeoise et sentimentale du dix-huitième siècle. La famille, menacée d'éclatement, inspire ce générique en forme de puzzle qui détaille en une vingtaine de plans très brefs, par éclats, une scène qui finit par constituer un tableau réunissant dans une cour de ferme un paysan revenant des champs – il porte une pelle sur son dos – des enfants qui lui font fête, de jeunes femmes aux gestes industrieux et nourriciers, maternels, des animaux de ferme. Traité ici dans un cadre populaire – mais l'histoire moderne met en scène un milieu de diplomates britanniques – le modèle d'harmonie familiale trouve son inspiration du côté de la Grande-Bretagne (qu'on retrouvera dans le *Conversation piece*[10] de Visconti). La coloration sentimentale des Lumières introduite ici fait office de modèle d'une vie rustique, hérité d'un siècle qui aurait – autre légende dont Arlette Farge a suffisamment dénoncé la fausseté – su préserver, sous la forme d'un idéal de vie, l'équilibre entre l'homme et la nature, entre la famille et la société, entre la sphère du privé et celle du public, avec une place centrale du monde féminin.

Le stéréotype, comme le monstre du *Thésée* de Gide, a toutes chances de survivre aux protestations des historiens, puisqu'il est beau et séduisant... Mais il peut aussi trouver racine dans une affinité plus profonde entre le cinéma et les Lumières; c'est le cas, entre autres, du cosmopolitisme, thème apparenté à la quête d'universalité et pourtant

---

10. Titre anglais de *Gruppo di famiglia in un interno* (1974). Titre français: *Violence et passion*.

moins répandu qu'on ne pourrait s'y attendre au vingtième et, plus encore, au vingt et unième siècle, et dont, sur un scénario d'une vivacité et d'un brillant inégalés, Sacha Guitry, dans *Les Perles de la couronne* plus encore que dans l'ultérieur *Si Versailles m'était conté*, fit un usage admirable en 1937. A sa façon la figure de Casanova, aventurier des Lumières, sera une incarnation majeure d'un tel cosmopolitisme, par le biais de ses voyages et de son plurilinguisme. A partir de structures romanesques linéaires voire picaresques, Fellini et Kubrick ont lancé eux aussi et presque à la même époque leur protagoniste respectif, Casanova et Barry Lyndon, sur les chemins de l'Europe des Lumières. L'un pour agir, l'autre pour séduire et paraître. Fellini épargnant à son protagoniste aristocrate les champs de bataille de Prusse mais le faisant mourir loin de sa Venise natale, dans un château de Bohême lugubre et glacé, à Dux, au château de Waldenstein, incompris, méprisant et aigri. Différenciation notable pourtant dans le traitement d'une telle donnée, relevant déjà moins du stéréotype que de l'Histoire: autant le plurilinguisme est manié avec euphorie par Sacha Guitry, autant chez Fellini il s'associe à la perte d'identité comme de reconnaissance sociale... Ce n'est peut-être pas un hasard si, tout aussi rivé que Fellini à l'italianité, Comencini, dans *L'Enfance et la jeunesse de Casanova*, en 1969, confine son personnage dans Venise, dans l'enfance, et, bien loin de lui donner l'occasion de parler le français, l'anglais, l'allemand, lui confère une maîtrise parfaite du... latin d'église.

Ainsi les stéréotypes et les figures attendues en disent désormais autant sur les réalités du dix-huitième siècle que sur les rêves et les nostalgies du vingtième siècle. Une des singularités de la *Marie-Antoinette* de Sofia Coppola aura du moins été, en établissant un rapport d'identification avec la jeunesse et le naturel de son personnage, d'esquisser la célébration générationnelle de ces lieux de plaisir que furent le boudoir, l'alcôve, la chambre, en retrouvant pour les pousser jusqu'au fluo et au kitsch la suavité sucrée et les couleurs acidulées de Fragonard. Une autre aura été de tourner dans les lieux mêmes la plupart du temps et de jouer à fond de l'anachronisme visuel, narratif et musical.

iii. Fictions de mémoire et dispositifs filmiques

Mettre, par le cinéma, le passé à portée de caméra, c'est-à-dire au présent, tel fut le pari de Rossellini qui, avec *La Prise de pouvoir par Louis XIV*[11] et l'utilisation de techniques télévisuelles, semble réaliser pour la première fois un 'documentaire' de télévision en prise directe sur le Grand Siècle... Le pari, dans sa radicalité, restera longtemps isolé.

---

11. Réalisé pour la télévision française, le film a été présenté à Venise en 1966.

Cependant, tout en passant à travers l'utilisation de mémoires, de journaux intimes, ou l'adaptation de romans, la visée des récits historiques et des tentatives pour restituer et voir de l'intérieur une époque sera de plus en plus – pensons aux docu-fictions d'aujourd'hui – documentaire. Les exemples dominent au cinéma, qui passent par le filtre de récits, de mises en forme indirectes, de fictions. Ces formes, les historiens les regardent avec un mélange d'intérêt et de méfiance, ou plutôt de prudence: 'Cette manière de construire une histoire, de la mettre en action et en images, remarque Arlette Farge, peut inquiéter la manière dont l'historien travaille avec le temps, travaille le temps.'[12] Il y a là non l'Histoire, c'est-à-dire un objet de savoir, mais une histoire en train de se faire, des destinées saisies dans leur part d'indétermination, conservant le frémissement affectif des passions et des attentes suspendues, une historicité dont sont porteurs les récits les plus délirants, celui de *L'Impératrice rouge* de Sternberg par exemple, ou du *Casanova* de Fellini.

Un cinéaste peut-il faire passer de l'histoire sans même le vouloir? On le croirait à lire les déclarations de Fellini qui, à propos de la genèse de son *Casanova*, affirme avoir survolé les *Mémoires*, avec un ennui, un éloignement 'désespéré' et même un dégoût profond, avoir feuilleté ces pages comme un annuaire téléphonique, tant il serait en dissonance avec l'aristocratisme du dix-huitième siècle. Etranger à Casanova, à tout ce qui a été écrit sur le sujet, le cinéaste italien se serait placé 'dans une zone obscure, livide, tel un astronaute, dans un lieu où il n'y a pas le confort des choses connues, mais seulement cette fixité étrangère, vitreuse, de formes qui changent continuellement, qui se décomposent en des géométries nouvelles fascinantes mais toujours indéchiffrables, comme un kaléidoscope'.[13] C'est le cas apparemment inverse pour Rohmer qui, en 2000, jette son dévolu avec enthousiasme sur le journal de Grace Elliott, *Journal de ma vie durant la Révolution française*. Des années qu'elle a passées à Paris entre le 12 juillet 1789 et sa libération de la prison des Carmes, en juin 1794, à la chute de Robespierre, la lady d'origine écossaise, maîtresse du Duc d'Orléans, a fait le récit bien plus tard. Le cinéaste s'est dit retenu par la qualité romanesque du document bien plus que par sa précision et son authenticité historiques, d'ailleurs

---

12. Arlette Farge, 'Ecriture historique, écriture cinématographique', dans *De l'histoire au cinéma*, éd. A. de Baecque et C. Delage, p.111-25 (116).
13. 'ho aggirato il progetto, mettendomi in una zona buia, livida, come un astronauta, in un posto dove non c'è il conforto di cose conosciute, ma solo questa fissità vitrea, su forme che cambiano continuamente, che si scompogono in nuove geometrie affascinanti ma sempre indecifrabili, come un caleidoscopio': F. Fellini, 'Un film di carta stampata', dans *Il Casanova di Federico Fellini, dal soggetto al film*, éd. Gianfranco Angelucci et Liliana Betti (Bologne, 1977), p.35.

discutées.[14] Il en apprécie le naturel, qu'il relie, non au dix-huitième siècle, mais à Dickens, à Thackeray, aux sœurs Brontë, et à travers eux à des qualités romanesques du dix-neuvième siècle, dont la *Stimmung*, l'atmosphère:

> Elle fait encore généralement défaut au roman du XVIIIe siècle, et pourtant elle est là, à coup sûr, même discrète dans le journal de notre Anglaise. Elle donne le ton, la couleur, teintant à la fois l'extérieur de la scène et l'intérieur du personnage, établissant entre les deux domaines cette relation précieuse à la quête de laquelle l'homme de cinéma ne cesse de courir quand il peut, comme il le peut. Témoins ces citations, puisées dans deux des moments les plus dramatiques du récit. L'une se situe à l'arrivée de la patrouille qui recherche le gouverneur des Tuileries: 'J'étais alors parfaitement calme, pleine de présence d'esprit et vraiment inspirée par un courage surnaturel; les flambeaux étaient allumés, le jour commençait à poindre et ma chambre ressemblait plus à une salle de bal qu'au théâtre de pareilles horreurs.' La seconde, c'est lorsque, des hauteurs de Meudon, le 21 janvier 1793, Grace assiste à distance à l'exécution: 'Le jour de la mort du roi fut le plus affreusement triste que j'aie jamais vu: les nuages eux-mêmes semblaient être en deuil.'[15]

Cette superposition de périodes différentes qui finissent par constituer la texture d'un tableau[16] ou d'un film, tous les films en sont faits, et parfois la donnent à voir. A commencer pour le dix-huitième siècle par la superposition majeure du dix-huitième et du dix-neuvième siècle: qu'on pense seulement aux *Deux orphelines* de Griffith, au *Barry Lyndon* de Thackeray et de Kubrick. 'Dans un film', note Arlette Farge, 'le détail, l'objet, la lumière, la fenêtre, la couleur, le geste, sont autant de modes de narration installant un personnage dans le récit.' La mise en scène finit-elle donc par avoir raison des anachronismes de l'écriture et par donner, fût-ce en mobilisant un inconscient historique, la marque d'une période? L'aboutissement spectaculaire en est-il la seule justification? Ou bien le dispositif ainsi constitué implique-t-il une dimension idéologique capable de définir, face aux Lumières, à la Révolution, une position critique? Relevant les partis pris visiblement anti-révolutionnaires de *L'Anglaise et le duc* dans la représentation de la 'populace', A. Farge déclara s'étonner de la complaisance des critiques devant le film de Rohmer et 'trouver très curieux, qu'au nom de l'analyse d'une forme jugée audacieuse et superbe, tous les critiques abandonnent l'analyse idéologique', alors que 'l'idéologie est pourtant là, tellement forte, que l'on ne doit pas l'écarter.'

---

14. Voir la note sur le texte publiée dans Grace Elliott, *Journal de ma vie durant la Révolution française* (Paris, 2001), p.11; et la critique exprimée par Arlette Farge et Christian Jouhaud au cours d'un entretien en ligne recueilli par Sadia Meflah: '*L'Anglaise et le duc*. Débat avec Arlette Farge et Christian Jouhaud', *Objectif cinéma* (7 septembre 2001).
15. G. Elliott, *Journal*, avant-propos d'Eric Rohmer, p.7.
16. Voir tous les travaux de Georges Didi-Huberman, et en particulier *Devant le temps: histoire de l'art et anachronisme des images* (Paris, 2000).

Mais la forme ne contient-elle pas l'idéologie? Si les grands cinéastes des Lumières, ceux qui comme Gance, Guitry, Renoir, Fellini, Rohmer, Visconti, ont pensé le dix-huitième siècle, éventuellement pour en refuser les représentations courantes, se situent et se différencient idéologiquement par rapport aux mythologies et stéréotypes ambiants, ils le font à travers un rapport de nature esthétique, un dispositif qui les caractérise chaque fois. C'est dans ces écarts formels, et dans le mode de présence – contrariée, empêchée, dégradée ou exaltée – qu'ils réservent aux Lumières que se révèle leur regard et leur 'invention' du dix-huitième siècle, a partir des données infiniment complexes que génèrent les conditions de production et de création à des époques déterminées. Avec des croisements et des polarisations spécifiques, qui dans un contexte culturel européen impliquent des colorations nationales et historiques tout aussi spécifiques et parfois contradictoires, comme celles que donnent à *L'Anglaise et le duc* non seulement le choix d'une interprète anglaise, parlant le français du dix-huitième siècle avec un accent marqué, mais une superposition subtile des Lumières et de l'*Enlightenment*. Plus que de rechercher 'une forme cinématographique de l'Histoire', l'historien du cinéma n'est-il pas appelé, par les œuvres filmiques elles mêmes, à repérer et analyser des formes qui donnent à voir des histoires, à travers un dispositif qui superpose des temporalités diverses ou, pour reprendre les termes de Robert Maggiori, une 'concrétion de temps, un *montage* de temps hétérogènes' qui 'oblige l'histoire de l'art à (re)devenir un art de la mémoire et de l'histoire'?[17] Trois œuvres, trois dispositifs, nous invitent à y regarder de plus près.

iv. Visconti et les 'conversation pieces'

On peut s'étonner de l'absence formelle des Lumières dans les films de Visconti, alors que le dix-huitième siècle imprègne tout son travail théâtral: jamais en effet le pacte du 'comte rouge' avec le siècle et l'idéologie des Lumières ne s'est rompu sur les scènes dramatiques et lyriques. Il monte *Le Mariage de Figaro* après la guerre, en janvier 1946 (avec De Sica dans le rôle-titre) puis, en octobre 1952, *La Locandiera* de Goldoni, si vantée par Roland Barthes pour son réalisme dépouillé; en 1962, tout en tournant *Le Guépard*, il écrit avec Filippo Sanjust et Enrico Medioli pour le Théâtre Massimo de Palerme[18] un livret de 'comédie pastorale' lyrique sur une musique de Franco Mannino fortement inspirée de Mozart: *Le Diable*

---

17. Robert Maggiori, 'Didi-Huberman: le temps de voir', *Libération* (23 novembre 2000), article repris p.3-6 dans la plaquette éditée lors de la sortie de l'ouvrage de Georges Didi-Huberman, *Devant le temps*.
18. La première du *Diable dans le jardin* a lieu à Palerme le 28 février 1963 et la première du *Guépard* le 27 mars 1963 à Rome.

dans le jardin; l'histoire s'inspire de celle du Collier de la reine, un des topoï narratifs les plus couramment traités au cinéma. Puis il met en scène, dans des décors rococo, en 1966, *Le Chevalier à la rose* de Richard Strauss au Covent Garden de Londres; enfin, alors qu'il travaille au scénario de *Violence et passion*, il choisit pour son ultime retour à l'opéra de monter la *Manon Lescaut* de Puccini pour le festival de Spolète, trois ans avant sa mort, en juin 1973.

Sinon absentes de ses films, l'inspiration et l'imprégnation du dix-huitième siècle y sont néanmoins maintenues à l'arrière-plan, dans un décrochement formel, qui mérite d'être interrogé, à partir de *Violence et passion*, œuvre testamentaire tournée au printemps 1974. Nous sommes au beau milieu des années de plomb et de la résurgence du fascisme en Italie. Visconti, à partir de cette situation et d'un complot fasciste bien réel ourdi par le prince Borghese, y fait le portrait affectif et idéologique d'un vieil intellectuel collectionneur d'œuvres d'art (Burt Lancaster) nourri des idéaux des Lumières, attaché au souvenir des luttes de la Résistance et dont l'univers protégé est soudain envahi et bouleversé par l'irruption de voisins impliqués dans des trames néo-fascistes. Plus que dans ses autres films, Visconti met en scène un regard. Le premier plan de son film présente, vu à la loupe, un détail de tableau du dix-huitième siècle. Précisément, et il en souligne le statut historique et esthétique, une *conversation piece*.[19] Entendons par là un genre pictural qui s'est essentiellement développé en Angleterre dans la seconde moitié du dix-huitième siècle, sous le règne des rois George, et qui prend pour motif les groupes de famille aristocratique saisis dans leur quotidien et leur intimité. Tableaux en général de petit format montrant deux ou plusieurs personnages dans le cadre de leurs propriétés: jardins ou intérieurs. Mario Praz, collectionneur, entre autres œuvres néo-classiques, de *conversation pieces*, qui a inspiré son personnage au scénariste Enrico Medioli et à Visconti, reprochera un peu au cinéaste d'avoir, pour tapisser les murs de l'appartement de son protagoniste, choisi des tableaux relativement connus pour être signés des plus grands peintres de l'époque, ceux qui ont donné ses lettres de noblesse à ce genre mineur célébrant le triomphe d'un ordre et d'un bonheur patriarcal: William Hogarth (1697-1764), Arthur Devis (1711-1787), George Stubbs (1724-1806), Thomas Gainsborough (1727-1788),[20] Francis Wheatley (1747-1780) et d'autres. De fait le tableau qui apparaît

---

19. Voir Mario Praz, *Scene di conversazione* (Rome, 1970); en anglais: *Conversation scenes* (Londres, 1971). L'auteur voit dans ce petit genre la quintessence d'une sensibilité et d'une civilisation bourgeoises qui va de Vermeer à Proust en passant par Greuze, Chardin ('Vermeer en bas de laine'), Hogarth.
20. Coïncidence notable: Thomas Gainsborough fera en 1778 le portrait de Grace Elliott qui fut la maîtresse du roi George III et inspira à Rohmer son *Anglaise et le duc*. Le tableau se

au tout début du film de Visconti est de Johannes Zoffany (1733-1810), il a été peint en 1766 et il met en scène John Verney, Lord Willouhby de Broke, son épouse et leurs trois enfants en bas âge, autour de la table du petit déjeuner dans la propriété de Compton Verney.

D'évidence la présence de ces toiles ne relève pas du simple souci décoratif. Visconti se sert de la présence picturale obsédante des *conversation pieces* – sommet de l'art de vivre et de l'idéologie de l'aristocratie britannique éclairée – pour introduire un contrepoint à la brutalité des rapports modernes. Le rapprochement entre le vieil humaniste et Konrad, personnage déclassé, cynique et rebelle, s'opère à partir d'un tableau d'Arthur Devis et de la complicité esthétique qu'il crée, malgré toutes les différences d'âge, de classe, de culture entre les deux hommes. Esthétique encore, l'entente fugitive autour d'un air de Mozart (dans un premier temps, Visconti avait souhaité inclure, non le 'Vorrei spiegarvi O Dio' tiré de la *Symphonie concertante K364* de Mozart mais une brève citation du *Chevalier à la rose*, opéra de Richard Strauss dont l'action se situe au dix-huitième). De tels contrepoints empruntés aux formes du dix-huitième siècle ne sont pas isolés dans l'œuvre du cinéaste: ils entrent en résonance avec des effets comparables ménagés à des moments clés de *Sandra* en 1964 et du *Guépard* en 1963; on se référera à l'analyse par Suzanne Liandrat-Guigues[21] de la méditation solitaire du prince Salina (Burt Lancaster à l'écran, douze ans avant *Violence et passion*) devant une copie du *Fils puni* de Greuze, intitulée dans le film *La Mort du juste* (autre scène de famille dans un intérieur, non point aristocratique, mais bourgeois), pour se persuader de l'implication esthétique d'une semblable inclusion thématique et temporelle. Inclusion aux résonances culturelles multiples qui évoque un 'prisme', un 'cristal de temps' et ouvre les portraits de famille en profondeur, en y intégrant une perspective temporelle stratifiée, profonde, obsédante: *La Mort du juste* préfigure la mort du prince Salina et de sa classe, comme celle des Visconti, comme celle des 'guépards' invoquée dans le roman de Lampedusa avant que le film lui serve de chambre d'écho.[22] L'ouverture d'une béance temporelle comparable se rattache, dans *Sandra*, au décor étrusque, médiéval et moderne de Volterra, mais elle trouve un 'punctum' particulièrement chargé (et mis en scène, intégré à la fiction) dans un objet du dix-huitième siècle, en fait encore – comme dans le cas du

---

trouve au New York Museum of Art. Rohmer a substitué à une figuration très aristocratique un style de figuration plus simple et plus bourgeois.
21. S. Liandrat-Guigues, 'Devant *La Mort du juste*', *La Licorne* 37, 'L'expression du sentiment au cinéma' (1996), p.115-24.
22. 'Nous étions les guépards, les lions. Ceux qui nous remplaceront seront les chacals, les hyènes, et tous autant que nous sommes: guépards, lions, chacals ou brebis, nous continuerons à nous prendre pour le sel de la terre.'

Greuze – une copie d'après le motif convenu de l'*Amour et Psyché* de Canova, 'dessus de pendule érotique à la fois audacieux et froid', selon l'expression de Starobinski à propos des originaux conçus en 1789.[23] Et l'inclusion filmique de l'œuvre d'albâtre, dotée par le film d'une ombre monstrueuse, ouvre non pas sur la lumière idyllique d'un dix-huitième siècle de convention, mais sur l'enfance incestueuse de la protagoniste et plus profondément sur un monde archaïque et ténébreux:

> Ainsi, dans l'instant même où la conscience historique retrouve la lumière de l'origine, elle mesure la distance qui l'en sépare et elle voit s'éloigner le modèle de l'antique harmonie. Vouloir, à ce moment, mimer l'existence des anciens, ce serait entrer dans le mensonge, ce serait nier frauduleusement le pouvoir d'écart et de réflexion qui est désormais l'essence même de la conscience. La seule relation authentique avec la Grèce et ses dieux est celle qui nous engage à accepter leur disparition: il faut consentir à l'irréductible différence qui nous voue à vivre notre propre histoire, et nous projette dans un progrès qui dorénavant ne pourra plus suivre la trace d'un modèle antécédent.[24]

Dans le langage filmique de Visconti, de telles inclusions équivalent, de par leur complexité intime et secrète, à des mises en abyme qui renforcent au niveau de la fiction et des personnages le sentiment d'une fatalité inquiétante et qui au niveau de l'écriture dessinent les traces mémorielles et les échelonnements du temps. Avec, dans *Violence et passion*, un effet de signature indirect: c'est la première fois que Visconti met en abyme et à distance sa propre prédilection, désormais impuissante et nostalgique, pour un monde familial refermé sur ses bonheurs et sur ses possessions matérielles. Les *conversation pieces* du dix-huitième siècle prennent indûment la place de la photo familiale de *La terre tremble* et de *Rocco et ses frères*; indûment parce que désindividualisées, et comme dévitalisées à force de ne plus renvoyer qu'à un modèle perdu à jamais.

v. Fellini et l'envers des Lumières: *Casanova*

Même époque, même tentation d'associer le dix-huitième siècle et le fascisme. Même 'détournement' des Lumières au profit de l'œuvre moderne. Cette année-là, Pasolini en a usé de même avec son *Salò ou les 120 journées de Sodome*, en partant de Sade; Fellini pousse quant à lui la détestation qu'il a de Casanova en l'associant à tout ce qui fait pour lui le fascisme: la pensée unique, les slogans, l'ivresse du collectif et de l'action, 'l'adolescence dans son aspect le plus minable, c'est-à-dire la prépotence,

---

23. J. Starobinski, 'Canova et les dieux absents', dans *1789: les emblèmes de la raison* (Paris, 1979), p.105-113 (109).
24. J. Starobinski, 'Canova et les dieux absents', p.112.

la santé, l'idéalisme fanatique et hypocrite',[25] bref le contraire absolu des Lumières pour évoquer l'une des figures les moins contestées des Lumières. Loin de voir dans le dix-huitième siècle, comme Visconti et la plupart des Italiens de son époque, tel Moravia, 'le sommet de la civilisation occidentale', il entend filmer un univers placé sous le signe des automates et des poupées de cire animées de mouvements mécaniques et dont les fastes baroques accompagnent et reflètent l'écrasante, ridicule et archaïque machine aristocratique. Un univers dont il se propose de donner, par des voies 'probablement anti-cinématographiques', la synthèse figurative. Pas plus que pour le *Satyricon* il ne s'agit de reconstitution historique mais d'une opération 'peut-être un peu hystérique, d'obscure revanche' – à la fois poétique et freudienne – de reconstruction de l'intérieur, en allant au prix d'une 'préparation scénographique et figurative méticuleuse au-delà de tout ce qu'on peut imaginer' contre tous les stéréotypes; et encore une fois ce sont les références à l'Angleterre qui dominent: 'Mon XVIIIe doit être entièrement reconstruit en studio: du boudoir de la Pompadour aux soirées anglaises, dans des ambiances à la Hogarth, selon le goût de Gustave Doré dans l'album qu'il a consacré à la capitale anglaise. Je dois [...] dire que le livre de Fabre m'a beaucoup servi...'[26] Un monde d'insectes, donc, et d'insectes qui se dévorent, comme le suggère le ballet au cours duquel Dubois mime les rituels nuptiaux d'une mante religieuse, Casanova devrait nous apparaître comme une 'espèce de langouste à la carapace vernie de mondanité et de conformisme'... Au grand dam des casanoviens, Fellini a pu prendre une revanche 'hystérique' toute personnelle et ambiguë contre ses propres tentations, le baroque, l'érotisme, le vitellonisme comme adolescence prolongée: 'fils de la Contre-Réforme qui se prend pour un rebelle', ce Casanova, défini comme un 'monstrueux nouveau-né qui n'a jamais été ni enfant ni adulte', se trouve affublé, pour ses prestations sexuelles, d'une brassière d'enfant.

Le film avance masqué; travail poétique et psychanalytique à la fois, il dessine l'autoportrait-repoussoir de l'artiste narcissique, autiste, aveugle, mou comme du chiffon; conjointement se met en place et se greffe, comme une défense et un exorcisme, le surgissement d'une vitalité qui, tout en se reliant aux constantes suggestions freudiennes, émane d'une autre source culturelle, populaire celle-ci. Fellini s'est adressé au grand

25. 'l'adolescenza nella sua parte più scadente, cioè la prepotenza, la salute, l'idealismo fanatico e ipocrita': F. Fellini, 'Un film di carta stampata', p.35.
26. 'Il mio Settecento deve essere tutto ricostruito in studio: dal "boudoir" della Pompadour alle serate inglesi, in ambienti alla Hogarth, secondo il gusto di Gustave Doré nell'album dedicato alla capitale inglese. Debbo dirti che mi è servito molto il libro di Fabre...': F. Fellini, 'Un film di carta stampata', p.26.

poète vénitien Andrea Zanzotto pour qu'il écrive, en dialecte 'petèl', outre la chanson enfantine – presque une comptine – de la Géante vénitienne exilée à Londres dans un cirque, les exhortations 'archaïco-imaginaires' du début, lorsque dans la nuit amniotique du carnaval de Venise la foule invoque une gigantesque tête de femme ('espèce de divinité lagunaire, grande Mère Méditerranée, la femme mystérieuse qui habite en chacun de nous') qui va bientôt, les cordages qui la hissaient s'étant rompus, inexorablement s'enfoncer et disparaître dans les eaux de la lagune, 'à jamais inconnue et inaccessible'. Fellini donne à Zanzotto des indications précises:

> L'apparition de l'obscur simulacre féminin devrait s'accompagner d'oraisons propitiatoires, d'implorations itératives, de sonorités séduisantes, de litanies évocatrices et aussi irrévérentes, de défis, d'insultes, de provocations, de moqueries), tout un inquiet scepticisme exorcisant la crainte de l'échec de l'événement. Voilà, je voudrais envelopper le rituel tout entier dans ce tissu, dans cette espèce de toile d'araignée sonore, sacrée et populaire. Est-ce trop te demander d'inventer et d'écrire ces exhortations, cette prière affligée, plaintive et railleuse, épouvantée et impertinente, vieille comme le monde et éternellement infantile.[27]

'Obscure revanche' de la culture populaire 'éternelle' contre la culture aristocratique et mortelle des Lumières où peut se lire aussi la tentation italienne d'échapper à l'Histoire, à la raison, pour revenir aux mythes et à l'âge d'or de l'enfance. Quitte à perdre identité et langage.

vi. Rohmer et les transparences inquiétantes

Trouvera-t-on un seul vrai créateur qui n'ait au cinéma, pour réfléchir et projeter les Lumières, introduit écart et contrariété? Ni la seule histoire, ni le *politically correct* ne semblent suffire à cette invention du dix-huitième siècle. Ainsi Rohmer définissant sa quête d'une vérité historique à travers le choix du Journal de Grace Elliott le fait-il au nom d'une vérité d'un autre ordre, qui est celui du romanesque:

> En dépit du titre original *Journal of my life during the French revolution*, il y a là quelque chose de plus que le simple compte-rendu des événements, ou même que la réaction de l'auteur à ceux-ci. Nous y avons l'histoire, non seulement des épreuves d'une femme, mais de son *regard*, regard dont le point d'émission dans l'espace ou dans le temps est constamment précisé. La présence de ce regard ne manque pas d'être ressentie, même lorsqu'elle n'est pas nommément désignée, et c'est ce sentiment qui installe le lecteur dans l'espèce de 'confort' propre à la narration romanesque.[28]

---

27. F. Fellini, lettre publiée dans *La Repubblica* (11 décembre 1976).
28. G. Elliott, *Journal*, avant-propos d'Eric Rohmer, p.5-10.

L'innovation la plus remarquée de *L'Anglaise et le duc* réside pourtant ailleurs: au générique se succèdent des décors visiblement peints, toiles de fond sur lesquelles se découpent en silhouettes et s'animent peu à peu des personnages vivants. Rohmer maintient l'artifice d'une 'réalité picturale' tout au long du film en ayant recours à des 'transparences' pour tous les extérieurs, à Paris et à Meudon: la place Louis XV – devenue place de la Révolution puis place de la Concorde – le quartier Monceau, le Palais-Royal, les ponts que Grace Elliott emprunte lorsqu'elle doit passer, de nuit, d'une rive de la Seine à l'autre, les perspectives qu'elle peut avoir de sa villa de Monceau sur Paris, soit trente-sept tableaux peints 'selon les exigences de l'esthétique du temps et de la mise en scène cinématographique'. Il s'agit là, selon les mots du cinéaste, d'un procédé de trucage 'vieux comme le cinéma', dont il a admiré les effets chez Griffith dans les *Deux orphelines*[29] et, plus tard, chez Gance. Sur ces fonds il fait procéder à l'incrustation numérique des personnages dans les tableaux.

Rappelons simplement que ce trucage opère sur le décor et consiste à projeter sur un écran translucide une image, un fond, devant lequel les acteurs semblent évoluer. Dominique Païni,[30] à propos de l'usage insistant que fit Hitchcock des transparences, souligne le paradoxe inhérent à un terme qui suggère exactement le contraire – l'invisibilité – du dispositif de vision qu'il désigne et qui, restant toujours très sensible, produit un effet de décalage et d'anachronisme. Le regard est empêché, contrarié, les personnages se découpent ou se détourent sur l'inquiétante irréalité d'une 'profondeur sans fond', d''une perspective truquée'. Bien plus qu'un trucage utilisé pour des raisons pratiques, la transparence est une 'forme discursive' qui introduit au sein même de l'image un coefficient d'incertitude, une contradiction qui met en doute et 'inquiète' la croyance dans les codes les mieux admis de la représentation. Ce qui permet à Dominique Païni d'avancer un rapprochement avec l'incertitude que l'art baroque maintient entre spectacle, illusionnisme et conscience des artifices, conscience du vide, désillusion, et déséquilibre, vertige. L'effet, spatial chez Hitchcock, est spatio-temporel dans *L'Anglaise et le duc* où l'artificialité des tableaux peints a

---

29. Nous renvoyons pour les détails techniques à l'excellent bonus du DVD Pathé de *L'Anglaise et le duc* (2002) et au témoignage de la productrice Françoise Etchegaray qui y est enregistré.
30. Dominique Païni, 'Les égarements du regard (à propos des *transparences* chez Hitchcock)', dans *Hitchcock et l'art: coïncidences fatales*, éd. Dominique Païni et Guy Cogeval (Milan, 2000), p.51-78. Rohmer a dit clairement le lien direct qui existe entre *L'Anglaise* et la mise en scène d'Hitchcock, en particulier la mise en scène de son unique film en costumes, *Under Capricorn*, interprété par Ingrid Bergman: pour les transparences, pour la ressemblance entre Bergman et Lucy Russell, et pour la tête coupée que Hitchcock fait voir, et Rohmer non.

paradoxalement pour but de donner à l'œuvre un surcroît de 'vérité'. 'La vérité, précise Rohmer, vient du tableau et pas du montage. Le recours à un artifice extrêmement visible me donne de la vérité'.[31]

Quelle vérité? Celle, historique, de personnages, 'êtres picturaux' rigoureusement situés dans un temps révolu. Celle, mentale, qui s'établit dans l'implication du spectateur et dans la conscience qu'il a d'une distance, d'un lointain temporel ineffaçable et d'une impossible adéquation entre le décor et le drame porté conjointement par la voix, la gestuelle, la présence physique de l'acteur. C'est donc l'inverse absolu de l'effet étudié par Michael Fried[32] dans la peinture française du dix-huitième siècle et ses effets d'absorbement affectif des figures dans leur décor: harmonie et plénitude qui se clôt sur soi dans une célébration de l'instant privilégié et intime qui souffre à peine l'intrusion du regard. L'expérience proposée au spectateur par Rohmer est tout autre; de nature à la fois esthétique et critique, elle se situe à la jonction entre une proximité et un irréductible éloignement. Le maintien constant d'une telle distance dote le réel d'une étrangeté à certains moments cauchemardesque et qui serait purement onirique sans l'impression contraire de présence que donne l'acteur: c'est le cas par exemple dans la séquence nocturne où l'on voit Grace se rendre à pied à Meudon ou dans la séquence du 21 janvier 1793 où l'on découvre de la terrasse une perspective très étendue sur Paris, sans rien pouvoir saisir de ce qui se passe précisément, l'exécution de Louis XVI que semble voir la servante au moyen d'une lunette, mais que Grace, elle, refuse de regarder en face...

On revient donc au plus aigu et au plus discutable, au plus provocateur de l'invention esthétique, à la vocation d'inquiétude et d'ouverture du sens qu'Arlette Farge assignait au cinéma en matière d'Histoire. Peut-être est-ce là que l'on trouvera une présence – par essence contrariée et contrariante – de l'esprit des Lumières tel qu'il a opéré chez Visconti, Fellini, Rohmer, au cœur des images, clichés, archives, tableaux. De telles œuvres ouvrent un champ privilégié de la réflexion sur l'inclusion du temps historique dans le dispositif artistique, et ses 'montages de temps hétérogènes':

> Une image est affaire de mémoire, et pas seulement d'histoire. Elle a sa place dans le continu des événements, des 'influences', des 'époques', des 'cultures', bien évidemment: elle est donc historique, elle est dans son temps. Mais elle est aussi *contre son temps*, parce que, si elle véhicule une mémoire, cela signifie

---

31. Voir les déclarations de Rohmer à la sortie de son film et en particulier Eric Rohmer, 'Je voulais que la réalité devienne tableau', entretien avec Patrice Blouin, Stéphane Bouquet, Charles Tesson', *Cahiers du cinéma* 559 (juillet-août 2001), p.50-58.
32. M. Fried, *La Place du spectateur*.

qu'elle manipule ensemble des temps différents, éloignés les uns des autres, discontinus et cependant associés.[33]

Véhicule d'une mémoire historique, à la fois instrument d'illusion et de savoir, le cinéma est avant tout un dispositif dont les agencements esthétiques (réalistes, maniéristes, oniriques, théâtraux, etc.), loin de servir d'alibi à l'évasion, ont potentiellement partie liée, via l'invention romanesque, avec la figuration critique du passé, de l'Histoire et des idéologies dominantes.

---

33. G. Didi-Huberman, à propos de *Devant le temps*: 'Des gammes anachroniques', entretien recueilli par Robert Maggiori, *Libération* (23 novembre 2000).

Trompe-l'œil et fausses perspectives autour de *Barry Lyndon*

GASPARD DELON

Mis à part *Spartacus* (1960), sur lequel Kubrick a un rôle limité, *Barry Lyndon* (1975) constitue l'unique tentative de représentation par le cinéaste américain d'une époque antérieure au vingtième siècle. Certes, l'univers culturel du dix-huitième est cité dans *Paths of glory* (1958; le château baroque où se déroule le procès), *2001: A space Odyssey* (1968; la chambre où Dave se voit vieillir), *Eyes wide shut* (1999; le climat vaguement sadien et casanovien autour de l'orgie masquée) voire même *A Clockwork orange* (1971; la décoration du théâtre où vont s'affronter les bandes d'Alex et de Billyboy), toujours associé à un lieu d'enfermement ou d'oppression.[1] Néanmoins, *Barry Lyndon* est le seul film à se ranger dans la catégorie du film en costumes, genre dont il est devenu emblématique, et à s'atteler frontalement à la recréation d'un passé lointain. Il conviendra de rappeler succinctement les modalités et les implications de cette recréation.

Barry Lyndon, qui fait aujourd'hui figure de reconstitution la plus 'achevée' du dix-huitième siècle, est réputé admirable mais indolent, comme s'il lui manquait l'essentiel, le souffle, l'esprit enthousiaste des Lumières, par opposition à *Tom Jones* (Richardson, 1963) ou *Mon oncle Benjamin* (Molinaro, 1969), prédécesseurs placés sous le signe de la fougue et de la liberté de mœurs.[2] On oublie de ce fait les querelles d'interprétation concernant le sens historique du film à sa sortie, qui témoignent de l'ambivalence d'une œuvre moins figée qu'il n'y paraît, et susceptible d'éveiller les passions. Prêter l'oreille à ces débats, qui ne se résument pas à des présupposés idéologiques, révèle un hiatus entre la vision précautionneuse du passé proposée par Kubrick et sa perception globale par un public prompt à exercer ses a priori historiques.

---

1. Remarques fournies sur Kubrick et le dix-huitième siècle chez Michel Ciment, *Kubrick* (Paris, 1999), p.64-67, 75, 82, 84, 105, 120, 122.
2. Michel Chion, *Stanley Kubrick, l'humain, ni plus ni moins* (Paris, 2005), p.333-34 pour le contexte de production.

i. Une démarche cinématographique consciente de ses artifices

L'œuvre apparaît comme une reconstitution des plus 'fidèles' du siècle des Lumières. Kubrick accumule une documentation gigantesque et s'intéresse tout particulièrement à la peinture anglaise du tournant des Lumières (entre autres: Reynolds et Gainsborough pour le portrait, Hogarth pour la verve satirique, Constable pour les paysages et les scènes de genre). Elle lui fournit des détails visuels nombreux (vie quotidienne des châtelains, des paysans, des soldats) qui concourent à la crédibilité d'un film ne s'appuyant pas sur un personnage historique comme Spartacus ou Napoléon, capable à lui seul de ressusciter une époque. Kubrick évite les clins d'œil directs à des tableaux facilement identifiables, mais s'imprègne d'une culture visuelle dont il restitue l'esprit. En outre, il refuse tout recours au studio et n'utilise pour ses intérieurs que d'authentiques demeures d'époque.[3] Il doit batailler avec son chef décorateur, Ken Adam, partisan d'une stylisation ouvertement assumée et d'une recherche moins tatillonne de l'impact visuel, qui se plie finalement aux exigences du cinéaste en matière de lumière naturelle.[4] Ce grand technicien, qui travaille par la suite sur plusieurs James Bond, peut qualifier le film, sans en contester la beauté, de 'documentaire sur le XVIIIe siècle'. Kubrick utilise des 'vêtements' (non des 'costumes') vieux de 200 ans, et force ses acteurs à s'y mouvoir entre les prises, pour plus d'aisance. Il montre le lourd fard blanc et les mouches disgracieuses sur les visages. Les séquences à la bougie présentent une patine visuelle qui leur confère une touche d'étrangeté. Enfin, les batailles sont soigneusement montrées dans leur aberration tactique.[5] *Barry Lyndon* se place donc à maints égards du côté d'un dix-huitième siècle non familier, accusant la distance temporelle au lieu de la niveler.[6]

Mais la prétention à l'authenticité a naturellement ses limites. Kubrick propose un florilège visuel privilégiant la beauté plastique. Le montage rend contigus des espaces piochés un peu partout en Angleterre ou en Allemagne: le château d'Hackton où vivent les Lyndon est un patchwork

---

3. Fellini disait adorer *Barry Lyndon*, aboutissant selon lui, à l'aide de procédés opposés, au même résultat que son *Casanova* (1976), réalisé parallèlement (M. Chion, *Stanley Kubrick*, p.333).
4. Ken Adam, interrogé par Boris Hars-Tschachotin dans *Kinematograph* 20, '"For him, everything was possible." Interview with Ken Adam', (2004), p.88-95.
5. Avec de l'exagération d'ailleurs, selon Frédéric Naulet, 'La guerre terrestre au XVIIIe siècle au cinéma', dans *Le Cinéma et la guerre*, éd. Philippe d'Hugues et Hervé Couteau-Bégarie (Paris, 2006), p.45-61 (57).
6. Rainer Rother, 'Kühler Blick auf fremde Welt' et 'Der Stilist', dans *Stanley Kubrick*, éd. Andreas Kilb et R. Rother (Berlin, 1999), p.181-94 et 249-92 (256-60).

admirable mais très concerté de pièces hétéroclites.[7] En outre, les médiations artistiques utilisées recèlent fatalement leur part de stylisation. Ken Adam en personne fait remarquer à Kubrick que les peintres du dix-huitième siècle, même pour des scènes prises sur le vif, sont les premiers à réarranger la réalité, dans une mesure qui aujourd'hui nous échappe. Autre biais, Kubrick reprend des styles visuels en s'écartant de leur visée originelle. Là où les séries de Hogarth recherchent l'édification morale par la vigueur du trait et l'exemplarité, Kubrick refuse tout jugement et souligne l'ambivalence de ses personnages:[8] Barry cuvant son vin au fond d'un club n'incarne pas l'Ivrognerie. Rappelons en outre que le film est l'adaptation d'un roman du dix-neuvième siècle de W. M. Thackeray, pastiche des romans picaresques du dix-huitième. Kubrick semble avoir souligné lui-même les limites de la prétention à l'authenticité, en faisant entendre à deux reprises un extrait du *Trio pour piano n°2* de Schubert, œuvre de la période romantique, pour deux séquences qui en deviennent peut-être les plus émouvantes du film (Barry aperçoit Lady Lyndon pour la première fois; Barry, amputé d'une jambe, retourne à l'anonymat).

Le film finit donc par mettre à distance ses propres choix esthétiques, fatalement porteurs d'idéalisation. La récurrence, l'ostentation et la perfection des procédés finissent par en désigner l'artifice. La picturalité, en réfléchissant la façon dont le siècle se représente, pointe notre incapacité à nous affranchir de cette médiation. Le zoom arrière incarne physiquement cette spirale, passant d'un même mouvement optique du tableau du dix-huitième siècle à sa contemplation par un spectateur inscrit sur les bords de l'image, lui-même à son tour absorbé, devenu objet énigmatique (fréquemment de dos) de la contemplation cinématographique.[9] C'est à propos de *Barry Lyndon* que Serge Daney a noté la tension entre réalisme 'anti-hollywoodien' et stylisation dans les films modernes qui veulent montrer un passé 'qu'on sait n'avoir jamais vu'.[10] Cette impossibilité de renouer naïvement avec un passé disparu au seuil de la photographie trouve dans *Barry Lyndon* un accent mortuaire saisissant.

ii. Un billet pour le futur

A sa sortie, l'œuvre est unanimement classée dans la catégorie 'reconstitution minutieuse', l'enjeu critique se situant dans l'interpré-

---

7. Même procédé pour le château de Somerton dans *Eyes wide shut* (1999), qui cependant s'accorde plus logiquement avec cette séquence d'orgie hautement fantasmatique.
8. Ralf Michael Fisher, 'Pictures at an exhibition? Allusions and illusions in *Barry Lyndon*', *Kinematograph* 20, 'Stanley Kubrick' (2004), p.168-83.
9. Sandro Bernardi, *Kubrick e il cinema come arte del visibile* (Parme, 1990), traduit par Laure Raffaeli-Fournel, *Le Regard esthétique, ou la visibilité selon Kubrick* (Paris, 1994), p.62-65.
10. Serge Daney, *L'Exercice a été profitable, Monsieur* (Paris, 1993), p.309.

tation d'ensemble et la découverte des motivations de Kubrick, auteur démiurgique par excellence.

En dépit de quelques scènes spectaculaires et d'une campagne de promotion soutenue, *Barry Lyndon* est en Amérique et au Royaume-Uni l'échec commercial le plus grave de Kubrick. Il obtient par contre un succès remarquable en France.[11] Si l'on s'en tient à la réception critique, il apparaît que les deux sphères culturelles ne sont globalement pas sensibles aux mêmes aspects. Les Anglo-Saxons sont davantage frappés par la splendeur du film, sa mélancolie et surtout sa lenteur.[12] La stylisation anti-hollywoodienne et distanciatrice déplaît souvent, ennuie, agace.

A l'inverse, les Français se sentent en terrain connu. S'appuyant sur la garantie d'authenticité du film, ils ont tendance à le réinscrire dans une perspective socio-historique forte, polarisée par 1789. Un détail ne leur échappe pas: le billet par lequel Lady Lyndon, dans la dernière séquence, alloue une rente annuelle de 500 guinées à Redmond Barry porte la mention 'Dec 1789'. Or Thackeray joue bien d'un certain télescopage entre grande et petite histoire, mais laisse courir le récit jusqu'à l'Empire, et ne s'attarde pas sur une telle coïncidence. Dès lors, le film dans son ensemble est fréquemment perçu comme une vaste marche funèbre annonçant l'effondrement imminent d'une aristocratie européenne à bout de souffle. L'interprétation fait florès, d'autant qu'elle réconcilie royalement forme (statisme, voire 'crispation' de la mise en scène, qui utilise peu de mouvements d'appareil et des compositions qui enferment les personnages) et fond (pétrification de la noblesse dans l'oisiveté, rigidité sociale avant fissuration et éclatement à venir). La société dépeinte aurait ainsi atteint son 'point de non-retour' lorsque arrive 'l'année de la fin effective du XVIIIe siècle'.[13] 'Tam-tam funèbre' d'une 'Europe où tout se décompose', le film ferait l'effet d'une sarabande 'sonnant le glas de tout un monde', d'une 'société fin de siècle brillant de tout son éclat, suprêmement raffinée, mais déjà frappée de mort sans le savoir', atrophiée, prête à sombrer dans un naufrage historique planétaire.[14] Jean de Baroncelli développe: 'Malgré ses couleurs riantes, ce monde peuplé de canailles [...] est un monde crépusculaire, touché à mort, un futur champ de ruines. Une lumière tragique l'éclaire. A la dernière image, nous sommes en 1789 et pourtant l'aube semble encore

11. Plus de 3 475 000 spectateurs à ce jour. Box-office américain: $9 500 000, pour un budget estimé à $11 000 000.
12. Voir Philippe Pilard, *Barry Lyndon: Stanley Kubrick, étude critique* (Paris, 1990), p.113-16, avec de nombreuses citations.
13. Alain Garel, 'Barry Lyndon', *La Revue du cinéma. Image et son* 308 (septembre 1976), p.73-81.
14. Philippe Bernert, '"Barry Lyndon": tam-tam funèbre d'une Europe qui se meurt...', *L'Aurore* (6 septembre 1976).

loin.'¹⁵ Jean-Louis Bory contextualise avec vigueur: 'L'Europe en crise bouillonne, des idées sont en train de changer la face du monde, des agitateurs intellectuels, comme Voltaire et Rousseau, allument des mèches, les bombes exploseront quelques années plus tard, ça fera du bruit, c'est la Révolution française.'¹⁶ Cet univers en décadence accélérée, 'moribond, pestilentiel sous ses fards et ses perruques poudrées',¹⁷ semble privé d'énergie.¹⁸ L'art et la culture sont réduits à de simples passe-temps. Plus explicitement encore:

> *Barry Lyndon* n'est plus alors qu'un prétexte pour dénoncer les plaies et les erreurs d'une société donnée à une époque donnée. [Le film nous mène,] à partir d'un récit d'aventures pour veillées d'hiver, jusqu'à la féroce analyse historico-sociale d'une époque de fastes extérieurs et de pourriture intérieure. Barry n'intéresse pas Kubrick par la nomenclature de ses faits et gestes, mais parce qu'il devient l'exemple-type de la ruine aristocratique du XVIIIᵉ siècle. [...] Barry n'est plus un homme, il est devenu un cas. [...] Le projecteur jeté sur le type social de l'arriviste [...] permet à Stanley Kubrick de sortir de l'ombre la société qui soutient l'existence de cet arrivisme. Nous passons au procès d'une époque. [...] Et [Barry] est abandonné, déchu, mutilé, abattu – symbole cruel de la société qui va s'effondrer – en pleine année 1789.¹⁹

Pour le dire plus prudemment: 'Mille petites scènes qui constituent la mosaïque du film expriment avec ironie, parfois avec cruauté, les travers d'une société que le vent de la Révolution de 1789 qui se lève en France allait bientôt bouleverser.'²⁰ Jean-Loup Demangeat complète ce tableau d'un 'système social qui continue joyeusement de danser sur sa propre mort', en faisant de Redmond un révolutionnaire manqué: 'Barry s'est trompé de génération et de combat: né trente ans plus tard, il menait la révolution des bourgeois contre les aristocrates.'²¹

Le spectacle d'une civilisation en pleine déconfiture rappelle les bienfaits de la Révolution, et constitue en outre un avertissement au présent. *Barry Lyndon* montrerait une histoire non pas figée mais en marche: 'Cette fin d'un monde nous concerne tous. Kubrick fait naître, vivre et mourir devant nous l'Europe heureuse et tourmentée, avide et

---

15. Jean de Baroncelli, 'Une comédie humaine que des pantins animent', *Le Monde* (9 septembre 1976).
16. Jean-Louis Bory, 'La Foire aux vanités', *Le Nouvel Observateur* (13 septembre 1976).
17. Jean Rocherau, '"Barry Lyndon" de Stanley Kubrick', *La Croix* (18 septembre 1976).
18. Même jugement chez Pierre Paret, '"Barry Lyndon" de Stanley Kubrick (un pur chef-d'œuvre)', *La Marseillaise* (20 septembre 1976).
19. Fabian Gastellier, 'Barry Lyndon', *Jeune cinéma* 97 (septembre-octobre 1976), p.45-47.
20. Hélène Dury, 'Barry Lyndon', *Lutte ouvrière* (18 septembre 1976).
21. Jean-Loup Demangeat, 'Barry Lyndon. L'homme naît bonne, mais la société...', *Sud Ouest* (27 septembre 1976).

implacable de 1760.'[22] Conforme à l'image convenue d'un cinéaste lucide et pessimiste, cette lecture est régulièrement réactivée:

> Ce tableau d'une Europe qui attend une révolution pour disparaître nous dresse le portrait de notre actuelle sclérose sociale et politique. [...] Il nous convient de méditer sur le sort de nos démocraties, exactes métaphores de la société du XVIIIe qui, confiante dans sa destinée, ne sait pas qu'elle danse au bord de l'abîme, sur la fragilité de leur devenir et sur l'espérance de leur épanouissement.[23]

iii. Un contexte historique peu familier: l'*Enlightenment* britannique

Cette interprétation d'ensemble est d'autant plus remarquable qu'elle s'accorde mal avec le contenu objectif du film, et peut conduire à une sorte de contresens historique. Faut-il le rappeler, l'Angleterre n'est pas la France et ne connaît pas les mêmes ruptures après 1789. Le tournant des Lumières s'y traduit certes par une accélération du rythme des changements, mais n'est pas l'effondrement d'un monde. Des réformes politiques profondes ont été accomplies et assimilées depuis le dix-septième siècle, avec un parlementarisme actif. La société est plus fluide et apaisée que celle de l'Hexagone, elle valorise la réussite individuelle avec un certain *fair play* et l'économie, novatrice, connaît un développement progressif qui lui donne des décennies d'avance sur le reste du continent.[24] Dans un tel contexte, l'aristocratie évolue de manière plus active, prenant sa part dans la révolution industrielle. Sa force est moins fondée sur la généalogie que sur la propriété, les titres, les liquidités. Dans *Barry Lyndon*, le personnage de Bullingdon lui-même, premier fils de Lady Lyndon et dépositaire de la légitimité nobiliaire, peut être vu comme une préfiguration du bourgeois du dix-neuvième siècle. L'aristocratie ne propose donc pas un visage uni et figé, nécessairement tourné vers le passé:

> Contrairement aux jeunes aristocrates qui hantent les salles de jeu dans un gaspillage permanent, la fête continue d'un grand potlatch de classe, [Lord Bullingdon] est soucieux de gestion patrimoniale et plus il grandira, plus il sera sensible à la dilapidation d'une 'belle fortune familiale', et moins aux outrages de diverses sortes infligés à sa mère. D'autre part, il est physiquement et moralement étranger à l'univers du duel, marquant ainsi sa non intégration au monde aristocratique.[25]

22. P. Bernert, '"Barry Lyndon": tam-tam funèbre d'une Europe qui se meurt...'.
23. Jordi Vidal, 'Mensonge et guerre sociale: la fin d'un monde', dans *Traité du combat moderne, films et fictions de Stanley Kubrick* (Paris, 2005), p.56-58.
24. Roy Porter, 'Angleterre', dans *Dictionnaire européen des Lumières*, éd. Michel Delon (Paris, 1997), p.80-84.
25. Pierre Giuliani, *Stanley Kubrick* (Paris, 1990), p.167-68.

Par conséquent, on peut sentir la fameuse dernière séquence, pour laquelle Bullingdon a chaussé ses lunettes de comptable, non comme un éphémère retour à l'ordre ancien, le début d'un lent naufrage, mais comme un nouveau départ pour les Lyndon, un infléchissement vers une forme de modernisation.

Voir dans 1789 la césure vers laquelle incline immanquablement tout le film trahit donc le prisme 'français' (qui ne se limite pas à la critique française) d'une histoire nécessairement orientée vers la Révolution.[26] La projection des Lumières françaises et des fantasmes nationaux qui y sont liés sur l'univers de l'*Enlightenment* britannique tend à modifier, à aiguiser le relief d'une œuvre globalement très en retrait sur ces questions, d'autant que la société britannique n'y apparaît que de façon fragmentaire. L'impression de pessimisme d'ensemble provient peut-être de Barry lui-même plus que du contexte: le personnage, mélancolique à ses heures, est parfois qualifié de pré-romantique.[27]

L'allusion à 1789, qui soulève plus de questions qu'elle n'apporte de réponses,[28] ne saurait cependant être considérée comme une facétie gratuite ou une flatterie à l'égard du public français. Sans négliger le plaisir pour l'artiste de piéger l'exégète,[29] il faut sans doute y percevoir aussi une allusion au grand projet de Kubrick sur l'Empereur. C'est précisément le report de celui-ci pour des raisons économiques qui provoque la mise en chantier de *Barry Lyndon*. Ken Adam explique qu'au moment du tournage, le film lui apparaît comme un simple *dress rehearsal* pour *Napoléon*...[30]

iv. La portée de la critique sociale

Les mêmes difficultés ressurgissent sur le terrain voisin de la critique sociale, autre pomme de discorde de la critique française. Censée témoigner de la hauteur de vue de l'artiste, elle procède d'abord de l'acuité du romancier: 'Thackeray nous apprend que, dans une civilisation de classes, on n'échappe pas à la sienne.'[31] Dans ces conditions, 'comment un jeune Irlandais de la fin du XVIIIe s., mal né, sans le sou [...]

---

26. De la même manière, la sortie du film à la veille du bicentenaire de la Révolution américaine a pu faire deviner outre-Atlantique une allusion cachée à la guerre du Vietnam. En effet, on voit Barry lever un régiment à destination du Nouveau Monde au moment où la puissance impériale anglaise se hante aux indépendantistes...
27. S. Bernardi, *Le Regard esthétique*, p.61.
28. R. M. Fisher, 'Pictures at an exhibition?', p.178-79.
29. Rappelons que *2001* (1968) s'achève dans un mobilier Louis XVI, d'où une sorte de fœtus semble s'extraire pour atteindre l'espace. Le dernier plan de *The Shining* (1980) renvoie le personnage principal en 1921.
30. B. Hars-Tschachotin, '"For him, everything was possible." Interview with Ken Adam', p.88-95.
31. Claude Garson, '"Barry Lyndon": génial Kubrick!', *L'Aurore* (9 septembre 1976).

parviendra-t-il à survivre et même à s'élever dans un monde hostile qui le tient pour un indécrottable paria, un indigène indigne de fréquenter les honnêtes gens, la bonne société?'[32] Sur le point d'être anobli, Barry serait rejeté tel un inférieur par une caste refermée sur elle-même, s'acharnant désormais à le faire périr: 'Malgré sa fortune, nul, parmi les véritables nobles bourrés de titres et de prétentions, n'oublie ses origines de paysan irlandais. Et l'heure arrive où le parvenu Barry Lyndon est enfin rappelé à son véritable rang.'[33] Plus largement, le film nous montrerait les membres d'une élite dirigeante prête à toutes les violences pour se maintenir, 'les préparatifs des félins, leurs travaux d'approche, leur cruauté retenue, leur absence d'émotion, leur contrôle des sentiments que seule l'irruption brutale de la mort et de la ruine parvient à humaniser'.[34] Une interprétation rousseauiste du parcours de Redmond, qui en fait une victime, une âme pure agitée par des élans sincères, convertie à l'égoïsme et au cynisme par un environnement corrupteur, achève le réquisitoire: 'Il naît bon mais faible dans une société qui le pervertira.'[35]

Les remarques précédentes auront fait sentir la part d'anachronisme de cette analyse. En outre, le film insiste sur la responsabilité de Barry dans la sanction sociale, prévisible, qui le frappe, sans présenter celle-ci comme une injustice. Avant le fatidique épisode du concert, qui scelle son échec dans la course à la pairie, on l'a vu apprendre à se contrôler, accepter le jeu du langage et de l'apparence. Sa réaction de violence physique primaire devant l'affront public de son beau-fils constitue une violation des bienséances élémentaires, coup de tête impardonnable dans une société qui place la sociabilité au-dessus de tout. Peut-on y voir la réaction saine d'un homme incapable de dissimuler ses sentiments et brisant héroïquement le décorum? Force est de constater que la caméra portée à l'épaule souligne avant tout la férocité de la pulsion de meurtre de Barry, qui évoque irrésistiblement *A Clockwork orange*, jusque dans le pugilat burlesque qu'elle ne tarde pas à provoquer. Du reste, les amis à perruque sont les premiers consternés. Un gentleman très prodigue à leur égard vient de se rendre bêtement indésirable.

Certes, Bullingdon en personne met en avant des raisons de classe pour expliquer sa haine à l'assistance. Mais elles demeurent étroitement mêlées aux inquiétudes financières déjà évoquées, et à des éléments affectifs prédominants: un beau-père qui, après avoir évincé le fils du cœur de la mère, trompe celle-ci avec des soubrettes et des prostituées:

---

32. P. Bernert, '"Barry Lyndon": tam-tam funèbre d'une Europe qui se meurt…'.
33. H. Dury, 'Barry Lyndon'. Voir aussi P. Paret, '*Bary Lyndon* de Stanley Kubrick (un pur chef-d'œuvre)'.
34. J. Vidal, 'Mensonge et guerre sociale', p.56-58.
35. J.-L. Demangeat, 'Barry Lyndon. L'homme naît bon mais la société…'.

> I have borne as long as mortal could endure, the ill-treatment of the insolent Irish upstart that you've taken to your bed. It is not only the lowness of his birth and the general brutality of his manners which disgust me. But the shameful nature of his conduct toward Your Ladyship, his brutal and ungentlemanlike behaviour, his open infidelity, his shameless robberies and swindling of my property, and yours. And as I cannot personally chastise this low-bred ruffian, and as I cannot bear to witness his treatment of you and loathe his horrible society as if it were the plague, I have decided to leave my home and never return. At least during his detested life, or during my own.

En outre, par sa réaction d'orgueil, Bullingdon se montre l'alter ego de Redmond au même âge, lorsque ce dernier chaperonnait sa cousine Nora. Difficile donc de voir dans *Barry Lyndon* 'une des plus pertinentes analyses de la société de classes que l'on ait jamais réussie au cinéma ou ailleurs'.[36] Plusieurs critiques ont relevé la retenue ou l'ambivalence du film sur ce plan, souvent pour en déplorer la neutralité fade voire le conservatisme, sans doute influencés en cela par les intonations d'un narrateur dont les penchants aristocratiques sont perceptibles. Albert Cervoni refuse de décerner un brevet d'orthodoxie marxiste: 'A ne jamais regarder derrière, autour des personnages retenus, à n'avoir reconstitué le XVIIIe qu'à la surface d'une trame romanesque sans risquer d'atteindre les ancrages sociaux, le climat global contradictoire d'une époque, Kubrick ne pouvait aller plus loin. Il reste au niveau limité d'un très beau catalogue. Kubrick n'est ni Visconti ni Bertolucci.'[37] François Forestier tranche: 'Pour tous ceux qui croient que le mot "chef-d'œuvre" est inséparable d'une pensée révolutionnaire, *Barry Lyndon* est un film décevant, une fable tièdement moralisatrice.' Il raille au passage les interprétations mécaniques: 'Devant les trois scènes filmées caméra au poing [...], il sera dit que l'intention politique de l'auteur est de dénoncer la violence qui sous-tendait les codes mondains du XVIIIe.'[38] Les plus circonspects se refusent à prendre parti: 'On peut trouver affreuse cette mise à mort sociale (sujet de dissertation: politesse et violence dans la société du XVIIIe siècle à travers *Barry Lyndon*); on peut trouver moral ce destin qui mesure la vanité des entreprises humaines (un auteur célèbre a écrit: "Barry Lyndon a gagné, puis perdu, juste retour des choses"; commentez).'[39]

Barry Lyndon ne contient pas même les notations attendues sur l'hygiène ou la misère du peuple. Nul indice sur une oppression des paysans par les propriétaires terriens. L'univers urbain et son cortège de

---

36. Mireille Amiel, 'Barry Lyndon', *Témoignage chrétien* (7 octobre 1976).
37. Albert Cervoni, 'L'histoire au passé', *L'Humanité* (22 septembre 1976).
38. François Forestier, 'Kubrick au XVIIIe siècle', *L'Express* (30 août 1976), p.16-17.
39. Marie-Noëlle Tranchant, 'Barry Lyndon: grandeur et cruauté', *Le Figaro* (15 juin 1983).

pauvreté sont tout bonnement absents. Les scènes de guerre sont relativement sobres.[40] Michel Mardore peut ainsi admirer 'le plus beau film de droite qui fût au monde', une sorte de pure élégie, dégagée de la contingence matérielle: 'Alors que les commentateurs ont voulu voir dans *Barry Lyndon* une analyse sociale critique, et par conséquent de gauche, la pensée qui sous-tend le film est résolument de droite. [...] Kubrick chante le pessimisme, il a perdu l'appétit, il rêve, il sombre dans le spleen. Qui parlait de froideur?'[41] Si Lady Lyndon, abandonnée par les siens, se laisse tomber dans la bigoterie, l'Eglise, incarnée par le peu sympathique révérend Runt, n'apparaît guère comme une force oppressante. A bien des égards, *Barry Lyndon* est une histoire qui se passe au dix-huitième siècle et non un film sur le dix-huitième.

v. Divergences du discours cinématographique

Kubrick tient donc à distance bon nombre de lieux communs, se contentant de mettre en relief l'absurdité des affrontements armés. La voix *off* ironise sur les motifs de la guerre de Sept Ans, sur les dévastations et les enrôlements forcés dans l'armée prussienne:

> It would require a great philosopher and historian to explain the causes of the famous Seven Years' War, in which Europe was engaged and in which Barry's regiment was now on its way to take part. Let it suffice to say that England and Prussia were allies and at war against the French, the Swedes, the Russians and the Austrians.

Mais cette fois, l'aspect trop explicite du propos moralisateur s'ajuste mal aux images qui l'accompagnent. 'Gentlemen may talk of the age of chivalry, but remember the ploughmen, poachers and pickpockets whom they lead. It is with these sad instruments, that your great warriors and kings have been doing their murderous work in the world' se superpose à un plan baignant dans une lumière douce, dont se dégage une impression de quiétude et de tranquillité. Des paysans observent l'incendie d'une ferme sans la moindre réaction. Le bétail se laisse gentiment emmener par une dizaine de tuniques rouges. Le décalage entre dit et montré, auquel s'ajoute par ailleurs l'autonomie de la ligne musicale, ruine le caractère illustratif de l'image. Autre cas: 'During the five years which the war had now lasted, the great and illustrious Frederick had so exhausted the males of his kingdom that he had to

---

40. Notamment par rapport à *Culloden* (1964) de Peter Watkins, qui insiste sur la misère noire de combattants écossais, affamés et 'esclavagisés' par des relations claniques féodales, puis sur la violence brutale des mutilations lors des combats de 1746 contre les troupes du duc de Cumberland.
41. Michel Mardore, 'Le plus beau film de droit qui fût au monde', *Le Nouvel Observateur* (1er juillet 1983).

employ scores of recruiters who would hesitate at no crime, including kidnapping, to keep supplied those brilliant regiments of his with food for padre.' Les dix jeunes gens escortés par trois soldats ne sont sans doute pas des volontaires, mais ne montrent à l'écran aucun signe de résistance ou de mauvaise humeur.

Le film semble donc mettre en doute son propre discours historique et rétrospectif, même dans sa dimension satirique, comme s'il était fatalement incapable de s'ajuster à l'infinité des cas particuliers, et induisait plus d'erreurs que d'éclaircissements. Lors d'un souper fastueux offert par Barry, le narrateur persifle: 'And I can tell you, bribes were administered. And in high places, too. So near of the royal person of His Majesty that you would be astonished to know what great noblemen condescended to receive his loans.' Plutôt que de s'adresser directement au spectateur du vingtième siècle, la voix *off* adopte le ton d'un narrateur du dix-neuvième parlant à son lecteur.

La démarche de Kubrick se révèle complexe, une interrogation énigmatique sur les rapports entre temps individuel et temps historique, sur la possibilité de représenter le passé en mêlant recherche d'objectivité et inspiration personnelle. Il se heurte à l'opacité du temps et le montre, assumant l'étrangeté d'une société qui se dérobe sans cesse, se méfiant des familiarités faciles. Il n'y a pas plus de laideur, de duperie ou de corruption dans cette société que dans les autres, et la somptuosité de la surface n'est pas la preuve de l'ignominie des âmes. Le thème réducteur de la violence et de l'hypocrisie tapies derrière la civilisation n'est guère plus éclairant que dans *Paths of glory* ou *A Clockwork orange*. Michel Chion constate:

> *Barry Lyndon*, c'est enfin l'histoire et l'Histoire, et les malentendus et les 'faux raccords' entre eux. En choisissant de montrer une société qui n'était pas plus rigide que la nôtre, mais dont nous voyons mieux les codes à cause de la distance qui nous en sépare, le film vise à illustrer la part indécidable du jeu social dans notre histoire intime: le procédé 'récurrent' du zoom arrière montre le personnage au début seul, dans son cadre, et ensuite dans une nature policée et recomposée, et une société où les comportements sont réglés.[42]

L'exemplarité du destin de Redmond, fait d'élans, de hasards, d'erreurs, reste en suspens. Peut-être Kubrick avait-il déjà tout dit dans le finale de *2001*: si le dix-huitième siècle peut représenter un moment de prise de conscience de l'esprit humain, cette émancipation n'est jamais acquise et doit être un perpétuel recommencement, ce que symbolise le 'fœtus astral'. Lors de sa dernière apparition, Redmond est une sorte de figure inversée de cette renaissance, peut-être pour en

---

42. M. Chion, *Stanley Kubrick*, p.363.

souligner le prix: un homme aux cheveux grisonnants, amputé d'une jambe, monte avec peine dans une voiture, fuyant le spectateur. Il n'a pas été un héros des Lumières. *Barry Lyndon*, à l'opposé de *2001*, n'enregistre ni progrès ni recul. Il peut dès lors apparaître comme un retour à la réalité, montrant un être singulier plongé dans un monde peu lisible, et dont rien n'indique qu'il saura s'élever à l'universel. L'art de la reconstitution cinématographique est aussi de rejoindre, et avec quelle difficulté, le cycle de la vie dans sa poignante banalité.

Greenaway avec Starobinski: le dix-huitième siècle comme espace de résonances imaginaires dans *Meurtre dans un jardin anglais*

MARIE MARTIN

'Août 1694', c'est l'année revendiquée par le générique du film *Meurtre dans un jardin anglais* (Peter Greenaway, *The Draughtsman's contract*, 1982) pour situer précisément le moment de sa diégèse. Si cette année même a été choisie par Peter Greenaway, c'est parce qu'elle conjoint la création de la Banque d'Angleterre et la mise en vigueur d'une loi autorisant la femme mariée à hériter: ainsi, la date de 1694 est un concentré des thèmes principaux du film, propriété, argent, filiation. C'est enfin une date qui ancre plus largement l'histoire dans l'époque du baroque anglais, et le film dans la reconstitution de cette fin du dix-septième siècle dans une Angleterre marquée par l'influence française, et hollandaise. Est-ce à dire que cet exemple n'a tout simplement pas sa place dans une réflexion sur la représentation du dix-huitième siècle au cinéma, ou bien qu'il sera traité comme un cas limite? Evidemment non, dans la mesure où on voudrait défendre et illustrer cette hypothèse que la spécificité du dispositif figuratif et temporel du film crée une image indirecte du dix-huitième siècle, du moins pour le spectateur français.[1] En effet, au niveau simplement historique, on sait que le dix-septième siècle anglais a tant de points communs avec le dix-huitième siècle français qu'il en est presque la préfiguration, en symétrie inversée, puisque l'Angleterre a commencé par décapiter son roi avant de faire une révolution, ouvrant cette fin de dix-septième siècle sur de grands changements dans la société et la politique anglaises. Au niveau esthétique, on peut remarquer combien la forme du film emprunte à des procédés emblématiques du dix-huitième siècle, notamment l'allégorie, la parataxe (ou le style coupé), l'esprit. On voudrait donc ici, comme l'iconologie étudie les différentes strates visuelles qu'il y a dans une image, analyser les configurations temporelles d'un film offrant

1. Serait-ce un signe que le film de Greenaway connote désormais le dix-huitième siècle même pour un Anglais, que l'air principal de la musique écrite par Michael Nyman pour *Meurtre dans un jardin anglais* soit repris dans l'adaptation du classique du dix-huitième siècle, *Tristram Shandy: a cock and bull story* (Michael Winterbottom, *Tournage dans un jardin anglais*, 2005)?

une vision labyrinthique et diffractée du dix-huitième siècle, sensuelle mais trouée, traversée d'allers-retours dans le temps qui creusent l'image en un espace de résonances imaginaires.

i. Interférences créatrices

Pour défendre notre hypothèse de lecture dix-huitiémiste d'un film qui proclame son appartenance au baroque anglais, il est nécessaire d'introduire immédiatement une distinction entre reconstitution d'une époque et chambre d'échos temporels. En effet, la consistance de la reconstitution est à peu près parfaite dans un film qui met en scène la fin du dix-septième siècle avec la frontalité et le hiératisme du théâtre baroque de la même époque, sur des dialogues dont la langue sort tout droit d'une comédie de Congreve, et un art du cadre et du paysage qui évoquent à l'envi Le Lorrain et Poussin. Le commentaire de Greenaway est en ce sens révélateur: il prétend avoir évité soigneusement tout anachronisme, visuel ou langagier, qui aurait rompu 'l'insularité fictionnelle' du film et perturbé sa réception.[2] Cependant, s'il est possible d'éviter tout élément qui viendrait brusquement rompre l'illusion référentielle, rien ne permet de lutter contre les effets de résonance et les chocs temporels que la mise en scène et le scénario du film ne manquent pas de susciter, indépendamment, ou non, de l'intentionnalité de l'auteur. Et de même que dans un plan de Greenaway cohabitent toujours réalité indicielle, fragment d'histoire et rappels picturaux, les images de *Meurtre dans un jardin anglais*, loin de ne ressortir qu'à une seule et même nappe de passé baroque, sont aussi des évocations vives du dix-huitième siècle, sur le mode du télescopage et du va-et-vient temporels, par le biais du mythe et de l'imaginaire.

Bien sûr, cette esthétique des échos temporels s'appuie avant tout sur certains thèmes dans le scénario qu'on peut relier sans forçage aux spécificités de la pensée des Lumières. Le contrat qui donne son titre anglais au film relève à la fois du juridique, mais aussi du théâtre de la Restauration, dont le champ d'influences se tient à mi-distance des comédies de Molière et de Marivaux, et de la philosophie politique, de Hobbes à Rousseau. La deuxième notion structurant le film, et où s'illustre son esprit, si cher au dix-huitième siècle, est celle du piège, qui joue du double sens du mot 'frame', le cadre, et 'frame up', la machination, la tromperie dont Starobinski relève qu'elle 'est un des grands thèmes auxquels s'applique l'imagination du siècle'.[3] Ce thème,

---

2. Voir l'édition en DVD par MK2. On y voit aussi la photo de tournage d'un plan, auquel Greenaway a renoncé dans son montage final, où Mr Talmann tient à la main un téléphone portable.
3. Jean Starobinski, *L'Invention de la liberté* (Genève, 1987), p.66.

qu'on trouvera peut-être plus archétypal qu'emblématique à lui seul d'un siècle, s'ancre pourtant profondément dans le dix-huitième en ceci qu'il se double d'une mise en acte du 'règne fictif de la femme',[4] que Starobinski relie précisément à l'émergence d'un art de la 'façade' et des apparences spécieuses, et qui sont au cœur de la problématique philosophique du film, entre voir et savoir:

> Nulle surprise si bientôt la femme se masque à son tour et rivalise d'hypocrisie avec l'homme. [...] Les dehors trompeurs dissimulent, mais ils font savoir qu'ils dissimulent. Le mensonge élégant, devenu convention générale, ne donne lieu à aucune méprise. Il établit un style, un mode d'élocution, où la vérité de la vie et les artifices du langage se développent à distance respectueuse, la parole ayant valeur de périphrase obligatoire.[5]

Qu'on y pense bien, ces quelques phrases pourraient servir d'épigraphe au film tant elles résonnent justement avec une intrigue féminine qui affiche sa perversité mais n'est compliquée, pour le dessinateur, que par sa propre faculté à s'aveugler en se noyant dans les détails, et, pour le spectateur, que par sa propension à se prendre dans le labyrinthe de la représentation. Mais Greenaway insiste bien pourtant: derrière les circonvolutions du langage (qu'il soit celui des personnages, ou celui, cinématographique, du metteur en scène), le sens est transparent à une vision attentive qui sache conjoindre les mérites de l'observation minutieuse et de la hauteur de vue.

C'est donc, au-delà d'une communauté de thèmes, par une même conception de la représentation que le film participe de l'écran des Lumières et d'un siècle qui 's'est abandonné, avec délices, à toutes les variétés du dédoublement. Allégories, transpositions, antiphrases, doubles entendes, allusions: autant d'expériences mentales de l'écart, de l'obliquité'.[6] Si l'allégorie est au cœur du film, on y reviendra, cela va de pair avec une conscience aiguë et démultipliée de la réflexivité, dans la diégèse, mais aussi dans la représentation même, puisque 'le jeu des apparences s'élève à la puissance seconde, dans cette image d'apparat d'une vie vouée au plaisir de paraître.'[7] Ainsi, de même que le film multiplie les figures de cadre dans le cadre, et l'emboîtement des modes de représentation du réel, de même peut-on voir le dix-huitième siècle se refléter dans le dix-septième baroque.

Bien plus, l'on se prend à rêver à la coïncidence qui relie la symétrie des dix-septième siècle anglais et dix-huitième français à la structure du film, qui consiste elle aussi en une répétition inversée, puisque aux six

---

4. J. Starobinski, *L'Invention*, p.55.
5. J. Starobinski, *L'Invention*, p.55.
6. J. Starobinski, *L'Invention*, p.56.
7. J. Starobinski, *L'Invention*, p.64.

dessins du début et au contrat avec Mrs Herbert, que le dessinateur a l'impression de maîtriser, succèdent six autres dessins, et un contrat avec Mrs Talmann qui cette fois tire ouvertement les ficelles. Au-delà de ce nouveau reflet, sans doute involontaire, le film dessine bien un trajet non linéaire entre l'idylle et la grimace,[8] ces deux pôles antithétiques de l'art du dix-huitième siècle selon Starobinski. Ces oscillations constantes entre noirceur et lumière, aussi bien en termes d'éclairage que d'histoire, achèvent de faire pencher l'imaginaire du film du côté des oppositions tranchées du dix-huitième siècle français, loin de l'"art rationnel de bienêtre, de bonne humeur, de sympathie, de réserve, de modestie, de sobriété et de culture, fondé sur la connaissance de la nature humaine'[9] qui caractérise l'*Enlightenment* anglais.

ii. Prisme décadent et effets de perspectives

On a vu combien le film revendiquait la précision de sa reconstitution baroque à l'exception près de l'exagération des costumes, que Greenaway met au compte de l'expressivité, étant entendu qu'elle ne gêne pas la cohérence de la diégèse pour le spectateur moyen, et renvoie à l'aspect caricatural qu'on a déjà évoqué avec Starobinski. Cependant, cette emphase des habits et des perruques ne manque pas d'évoquer la façon dont le dessinateur décadent Aubrey Beardsley a illustré, en 1895 et 1896, dans un 'style très chargé, très XVIIIe siècle français',[10] l'épopée héroï-comique de Pope, *La Boucle de cheveux enlevée* (*The Rape of the lock*, 1712). Qu'on observe le dessin le plus célèbre de Beardsley, intitulé lui aussi *The Rape of the lock*, et l'on verra que la profusion ornementale, mais aussi la forme même des coiffures d'hommes et des habits à larges basques se retrouvent dans le film. Voilà de quoi rendre plus claire, peut-être, l'idée des allers-retours temporels qui feuillettent l'image, puisqu'on a ainsi, dans le cadre d'une reconstitution du dix-septième siècle, l'évocation persistante d'un autre siècle par le biais de sa réinterprétation par un artiste décadent de la fin du dix-neuvième.

Au-delà du profilmique et de son emboîtement de temporalités, c'est aussi grâce à un dispositif figuratif complexe que peut être produite une image indirecte du dix-huitième siècle – d'autant plus indirecte qu'elle semble résulter d'une perspective baroquisante, dans la typologie que donne Claude-Gilbert Dubois.[11] En effet, ce dernier analyse moins une esthétique que les frontières mobiles entre modes de production des

---

8. J. Starobinski, *L'Invention*, p.159.
9. Roy Porter, 'Angleterre', dans *Dictionnaire européen des Lumières*, éd. Michel Delon (Paris, 1997), p.80-84.
10. Gilles Néret, *Aubrey Beardsley* (Cologne, Lisbonne et Paris, 1998), p.14.
11. Claude-Gilbert Dubois, *Le Maniérisme* (Paris, 1979), p.66-76.

œuvres, en s'appuyant sur des concepts issus de la psychanalyse pour étudier la formalisation de l'énergie psychique dans la création artistique: son concept d'"imitation différentielle"[12] permet de considérer, de façon anhistorique, les différentes forces, ou perspectives, qui travaillent une œuvre. Ainsi, au lieu de seulement réécrire une œuvre antérieure,[13] *Meurtre dans un jardin anglais* semble s'attacher à produire une image de l'esprit du dix-huitième siècle en son entier, dans sa trajectoire comme dans ses ramifications imaginaires. On peut parler de perspective baroquisante puisqu'elle se caractérise par une prolifération de détails (mais fermement soumis à une structure d'ensemble) et par sa théâtralité, autant d'éléments présents dans le film. En outre, la notion est productive en ce qu'elle permet de donner une nouvelle justification aux oscillations qu'on a notées entre dix-septième et dix-huitième siècle. En effet, la perspective baroquisante est d'autant plus opératoire pour évoquer l'image et les détails évocateurs d'un siècle qu'elle est surtout marquée par son 'ambiguïté entre l'image et le modèle',[14] impossibilité à arrêter le mouvement et à fixer le sens qui joue à plein dans le film et résonne puissamment avec la figure par excellence des Lumières, l'ironie, non pas considérée comme simple trope de l'antiphrase, mais célébrée pour sa capacité à miner tout sens établi.

> Cependant, si l'on considère avec la rhétorique classique que l'ironie dit un mensonge apparent pour donner à lire une vérité cachée, on passe à côté de ce que l'ironie a de plus subversif. Car tout est dans l'ambiguïté et dans la remise en question des valeurs, et on a tort de sous-entendre qu'il y a un 'vrai' sens caché, alors que l'essentiel est justement dans l'équivoque sur le sens.[15]

Le film joue ainsi notamment du décalage ironique entre l'humeur de la musique et celle de la scène à l'écran, et généralise ces effets de disjonction au système des personnages (entre ceux qui incarnent les changements à venir au dix-huitième siècle et les passéistes dix-septiémistes) et à la sacro-sainte unité du fond et de la forme. Là encore, les temps et les esthétiques se télescopent, puisque c'est le propre de la décadence, selon Jankélévitch, que d'engendrer des 'monstres de la disjonction: têtes sans corps, corps sans tête', en relâchant les liens formant 'le complexe de la forme et du contenu, du signe et du sens qui, chez le créateur, forme un organisme aussi indivisible que

---

12. C.-G. Dubois, *Le Maniérisme*, p.28-42.
13. Il s'agit de *Blow Up* (Antonioni, 1966). Voir Marie Martin, 'D'un double triptyque: Antonioni/Argento/Greenaway, Cinéma/peinture/photographie', *Ligeia* 77.78.79.80 (2007), p.158-68.
14. C.-G. Dubois, *Le Maniérisme*, p.70.
15. Michel Baridon, 'Ironie', dans *Dictionnaire européen des Lumières*, éd. Michel Delon, p.598-600.

l'amphibie âme-corps'.¹⁶ Mais c'est aussi, selon nous, le point névralgique du maniérisme au cinéma, notamment dans son rapport au sens; et, au risque de compliquer encore un peu la démonstration, on ne peut éviter d'en passer par le détour maniériste, puisque le film se caractérise aussi par son appartenance à un style, là encore conçu de façon anhistorique, où forme et sens empruntent à des influences diverses et sont comme jointés de force. Il serait peut-être un peu trop schématique de mettre la forme du film au compte du dix-septième siècle, et son sens – ou plutôt son absence sur le mode déceptif – au bénéfice d'un dix-huitième siècle ironiste, mais il n'empêche que la fascination qu'exerce le film provient notamment de cette facticité revendiquée, et de son esthétique du collage.

Ainsi, la perspective maniériste permet-elle une nouvelle échappée sur le dix-huitième siècle et son culte de l'ambiguïté. Elle s'offre aussi comme un possible modèle de lecture, et plus seulement de réécriture, d'autant que le film est lui-même consacré aux problèmes de la reproduction et de l'interprétation. L'appareillage imitatif complexe et les va-et-vient temporels et imaginaires incessants sont finalement à appréhender moins comme le signe d'une vérité à déchiffrer que comme un mode de production de sens ambigus, de réalités doubles et déceptives, qui obligent à une satisfaction non plus intellectuelle, mais sensuelle, faite avant tout de sensations, suscitant donc une expérience spectatorielle du dessaisissement et de la perte – qui, entérinant la leçon du parcours tragique du dessinateur, finit par se fier plus aux ressources de la *phantasia* qu'à celle de la *mimesis*.

Récapitulons, à l'issue de ce véritable tourbillon temporel et esthétique: l'on a bien un reflet du dix-huitième siècle dans *Meurtre dans un jardin anglais*, selon un prisme décadent via Aubrey Beardsley, mais aussi des perspectives baroquisantes, et maniéristes. Bien plus, ce n'est qu'à travers ces diverses strates qu'on arrive à voir, anamorphosée, l'image d'un siècle complexe, où 'l'art s'accroî[t] d'une question inquiète sur sa fonction',¹⁷ et se voit placé sous le signe de 'la libre jouissance, mais aussi [du] libre examen'.¹⁸

iii. Une image anamorphosée du dix-huitième siècle

Après avoir rapidement relevé les coïncidences historiques et les passerelles imaginaires entre dix-septième anglais et dix-huitième français, et étudié la complexité de la configuration temporelle et esthétique du film, il reste à analyser précisément comment l'histoire

---

16. Vladimir Jankélévitch, 'La décadence', *Revue de métaphysique et de morale* 4, (1950), p.349-50.
17. J. Starobinski, *L'Invention*, p.9.
18. J. Starobinski, *L'Invention*, p.10.

et le mouvement mêmes du film peuvent être envisagés dans leur rapport au dix-huitième siècle. *Meurtre dans un jardin anglais* a pour principale problématique les rapports entre la représentation et son modèle. Cette problématique est redoublée par un enjeu policier, qui mêle étroitement quête de la vérité et saisie du réel, autour de la notion de point de vue. Or, si le dessinateur mis en scène par le film a une confiance absolue dans la reproduction mécaniste et minutieuse du réel, c'est précisément ce qui cause sa perte et ce qui fait de lui un homme du passé, bien loin du dix-huitième siècle qui est avant tout un siècle relativiste: 'La vérité consiste en une série de points de vue, et le point de vue suprême, le seul qui puisse embrasser le cosmos, est le point de vue de Dieu.'[19] Le dessinateur meurt donc de se croire Dieu alors que le film, bien que reposant lui aussi sur un appareillage optique d'enregistrement objectif, se garde de cet *hybris* en n'oubliant jamais que le cadre est aussi un cache et que l'espace du hors-champ est le domaine des manipulations et de l'illusion par excellence; pour emprunter une nouvelle fois les mots si justes de Starobinski, au dix-huitième siècle:

> le rôle de la façade développe toute sa signification. Côté cour, sur le dehors, face aux autres, la façade marque la limite d'un univers privilégié, en déployant élégamment les signes qui imposent *l'illusion d'une autorité*. A l'intérieur, côté jardin ou derrière les portes refermées, pour celui qui loge dans le domaine, les lambris et les glaces établissent en revanche *l'autorité de l'illusion*.[20]

C'est, sans le vouloir, mais très exactement, la description du parcours offert par le film, de la commande des dessins devant sanctionner à la fois le prestige du maître de maison et la maîtrise du dessinateur, jusqu'à la fin où ils servent de preuve de sa tragique méprise.

De même, on peut encore analyser le système des personnages, qui oppose sans cesse l'homme de l'art aux nobles de Compton Anstey, en reliant sa conception de la vérité à celle de Descartes, par différence avec celle de Newton (sous l'égide duquel le film place son allégorie, on y vient). En effet, les *Principia* de Newton datent de 1687, son *Optique* de 1704, et le dix-huitième siècle va être marqué par le débat entre Newtoniens et Cartésiens. Les méthodes d'investigation du réel d'un Newton et de ses successeurs sont à l'opposé de la méthode, cartésienne, qui consiste à 'feindre des hypothèses', à poser des postulats, et à raisonner à partir de principes. Avec Newton commence la méthode expérimentale, fondée sur une observation minutieuse du réel dont découle des *histories*, c'est-à-dire des relevés de *particulars*, de faits saillants

---

19. Georges Poulet, cité par J. Starobinski, *L'Invention*, p.115.
20. J. Starobinski, *L'Invention*, p.74.

datés et situés dans l'espace, le tout sans hypothèse de départ, sans a priori. Or il semble que là encore ce rationalisme cartésien, sûr de ses raisonnements du moment qu'ils sont adossés à la certitude du *cogito*, soit l'apanage du dessinateur du film, retranché derrière l'objectivité de son dessin, et que ses a priori empêchent précisément de voir; les femmes du domaine vont s'affirmer peu à peu comme maîtres de l'art de forger des histoires à partir des détails d'un dessin. Rapprochement me semble-t-il d'autant plus valable que:

> Ceci se retrouve dans les jardins. Autant ceux du XVIIe siècle procèdent par *a priori*, lançant leurs perspectives à travers un paysage remodelé, autant ceux du siècle suivant multiplient les voies sinueuses et imprévisibles pour conduire la promenade. Rien n'y est donné d'avance et les *particulars* (une vue sur un clocher des environs, une cascade découverte par hasard) sont là pour que le visiteur acquière sa connaissance des lieux en suivant les étapes d'une *history* qu'il compose mentalement.[21]

C'est bien la trajectoire[22] que donne à voir le film, puisque le jardin des douze dessins, avec ses haies bien taillées et ses petites bordures, est un jardin à la française, en instance d'être remplacé, à la fin de l'histoire, par un jardin plus libre, à l'anglaise. Et le film lui-même de défaire peu à peu son corset formel, à mesure que son art poétique se révèle être *a contrario* de celui du dessinateur. Là encore, on pourrait prétendre que lorsque la symétrie est enfin rompue, avec le treizième dessin, le film bascule définitivement dans le dix-huitième siècle, mais ce schématisme aplatirait par trop le fonctionnement dynamique du film, et son évocation en mouvement du siècle à venir.

Car cet art poétique que le film fait sien, à rebours du dessinateur, c'est la scène de l'examen d'un tableau appartenant à Mr Herbert qui en donne une clé possible. Mr Neville commence par demander à Mrs Herbert, à propos du choix de Mr Herbert: 'Il aime peut-être l'optique?' sans qu'aucun insert ne vienne illustrer cette question. Puis un détail du tableau vient corroborer chaque nouvelle demande du dessinateur. La totalité ne nous en est donnée à voir que deux fois, lorsque en voix hors-champ Neville interroge: 'Qu'en pensez-vous?' Il est donc question de faire émerger un sens, 'un fil narratif de ces épisodes apparemment disjoints'. La mise en abyme est exhibée, dans la diégèse, par le

---

21. M. Baridon, 'Jardins', dans *Dictionnaire européen des Lumières*, éd. Michel Delon, p.622-25.
22. Rousseau, dans *La Nouvelle Héloïse* (Paris, 2002), p.544-45, opposait déjà les 'prétendus gens de goût' qui 'affectent de [...] faire [la promenade] en ligne droite pour arriver plus vite au terme', à l'homme nouveau qui 'cherche les plaisirs vrais et simples, et veut se faire une promenade à la porte de sa maison. [...] Il élaguera le terrain pour s'y promener commodément, mais les deux côtés de ses allées ne seront point toujours exactement parallèles; la direction [...] aura je ne sais quoi de vague comme la démarche d'un homme oisif qui erre en se promenant'.

dessinateur qui y voit un écho des mystères hantant le jardin qu'il dessine, et par le film lui-même, de façon réflexive. La coïncidence entre le film et la méthode interprétative suggérée par la mise en scène du tableau s'impose d'autant plus que les deux seules occurrences de l'œuvre en entier durent respectivement six secondes et douze secondes[23] – et nul doute que cet obsédé du rythme qu'est Greenaway n'ait calculé au métronome cet effet de montage, afin d'inscrire en son centre la structure en deux fois six dessins du film.

Or que dit exactement cette scène? Elle confirme que Mr Neville, croyant mener l'interrogatoire, ne parvient pas à décoder le sens de cette 'obscure allégorie', et elle incite bien sûr le spectateur à le faire. Le tableau en question s'intitule *Hommage à l'optique* (*Newtons Verdienste um die Optik*); il est signé de Januarius Zick et date de 1785 à 1795. Pour quelqu'un qui fait profession rétrospective d'éviter l'anachronisme, Greenaway choisit pourtant un tableau postérieur d'un siècle à l'époque de sa diégèse – mais il est vrai que l'anachronisme n'est senti que par le spectateur, rare à n'en pas douter, qui a fait la recherche. On ne peut s'empêcher de remarquer ici que c'est via un tableau du dix-huitième siècle, en hommage à l'un de ses héros, génie de la vérité terrassant la fausseté de l'ancienne science, que le film transmet sa poétique, à déchiffrer. Cela dit, il faut remarquer que l'image aperçu dans le temple au centre du tableau, et qui est le reflet du grand Newton, l'index pointé vers ce reflet, est une image impossible, puisque la position du savant ne peut se refléter dans un miroir ainsi placé – du moins si l'on veut respecter ces lois optiques qu'il a mises au jour. Ainsi, dans le cadre du film, le sens de cette allégorie consiste précisément, et avec beaucoup d'ironie, en une esthétique du trompe-l'œil et de l'obliquité, bref en un art de voir qui exige aussi le secours d'un regard plus indirect, autant dire imaginaire.

L'allégorie centrale autant que la trajectoire du film infirment donc les pouvoirs de la seule imitation. En l'exhibant autant qu'il le voile, Greenaway s'affirme décidément comme le créateur de visions plutôt que de vues, plus proche au fond d'un Watteau que de Poussin et Le Lorrain. Watteau, dont Starobinski rappelle qu'il

> invente un genre nouveau où la comédie se déroule dans la nature et s'y mêle, tandis que s'efface la distinction entre le spectacle théâtral et la cérémonie mondaine. [...] La composition est guidée par le rêve ou le souvenir; car Watteau compose un monde en rassemblant des éléments dispersés: lumière de Rubens, frondaisons du Luxembourg, figures reprises aux cahiers d'esquisses.[24]

---

23. Dans l'édition DVD, de 53'09" à 53'15", puis de 54'24" à 54'36".
24. J. Starobinski, *L'Invention*, p.66.

Et cette façon même de faire un tout de parties différentes est encore un point commun, maniériste, avec celui dont l'ambition avec *Meurtre dans un jardin anglais* était de peindre des personnages dans un paysage. Rien d'étonnant donc que l'image du dix-huitième siècle dont on a ici traqué sans répit les différents avatars ne se donne que sur le mode oblique, et imaginaire, bref toujours en mouvement, comme dans un jardin – anglais, *of course* – puisque, selon Alain, 'l'art du jardinier s'est conservé le mieux parce que la nature même des objets interdit alors de chercher de belles formes pour un spectateur immobile; nul ne regarde un jardin d'en haut, comme on regarderait un dessin. Le jardinier cherche donc naturellement des perspectives, des avenues, de beaux tournants, des disparitions et des apparitions, des découvertes, des ouvertures.'[25] Autant d'échappées belles sur les promesses esthétiques et sociales d'un siècle en gestation et que le film ébauche, comme un dessin, dont Starobinski rappelle qu'au dix-huitième siècle, il 'n'est jamais qu'une esquisse, c'est-à-dire une proposition en vue d'un accomplissement ultérieur. Le plaisir, c'était d'achever mentalement, dans une complicité imaginative, l'œuvre que le dessinateur, renonçant à composer, laissait apparemment incomplète. Pour l'amateur, l'instant capturé par le dessin indique la virtualité d'une œuvre en suspens.'[26]

Et pour en revenir à la question maniériste de l'interprétation et de sa suspension, on a parlé plus haut de fuite du sens et des ambiguïtés de l'ironie. Or Greenaway se plaît à dire, dans son commentaire du film, qu'il y a plusieurs niveaux de lecture dans *Meurtre dans un jardin anglais*, et que la trame policière à la façon d'Agatha Christie est compréhensible à la fin par tous du moment qu'on a été attentif, en cours de film, à chaque image. Certes. Mais cette profession de foi rationaliste méconnaît, précisément, le plaisir qu'on prend à voir le film, et qui participe de tout ce qui résiste au sens pour mieux charmer les sens. Cette lecture en tout cas n'aurait pas détonné au dix-huitième siècle, puisque 'l'œuvre d'art s['y] voit assigner une fonction psychologique où prédomine la valeur de l'émoi et de l'intensité; l'œuvre se définit par son effet subjectif: arracher une âme à l'atonie du désœuvrement, provoquer, par le moyen d'événements figurés, au travers d'une simulation réussie, un instant d'effervescence émotive.'[27] En faisant mine d'oublier que le puzzle est un artisanat tabulaire, qui dispose simultanément tous les éléments de sa résolution, contrairement au film qui reste un art du temps, au déroulement réglé, Greenaway masque, dans un nouveau jeu de miroir, combien son film touche plus par les arabesques symétriques qu'il fait

---

25. Emile Chartier Alain, *Système des beaux-arts* (Paris, 1926), p.174.
26. J. Starobinski, *L'Invention*, p.119.
27. J. Starobinski, *L'Invention*, p.11.

faire au sens et par les rêveries temporelles qu'il suscite que par l'exactitude de sa reconstitution. Il provoque une expérience sensible et sensuelle sur le mode de la déformation et du vertige qui se place du côté de la psychanalyse plus que de l'herméneutique, de l'évocation historique plus que de l'histoire: des arborescences de connotations, d'influences et de pistes de réflexion où l'interprétation s'enlumine, mais ne progresse pas, alors que le corps du spectateur trouve un plaisir sensuel à la gestion stylistique de ces histoires labyrinthiques dont il n'est pas sûr qu'il y ait une sortie.

IV

En quête de narration

Rêves, épisodes, citations et autres insertions du dix-huitième siècle au cinéma

DENIS REYNAUD

La présence du dix-huitième siècle au cinéma se manifeste sous deux grandes formes: celle de l'adaptation (des œuvres littéraires) et celle de la représentation (des événements, des personnages historiques, des mœurs, des costumes et des décors), lesquelles ne sont pas exclusives.

Nous avons donc trois cas:

1. Adaptation sans représentation. Une œuvre du dix-huitième siècle est transposée dans un cadre autre, généralement contemporain de la réalisation du film ou légèrement antérieur. Le générique des *Dames du Bois de Boulogne* (1945) signale que Robert Bresson a adapté 'un conte de Diderot'; mais, à la différence de l'histoire racontée dans *Jacques le fataliste*, le film représente le Paris de 1945 et non celui de 1770. On sait que certaines œuvres de Sade ont été transposées hors de leur siècle, pendant la deuxième guerre mondiale, en France (*Le Vice et la vertu*, Vadim, 1963) ou en Italie (*Salò, o le 120 giornate di Sodoma*, Pasolini, 1975). Notons qu'il s'agit presque toujours de modernisation (de 'proximisation', dirait G. Genette), même si rien n'interdit bien sûr d'imaginer une *Religieuse* de la Renaissance, ou un *Candide* médiéval. La démarche est pédagogique: on montre ainsi l'éternelle modernité des classiques, leur capacité à éclairer l'actualité, ou, ce qui revient au même, que l'homme est toujours le même, quelle que soit l'époque.

2. Représentation sans adaptation. En fait, les scénarios originaux spécifiquement écrits pour le cinéma n'étant pas nombreux, il y a presque toujours adaptation, mais souvent d'une œuvre postérieure du dix-neuvième siècle. La représentation du dix-huitième siècle au cinéma se fait par l'intermédiaire de romans tels *Les Chouans* de Balzac (1829), *Le Chevalier de Maison Rouge* de Dumas (1845), *Le Bossu* de Féval (1857), *A Tale of two cities* de Dickens (1859), *Quatrevingt-treize* de Hugo (1874); ou de succès du théâtre parisien: *Les Deux orphelines*, drame de Dennery et Cormon (1874) ou *Le Courrier de Lyon* de Moreau, Siraudin et Delacour (1850). *Fanfan la tulipe*, la quintessence de l'esprit du temps de Louis XV, fut inventé par un siècle de drames, opéras-comiques et romans du dix-neuvième siècle avant d'accéder à l'écran.

3. Adaptation et représentation. Une œuvre du dix-huitième siècle,

généralement une fiction narrative (*Candide, Manon Lescaut, Justine, Les Voyages de Gulliver, Les Souffrances du jeune Werther*), est adaptée en respectant un cadre spatio-temporel qui est celui de l'œuvre (c'est-à-dire celui de l'histoire qu'elle raconte et celui de son écriture). Souvent, un film est donc à la fois une représentation et une adaptation: par exemple *La Religieuse* de Jacques Rivette (1965) ou *Les Liaisons dangereuses* de Stephen Frears (1988).

Certaines complications viennent heureusement ruiner la simplicité de ce schéma. En voici quelques-unes:

- Ce qu'on adapte n'est pas toujours l'œuvre originale, mais une première adaptation, une œuvre intermédiaire. Les nombreuses Manon du cinéma sont autant celles d'Auber et Scribe, de Massenet et Meilhac, de Puccini... que l'héroïne de Prévost; de même pour les Figaros, voire les Candides, que le public américain connaît surtout à travers l'opéra-comique de Leonard Bernstein (1956).
- Certains romans du dix-huitième siècle ne se situe pas au dix-huitième siècle. En toute fidélité, une adaptation de *Robinson Crusoe* ou de *Moll Flanders* devrait représenter l'Angleterre du dix-septième siècle, alors qu'une modernisation imperceptible en transpose volontiers l'action au début du dix-huitième siècle, à l'époque où Defoe écrivit ses romans.
- La transposition chronologique peut se faire au sein du dix-huitième siècle. C'est le cas des diverses versions de *Fanfan la tulipe* qui hésitent entre la guerre de Succession d'Autriche et celle de Sept Ans; ou des *Deux orphelines*, drame du temps de Louis XV, transposé par D. W. Griffith sous la Terreur (*Orphans of the storm*, 1921).
- Le contexte représenté peut être vague: en l'absence d'un forban historique, tel Barbe-Noire, il est par exemple difficile de savoir à quelle époque se situent exactement de nombreux films de pirates.
- La référence à l'œuvre adaptée n'est pas toujours explicite: au générique des *Amants* de Louis Malle (1958) figure Louise de Vilmorin mais pas Vivant Denon, auteur de *Point de lendemain*, le conte qu'elle a modernisé. L'adaptation peut en outre être composite, combinant plusieurs œuvres du même auteur (Voltaire, Sade), voire d'auteurs différents.

On ne s'intéressera ici qu'à un autre cas particulier, mais fort répandu: celui des films dont seule une partie représente le dix-huitième siècle (ou s'y réfère d'une façon ou d'une autre), le reste se déroulant à une autre époque (généralement contemporaine). On peut parler alors d'insertions du dix-huitième siècle au cinéma. Le corpus est assez vaste (un recensement sommaire produit une cinquantaine de films),[1] pour que

1. Nous n'avons pas vu tous ces films, dont on trouvera une notice descriptive, parfois

nous le divisions en cinq catégories correspondant aux principaux modes d'insertion:

1. citation;
2. sketch;
3. voyage dans le temps;
4. intrusion;
5. méta-récit.

Il faut d'abord considérer le cas où le dix-huitième siècle n'est présent que sur le mode d'une citation, plus ou moins développée. La référence peut se réduire au titre du film. Dans *La Faute à Voltaire* (Abdellatif Kechiche, 2000), ni Voltaire ni ses œuvres n'apparaissent, que je sache (et d'ailleurs le titre est une citation des *Misérables*). *La Religieuse de Diderot* (Claude Duty, 1978) repose sur un jeu de mots à la Raymond Roussel: il s'agit d'un court métrage dont le sujet est une religieuse ('pâte à choux fourrée de crème pâtissière, ayant la forme d'une petite boule posée sur une plus grosse', comme chacun sait) confectionnée par un pâtissier nommé Diderot. Parfois c'est le nom d'un personnage qui fait office de clin d'œil culturel (le commissaire Voltaire, par exemple). La liste de ces allusions ponctuelles et superficielles serait longue.

Certaines citations constituent cependant des scènes entières et autonomes. C'est souvent le cas chez Jean-Luc Godard. Vers le milieu de *Week-end* (1967), dans une séquence intitulée 'De la Révolution française aux week-ends UNR', un long *travelling* suit Jean-Pierre Léaud, déguisé en député de la Convention, qui déclame un passage de *L'Esprit de la Révolution*, de Saint-Just. Ni l'œuvre ni l'auteur ne sont nommés. La scène n'est pas située sous la Révolution, puisque l'acteur tient à la main une édition 10/18 des œuvres du révolutionnaire, tandis qu'à l'arrière-plan Jean Yanne et Mireille Darc, vêtus comme on l'était en 1964, tiennent des propos contemporains. Cette irruption champêtre de Saint-Just, sans influence sur le déroulement de l'intrigue, prend la forme d'un commentaire, à la manière d'un chœur de tragédie grecque. Mais ce commentaire procède d'une double manipulation hypertextuelle: d'abord le texte est décontextualisé, sorti de son cadre historique et géographique. L'anachronisme (procédé essentiel du travestissement burlesque) a certes une fonction comique, mais il vise moins à disqualifier la pensée de Saint-Just qu'à suggérer que sa pertinence dépasse le cadre de son énonciation première. En outre, le texte lu par l'acteur a subi un élagage qui en modifie singulièrement le sens. Alors que Saint-Just écrivait: 'La liberté *anglaise* est violente comme le

accompagnée d'un commentaire, dans notre base de données: http://kinematoscope.ish-lyon.cnrs.fr.

despotisme, il semble qu'elle soit la vertu du vice, et qu'elle combatte contre l'esclavage en désespérée; le combat sera long, mais elle se tuera elle-même', Léaud lit: 'La liberté est violente comme le crime', ce qui convient sans doute au propos du film mais guère aux idées de Saint-Just.[2] Saint-Just était déjà apparu sous les traits de Jean-Pierre Léaud dans le film précédent de Godard: *La Chinoise* (1967), notamment dans une courte scène sur un banc parisien qui transforme en théoricien de la guerre révolutionnaire celui qui avait pourtant écrit: 'La France en renonçant à toutes hostilités offensives influera beaucoup sur les fédérations européennes', ou encore: 'La France a déclaré qu'elle renonçait à l'esprit de conquête; elle fera bien d'aimer la paix.'[3]

Le mode d'insertion le plus courant est sans doute celui du sketch (nous donnons ici au terme un sens structurel large, qui n'implique pas a priori un contenu comique). Le film est composé de plusieurs histoires, indépendantes mais unies par un lien thématique. Le modèle est *Intolerance* de D. W. Griffith (1916), qui ne contient pas d'épisode situé au dix-huitième siècle. En revanche, la troisième des quatre sections de *Blade af Satans bog* de Carl Dreyer (*Pages arrachées au livre de Satan*, 1919-1921), inspiré par la structure épisodique du chef-d'œuvre de Griffith, se déroule à Paris, à l'automne 1793. La trahison de Joseph, ancien domestique devenu agent jacobin, qui cause successivement la perte de son ancienne maîtresse et de Marie-Antoinette, est comparée à celle de Judas que racontait le premier épisode.

Dans les années 1950 à 1970, les films à sketches furent souvent des coproductions internationales, réalisées par plusieurs metteurs en scène. C'est ainsi que Philippe de Broca tourna, pour *Le Plus Vieux Métier du monde* (1967), un épisode d'une vingtaine de minutes sur les mésaventures de Mlle Mimi, une prostituée parisienne pendant la Révolution.

La Voie lactée de Luis Buñuel (1968) est une sorte de film à sketches sur l'histoire des hérésies chrétiennes. Une scène nocturne dans un cachot montre un élégant marquis qui débite des extraits de la *Justine* de Sade à l'intention d'une jeune fille enchaînée ('Tu comptes sur un Dieu vengeur, détrompe-toi, Thérèse. Ce dieu que tu forges, n'est qu'une chimère dont la sotte existence ne se trouva jamais que dans la tête des fous'); plus tard, dans la chapelle d'un couvent, sœur Françoise subit volontairement le supplice de la crucifixion; immédiatement après, une altercation met aux prises un janséniste et un jésuite: 'Dans l'état de la nature

---

2. Louis Antoine Léon de Saint-Just, *L'Esprit de la Révolution* (Paris, 1963), 4ᵉ partie, ch.11; nos italiques. Quelques minutes auparavant, Jean Yanne et Mireille Darc avaient été contraints de prendre à bord de leur Mercedes un personnage nommé Joseph Balsamo, venu 'annoncer aux temps modernes la fin de l'ère grammaticale et le début du flamboyant, dans tous les domaines, spécialement le cinéma'.
3. L. A. L. de Saint-Just, *L'Esprit de la Révolution*, 5ᵉ partie, ch.2.

corrompue, on ne résiste jamais à la grâce intérieure. – Oseriez-vous répéter cette phrase dans un endroit plus retiré?' Les deux hommes se battent alors en duel, sans cesser d'argumenter, citant, l'un, l'*Augustinus* de Jansenius; l'autre, des ouvrages jésuites anti-jansénistes du dix-huitième siècle. L'effet de décontextualisation est assez proche de celui observé chez Godard, la dérision en plus.

Le principe thématique fait souvent place à un simple panorama historique sans autre propos que la mise en évidence de l'absurdité récurrente des comportements humains. On rencontre Newton et son inévitable pomme, puis Marie-Antoinette et sa proverbiale brioche dans *The Story of mankind* (Irwin Allen, 1957). Un Louis XVI libidineux (cas unique dans l'histoire du cinéma) est le héros du sixième et dernier épisode de *History of the world, part I* (Mel Brooks, 1981) qui voit le roi abandonner sa place à son sosie de garçon-pipi quand la populace ('we ave nozzing, not even a language, just zis stupid accent') envahit Versailles. Le lien entre les époques est assuré par l'acteur (Mel Brooks avait incarné Moïse et Torquemada dans des épisodes précédents). Brooks s'est sans doute inspiré d'un film pionnier du traitement dérisoire de l'Histoire: *Start the Revolution without me* (Bud Yorkin, 1970); mais peut-être aussi de *Smorgasbord* (1977), où Jerry Lewis incarne Warren Nefron, un inadapté social qui, sur le divan de son psychanalyste, évoque sa propre histoire et celle de ses ancêtres, qui lui ressemblent furieusement, au physique et au moral; notamment Jacques Nefron, le cocher de Marie du Bois, pulpeuse aristocrate dont la robe souligne que l'action se situe au dix-huitième siècle. Pour que sa maîtresse puisse satisfaire à un besoin pressant, Jacques arrête le carrosse en pleine campagne et construit de toutes pièces un édicule en bois dont la porte est ornée d'une fleur de lys. Le dialogue est prononcé dans un incompréhensible charabia franco-anglais.[4]

Le facteur d'unité du récit peut être un objet passant de main en main, comme dans *Les Perles de la couronne* (Guitry, 1937), ou le *Violon rouge* (Girard, 1988). Le procédé est assez courant dans les films d'horreur (voir plus loin: *Hellraiser*).

Chez Guitry, grand spécialiste des fresques costumées à épisodes, c'est souvent l'unité de lieu qui contrebalance la variété des situations historiques, par exemple dans *Remontons les Champs-Elysées* (1938), *Si Versailles m'était conté* (1953) et *Si Paris nous était conté* (1955). Ces films se présentent comme une succession de pages d'Histoire destinées à mettre en valeur un lieu de mémoire, un patrimoine national. La même structure

---

4. Le principe n'est pas différent dans la série britannique *Blackadder*, qui voit les rejetons successifs d'une même famille maintenir une tradition de bêtise et de méchanceté à travers diverses époques de l'histoire d'Angleterre. Dans les six épisodes de *Blackadder the Third* (Mandie Fletcher, 1987), Rowan Atkinson incarne le majordome d'un prince héritier inepte sous le règne de George III.

caractérise *C'est arrivé à Paris* (François Villiers, 1977, d'après une pièce de Claude Brulé) où la marquise de Pompadour, Casanova et le cardinal de Bernis représentent le règne de Louis XV. S'agissant de l'auteur du plus long plan de l'histoire du cinéma, il est difficile de parler de sketches; pourtant Aleksander Sokurov est à sa manière un lointain héritier de Guitry, avec son *Arche russe* (2002) qui embrasse toute l'histoire du palais de l'Hermitage, et convoque au passage Pierre le Grand et Catherine II.

Quand le lien thématique est faible, un autre procédé permet de compenser la discontinuité inhérente au film à épisodes et, le cas échéant, de justifier l'intrusion arbitraire d'une période historique: la machine à voyager dans le temps. La machine originale de 1895, celle de H. G. Wells, ne conduisit pas son inventeur vers le dix-huitième siècle; elle n'était même pas équipée d'un système de navigation permettant d'arriver précisément à une destination prédéterminée. Ces deux lacunes furent assez tardivement réparées, par exemple dans *Bill and Ted's bogus journey* (Peter Hewitt, 1991), *From time to time* (Jeff Blyth, 1992) et *The Exotic time machine* (Felicia Sinclair, 1997), ce qui permit aux voyageurs du passé de rencontrer, entre autres, Jean-Sébastien Bach, Mozart, Benjamin Franklin, Louis XV, Louis XVI et Marie-Antoinette.

On a souvent remarqué que l'invention de Wells est assez exactement contemporaine de celle des frères Lumière et que le cinéma est lui-même une machine à voyager dans le temps. Il n'en est que plus étonnant que ce thème ait tant tardé à être exploité par le cinéma.

Le goût du voyage dans le temps au cinéma semble avoir été lancé par *Berkeley Square* (Frank Lloyd, 1933). Le scénario est dû à John Balderston, d'après sa propre pièce de 1926, inspirée par un roman posthume et inachevé de Henry James, *The Sense of the past* (1917). Dans les premières années du vingtième siècle, un jeune Américain fasciné par l'étude de l'Histoire (Leslie Howard), hérite d'une vieille maison londonienne et procède à un échange d'identité avec un ancêtre de 1784. Il est intéressant de noter que le premier voyage vers le passé de l'histoire du cinéma[5] se fait vers le dix-huitième siècle, mais aussi que James ne l'avait pas voulu ainsi: 'Turning it over I don't see why 1820 shouldn't respond to my need without the complication of my going further back. I want the moment of time to be far enough for the complete old-world sense, and yet not so far as to be worrying from the point of view of aspects, appearance, details of tone, of life in general.'[6] Sur le même

5. Si l'on veut bien ignorer deux courts métrages muets souvent cités par les historiens de la science-fiction: *How to make time fly* de Robert Paul (1905); et *Onésime horloger* de Jean Durand, sur un scénario de Louis Feuillade (1912), qui sont plutôt des jeux sur la vitesse de projection que de véritables voyages dans le temps.
6. Henry James, 'First statement for The Sense of the past', dans *Complete notebooks* (Oxford, 1987), novembre 1914.

sujet, Roy Ward Barker réalisa en 1951 *The House in the square*, avec Tyrone Power, en technicolor et en noir et blanc (peut-être pour marquer la différence entre les époques). Il n'y a pas à proprement parler de machine chez James, ni chez Balderston: le passage d'une époque à l'autre se fait sur le mode fantastique, grâce notamment à un tableau. Avec ces deux films, nous avons en outre quitté la forme du sketch, puisque la cohérence du récit est entièrement assurée par l'unité de la conscience d'un personnage central qui vit alternativement ou successivement à plusieurs époques.

Dans *Orlando* (Sally Potter, 1992, d'après le roman de Virginia Woolf), un même personnage traverse les siècles. Dans le roman, le dix-huitième constitue une ère de 'lumière, ordre et sérénité' entre la violence de l'époque élisabéthaine et les orages de l'ère romantique. Dans le film, un épisode de dix minutes, intitulé '1750: Society', voit Orlando, récemment devenue femme, faire l'expérience d'une robe extrêmement encombrante et de la misogynie ambiante lors d'une conversation avec Pope, Swift et Addison, réunis dans le même salon de manière passablement anachronique.

Souvent le rêve ou l'hallucination suffisent pour remonter dans le temps. *Du Barry was a lady* (Roy Del Ruth, 1943) est un des meilleurs exemples. Louis Blore, garçon de vestiaire, aime May Daly, vedette d'un night-club new-yorkais, et, après avoir gagné aux courses, pense pouvoir l'épouser. Mais il fait un cauchemar où il est Louis XV en 1743, et May une Mme Du Barry fort peu docile. A son réveil, Louis comprend que l'amour ne s'achète pas. Le cadre du cauchemar est déterminé d'une part par le prénom de Louis, d'autre part par le numéro qu'avait chanté Lucille Ball dans la scène d'ouverture: 'Du Barry was a lady.'[7] Dans la séquence à la cour de Louis XV, qui dure quarante-cinq minutes, le comique repose essentiellement sur les anachronismes du dialogue.

Les Belles de nuit de René Clair (1952) est également construit sur le principe du rêve. Claude (Gérard Philipe), professeur de musique de province, est accablé par la médiocrité et les bruits de la France de 1950. Il se réfugie en rêve dans un passé de plus en plus lointain. A l'invitation d'un général qui cite approximativement Talleyrand ('Ceux qui n'ont pas vécu avant leur fichue révolution n'ont pas connu la douceur de vivre'), Claude parvient en 1789. Cette séquence, entrecoupée de plusieurs réveils, occupe une dizaine de minutes. Claude est d'abord un maître de musique chassé pour avoir embrassé Suzanne, son aristocratique élève (qui a le prénom et les traits de la fille du garagiste de 1950); il se

---

7. 'Back in the 18th century, when romance was in bloom / And Louis XV wasn't just a sofa in a room / A simple little country girl who knew a thing or two / Got very very chummy with His Majesty King Lou' (paroles et musique de Cole Porter).

transforme alors en tribun révolutionnaire. Puis, devenu représentant du peuple, il profite d'une chasse aux papillons pour annoncer à Suzanne qu'il l'enlèvera au premier chant du coq. Dans le troisième segment du rêve, il arrive en retard au rendez-vous fixé; il court rejoindre Suzanne dans les geôles de la Terreur, et comprend enfin que le bonheur est précisément à l'image du monde où il se croyait malheureux:

> Goûter les joies de nos descendants, vivre au XXe siècle!
> – Qu'il sera doux de naître en ce temps-là!
> – Nous serions tous égaux. Ton père ne serait pas marquis.

Il se réveille au moment où il va être guillotiné et passe la dernière demi-heure du film à fuir un passé devenu cauchemardesque. Comme dans *Du Barry was a lady*, les personnages des diverses époques sont interprétés par les mêmes acteurs; et il y a sans doute quelque chose de profondément cinématographique dans les dédoublements et les métaphores que permet le changement de costume.[8]

Camille (Ray C. Smallwood, 1921) est une adaptation de la *Dame aux camélias* de Dumas fils. Le film contient, paraît-il, une scène de rêve où Armand Duval (Rudolf Valentino) et Marguerite Gautier (Alla Nazimova) sont Des Grieux et Manon. Rien de tel dans la pièce de 1852; la scène a dû être conçue comme le développement d'un passage du chapitre 3 du roman de 1848 où Armand, plongé dans la lecture de *Manon Lescaut*, est frappé par la ressemblance entre les deux histoires d'amour tragique. *Ten blocks on the Camino Real* (Jack Landau, 1966, d'après une pièce de Tennessee Williams) est aussi un rêve, celui, assez décousu, de Don Quichotte où se rencontrent divers personnages réels ou de fiction, dont Jacques Casanova et Marguerite Gautier. Il n'est pas certain qu'on puisse ici parler de voyage dans le temps, dans la mesure où tous les personnages sont comme suspendus hors du temps.

Brigadoon (Vincente Minnelli, 1954) tient une place à part dans cette utilisation merveilleuse du dix-huitième siècle: deux Américains découvrent un village écossais figé dans le dix-huitième siècle. Brigadoon leur est offert comme un spectacle, donné une fois tous les cent ans, auquel ils peuvent participer mais qu'ils sont libres de quitter. Ce qui distingue *Brigadoon* de *Du Barry was a lady* ou des *Belles de nuit*, c'est que l'illusion de la douceur du passé n'est pas brisée et que le héros décide finalement de ne pas rejoindre le présent.

Mais le voyage peut se faire en sens inverse. Il n'y a pas alors à proprement parler représentation du dix-huitième, mais intrusion d'un personnage du dix-huitième siècle dans un contexte moderne. Ce

---

8. Voir plus loin *Le Voyage imaginaire* de René Clair (1925). Nous n'avons pas pu vérifier si un film allemand de 1924, *Auf Befehl der Pompadour* (Friedrich Zelnik), est lui aussi un voyage dans le temps sur le mode du rêve, comme le suggère son générique.

sont par exemple des fantômes qui viennent du passé pour aider, inspirer ou troubler, comme dans *The Remarkable Andrew* (Stuart Heisler, 1942), *The Time of their lives* (Charles Barton, 1946, avec Abbott et Costello) et *Blackbeard's ghost* (Robert Stevenson, 1967). *Miss Morison's Ghosts* (John Bruce, 1981) raconte l'histoire 'vraie' de deux touristes anglaises qui, lors d'une visite à Versailles au début du vingtième siècle, aperçurent les fantômes de la cour de Louis XVI.

Les intrusions jouent un rôle particulier dans deux genres aux frontières imprécises: le film érotique et le film d'horreur. Au cinéma encore plus qu'ailleurs, le dix-huitième siècle est celui du libertinage. Un simple nom (Casanova, Du Barry, Pompadour) suffit à suggérer tout un monde de licence et de débauche. Mais les longs métrages érotiques costumés sont plutôt rares, sans doute pour des questions de budget. On préfère des fictions courtes (voir la 'Série rose' de la télévision française à la fin des années 1980) ou des intrusions ponctuelles. *The Exotic time machine*, cité plus haut, évoque les frasques sexuelles de Marie-Antoinette, déjà (brièvement) à l'œuvre dans *The Devil in Miss Jones, part II* (Henri Pachard, 1982), où elle fait partie d'un panthéon de célébrités libidineuses peuplant un enfer aux allures de carnaval.

Marie-Antoinette est également une figure récurrente du film d'horreur, et notamment d'un sous-genre inauguré par *Mystery of the wax museum* (Michael Curtiz, 1933). On retrouve sa présence cireuse dans *The House of wax* (André de Toth, 1953) et *The Exotic house of wax* (Cybil Richards, 1966), où elle côtoie Casanova et Sade. Ce dernier fait aussi partie des dix-huit hommes les plus méchants de tous les temps que présente le musée de cire ambulant de *Waxwork* (Anthony Hickox, 1988). *Corridor of mirrors* (Terence Young, 1947) évoque la Révolution française à travers le musée Tussaud, dans une histoire gothique de meurtre et de réincarnation. Sur un mode plus léger, *Le Voyage imaginaire* (René Clair, 1925) avait déjà montré le tribunal révolutionnaire dans un rêve inspiré par les figures du musée Grévin.

Comme *Corridor of mirrors*, *Night terrors* (Tobe Hooper, 1993) exploite le thème de la réincarnation. Un descendant du marquis de Sade qui perpétue les errements familiaux en dirigeant une secte perverse en Egypte est attiré par la fille d'un archéologue, qui se révèle être la réincarnation d'un amour de Sade, lequel apparaît à travers une série de flash-backs.

Dans *The Man who turned to stone* (Laszlo Kardos, 1957), l'idée associée au siècle des Lumières est celle de la science dévoyée: des savants du dix-huitième siècle se sont maintenus en vie jusqu'à nos jours en pompant l'énergie bio-électrique de jeunes vierges. Une malédiction prométhéenne pèse aussi sur *Hellraiser, Bloodline* (Alan Smithee [Kevin Yagher], 1996), où les descendants d'un fabricant de jouets français du dix-huitième siècle tentent de réparer la diabolique imprudence de leur ancêtre.

Enfin, plus rarement, le conflit entre les époques peut prendre la forme d'une mise en abyme. Ce qui est alors donné à voir est par exemple le tournage d'un film dont l'action est située au dix-huitième siècle. C'est le cas dans *Tristram Shandy: a cock and bull story* (*Tournage dans un jardin anglais*, Michael Winterbottom, 2005) qui raconte les accidents du tournage d'une adaptation de *Tristram Shandy*. Je crois savoir que *Alzire, oder der neue Kontinent* (Thomas Koerfer, 1977) montre Rousseau et Voltaire commentant du haut du ciel les difficultés d'une petite troupe de théâtre qui, pour célébrer le 200ᵉ anniversaire de la mort de Voltaire, tente de monter une de ses tragédies: *Alzire, ou les Américains*. Dans *Sweet liberty* (Alan Alda, 1986), un historien dont le livre sur la guerre d'Indépendance américaine est porté à l'écran, se heurte au metteur en scène, au scénariste et aux acteurs. Mais l'exemple le plus célèbre est *Singin' in the rain* (Stanley Donen et Gene Kelly, 1952), où deux stars du muet interprètent un film '100% all talkie' intitulé *The Duelling cavalier*, situé au dix-huitième siècle, dont on voit une scène (en noir et blanc). Le son et le dialogue se révèlent catastrophiques. Le film est alors transformé en une comédie musicale: *The Dancing cavalier*. L'épisode est inspiré par les déboires réels de Norma Talmadge lors du tournage de son premier et dernier film parlant: *Dubarry, woman of passion* (Sam Taylor, 1930).

Quelles conclusions tirer de ce panorama d'exemples hétéroclites? On note d'abord que le dix-huitième siècle, plus qu'aucune autre époque, est fréquemment convoqué pour servir de cadre à des épisodes de film. Le dix-neuvième siècle a sans doute été plus souvent représenté au cinéma, mais on voit peu de héros s'évader en rêve vers le règne de Victoria, ou arriver en vaisseau spatial à la cour de Louis-Philippe. Pour le cinéma occidental du vingtième siècle, le dix-huitième siècle est à la bonne distance, géographiquement, historiquement, culturellement. Il possède le degré d'étrangeté voulue, sans que ses enjeux nous soient trop inaccessibles. En matière de mœurs ou de politique, les traces des conflits du siècle des Lumières sont familières au grand public du vingtième siècle (à cet égard le duel entre le janséniste et le jésuite dans *La Voie lactée* constitue un contre-exemple non dépourvu d'ironie). Qu'il en représente l'inverse, rêvé ou honni, ou qu'il en préfigure certains aspects, le dix-huitième siècle prend son sens par rapport à notre époque; c'est pourquoi non seulement il intéresse le cinéma, mais aussi qu'il se prête aux types de montage que nous avons décrits.

Parmi ces intrusions du dix-huitième siècle, la première place est occupée par le dix-huitième siècle français. Cette remarque vaut généralement, et pas seulement pour les formes de récits auxquelles nous nous sommes intéressé ici: on sait que les scénaristes, fussent-ils d'Hollywood, sont beaucoup plus intéressés par les turpitudes du règne de Louis XV ou les horreurs de la Terreur que par la naissance des Etats-Unis. Les deux grands thèmes associés à la représentation de cette France sont les excès du libertinage et ceux de la Révolution, qui exercent à la fois fascination et répulsion (un troisième thème relevé ci-dessus, celui des dangers de la science, n'est pas particulièrement lié à la France: Frankenstein est citoyen suisse).

Ces thèmes peuvent être traités sur le mode sérieux (terreur, pitié, et ainsi de suite); ce fut le cas du temps du muet et pendant les premières années du cinéma parlant. Mais depuis, le ton habituel a été celui de la comédie. Le rapport au passé, du moins à ce passé-là, se fait aujourd'hui naturellement via la parodie. Cette déformation est sans doute liée au genre de films qui nous occupe. En effet, si l'on conçoit mal un film comique long entièrement situé sous l'ancien régime,[9] une tradition burlesque, héritée du music-hall, repose en revanche sur le contraste entre deux époques, et sur la vitesse avec laquelle changent décors et costumes. Car ce qui compte est moins le costume lui-même que le fait que l'acteur en change.[10] L'habit est avant tout déguisement et travestissement; d'où l'importance des scènes de bals costumés qui constituent comme l'essence d'un siècle que le cinéma tend à considérer comme une longue fête, fâcheusement interrompue. Il est arrivé que la frivolité généralement connotée par la référence au dix-huitième siècle fût associée au tragique de la passion, comme dans *Lumière d'été* de Jean Grémillon (1944, sur un scénario de Pierre Laroche et Jacques Prévert) où, pendant et à la suite d'un bal costumé, les deux aristocrates dégénérés qu'incarnent Pierre Brasseur et Madeleine Renaud, sont déguisés en Des Grieux et Manon Lescaut. Cet exemple rare fait regretter que l'habitude se soit prise, au cours de la seconde moitié du siècle dernier (disons depuis Guitry), de confronter passé et présent sur le mode dominant de la dérision. Mais c'est une pente difficile à éviter, et peut-être Henry James avait-il raison de penser que 1820 est plus propice à suggérer sérieusement le 'sense of the past'.

---

9. *Start the Revolution without me* est l'exception qui confirme la règle: des 90 minutes du film, on ne retient guère que deux ou trois scènes d'anthologie.
10. Le public reprochait parfois aux costumes masculins du dix-huitième siècle (notamment à ceux portés par Rudolf Valentino dans le *Monsieur Beaucaire* de 1925) d'être trop féminins, ce qui incitait les acteurs soucieux de leur image à ne pas les porter trop longtemps.

L'infilmable dix-huitième siècle de *Tristram Shandy* à *Münchhausen*: adaptation, transposition, inspirations

GUY SPIELMANN

La plupart des films dits 'd'époque' – ceux dont l'action se situe avant la seconde partie du vingtième siècle – sont conçus et présentés comme des 'adaptations' d'une fiction narrative (roman, nouvelle ou conte) ou dramatique. Plus rarement, le film est réputé être 'inspiré d'événements réels' qui pourront éventuellement avoir déjà fait l'objet d'un texte non-fictionnel, comme par exemple le *Marie-Antoinette* dont Sofia Coppola a écrit le scénario à partir d'une biographie.[1] L'attention du public et des critiques se focalise alors soit sur les qualités et les défauts du film sur le plan esthétique ou narratif, soit par des questions de véracité historique, et on en oublie facilement à quel point la notion d'"adaptation" pose problème.

Dans un article fondateur sur ce sujet, André Bazin, l'un des pionniers de la critique cinématographique française, se préoccupait surtout de l'"impureté' que risquait d'introduire une tendance alors nouvelle à l'adaptation,[2] en se demandant si le cinéma devait renoncer à son autonomie: 'est-il en passe de devenir un art subordonné et dépendant en numéro bis de quelque art traditionnel?'[3] Même en tenant compte de l'évolution des mentalités et des méthodologies – ce que Bazin dénonce en 1958 comme 'pillage' passerait sans doute aujourd'hui pour une forme banale d'intertextualité – l'analyse reste d'actualité dans les présupposés qu'elle révèle quant à ce qui est effectivement 'adapté' au cinéma.

Il y aurait donc, pour résumer, deux grands types d'adaptation: l'une, aussi vieille que le cinéma, consiste à faire des films inspirés plus ou moins précisément par des personnages et une histoire d'origine romanesque, mais devenus en quelque sorte a-génériques: 'Javert et d'Artagnan font désormais partie d'une mythologie extra-romanesque, ils jouissent en quelque sorte d'une existence autonome dont l'œuvre

---

1. *Marie-Antoinette*, écrit et réalisé par Sofia Coppola (USA, Columbia / American Zoetrope, 2006). Lady Antonia Fraser, *Marie-Antoinette: the journey* (Londres, 2001).
2. André Bazin, 'Pour un cinéma impur: défense de l'adaptation', dans *Qu'est-ce que le cinéma?* (Paris, 1958), p.81-106.
3. A. Bazin, 'Pour un cinéma impur', p.82.

originale n'est plus qu'une manifestation accidentelle et presque superflue.'⁴ L'autre prétend à une 'équivalence intégrale', ou du moins revendiquant un souci de 'fidélité' à l'œuvre:

> Mais quand Robert Bresson déclare, avant de porter à l'écran le *Journal d'un curé de campagne*, que son intention est de suivre le livre page par page sinon phrase par phrase, on voit bien qu'il s'agit de tout autre chose et que des valeurs nouvelles sont en jeu. Le cinéaste ne se contente plus de piller [...], il se propose de transcrire pour l'écran, dans une quasi-identité, une œuvre dont il reconnaît *a priori* la transcendance.⁵

Ces deux éventualités soulèvent des questions épistémologiques jamais résolues. Même si l'on fait la part d'une vision très datée du genre romanesque chez Bazin, une telle dichotomie persiste de nos jours, avec des nuances qui ne reposent guère que sur l'évolution de la technologie permettant de visualiser de manière photo-réaliste n'importe quel produit de l'imagination, et ôtant par là toute excuse au cinéaste qui voudrait justifier ses écarts par rapport au texte d'origine par des limitations techniques. Ainsi que le faisait remarquer Peter Jackson, réalisateur de *King Kong* et du *Seigneur des anneaux*, 'Aujourd'hui, tout ce qu'on a dans la tête peut être réalisé. Rien n'est impossible. La question n'est donc plus de savoir comment on réalise, mais d'avoir de l'imagination.'⁶

Certes, sur le plan esthétique, des démarches audacieuses, jadis impensables, sont devenues monnaie courante: ainsi Richard Loncraine, puis Baz Lurhmann ont-ils relevé brillamment le défi de produire la version cinématographique d'une pièce de Shakespeare (*Richard III* et *Romeo and Juliet*) où le texte soit prononcé au mot près, tandis que le lieu, l'époque et l'ambiance étaient radicalement altérés.⁷ Mais dans ces deux exemples, l'essentiel de la matière se présentait déjà sous forme de dialogues, le texte dramatique de départ étant naturellement pauvre en didascalies.

En revanche, qu'en est-il du roman? Un film peut-il jamais être 'fidèle' à un texte narratif, descriptif, voire argumentatif? Que signifie au juste 'suivre le livre page par page sinon phrase par phrase'? Bazin, après avoir rappelé que 'le roman a ses moyens propres', et que 'sa matière est le langage, non l'image',⁸ suggère que, dans les meilleurs cas, le phénomène

---

4. A. Bazin, 'Pour un cinéma impur', p.82.
5. A. Bazin, 'Pour un cinéma impur', p.82.
6. 'Peter Jackson, le conteur aux pieds nus', entretien avec Elsa Fayner, *Epok* 44 (juillet 2006), p.6.
7. *Richard III*, scénario de Richard Loncraine et Ian McKellen (Royaume-Uni, United Artists, 1995); *Romeo + Juliet*, scénario de Luhrmann et Craig Pearce (USA, Twentieth Century Fox, 1996).
8. A. Bazin, 'Pour un cinéma impur', p.95.

par lequel on peut 'transcrire pour l'écran' une matière linguistique repose non sur une translation méthodique du texte à l'image, mais sur telle ou telle 'trouvaille spécifiquement cinématographique' par laquelle le cinéaste aborde le texte d'origine avec 'un respect sans cesse créateur',[9] c'est-à-dire en restituant à l'écran l'esprit plutôt que la lettre du roman.

Or, à de rarissimes exceptions près, tout film se fonde sur un script (ou scénario), texte *sui generis*, original ou non, mais déjà 'adapté' au discours cinématographique: on ne filme jamais à partir d'un roman tel quel. Mais, matériellement et sémiotiquement parlant, cet objet reste d'une toute autre nature qu'une séquence de vingt-quatre images par seconde, si bien que le passage de l'un à l'autre consiste en une double opération de transmédiation et de transémiotisation. Autrement dit, roman et scénario étant deux types textuels, transformer l'un en l'autre nécessite une simple opération 'horizontale' qu'on peut proprement nommer adaptation, tandis que le passage du scenario (texte) au film (séquence d'images) implique une opération double et 'verticale' d'un médium à un autre et d'un système signifiant à un autre. Même l'existence d'un *storyboard*, texte encore mieux 'adapté', puisqu'il appartient déjà au domaine de l'image, n'affecte en rien cette réalité.

Ce phénomène se trouve complexifié par le nombre de paramètres dont on doit absolument tenir compte: chaque angle de prise de vue, chaque objet qui paraît à l'écran, chaque élément de costume, le physique de chaque personnage sont autant de détails dont un texte peut faire abstraction, ou auxquels il peut référer en des termes qui n'imposent pas une image précise, tandis qu'au cinéma ces éléments doivent tous être actualisés en permanence.[10] Alors que dans un roman, un personnage, un décor peuvent n'être décrits qu'une seule fois, ou même seulement nommé sans être décrit, au cinéma ils possèdent une matérialité de tous les instants qui implique à chaque plan des choix de la part du directeur de la photographie, du décorateur, du costumier, des machinistes et autres truquistes (sans parler des ingénieurs du son, des musiciens et du compositeur). Ces décisions contribuent – souvent de manière déterminante – à donner au film sa forme concrète, sans pour autant toujours se fonder sur un quelconque matériau textuel. Nul roman, même celui d'un auteur maniaque du détail et prodigue en descriptions, ne comporte une matière informationnelle équivalente à celle dont le film a besoin à chaque image, et qui ne saurait être relayée par le scénario, ni même par le *story-board*. Loin d''appauvrir' le roman, ainsi qu'on le lui reproche souvent, le cinéma doit alors en pallier les

---

9. A. Bazin, 'Pour un cinéma impur', p.97.
10. Le refus d'actualiser tous les éléments visuels se traduit par une schématisation qui donne au film une esthétique théâtrale.

insuffisances et les ellipses, car le texte narratif se révèle bien chiche en indications visuelles dont le cinéaste ne peut se passer.

On s'interrogera donc sur les modalités exactes de la 'fidélité à l'original' presque toujours évoquée dans les films tirés d'un texte préexistant. En réalité, elle se limite à deux ou trois composantes: l'histoire (c'est-à-dire une structure événementielle fondamentale)[11] et les personnages, voire les dialogues.[12] Rappelons toutefois qu'un film n'en reste pas moins, sur le plan ontologique, un objet tout à fait différent du roman auquel on le dit plus ou moins 'fidèle'... 'Suivre le livre page par page sinon phrase par phrase', c'est donc, au mieux, reprendre dans le scénario l'intrigue, les principaux personnages et, dans la mesure du possible, les dialogues – mais en évacuant tout ce qui fait qu'un roman est un roman.

Le discours ordinaire tendant ainsi à confondre dans le terme d'adaptation plusieurs réalités bien distinctes, je propose de considérer plus restrictivement que celle-ci consiste à transformer un texte (roman, conte, article de journal, pièce...) en un autre texte (le scénario); par transposition, on désignera une adaptation qui conserve l'histoire, ou parfois seulement l'intrigue, en procédant à diverses modifications d'éléments de surface (temps et lieu de l'action, nombre et importance des épisodes, patronymes des personnages). Les diverses versions filmées des *Liaisons dangereuses* montrent l'étendue des solutions intermédiaires: tout en retenant l'histoire et les personnages, l'époque et le lieu, on peut changer la langue (*Dangerous liaisons* de Steven Frears en 1988), ou au contraire garder la langue en changeant l'époque (version de Roger Vadim en 1960), voire changer à la fois la langue, l'époque, le lieu et même le titre (*Cruel intentions* de Roger Kumble en 1999), ou encore garder l'ensemble de ces éléments tels qu'ils figurent dans le livre de Choderlos de Laclos (dramatique réalisée pour l'ORTF par Claude Barma sur un scénario de Charles Brabant en 1980).[13] Ces changements

---

11. L'*histoire* est une structure événementielle fondamentale d'où la *narration* peut tirer une multiplicité de *récits* en fonction de l'agencement des événements, de focalisation sur tel ou tel événement, du retrait ou de l'ajout de certains éléments, et ainsi de suite. L'*intrigue* est la structure événementielle de surface de l'un des récits possible à partir d'une seule et même histoire. Sur les notions d'histoire et de récit au cinéma, voir le site internet du scénariste Olivier Mergault, *CSCinéma*, http://www.cscinema.com.
12. Les dialogues peuvent être oralisés tels quels s'ils se présentent déjà au style direct, adaptés s'ils sont au style indirect, ou encore inventés par interpolation. Soulignons ici que la pièce de théâtre est déjà mieux 'adaptée' que le roman au film, et qu'elle peut donc servir de relais sans pour autant rendre inutile la rédaction d'un scénario. Par exemple, le scénario du *Dangerous liaisons* de Frears est l'adaptation par Christopher Hampton d'une pièce de théâtre dont il est l'auteur, elle-même écrite à partir du roman de Choderlos de Laclos.
13. Mentionnons également un livret d'opéra en anglais dû à Philip Littell et mis en musique par Conrad Susa, dont la production par le San Francisco Opera a fait l'objet d'un téléfilm réalisé par Gary Halvorson en 1994.

peuvent procéder d'une démarche intentionnelle, ou avoir été imposés par les circonstances: le titre du *Valmont* de Milos Forman (1989), par exemple, se justifiait par la nécessité de distinguer le film des *Dangerous liaisons* de Frears, sorti quelques mois plus tôt, même si le scénario de Jean-Claude Carrière n'était certainement pas moins 'fidèle' au roman de Laclos que celui de Hampton. Kumble, quant à lui, a pris le parti de tout transposer, ne conservant à titre de clin d'œil qu'une partie du nom des deux personnages principaux: 'Kathryn Merteuil' et 'Sebastian Valmont'.

Ce qu'aucun de ces scénaristes n'a cherché (ou réussi?) à sauvegarder, toutefois, c'est la forme épistolaire des *Liaisons dangereuses*, malaisément transformable en récit cinématographique. Dans la plupart des cas, le spectateur n'ayant pas lu le texte de Laclos peut parfaitement ignorer qu'il est intégralement composé de lettres échangées par les principaux personnages; et qui connaît le roman en fera probablement abstraction pour juger chaque version plus ou moins 'fidèle' à l'original sur d'autres critères. Rares sont ceux qui estimeront le roman 'trahi' par l'un ou l'autre film, tellement s'impose comme évidente une diégèse cinématographique qui fait oublier qu'elle est une forme parmi d'autres, laissant croire que, selon la célèbre formule de Benveniste, 'les événements semblent se raconter eux-mêmes.'[14] Ce qu'on oublie aussi un peu trop facilement, c'est que le cinéma n'a pas pour seule vocation de raconter des histoires sur un modèle aristotélicien, c'est-à-dire construites selon une progression linéaire comportant un début, un milieu et une fin, avec des personnages vraisemblables agissant de manière psychologiquement cohérente.

La notion commune d'"adaptation' présente en effet l'inconvénient majeur de donner une importance démesurée à la composante narrative. L'une des toutes premières occurrences de 'diégèse' figurait d'ailleurs en 1951 dans un article d'Etienne Souriau sur le vocabulaire de l'esthétique du cinéma,[15] et Bazin notait déjà en 1958 que 'le cinéma est entré insensiblement dans l'âge du scénario; entendons: d'un renversement du rapport entre le fond et la forme.'[16] Ce 'fond' qui domine désormais, c'est l'histoire, la *fabula*, c'est-à-dire la séquence d'événements qui fait l'objet du récit: comment expliquer autrement que l'on puisse qualifier un texte romanesque d'inadaptable' au cinéma, ainsi que l'a fait l'ensemble de la critique lors de la sortie de *Tristram Shandy: a cock and bull story*, de Michael Winterbottom?[17] Le chroniqueur du *New York Times*

---

14. Emile Benveniste, *Problèmes de linguistique générale*, 2 vol. (Paris, 1966), t.1, p.241.
15. Etienne Souriau, 'La structure de l'univers filmique et le vocabulaire de la filmologie', *Revue internationale de filmologie* 7-8 (1951), p.231-40.
16. A. Bazin, 'Pour un cinéma impur', p.105.
17. *Tristram Shandy: a cock and bull story* (*Tournage dans un jardin anglais*), réalisé par Michael

n'hésitait pas à écrire alors: '*The Life and Opinions of Tristram Shandy, Gentleman*, a staple of college English Literature surveys, is so widely believed to be unfilmable that you can almost imagine that when Laurence Sterne wrote it in the middle of the 18th century, one of his intentions was to flummox future *cineastes*.'[18] Or, puisque l'histoire du cinéma nous offre d'innombrables exemples de films réalisés 'à partir de' matériaux d'une immense variété – textes romanesques, politiques, poétiques, judiciaires; tableaux; compositions musicales; bandes dessinées, et ainsi de suite – on voit mal comment certains de ces matériaux seraient moins 'filmables' que d'autres, sauf à considérer une séquence narrative de type aristotélicien comme mieux adaptée, ou même exclusivement propre au cinéma.

Il est certes indubitable que Sterne, en publiant *Tristram Shandy*, voulait dérouter le lecteur en jouant de façon systématique (et drolatique) sur les codes du genre romanesque en cours de sédimentation; mais les procédés qu'il employait en 1760 n'effarouchent guère le spectateur du vingt et unième siècle, désormais rompu à la déstructuration radicale du modèle aristotélicien, encore accentuée au cinéma par la tendance contemporaine aux montages particulièrement hachés. Pourtant, une trame diégétique, même violemment laminée et triturée, reste fondamentalement diégétique; et la véritable difficulté que présente *Tristram Shandy* au lecteur – et *a fortiori* au cinéaste – c'est précisément de subvertir ce modèle en faisant croire qu'il y a, qu'il va y avoir récit, alors qu'en réalité l'accumulation des digressions, des mises en abyme, des changements de plan discursif, des ruptures de ton et autres coq-à-l'âne entravent le développement diégétique que le narrateur ne cesse pourtant de promettre.

Plutôt que de décréter le texte de *Tristram Shandy* 'inadaptable' au cinéma, on dira que toute tentative de le restructurer pour en tirer un scénario diégétique est vouée à l'échec puisque la matière du roman (pour autant qu'on puisse le considérer comme tel...), nonobstant le titre, n'est pas la vie de Tristram Shandy, mais les modalités d'élaboration du récit de cette vie, et, partant, de tout récit romanesque. Le critique américain Roger Ebert a ainsi décrit l'œuvre de Winterbottom comme 'a film about the making of a film based on a novel about the writing of a novel'.[19] De fait, le réalisateur n'a pas cherché à sacrifier à la tradition diégétique, préférant comme Sterne offrir au public 'Une histoire sans

---

Winterbottom sur un scénario de Winterbottom et Frank Cottrell Boyce (Royaume-Uni, BBC / Picturehouse, 2005).

18. Anthony O. Scott, 'An unfilmable book, now made into a movie', *The New York Times* (27 janvier 2006), p.B1-B27.
19. '*Tristram Shandy: a cock & bull story*', compte rendu de Roger Ebert, *Chicago Sun Times* (17 février 2006), p. NC27.

queue ni tête',[20] par une démarche consistant à transposer la structure, ou plutôt l'anti-structure de *Tristram Shandy*, c'est-à-dire à déconstruire la narration cinématographique conventionnelle. *A Cock and bull story* n'est donc ni un simple récit de fiction, ni le récit d'un récit (structure d'enchâssement utilisée par exemple dans le célèbre *Carrosse d'or* de Renoir), ni même un récit savamment découpé à grands coups de flashback et de flash-forward pour abolir toute linéarité de surface. Le film s'ingénie plutôt à brouiller les frontières entre différents niveaux de fiction, entre l'histoire de Tristram proprement dite (dont le récit n'est que l'une des composantes du 'roman') et la tentative de filmer l'ensemble de *Tristram Shandy*; la 'trouvaille purement cinématographique' de Winterbottom consiste à mettre sur un même plan les bribes d'une version filmée traditionnelle, qui reprend l'histoire et les personnages du roman, et un pseudo-*making of* qui se confond avec le film lui-même. Le résultat reflète finalement très bien l'esprit et la démarche de Sterne: en affectant de révéler au lecteur les rouages de la création, celui-ci prenait pour sujet non pas la fable en tant que telle, mais les problèmes rencontrés dans la réalisation de cette fable avec les moyens de l'écriture littéraire, y compris dans sa dimension la plus matérielle (mise en page, typographie).[21]

Ce n'est pas sans raison que Roger Ebert cite Boyle comparant son scénario à celui de Charlie Kaufman pour *Adaptation*, film qui prend justement pour sujet les affres subies par un scénariste chargé de rendre filmable un article de magazine sur un voleur d'orchidées – texte captivant dans sa forme originelle, mais qui se révèle particulièrement résistant aux efforts de réduction diégétique.[22] Or *Adaptation* traite effectivement d'une adaptation telle que je l'ai définie ici, celle d'un texte (journalistique) en un autre texte (scénaristique), tandis que *A Cock and bull story* met en fiction la réalisation du film proprement dite, et, singulièrement, la rivalité entre deux acteurs, Steve Coogan et Rob Brydon (joués par Steve Coogan et Rob Brydon), qui se disputent la vedette de façon aussi vaine que pusillanime. Cette rivalité, qu'on imagine d'abord devoir demeurer 'en coulisses', finit par phagocyter presque complètement l'histoire de Tristram Shandy pour devenir ostensiblement le vrai sujet du film, tout comme dans le texte de Sterne

---

20. C'est le sens de l'expression 'a cock and bull story' empruntée à l'avant-dernière ligne du roman, et qui sert de titre au film. Il est à noter que ce même terme argotique de *bull* ('billevesées') est utilisé dans la bande-annonce des *Aventures of baron Munchausen* de Terry Gilliam.
21. En termes de sémiotique, on dira que le contenu de l'œuvre s'assimile ici à la forme de l'expression.
22. *Adaptation*, réalisé par Spike Jonze sur un scénario de Charlie et Donald Kaufman (USA, Columbia, 2002).

les digressions en tout genre réduisaient l'histoire du héros à quelques lambeaux épars, dans une narration tellement mise à mal que le roman, au bout du dixième volume, se clôt deux ans avant la naissance du personnage dont il est censé nous raconter la vie.

Au même titre que *Tristram Shandy*, *A Cock and bull story* constitue certes une œuvre-limite destinée sans doute à rester un hapax, et qui ne remettra pas en cause la prépondérance de la forme diégétique à l'écran. Au moins ce film a-t-il le mérite de problématiser la transémiotisation cinématographique en montrant qu'elle ne se limite pas à l'adaptation d'un texte romanesque sous forme de scénario – et, accessoirement, de nous rappeler que la subversion ludique des formes établies constitue en soi un legs des Lumières. Dans ce sens, le film de Winterbottom, entièrement situé au vingt et unième siècle, porte bien sur le dix-huitième; mais c'est moins parce qu'il nous montre le tournage d'un film dont l'action est censée se dérouler vers 1760, que par l'évocation d'un esprit de dérision critique qui appartient en propre à cette époque; d'où la boutade (intraduisible) lancée par Steve Coogan: 'This is a postmodern novel before there was any modernism to be post about.'

C'est également le cas d'un autre film signé par un réalisateur britannique connu pour cultiver le *nonsense*, Terry Gilliam: *The Aventures of baron Munchausen* (1988).[23] A première vue, toutefois, ce *Munchausen* semble se conformer à la linéarité narrative traditionnelle en dépit de la fantaisie poétique qui en émane: il faut, pour en saisir pleinement l'intérêt, s'intéresser au(x) texte(s) dont le scénario de Gilliam et McKeown est adapté. On range trop souvent le récit des aventures du baron de Münchhausen dans la catégorie des contes enfantins, habitués que nous sommes à en lire des versions édulcorées et déjà aménagées, le plus souvent dans des collections destinées à la jeunesse;[24] l'original – ou, pour mieux dire, les originaux – sont autrement plus intrigants sur le plan de la structure, et à peine moins problématiques que *Tristram Shandy* dans la perspective d'une translation de la page à la pellicule, à tel point qu'un commentateur a déclaré que 'Jamais un être raisonnable et sain d'esprit n'aurait osé réaliser un film tel que *Les Aventures du baron Munchausen*',[25] tandis que Gilliam lui-même renchérissait: 'Je suis incapable de faire un film normal. J'ai une vision un peu tordue de la

---

23. *The Adventures of baron Munchausen*, réalisé par Terry Gilliam sur un scénario de Gilliam et Charles McKeown (Royaume-Uni, Columbia, 1988).
24. Jusqu'à récemment, l'édition la plus aisément disponible en France était celle de Gallimard dans la collection 'Folio Junior' (Paris, 1977). Alors que les aventures du baron, sous forme de grands livres d'images, figuraient encore souvent, il y a une trentaine d'années, dans les collections pour enfants à l'instar des contes de Perrault ou de Grimm, elles ne sont presque plus éditées en français.
25. Edouard Brasey dans Terry Gilliam, *Les Aventures du baron Munchausen de Terry Gilliam: l'album du film*, éd. Jean-Louis Festijens (Paris, 1989), non paginé.

réalité. J'aime donner l'impression que les choses extraordinaires sont ordinaires. De ce point de vue, le XVIIIe siècle me convient parfaitement, parce que c'est une période située entre la raison et le baroque, et que cela offre de grandes possibilités de contrastes.'[26] Le choix de Gilliam est indéniablement ironique: le film s'ouvre sur une vue panoramique où viennent se surimposer les mots 'The Eighteenth Century – The Age of Reason', et le metteur en scène s'amuse visiblement beaucoup à ridiculiser la vision ultra-rationaliste incarnée par l'administrateur Jackson ('The Right Ordinary Horatio Jackson'), qu'il oppose à la fantaisie du baron. Dans ce cas, la figure de Münchhausen est donc convoquée pour dénoncer une certaine dérive des Lumières, paradoxalement accusées d'avoir annihilé l'esprit de liberté qui aurait présidé à une époque désormais révolue. Bien que ni le lieu ni l'année ne soient exactement identifiés, de nombreux détails suggèrent un cadre postrévolutionnaire, la ville assiégée par les Turcs se présentant sous la forme d'une république utopique vouée au culte de la raison, et dont les dirigeants font preuve d'un optimisme aussi injustifié que dangereux, rejetant avec un zèle poussé jusqu'à l'absurde les valeurs d'"ancien régime' telles que l'honneur et l'héroïsme.

Or cette structure axiologique (Raison vs. Fantaisie, Ancien Régime vs. République, Occident vs. Orient), particulièrement nette dans le film, ne provient absolument pas des versions textuelles originales des aventures du baron; l'adaptation serait-elle donc une appropriation, voire une récupération ou un détournement de la geste de Münchhausen, où Gilliam et McKeown auraient par ailleurs cherché à éluder le problème épineux de structure en élaborant un récit conventionnel? Une analyse plus poussée révèle que le film vise en fait à préserver une caractéristique fondamentale des *Münchhausen* originaux: le brouillage entre fiction et réalité, ou plus exactement l'affirmation que la belle fiction, voire la fiction à laquelle on croit fermement, est en un sens plus réelle que la vérité – réflexion critique sur les limites de l'entreprise démystifiante des Lumières, et des pouvoirs de la Raison (au sens kantien du terme)?

Si les aventures qui lui sont attribuées relèvent de la fantaisie, Karl Friedrich Hieronymus, baron de Münchhausen (1720-1798), a bel et bien existé; officier de cavalerie prussien, il avait combattu dans l'armée russe contre les Turcs en 1740-1741, avant de se retirer dans son village natal de Bodenwerder (actuellement en Basse-Saxe), où il se fit une solide réputation de conteur, consacrée en 1781 par la publication de quelques anecdotes dans un almanach, *Vademecum für lustige Leute*. Cette renommée s'amplifia considérablement à partir de 1785, lorsque le polygraphe Rudolf Erich Raspe (1737-1794) donna une version augmentée en anglais

---

26. E. Brasey dans T. Gilliam, *Les Aventures du baron Munchausen: l'album du film*.

sous le titre de *Baron Münchhausen's narrative of his marvellous travels and campaigns in Russia*, suivie dès 1786 d'une autre version encore élargie – et de nouveau dans la langue d'origine – par les soins de l'érudit Gottfried August Bürger (1747-1794): *Wunderbare Reisen zu Wasser und Lande, Feldzüge und lustige Abenteuer des Freiherrn von Münchhausen*.[27] C'est le plus généralement cette dernière mouture qui sert de base aux traductions et adaptations modernes.[28]

Cette chronologie appelle quelques remarques: la fixation dans une forme écrite littéraire d'un corpus oral s'est effectuée presque un demi-siècle après les événements qui lui ont donné matière, et surtout lors d'une période où l'évolution du roman a connu un tournant décisif avec la parution d'œuvres fondatrices (de *Pamela, or Virtue rewarded*, 1740, de Richardson à *Julie, ou La Nouvelle Héloïse*, 1761, de Rousseau), tandis que d'autres mettaient déjà en jeu les conventions du genre – dont au premier chef *Tristram Shandy*, avec lequel *Münchhausen* offre quelques intéressants points communs. Le texte, dans ses diverses versions, présente une structure itérative, commune dans le genre picaresque, et effectivement très difficile à rendre à l'écran, comme l'illustrent par exemple les tentatives de filmer le *Manuscrit trouvé à Saragosse* de Potocki.[29] Chaque chapitre contient une série d'histoires racontée par le baron,[30] l'ensemble étant organisé de façon thématique – 'histoires de chasse' au chapitre 2, de chiens et de chevaux au chapitre 3, guerre contre les Turcs et captivité aux chapitres 4 et 5, 'aventures de mer' aux chapitres 6-17, 'voyage à travers la terre' au dernier chapitre (18). Et si l'auteur a superposé à ces fragments disjoints un squelette d'intrigue, celle-ci se réduit en fait aux déplacements géographiques du héros, de la Russie à l'Egypte, puis à Constantinople et à diverses autres parties du globe, au fond des mers et dans les airs jusqu'à la lune.

Des nombreux incidents relatés par Münchhausen dans le livre, Gilliam et McKeown n'ont retenu pour le scénario qu'une partie, et

---

27. Je laisse de côté le *Münchhausen* de Karl Lebrecht Immermann, publié en 1838-1839, qui met en scène un descendant du fameux baron et n'appartient plus au dix-huitième siècle, ni par la date, ni par le fond, ni par la manière. *A fortiori*, les nombreuses autres versions ultérieures, y compris celles qui francisent Münchhausen en baron de Crac, attestent le fait que, dès le dix-neuvième siècle, les versions originales de Raspe et de Bürger étaient pour ainsi dire tombées dans le domaine public, et avaient cessé d'être perçues comme possédant une plus grande légitimité du fait de leur antériorité.
28. La traduction française de référence, celle de Théophile Gautier fils, est disponible dans la collection 'Merveilleux' chez Corti (Paris, 1998). C'est celle que je cite ici sous le titre de *Münchhausen*, avec le double 'h' d'origine qui a disparu dans le titre du film.
29. *Rękopis znaleziony w Saragossie* de Wojciech Has, sur un scénario de Tadeusz Kwiatkowski (Pologne, 1965) et *La Duchesse d'Avila* (1973) réalisé pour l'ORTF par Philippe Ducrest sur un scénario de Roger Caillois et Véronique Castelnau.
30. Sauf au chapitre 12, composé des 'récits authentiques d'un partisan qui prit la parole en l'absence du baron'.

pas forcément les plus célèbres;[31] ils ont composé un récit original à partir du dixième et du onzième chapitre principalement, lorsque le baron recrute cinq serviteurs doués de pouvoirs extraordinaires (le premier court à une vitesse incroyable, le deuxième possède une ouïe remarquablement fine, le troisième est un tireur d'élite hors pair, le quatrième est d'une force herculéenne et le dernier souffle avec la force d'un ouragan), puis se rend à Constantinople, où il fait avec le Grand Turc le pari extravagant de lui procurer dans l'heure une bouteille de vin provenant de la cave de l'empereur d'Autriche. Il ne s'agit pourtant pas simplement d'une adaptation partielle, puisque le scénario complète ce récit par certains épisodes tirés d'autres chapitres, qui se résument parfois à un unique gag, comme celui du voyage aérien sur les boulets de canon, ou encore celui du bras qui ne peut plus s'arrêter de frapper après la fin du combat (chapitre 4); s'y ajoutent enfin le voyage dans la lune et la rencontre avec Vulcain et Vénus, qui appartiennent à deux chapitres différents (17 et 18 respectivement), mais que le film réunit en deux séquences liées.

On voit que ce rapiéçage a pour effet de renforcer considérablement l'unité et la cohérence narrative des aventures du baron, qui se présentent à l'origine sous forme de fragments disjoints. Outre qu'il modifie certains détails (dans le film, le ballon fabriqué avec les dessous en soie des femmes de la ville assiégée remplace le vaisseau qui mène le héros jusqu'à la lune,[32] où il va chercher Berthold, et non sa hache d'argent), le scénario de Gilliam et McKeown brode longuement sur des passages très brefs du conte, et ajoute plusieurs éléments totalement absents des versions textuelles.[33] Certaines de ces créations sont aussi amusantes que gratuites (l'"orgue à supplices" sur lequel le sultan joue un opéra-comique, *The Torturer's apprentice*), mais d'autres prennent une grande importance dans le film, à commencer par deux personnages de tout premier plan: la petite fille, Sally, qui accompagne le baron et l'empêche à plusieurs reprises de se laisser mourir, et l'administrateur Horatio Jackson, qui exècre le baron et cherche à lui nuire.

---

31. Comme celle du cheval coupé en deux qui continue de boire tandis que l'eau se déverse par derrière, ou celle du cerf sur qui le baron tire avec un noyau de cerise, et qu'il retrouve deux ans plus tard, arborant un cerisier sur le crâne.
32. Mais au chapitre 9, il effectue bien un périple en ballon dans l'espace, jusqu'au soleil.
33. Le principe de l'ajout n'est pas nouveau: déjà chez von Báky, Münchhausen séduisait l'impératrice Catherine de Russie (le baron de Gilliam se souvient lui aussi à plusieurs reprises de sa liaison avec la Grande Catherine), et rencontrait à Venise Cagliostro, dont il recevait une bague magique lui assurant à la fois l'invisibilité et l'immortalité. Bien que manifestement controuvés, de tels épisodes restaient parfaitement cohérents avec le geste du baron, outre qu'ils se justifiaient fort bien par la capacité des textes de littérature 'populaire' à se prêter à l'extrapolation pour générer de multiples versions qui parfois acquièrent une visibilité, sinon une légitimité, supérieure à l'original.

L'introduction de ces deux figures a manifestement pour but de créer une structure actancielle dont l'original est dépourvu: Sally, dans la fonction d'adjuvant, et Jackson, dans celle de l'opposant, sont les truchements nécessaires par lesquels Gilliam et McKeown bricolent une trajectoire narrative pour obtenir un récit-cadre où ils rattachent les divers épisodes pris çà et là dans le texte du roman. C'est aussi la raison pour laquelle le pari avec le Grand Turc, qui n'est au départ qu'une aventure parmi d'autres, se trouve promu au rang d'intrigue. De plus, les serviteurs aux pouvoirs extraordinaires, anonymes et présents au seul chapitre 10 du livre,[34] reçoivent des noms (facteur d'identification pour le public), et suivent le héros tout au long du film, rejoignant ainsi Sally dans la fonction d'adjuvant. Enfin, le périple qui mène le baron de la terre à la lune puis aux enfers et dans les profondeurs marines n'avait dans le roman aucune autre justification que d'ajouter un épisode de plus, conformément au modèle itératif; Gilliam et McKeown croient devoir l'expliquer par un impératif diégétique: le baron doit à tout prix récupérer ses quatre domestiques pour mettre en déroute les Turcs, ce qui permet d'amener le dénouement.

De ce point de vue, la démarche de Gilliam et McKeown semble pratiquement inverse à celle de Winterbottom et Boyce, puisqu'elle vise à substituer la linéarité narrative à la structure itérative de l'œuvre romanesque; en ce sens on peut vraiment dire que le scénario des *Aventures du baron de Munchausen* est une adaptation du texte d'origine. Choix étrange en vérité de la part d'un cinéaste dont la notoriété repose sur une capacité à surprendre le spectateur par l'absurde, l'anachronisme, un humour décalé et une esthétique du 'collage' cinématographique – au sens le plus littéral dans la série *Monty Python's flying circus* (1969-1975), dont il créa les séquences d'animation. Paradoxalement, le final de *Holy Grail!* (coréalisé par Gilliam et Terry Jones en 1974), où la fiction médiévale se délitait soudain dans un pseudo-reportage télévisé, préfigurait une volonté de rupture avec les conventions de la narration cinématographique, telle que l'a manifestée Winterbottom dans *A Cock and bull story*, mais à laquelle Gilliam lui-même semble avoir renoncé dans *Munchausen*. On pouvait croire au premier abord qu'après le délire futuriste de *Brazil* (1985), l'ancien rebelle et son coscénariste en venaient à une manière nettement plus traditionnelle, en dépit de la fantaisie inhérente aux aventures du baron. On ira jusqu'à se demander en quoi cette version, *mutatis mutandis*, se distingue fondamentalement des précédentes, parmi lesquelles celle de Méliès (*Les Hallucinations du baron de Münchhausen*, 1911), celle du tchèque Karel

---

34. En fait, ils ne sont plus que quatre: le 'Gustavus' du film réunit deux pouvoirs, l'ouïe surfine et le souffle surpuissant.

Zerman (*Baron fasil*, 1962), voire du dessin animé français de Jean Image (*Les Fabuleuses Aventures du légendaire baron de Münchhausen*, 1977), et surtout du film de von Báky (1943), produit dans le cadre de la propagande nazie, et dont Gilliam se désolidarise ostensiblement par un avis affiché sur l'écran à la suite du générique de fin.[35]

Il faut pourtant résister à cette première impression pour se rendre compte que le metteur en scène n'a aucunement reculé devant la difficulté, mais qu'il a au contraire cherché une solution filmique permettant de préserver l'esprit de l'œuvre sans pour autant adopter une forme aussi disjointe que celle du roman. Là où Winterbottom transpose au film, par analogie, le caractère 'déconstruit' du texte de Sterne, Gilliam, pourtant familier de la formule du film à sketches – comme celle de *Monty Python's the meaning of life* (1983), qu'il a codirigé – a opté pour un autre type de transposition. Cette solution repose sur un détail important dans la conception du conte, mais que le lecteur n'aura pas forcément relevé: la mention explicite que ces aventures lui sont racontées par le baron en personne, procédé d'inauguration qui permet à la fois de rappeler l'origine orale du récit, de lui insuffler une dynamique propre, très différente de la narrativité au sens aristotélicien, et de ménager certains effets comme l'interruption par réticence, qui laisse deviner des événements ou des traits de caractère du baron que l'on veut évoquer sans les traiter explicitement. Par exemple, le chapitre 10 se termine sur une brève allusion à la faveur accordée par le sultan au baron, prié de choisir dans le harem autant de femmes qu'il désire, suivie de cette déclaration lapidaire: 'N'ayant pas coutume de me vanter de mes aventures galantes, je termine ici ma narration, en vous souhaitant à tous une bonne nuit' (p.79).[36]

Déjà, le *Münchhausen* de 1943 reprenait en la modifiant cette structure enchâssée, avec un procédé dont Gilliam s'est manifestement inspiré (en dépit de ses dénégations): en effet, la scène d'ouverture chez von Báky montre ce qui ressemble à une fête au dix-huitième siècle, jusqu'à ce que l'on se rende compte à certains détails qu'il s'agit en réalité d'un bal costumé au vingtième siècle, où un personnage déguisé en Münchhausen raconte les aventures du baron à d'autres convives – mais il prétend être le baron lui-même, encore vivant grâce à la bague magique de

---

35. *Les Aventures fantastiques du baron Münchhausen* de Josef von Báky sur un scénario d'Erich Kästner (Allemagne, Universum-Film AG, 1943). Quoiqu'il s'agît d'un film commandité par Goebbels, qui visait entre autres à démontrer l'excellence allemande en matière de technique cinématographique, il reste une référence en la matière.

36. La formule désigne clairement le texte comme une série d'histoires correspondant à autant de 'soirées' où le baron régale l'assistance de ses aventures; et le volume s'achève sur une *cauda* similaire – 'Pour aujourd'hui, je prends la liberté de me retirer et de vous souhaiter une bonne nuit' (p.152) – qui met l'accent sur l'itérativité de la structure.

Cagliostro... Finalement, le héros tombe amoureux et renonce à son immortalité pour pouvoir vivre avec sa dulcinée, ce qui permet d'embrayer le récit enchâssé sur le récit enchâssant sans dissiper l'ambiguïté sur l'identité du narrateur et sur la véracité de son histoire.

Gilliam rejoint donc son prédécesseur dans la conviction que l'enchâssement est le meilleur moyen de rendre au cinéma la dialectique du vrai et du faux qui traverse toute l'œuvre, même s'il faut pour cela sacrifier l'effet particulier produit par la structure fragmentée des versions textuelles originales de *Münchhausen*, où le narrateur, avant de procéder au récit d'aventures rigoureusement incroyables, insiste sur leur crédibilité et sur sa bonne foi (p.50):

> Beaucoup de voyageurs ont l'habitude, en narrant leurs aventures, d'en raconter beaucoup plus long qu'ils en ont vu. Il n'est donc pas étonnant que les lecteurs et les auditeurs soient parfois enclins à l'incrédulité. Toutefois, s'il était dans toute l'honorable société quelqu'un qui fût porté à douter de la véracité de ce que j'avance, je serais extrêmement peiné de ce manque de confiance, et je l'avertirais que dans ce cas ce qu'il a de mieux à faire c'est de se retirer avant que je commence le récit de mes aventures de mer, qui sont plus extraordinaires encore, bien qu'elles ne soient pas moins authentiques.

Au chapitre 7, le baron raconte ainsi comment un lion et un crocodile qui menaçaient simultanément de le dévorer se sont accidentellement entre-tués, et conclut cette anecdote parfaitement abracadabrante en se plaignant du gardien du musée d'Amsterdam (où est censément conservée la dépouille du saurien), qui rapporte l'incident aux visiteurs, mais 'y ajoute plusieurs détails de son invention, qui offensent gravement la vérité et la vraisemblance' (p.58). Le chapitre se clôt sur cette réflexion: 'Dans le siècle de scepticisme où nous vivons, les gens qui ne me connaissent point pourraient être amenés, par suite de ces grossiers mensonges, à révoquer en doute la vérité de mes aventures réelles, chose qui lèse gravement un homme d'honneur' (p.59).

Ce Münchhausen qui épingle le 'scepticisme' de son siècle semble effectivement se poser en champion quelque peu réactionnaire d'une époque révolue où le sens de l'honneur se conjuguait à une certaine crédulité, attitude qui poussait Théophile Gautier à conclure que

> Sans doute, on n'arrive pas à croire les récits du baron de Münchhausen, mais à peine a-t-on entendu deux ou trois de ses aventures de terre ou de mer, qu'on se laisse aller à la candeur honnête et minutieuse de ce style, qui ne serait pas autre s'il avait à raconter une histoire vraie. Les inventions les plus monstrueusement extravagantes prennent un certain air de vraisemblance, déduites avec cette tranquillité naïve et cet aplomb parfait. La connexion intime des mensonges qui s'enchaînent si naturellement les uns aux autres finit par détruire chez le lecteur le sentiment de la réalité, et l'harmonie du faux y est poussée si loin qu'elle produit une illusion relative

semblable à celle que font éprouver les voyages de Gulliver à *Lilliput* et à *Brobdidnag*, ou bien encore *L'Histoire véritable* de Lucien, type antique de ces récits fabuleux tant de fois imités depuis.[37]

Au cinéma, de nos jours, montrer les 'inventions les plus monstrueusement extravagantes' ne représente plus guère qu'un enjeu de surenchère dans un genre de film dont l'intérêt principal réside précisément dans la qualité des effets spéciaux; mais on aurait tort de ranger dans cette catégorie le *Munchausen* de Gilliam, en dépit du fait que ce film tourné à Cinecittà avec une débauche de moyens (plus de cinquante décors différents) fut à l'époque la production la plus coûteuse jamais réalisée en Europe. En effet, le jeu sur le réel et l'irréel n'y repose pas tant sur l'illusionnisme que sur le brouillage entre deux niveaux diégétiques, confusion habilement orchestrée par le réalisateur afin de masquer la rupture de continuité aux yeux du spectateur qui, passablement bluffé, a l'impression que le récit se déroule en boucle comme une sorte de bande de Mœbius narrative.

Prenons comme exemple un détail du décor qui met en lumière la confusion des niveaux: la statue équestre que l'on aperçoit, décapitée, en découvrant au début du film la scène de la ville assiégée. On ignore encore l'identité du modèle, car le socle où figure la dédicace est couvert d'affiches; le seul indice est l'apparition, pendant une fraction de seconde, d'une partie des armoiries du baron de Münchhausen. Ce détail fonctionne non seulement comme anaphore (puisque nous retrouverons la statue, encore en cours d'installation, dans le récit des aventures du baron), mais aussi comme embrayeur entre les deux plans diégétiques, car sa présence sert à valider des événements en apparence fantastiques, que le héros donne pour vrais: si on lui a élevé un tel monument, c'est qu'il a effectivement sauvé la ville, ainsi qu'il le raconte. Paradoxe: comment les détails d'une histoire racontée par un personnage (récit enchâssé) peuvent-ils coïncider avec ceux de l'histoire où ce même personnage raconte (récit enchâssant)? Par quel moyen l'énoncé peut-il se confondre avec l'énonciation dont il est le produit, sans que le spectateur ait eu conscience qu'une rupture était intervenue? A quel point nous sommes-nous donc laissé fourvoyer?

Dans la séquence de début où l'on découvre la statue disloquée et recouverte d'affiches, la caméra s'arrête sur l'annonce que la troupe de Henry Salt et fils ('The Henry Salt and Son Players') donne *The Adventures of baron Munchausen*, 'A tale of incredible *TRUTHS*. RESURRECTED and PERFORMED for the first time in *thirty years*'. D'emblée, Gilliam met donc l'accent sur l'authenticité des faits rapportés par le baron et

---

37. Théophile Gautier, *Les Aventures du baron de Münchhausen*, traduction illustrée par Gustave Doré (Paris, 1862), préface, p.203-204.

dramatisés par Salt, mais aussi insiste par petites touches sur le caractère douteux de toute représentation. Un long plan nous montre une petite fille en train de barrer la mention 'and Son' sur l'affiche pour la remplacer par 'and Daughter', indiquant par là que le contenu de l'annonce reste sujet à caution; et quand, à la séquence suivante, on découvre le théâtre où la pièce est en train de se jouer, nous en voyons d'abord les dessous, les rouages de la machine qui fait monter un faux soleil – synecdoque évidente de l'illusionnisme scénique. Lorsqu'enfin apparaît Salt, en costume de Münchhausen, proclamant sur un ton ironique qu'il est connu pour 'dire la vérité, toute la vérité et rien que la vérité', les ratés de la machinerie et l'incurie des machinistes rappellent qu'il s'agit bien d'une représentation (voire d'une re-présentation) grossière, ce qu'accentue le cadrage en contre-plongée mettant au premier plan la rampe de fortune, faite de quinquets et de chandelles mal assortis. Si le contenu des aventures est donné pour vrai, tout est mis en œuvre pour exhiber la facticité des moyens d'expression.

L'arrivée du baron en personne (qui interrompt la séance, scandalisé qu'on fasse une moquerie de ses exploits) achève de poser la problématique: en s'identifiant comme le véritable Münchhausen et en traitant Salt d'imposteur, le héros affirme bien haut sa conception très particulière de la fiction, ou plutôt son refus catégorique de toute fictionnalisation de sa vie, alors même que cette vie semble incroyable à tout le monde – à l'exception notable de la petite fille, Sally. Ce personnage inventé par Gilliam et McKeown sert donc aussi de médiateur entre le monde réel tel que nous le concevons et la réalité propre à Münchhausen. L'autre personnage créé pour les besoins du film, Horatio Jackson, participe du même système où sa passion pour la rationalité, excessive jusqu'à l'absurde, apporte une contrepartie à la salubre naïveté de Sally. On comprend qu'un enfant ait été choisi pour incarner l'ouverture d'esprit nécessaire pour saisir la réalité du baron,[38] tandis que le scepticisme se présente sous les traits d'un adulte en position d'autorité, mais qui mène son pays à la catastrophe: et ce n'est sans doute pas un hasard si ce Jackson, habillé en noir, affublé d'un accent pseudo-germanique et de lunettes fumées, évoque irrésistiblement le Doctor Strangelove de Kubrick.

Lorsque Münchhausen annonce que c'est à lui seul qu'il appartient de mettre un terme au conflit avec les Turcs qu'il a déclenché, Jackson objecte: 'I am afraid, Sir, that you have a rather weak grasp of reality.' En réponse, le baron expose clairement le principe qui préside à la structure du film: '*Your* reality, Sir, is lies and balderdash and I am delighted to say

---

38. Dans *Tideland* (2006), Gilliam a d'ailleurs repris cette figure de la jeune fille médiatrice entre le monde réel et celui de la fantaisie.

that I have no grasp of it whatsoever!' Et quand, un peu plus tard, le baron et ses domestiques parviennent à défaire l'armée turque, on verra sur les remparts de la ville assiégée un Jackson au visage décomposé et à l'air incrédule: c'est effectivement la réalité de Münchhausen qui triomphe sur la sienne.

Le premier incident entre Jackson et Münchhausen se déroule sur la scène du théâtre où ce dernier est venu interrompre la représentation de ses aventures. Or le baron se propose non de poursuivre le spectacle, comme le réclame un public houleux et le directeur de troupe au désespoir, mais de rétablir la vérité; et s'il reprend l'histoire interrompue ('I'll get on with it!', lance-t-il), c'est en tant que narrateur plutôt qu'en tant qu'acteur. Narrateur qui, pourtant, s'efface aussitôt: en effet, ce passage de la *mimesis* dramatique à la *diegesis* se traduit à l'écran par un habile effet de balayage en contrechamp, qui transporte de manière fluide et instantanée le regard du spectateur de la scène de théâtre, c'est-à-dire d'une fiction où les signes de la narration sont manifestes (faux nez, postiches, décors peints, machines, cordages et ainsi de suite), à une narration cinématographique 'pure' où ces signes sont effacés. La grande originalité de Gilliam consiste justement à faire intervenir le théâtre comme forme d'expression médiate entre fiction romanesque et fiction cinématographique; car s'il est possible de faire oublier au spectateur de cinéma, et encore plus au lecteur, qu'il a affaire à une fiction, c'est presque impossible au théâtre. Du coup, le rapport entre récit enchâssant (ce que nous raconte le film) et récit enchâssé (ce que le baron raconte aux autres personnages du film) vient se placer au centre de la problématique. Bien que la frontière entre les deux paraisse d'abord assez claire, elle finira par se dissoudre au point qu'on ne sait plus trop à quel plan diégétique appartiennent les épisodes ultérieurs.

En construisant ainsi une mise en abyme où le théâtre renvoie à la fois à la réalité et au cinéma (et où il s'est sans doute souvenu du *Baby of Mâcon*, 1983, de son compatriote Peter Greenaway), Gilliam réussit à brouiller les pistes; où situer, par exemple, le voyage en ballon qui mène le baron et Sally de la ville assiégée à la lune? On peut supposer, à cause de la présence de Sally, que la séquence lunaire se déroule au niveau du récit enchâssant; cependant, ne devrait-elle pas normalement figurer au niveau du récit enchâssé, puisque dans le livre elle participe des aventures racontées par le baron? Lorsque le vieil homme et la petite fille reviennent à leur point de départ, d'autres éléments de brouillage sont venus s'ajouter au premier: les quatre domestiques, par exemple, qui devraient également appartenir au récit enchâssé – on les a vus dans l'anecdote du pari avec le sultan – semblent s'être insinués dans le récit enchâssant, où on les retrouve vieillis en fonction d'une cohérence chronologique et narrative auquel le spectateur adhère sans méfiance.

Quoi de plus normal, si le récit initial du pari date de trente ans, que le baron, vieilli d'autant, aille à la recherche de ses domestiques et les retrouve âgés en proportion? Mais c'est accepter *ipso facto* la prémisse que ces domestiques extraordinaires existent bel et bien, et donc que les aventures sont vraies...

De plus, Gilliam a renforcé l'effet de brouillage par d'autres 'trouvailles' visuelles, à commencer par la variation des effets du passage du temps. Si le vieillissement des serviteurs semble conforme à une réalité 'ordinaire', on vient de le voir, l'âge du baron fluctue selon une échelle singulière: vieux et décrépit lorsqu'il paraît pour la première fois, il commence à rajeunir en arrivant sur la lune (transformation qui occasionne une remarque de Sally, au cas où la subtilité aurait échappé au spectateur),[39] puis, en dansant avec Vénus, retrouve la même prestance qu'il avait lors de l'épisode du pari trente ans plus tôt: visage lisse, cheveux bruns et abondants, uniforme rutilant. Brutalement expulsé par Vulcain, il redevient aussitôt cacochyme, métamorphose de nouveau soulignée par une remarque de Sally.[40] On comprend alors, dans la scène où, prisonnier dans le ventre du monstre marin, il semble se résigner à son sort, que le vieillissement s'opère chez lui en fonction de son découragement face à la réalité d'un monde dont il se déclare las et qui est las de lui: c'est dans ces moments que la Mort apparaît et qu'il exprime le vœu de se laisser emporter par elle.[41] Revigoré et de nouveau rajeuni, il mène avec maestria l'assaut final contre les Turcs, alors que ses quatre serviteurs qui, eux, sont restés vieux, ont bien de la peine à suivre. Sally et Jackson offrent un troisième cas de figure, car leur âge et leur apparence ne changent jamais, ce qui entretient la confusion du spectateur quant au niveau diégétique où il faut les situer. On pourra toujours justifier cette invariabilité par le caractère abstrait de ces personnages-fonctions rajoutés par les scénaristes aux 'authentiques' aventures de Münchhausen...

Une autre trouvaille consiste à faire des membres de la troupe de Salt les sosies des personnages que le baron côtoie dans ses aventures, et joués par les mêmes acteurs: visuellement, 'Desmond' s'identifie ainsi à Berthold, le domestique coureur, 'Rupert' à Adolphus, le tireur émérite, 'Bill' au colosse efféminé Albrecht, 'Jeremy' au nain souffleur Gustavus, 'Violet' à la reine Ariane, et 'Rose' à la déesse Vénus. Lorsque, au début

39. Sally – 'You look different... younger.' Baron – 'I always feel rejuvenated by a touch of adventure.'
40. Sally – 'You look old again!' Baron – 'What do you expect? I have been expelled from a state of bliss.'
41. Lorsque, dans le théâtre bombardé, Sally éloigne une première fois la Mort, le baron se montre dépité d'avoir été sauvé: Baron – 'Go away! I'm trying to die!' Sally – 'Why?' Baron – 'Because I am tired of the world, and the world is evidently tired of me.'

du film, Münchhausen apostrophe ces comédiens en leur attribuant les noms des personnes 'réelles' dont ils ont les traits, ceux-ci protestent et traitent le baron de fou ('We're actors, not figments of your imagination!', lui lance Desmond). Or, dans la phase du film où le baron revient libérer la ville assiégée à l'aide des 'vrais' domestiques, les comédiens qui jouaient leur rôle ont disparu de l'écran; signe parmi d'autres que cet épisode se situe possiblement dans le récit enchâssé, bien que l'embrayage avec le récit enchâssant nous ait échappé. La méthode de Gilliam consiste à fluidifier la frontière qui, normalement, sépare sans ambiguïté deux niveaux diégétiques, à partir du principe qu'il faut abandonner l'axiologie vrai/faux et considérer qu'il existe deux réalités concurrentes – l'une 'prosaïque', l'autre 'fantaisiste' – mais sans qu'on puisse affirmer que l'une, plus rationnelle, est supérieure à l'autre.

Gilliam, en dépit de ses déclarations ('C'est le triomphe de l'illusion de la fantaisie'), est pourtant trop subtil pour réduire la dialectique du vrai et du faux à une simple opposition traitée de façon manichéiste: son baron ne cherche pas tant à imposer sa réalité aux autres qu'à les forcer à lui reconnaître la liberté de cultiver cette réalité, toute fallacieuse qu'elle puisse sembler à certains. Le conflit se situe donc entre un rationalisme totalisant qui postule une seule réalité 'objective', et un relativisme qui admet la possibilité de réalités multiples. Une difficulté se présente: le baron du roman se contentait de raconter ses aventures comme si elles étaient rigoureusement crédibles, en insistant sur sa bonne foi, ce qui ne pose pas problème à l'écrit puisque la fiction n'a d'existence que dans l'esprit du lecteur; c'est différent au cinéma où, nous l'avons dit, l'impératif de visualisation oblige à montrer ce que le texte laisse à l'imagination. Comment abuser la vigilance du lecteur?

La séquence du cortège triomphal de Münchhausen à travers la cité libérée semble marquer à la fois la victoire des Occidentaux contre les Turcs et celle du point de vue du baron (de son ontologie, faudrait-il dire) sur celui de l'administrateur Jackson. Détail intéressant, lorsqu'un peu plus tôt le héros est capturé et promis à l'exécution, on découvre que Jackson pactise avec le sultan, avec qui il souhaite conclure une paix 'raisonnable'; en poursuivant son combat contre l'ennemi, 'à l'ancienne', Münchhausen dérange ce projet et se pose donc en véritable adversaire de l'administrateur, qui finira par l'abattre lui-même d'un coup de fusil.

A ce moment, le spectateur – n'ayant fort probablement pas perçu la rupture diégétique – croit que ces événements interviennent dans le récit enchâssant, lorsque soudain, à l'issue des funérailles de Münchhausen, il découvre qu'il s'agissait de la suite du récit enchâssé. On va donc émettre des doutes sur la cohérence de l'ensemble, vu que plusieurs personnages que l'on supposait cantonnés au récit enchâssant (Sally, Horatio Jackson, Salt et sa troupe...) se retrouvent aussi dans le récit enchâssé: faut-il alors crier à la mise en abyme paradoxale, voire à l'abus du contrat narratif?

Un visionnement plus attentif révèle que l'embrayage entre les deux plans diégétiques se situe dans la scène où, dans le théâtre bombardé, le spectre de la Mort tente de s'emparer de l'âme du baron gisant à terre, mais doit fuir à l'intervention de Sally. C'est à ce moment précis, en effet, que le point de vue de la jeune fille, la réalité qu'elle perçoit – et du même coup ce que le spectateur aussi prend pour la réalité – se confond avec la réalité de Münchhausen; Sally restera d'ailleurs le seul personnage à voir la mort pour ce qu'elle est, un monstre hideux.[42] Et lorsqu'elle s'approche du baron, la fillette renverse le sablier abandonné par le spectre: métaphore évidente du passage du temps qui se trouve ainsi suspendu, permettant à la vie du baron de se poursuivre dans une dimension uchronique où, on l'a vu, le vieillissement correspond à un changement d'état d'esprit plutôt qu'à l'âge.

Le personnage de Sally, outre la fonction actancielle déjà signalée, se trouve donc investi du rôle crucial de relais entre les deux plans diégétiques: comme le spectateur, elle est douée de la capacité à voir la même réalité que le baron, même si, comme le spectateur, elle hésite à se faire une opinion définitive sur la nature de cette réalité – suspension du jugement ontologique que Gilliam poursuit jusqu'à la toute dernière image du film. Assistant au vol de Münchhausen sur les boulets de canon, Sally se doute qu'il n'est pas un imposteur, mais sans parvenir à s'en persuader tout à fait; si bien que, juste après avoir déclaré avec défiance que le baron de Münchhausen n'existe que dans les contes, elle demande aussitôt à ce dernier de révéler la fin de l'histoire du pari: 'What happened in the story? [...] In the Sultan's palace. Did you escape? Were you killed?', lui demande-t-elle, montrant par là ce qu'on pourrait appeler une adhésion à la vérité de la fiction à laquelle souscrit pleinement le héros, pour qui 'ses morts' successives sont autant d'épisodes passionnants d'une vie mouvementée: 'I don't know... It was all a *long* time ago', répond-il.

Plus tard, Münchhausen va conclure son deuxième récit – où, de nouveau, il est tué – par une formule qui relance la dialectique du vrai–faux: 'And that was only one of the many occasions where I met my death, an experience which I don't hesitate strongly to recommend!' Lorsque Jackson prétend alors faire arrêter le baron pour trouble à l'ordre public, celui-ci réplique qu'il faut immédiatement ouvrir les portes de la ville, tout danger étant écarté; au terme d'une dernière confrontation, le héros, soutenu par la foule, obtient gain de cause et l'on aperçoit, à

---

42. Argus, le chien du baron, reconnaît aussi la Mort; en tant qu'animal, il possède la même perception instinctive et 'naïve' que la petite fille.

l'extérieur, le camp turc dévasté, tel qu'on l'avait déjà vu dans le récit que l'on croyait enchâssé. Que s'est-il passé? La déroute des ennemis a-t-elle été causée par le baron, ainsi que celui-ci vient de le raconter – ce qui signifierait que les événements rapportés sont résolument vrais? C'est sur cette image à l'interprétation indécise que se rejoignent et se confondent finalement les deux plans diégétiques.

Tandis que Münchhausen salue une dernière fois ses amis, et offre une rose à la comédienne qui jouait Vénus, Sally délivre le mot de la fin: 'It wasn't *just* a story, was it?' Le héros ne répond pas, se contentant de secouer la tête et de sourire à la petite fille; mais, arrivé au sommet d'une colline au lointain, il s'évanouit soudain comme un mirage: ultime indice de questionnement quant à la réalité de son existence.

Tout au long du film, Gilliam a ainsi pris le parti de multiplier les passages d'un plan diégétique à l'autre en exploitant une grande variété d'embrayeurs: lorsque les canons du sultan tirent sur Münchhausen et ses serviteurs qui quittent le palais, la narration réembraye sur le récit enchâssant, où les obus de l'armée turque s'abattent sur le Théâtre Royal. Le départ de la ville assiégée en ballon, tout à fait plausible dans le cadre du récit enchâssant (la 'réalité commune'), bascule en fait dans le récit enchâssé à cause d'un détail invraisemblable (la montgolfière est constituée de dessous féminins cousus bout à bout), souligné par un élément de référence à la fiction: en lieu et place de nacelle, on a attaché au ballon le praticable en forme de vaisseau qui servait au spectacle de la troupe de Salt – vaisseau qui, dans le roman, permet justement au baron de voyager dans l'espace. Lorsque le ballon parvient effectivement sur la lune, on ne peut plus douter que soit intervenu un changement de plan diégétique, qui n'appartient manifestement pas au récit enchâssé... du moins le croit-on, jusqu'au moment où l'on se rend compte que ce périple spatial, le triomphe puis la mort du baron font partie de l'histoire qu'il raconte au public du Théâtre Royal. Si l'on envisage l'ensemble des composantes du récit (voir le schéma), on constate que seul un tout petit nombre appartient clairement à l'un ou l'autre plan diégétique, tandis que la plupart des épisodes ont un statut ambigu, puisque le récit qui se conclut formellement par un changement de plan et la déclaration du baron ('Et ce n'est là que l'une des nombreuses occasions où je trouvai la mort...') n'a pas fait l'objet d'une ouverture également formelle. Quant à la séquence finale, elle est tout à fait paradoxale: théoriquement, on en est revenu au récit enchâssant, mais on ne peut alors manquer de s'interroger sur le statut de la victoire sur les Turcs, dont on découvre le camp dévasté à l'ouverture des portes de la ville.

La structure très particulière que Gilliam a imaginée préserve donc, par des moyens essentiellement cinématographiques, deux caractéristiques du livre: d'abord le fait que *Les Aventures du baron de Münchhausen* ne

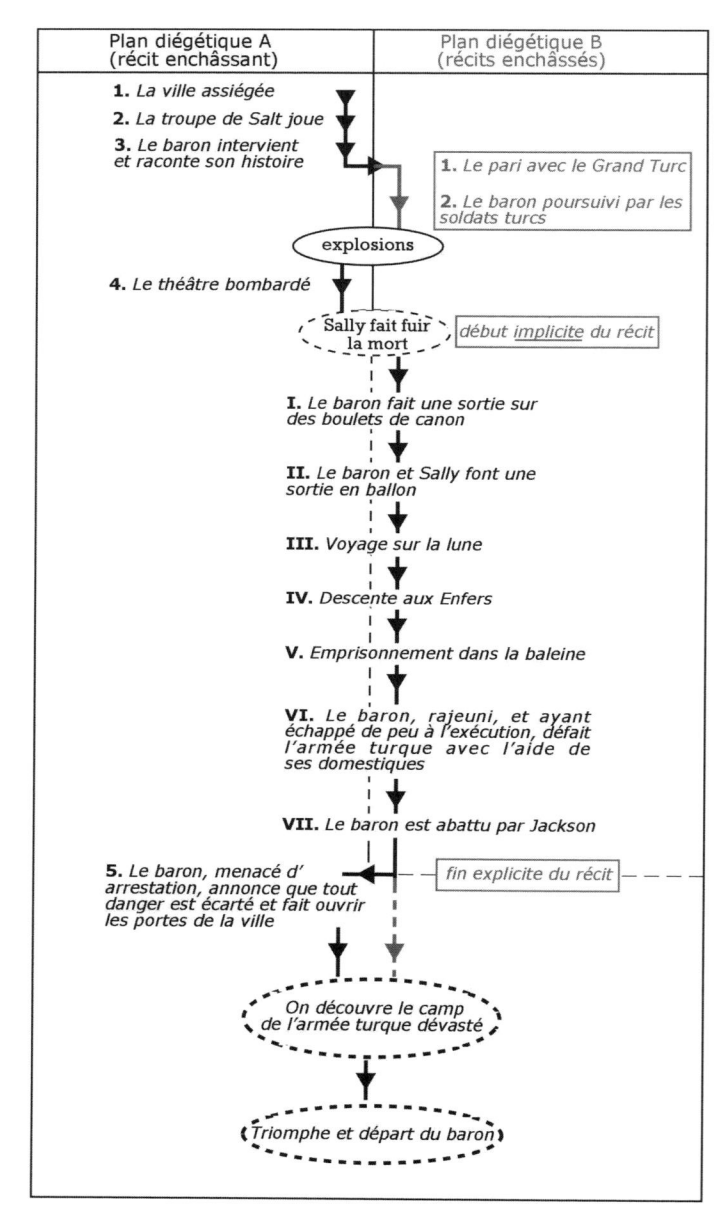

Plan diégétique A (récit enchâssant)	Plan diégétique B (récits enchâssés)
1. *La ville assiégée*	
2. *La troupe de Salt joue*	
3. *Le baron intervient et raconte son histoire*	**1.** *Le pari avec le Grand Turc*
	2. *Le baron poursuivi par les soldats turcs*
explosions	
4. *Le théâtre bombardé*	
	Sally fait fuir la mort — début <u>implicite</u> du récit
	I. *Le baron fait une sortie sur des boulets de canon*
	II. *Le baron et Sally font une sortie en ballon*
	III. *Voyage sur la lune*
	IV. *Descente aux Enfers*
	V. *Emprisonnement dans la baleine*
	VI. *Le baron, rajeuni, et ayant échappé de peu à l'exécution, défait l'armée turque avec l'aide de ses domestiques*
	VII. *Le baron est abattu par Jackson*
5. *Le baron, menacé d'arrestation, annonce que tout danger est écarté et fait ouvrir les portes de la ville*	— fin explicite du récit
On découvre le camp de l'armée turque dévasté	
Triomphe et départ du baron	

Figure 8: Structure diégétique des *Adventures of Baron Muchausen* de Terry Gilliam.

désigne pas le récit des aventures du baron, mais le récit du baron racontant ses aventures; d'autre part, la dialectisation de la fiction et de la réalité débouchant sur la notion d'une 'vérité de la fiction' équivalente, voire supérieure, à une 'vérité de la réalité'. On se souvient qu'un des principes de l'esthétique dite 'classique' voulait, pour paraphraser la formule de Boileau, que le vrai ne fût pas toujours vraisemblable; *Münchhausen* illustre un renversement des termes de cette équation en nous montrant que l'invraisemblable peut aussi être la forme ultime du vrai, et le linguiste conclura à une vérité illocutoire: que les aventures du baron soient réelles ou pas, la narration de ces aventures l'est certainement. Le cinéaste, quant à lui, refuse de trancher, à l'instar de son Münchhausen qui dédaigne de répondre à la question de Sally, c'est-à-dire bien sûr celle du spectateur: 'It wasn't *just* a story, was it?'

Nous avons vu que Gilliam a choisi le dix-huitième siècle, et, singulièrement, *Münchhausen*, pour sa situation de relais 'entre la raison et le baroque'; preuve s'il en est qu'il existe une troisième voie entre la projection cinématographique des Lumières en tant que moment de triomphe héroïque d'une pensée éclairée (à travers les philosophes, la Révolution), ou au contraire en tant que période sombre (à travers le despotisme, l'œuvre de Sade, ou... la Révolution). Mais l'intérêt principal de l'adaptation du texte original en scénario par Gilliam et McKeown réside incontestablement dans la trahison de la structure itérative au bénéfice d'un récit plus conventionnel,[43] qui, pourtant, finit par provoquer chez le spectateur une remise en question de certains principes fondamentaux sur lesquels repose la fiction cinématographique; c'est par là que le travail de Gilliam rejoint celui de Winterbottom. Le supposé 'roman' de *Tristram Shandy*, ne laissant jamais le lecteur s'installer dans le confort d'un récit qui se déroulerait, plus ou moins linéairement, du début à la fin, soulevait sans cesse la question des modalités de l'écriture de fiction; sous une apparence plus banale, la série de récits formant *Les Aventures du baron de Münchhausen* n'en refusait pas moins les conventions narratives du roman, et surtout du vraisemblable (en anticipation du 'réalisme magique'). Ni Winterbottom ni Gilliam n'ont tenté de rendre le caractère subversif de ces œuvres en produisant des films 'fidèles' au sens où on l'entend d'ordinaire, ce qui était d'ailleurs malaisément envisageable sans histoire pouvant fournir un fil conducteur. L'un et l'autre ont plutôt voulu ménager à leur spectateur une expérience aussi déconcertante que celle des lecteurs de *Tristram* et de *Münchhausen*, grâce à des procédés que permet seul le médium du cinéma.

---

43. Procédé de nouveau utilisé dans *The Brothers Grimm* (2005), où Gilliam part d'une forme encore plus fragmentaire, le recueil de contes, et élabore de toutes pièces une intrigue qui puisse servir de liant.

Impossible de terminer cette brève analyse sans relever une autre source cruciale d'inspiration de Gilliam, purement visuelle celle-là: les gravures de Gustave Doré qui, à partir de l'édition de 1862, sont devenues quasiment inséparables du texte dans l'esprit du public. Le réalisateur a reconnu que 'Le personnage du baron, tel que nous l'avons conçu, avec son physique longiligne et son nez busqué, sort tout droit des illustrations de Gustave Doré';[44] par ailleurs, on retrouve dans le film nombre d'échos précis des vignettes gravées, comme l'image du baron juché sur son cheval qui s'extrait de l'eau en se tirant lui-même par les cheveux, ou les armoiries qu'on aperçoit sur la statue. Cette translation s'apparente à l'"esthétique du tableau' étudiée par Pierre Frantz pour le théâtre,[45] et dont les exemples ne manquent pas au cinéma: *Girl with a pearl earring* de Peter Webber doit au moins autant aux toiles de Vermeer qu'au roman de Tracy Chevalier sur lequel il est basé, tandis que le *Marie-Antoinette* de Sofia Coppola déjà cité délaisse l'histoire pour concentrer ses efforts sur la transposition cinématographique de l'ambiance rococo des tableaux de Boucher et Fragonard; on se souvient du soin mis par Stanley Kubrick pour restituer dans *Barry Lyndon* l'univers visuel de Constable et Reynolds, et de la dette à Hogarth que Fritz Lang avouait pour *Moonfleet*. Mais Gilliam lui-même multiplie dans *Munchausen* les citations visuelles (Botticelli, Boucher, Piranèse entre autres) qui font du film une sorte de *pasticcio* esthétique, une 'fantaisie' au sens que l'on donnait à ce terme dans l'architecture et la peinture depuis le seizième siècle.

On voit donc que la (re)création d'une époque à l'écran, même lorsqu'elle se donne comme point de départ une œuvre littéraire, ne saurait se limiter à une simple 'adaptation', ni à la transémiotisation d'un matériau linguistique en images et en sons; et des films comme *A Cock and bull story* ou *The Adventures of baron Munchausen*, que les anachronismes et les invraisemblances rendent éminemment 'faux' sur le plan de la représentation historique, ne fourniraient-ils pas au fond la meilleure évocation cinématographique de l'âge des Lumières?

---

44. *Les Aventures du baron Munchausen: l'album du film.*
45. Pierre Frantz, *L'Esthétique du tableau dans le théâtre du XVIIIe siècle* (Paris, 1998).

De la transgression narrative à la contamination fictionnelle dans *Jacques le fataliste* de Diderot et dans *La Rose pourpre du Caire* de Woody Allen

ZEINA HAKIM

Comble de la relativisation, le narrateur de *Jacques le fataliste et son maître* se laisse de nombreuses fois intégrer dans son propre texte. A plus d'une reprise en effet, il se met à dialoguer avec ses personnages, à les juger et, à chaque occasion propice, à se substituer à eux en devenant de la sorte un usurpateur: 'Il vous aurait été peut-être plus agréable d'entendre là-dessus Jacques et son maître; mais ils avaient à parler de tant d'autres choses plus intéressantes qu'ils auraient vraisemblablement négligé celle-ci.'[1] Peu à peu, la personnalité du narrateur ronge et envahit tout. Il en résulte des ambiguïtés et des confusions dont il a lui-même conscience: 'Je ne sais de qui sont ces réflexions, de Jacques, de son maître ou de moi.'[2]

C'est la figure de la métalepse qui rend possible, dans *Jacques le fataliste*, l'émergence de ce protocole de lecture consistant à franchir la frontière qui sépare habituellement la fiction et le 'réel'.[3] En effet, la métalepse peut se définir comme une relation de contamination entre le niveau de la narration et celui des événements narrés, ou encore, pour reprendre une formulation de Gérard Genette, 'une espèce de mariage forcé de niveaux, réalisant de manière insolite le passage du narrateur ou du narrataire dans le domaine des personnages ou inversement'.[4] Cette figure a pour effet de faire vaciller la distinction entre les niveaux narratifs, déstabilisant par ce biais le fonctionnement représentationnel comme tel. *Jacques le fataliste* paraît donc mettre en scène un type de

---

1. Denis Diderot, *Œuvres romanesques* (Paris, 1959), p.651.
2. D. Diderot, *Œuvres romanesques*, p.604.
3. Le 'réel' est l'une des terminologies employées par nombre de théoriciens actuels pour décrire ce qui s'oppose au monde fictionnel d'un texte littéraire. Voir à cet égard Christine Montalbetti, 'Fiction, réel, référence', *Littérature* 123 (septembre 2001), p.44-55; Tiphaine Samoyault, 'Fiction et abstraction', *Littérature* 123 (septembre 2001), p.56-66; Voir aussi l'ouvrage collectif consacré aux pratiques épistolaires au XVIIIᵉ siècle et intitulé *La Lettre entre réel et fiction*, sous la direction de Jürgen Siess (Paris, SEDES, 1998). J'utiliserai, dans la suite de cet article, ce terme tout en étant consciente de son caractère anachronique et de ses limites sémantiques.
4. Gérard Genette, *Métalepse: de la figure à la fiction* (Paris, 2004), p.34.

métalepse d'un genre audacieux et choquant, se présentant au niveau de l'histoire: celui qui relève d'un passage logiquement interdit, d'une transgression permettant l'interpénétration de deux domaines censés rester distincts.

Ainsi, ce type de métalepse si fréquent dans les textes du dix-huitième siècle – *Jacques* en est un exemple emblématique mais on peut aussi penser, entre autres, à certaines pièces de Marivaux (*Les Acteurs de bonne foi*) et de Diderot (*Est-il bon, est-il méchant?*), où la métalepse est utilisée comme un outil de distanciation ou de rupture de l'illusion dramatique – nous entraîne soudain dans l'univers du fantastique puisqu'elle réalise une fusion de mondes possibles qui constitue une infraction à la logique. On entre désormais dans la contamination réciproque entre les mondes fictionnels et le monde réel.

Or, si l'enchâssement en jeu dans la littérature est un phénomène qui existe également ailleurs que dans le récit, les narratologues actuels ont tendance à se concentrer en priorité sur les narrations littéraires, préoccupation qui s'avère particulièrement réductrice en ce qui concerne la métalepse: en effet, il s'agit d'un problème qui, sous des formes diverses, se rencontre dans plusieurs domaines (mathématiques, linguistique, sémiotique) et dans un domaine en particulier: le cinéma. Longtemps avant *Continuité des parcs* de Julio Cortázar, paru en 1967, à laquelle on se réfère souvent, et ce jusqu'à ce jour, les productions du tout-venant de Broadway et les films de Hollywood ont diverti des millions de spectateurs grâce à des narrations hautement métaleptiques. En effet, le cinéma, y compris dans ses formes les plus populaires, est très friand de constructions métaleptiques: il suffit de rappeler *Sherlock Junior* (1923) de Buster Keaton, *His girl Friday* (1940) de Howard Hawks, *Hellzapoppin* (1941) d'Olsen et Johnson, *The Producers* (1968) et *Blazing saddles* (1974) de Mel Brooks, *Last action hero* (1993) de John McTiernan, *Pleasantville* (1998) de Gary Ross, ou encore *Adaptation* (2002) de Spike Jones, autant de fictions filmiques où, à des degrés divers, les personnages passent de l'univers de la fiction à celui de sa mise en scène ou à celui de sa réception. Toutes ces violations du pacte représentationnel bouleversent, fût-ce sur un plan ludique, le cadre même de la représentation.

Mais c'est peut-être Woody Allen, dans son film *La Rose pourpre du Caire* (1985), qui pousse cette esthétique jusqu'à ses limites: les effets produits par les violations qu'il met en scène provoquent une véritable déstabilisation du fonctionnement représentationnel, marqué par l'effondrement total de la frontière séparant l'acte représentationnel de l'univers représenté. En tant que dispositif expérimental qui explore les frontières de l'acte représentationnel, ce film nous en apprend du même coup beaucoup sur les conditions de fonctionnement normal de la représentation.

A première vue, les deux œuvres que cet article a pour visée de mettre en parallèle ne pourraient pas être plus disparates. Le roman *Jacques le fataliste* a engendré un nombre immense d'analyses, d'arguments et de contre-arguments, sans mentionner les imitations et les intertextes. La plupart des critiques appelleraient *Jacques* un 'classique' – malgré les difficultés inhérentes à tout jugement de cette sorte, spécialement en ces jours où le canon est sans cesse reformulé. Bien que *La Rose pourpre* ait aussi été populaire lors de sa sortie en 1985, ce film ne pourrait recevoir l'appellation de 'classique' que selon une définition très différente. Cependant, ce que ces deux œuvres ont en commun, c'est que chacune d'elles souligne son caractère proprement fictionnel et se joue des limites mêmes de la fictionnalité, avec toutes les interrogations et les ambiguïtés qu'une telle remise en cause implique. Bien que les procédés utilisés par Diderot et par Woody Allen paraissent a priori très différents, tous deux visent, nous le verrons, des fins similaires.

Cet article se propose en somme de voir en quoi le cinéma peut influer sur notre connaissance d'un texte du dix-huitième siècle: si le phénomène de la métalepse narrative invite à une réflexion plus générale sur les niveaux logiques de représentation, les recherches dans des domaines tels que le cinéma peuvent-elles, à leur tour, féconder une réflexion sur la métalepse au dix-huitième siècle? Y a-t-il un élargissement possible du champ d'analyse à d'autres formes d'expression artistique telles que le cinéma? Peut-on approfondir le questionnement sur la métalepse à la lumière des développements théoriques actuels et en privilégiant une démarche transdisciplinaire entre la littérature et le cinéma? C'est à ces questions portant sur les frontières de l'acte représentationnel et le statut de la fiction autant en littérature qu'au cinéma que cet article se propose de répondre.

i. Commutation des rôles et indistinction des voix dans *Jacques le fataliste*

Le narrateur, dans *Jacques*, ne cesse d'interpeller le lecteur, le provoquant, jouant diaboliquement avec sa curiosité, lui prêtant des impatiences ou des répugnances imaginaires, en vertu desquelles il se fait questionner afin de pouvoir répondre à des objections forgées en réalité par lui-même. Il lui arrive de solliciter le concours du lecteur et de l'interroger sur les personnages, ce qui est le signe de sa bonne foi et la preuve de sa mauvaise foi. Le maître de Jacques ayant été heurté au genou, le narrateur soupçonne son serviteur de se réjouir secrètement de cet épisode:

> Quoique Jacques, la meilleure pâte d'homme qu'on puisse imaginer, fût tendrement attaché à son maître, je voudrais bien savoir ce qui se passa au fond de son âme, sinon dans le premier moment, du moins lorsqu'il fut bien

> assuré que cette chute n'aurait point de suite fâcheuse [...]. Une autre chose, lecteur que je voudrais bien que vous me dissiez, c'est si son maître n'eût pas mieux aimé être blessé.[5]

A d'autres moments, son indifférence affichée et la liberté de décision qu'il abandonne au lecteur cachent mal sa désinvolture: 'Mais Jacques et son maître se sont peut-être rejoints: voulez-vous que nous allions à eux, ou rester avec moi?'[6]

Le jeu devient plus complexe lorsque le narrateur, au lieu d'interpeller lui-même le lecteur, se fait interpeller par lui. En effet, le narrateur se fait de temps à autre rappeler à l'ordre par le lecteur pour avoir joué jusqu'au bout le jeu du romanesque et s'être jeté dans son récit au point de se croire présent aux aventures des personnages: 'Là, j'entends un vacarme... – Vous entendez! Vous n'y étiez pas; il ne s'agit pas de vous. – Il est vrai. Eh bien! Jacques... son maître... On entend un vacarme effroyable. Je vois deux hommes... – Vous ne voyez rien; il ne s'agit pas de vous, vous n'y étiez pas.'[7]

Les visées profondes du dialogue entre le lecteur et le narrateur semblent être principalement de transformer le narrateur et le lecteur en personnages et de suggérer, en même temps, que les personnages ne sont pas différents ou sur un autre plan que le lecteur et le narrateur. Grâce à ces phénomènes d'interférences et d'enchâssements, tout décalage se trouve alors aboli entre la réalité et la fiction au profit d'une zone d'ambiguïté où les frontières sont éliminées entre ceux qui racontent et ceux qui sont racontés. On n'est dès lors plus très éloigné d'un dialogue à quatre voix:

LE MAÎTRE
Tu m'apprendras l'aventure de ces deux personnages, car je l'ignore.

JACQUES
Tant mieux! Mais jurez-le-moi.

LE MAÎTRE
Je te le jure.
Lecteur, je serais bien tenté d'exiger de vous le même serment.[8]

Qui pourra dire ici, de quel côté sont les personnages, et de quel côté sont ceux qui les inventent ou les racontent? Les seuls personnages ne sont-ils pas situés au-delà de Jacques et de son maître, dont le degré et la qualité de présence font d'eux presque des semblables de l'auteur et du lecteur?

5. D. Diderot, *Œuvres romanesques*, p.508.
6. D. Diderot, *Œuvres romanesques*, p.555.
7. D. Diderot, *Œuvres romanesques*, p.577.
8. D. Diderot, *Œuvres romanesques*, p.608.

Les rôles ne sont donc jamais bien définis et chacun risque de devenir à son tour auteur ou lecteur-auditeur. L'indistinction des voix, si caractéristique du dialogue diderotien, devient un procédé constant dans *Jacques*. Elle est rendue, on l'a dit, entre autres possible par la figure de la métalepse par laquelle le narrateur feint d'entrer dans l'action fictive de son récit ou par laquelle un personnage de cette fiction vient s'immiscer dans l'existence extradiégétique de l'auteur. Ce jeu, consistant à raconter en changeant de niveaux narratifs, manifeste, par l'intensité de ses effets, l'importance de la limite que l'auteur s'ingénie à franchir au mépris de la vraisemblance, et qui est précisément la narration elle-même. Gérard Genette définit cette figure comme une 'frontière mouvante mais sacrée entre deux mondes: celui *où* l'on raconte et celui *que* l'on raconte'.[9]

Ainsi, cette transgression délibérée du seuil d'enchâssement, provoquée lorsqu'un auteur (ou son lecteur) s'introduit dans l'action fictive de son récit, jette un trouble dans la distinction des niveaux narratifs. Le narrateur, assumant complaisamment son propre discours, intervient alors dans le récit avec une indiscrétion ironiquement appuyée et s'immisce dans la vie de ses personnages. Ainsi, lorsqu'il demande 'Qu'est-ce qui m'empêcherait de marier le maître et de le faire cocu?',[10] chacun voit bien encore que c'est là une manière plaisamment équivoque de revendiquer la liberté d'invention du romancier, qui mène à sa guise le destin de ses personnages: cette manière de dévoiler, fût-ce en passant, le caractère tout imaginaire et modifiable de l'histoire racontée, égratigne donc au passage le contrat fictionnel qui consiste précisément à nier le caractère fictionnel de la fiction. Si le narrateur peut ainsi feindre d'intervenir dans une action qu'il feignait jusque-là de seulement rapporter, il peut aussi bien feindre d'y entraîner son lecteur: 'Si cela vous fera plaisir, lisons-nous encore, remettons la paysanne en croupe derrière son conducteur, laissons-les aller et revenons à nos voyageurs.'[11]

Mais le narrateur va encore plus loin lorsqu'il refuse de se représenter le réel dans sa successivité, dans ses enchaînements logiques et chronologiques: il brouille alors les cartes, mêlant simultanément passé et présent, réel et imaginaire, effectif et possible. Le narrateur mélange intentionnellement son propre temps avec celui de Jacques et de son maître. Il confirme en effet son entrée dans le plan des deux interlocuteurs en montrant que son temps coïncide avec le leur: 'Tandis que je disserte, le maître de Jacques ronfle comme s'il m'avait écouté; et

---

9. G. Genette, *Figures III* (Paris, 1972), p.245-46.
10. D. Diderot, *Œuvres romanesques*, p.624.
11. D. Diderot, *Œuvres romanesques*, p.613.

Jacques [...] rôde dans la chambre...'[12] Dans un autre passage, il s'amuse à projeter le lecteur dans son temps et dans son espace qu'il mélange aussi à ceux de Jacques et son maître:

> Lecteur, tandis que ces bonnes gens dorment, j'aurais une petite question à vous proposer à discuter sur votre oreiller: C'est ce qu'aurait été l'enfant né de l'abbé Hudson et de la dame de La Pommeraye? – Peut-être un honnête homme. – Peut-être un sublime coquin. – Vous me direz cela demain.
> Ce matin, le voilà venu, et nos voyageurs séparés; car le marquis des Arcis ne suivait plus la même route que Jacques et son maître. – Nous allons donc reprendre la suite des amours de Jacques? – Je l'espère.[13]

Ces interférences de niveaux temporels indiquent que le narrateur efface constamment leur différence afin de faire tomber la prémisse suivante: la vie réelle n'est pas distincte de la fiction, car ces fictions sont prises et tirées de la vie. La facilité avec laquelle il passe d'un niveau à l'autre témoigne de leur identité et du fait que les mêmes mécanismes sont en œuvre dans les trois niveaux. L'un des échanges entre Jacques et son maître porte sur la destinée qui fait de Jacques un serviteur et de son maître un maître. Mais cette situation, à laquelle Jacques n'entend rien changer, est dans les faits le contraire de ce qu'elle paraît; une relation mimétique s'établit entre les deux personnages au terme de laquelle Jacques conclut:

> Restons comme nous sommes, nous sommes fort bien tous deux; et que le reste de notre vie soit employé à faire un proverbe.
>
> LE MAÎTRE
>
> – Quel proverbe?
>
> JACQUES
>
> – Jacques mène son maître. Nous serons les premiers dont on l'aura dit...[14]

Nous retrouvons donc dans le traitement du temps l'ambiguïté que nous avons déjà constatée dans d'autres aspects du roman. Les personnages et le narrateur baignent dans un temps où tout est donné à la fois, réalité du narrateur et du lecteur et fiction des personnages, ce qui n'empêche pas l'auteur de se dissocier complètement de ses personnages qu'il s'abstient d'interpeller. Dans une trentaine d'endroits environ, l'auteur admet son lecteur dans sa propre temporalité, ainsi que d'autres personnages qu'il a réellement rencontrés, comme le poète de Pondichéry et Gousse. Par contre, Jacques et son maître appartiennent à une réalité différente, ils ne conversent jamais avec le narrateur qui semble les exclure de son secteur du temps.

12. D. Diderot, *Œuvres romanesques*, p.653.
13. D. Diderot, *Œuvres romanesques*, p.684.
14. D. Diderot, *Œuvres romanesques*, p.665.

Pourtant, il arrive à Jacques et au maître d'entendre une réflexion du narrateur et de la commenter. Ils réagissent ainsi avec horreur à l'anecdote sur les frais de justice prélevés sur l'héritage des deux orphelins.[15] Dans un autre passage, l'auteur semble partager le gîte de ses héros; il n'en est rien en fait, mais l'équivoque est volontairement entretenue: 'Le lendemain, Jacques se leva de grand matin, mit la tête à la fenêtre pour voir quel temps il faisait, vit qu'il faisait un temps détestable, se recoucha, et nous laissa dormir, son maître et moi, tant qu'il nous plut.'[16] Etant donné l'ambiguïté du roman à tous les niveaux, nous sommes tenté d'y voir une intention consciente de Diderot de brouiller une fois de plus les pistes, en abattant une cloison qui paraissait étanche entre l'auteur et ses personnages.

Renversant les rôles, il voudrait même nous faire accepter l'image d'un romancier dont les activités seraient subordonnées aux occupations ou à la vacance de ses personnages, sorte de serviteur ou d'esclave, obligé de les suivre, de les supporter et de les écouter. Il y a là une confusion volontaire des plans, qui permet à l'auteur de s'introduire, escorté d'un lecteur fictif, dans sa propre fiction, de se mêler à ses personnages ou, tout au moins, de les remplacer brièvement sous prétexte de ne pas laisser la scène vide. Résultat paradoxal, si l'on songe que le procédé était apparemment destiné à dégager l'auteur de toute responsabilité, à le mettre à l'abri de toute interférence subjective dans son récit.

ii. Immersion fictionnelle dans *La Rose pourpre du Caire*

Or Woody Allen partage avec Diderot non seulement une aptitude à créer de l'indécision mais surtout une capacité à brouiller les frontières entre les genres et les tonalités. Ainsi en est-il de *La Rose pourpre du Caire*, que Marc Cerisuelo qualifie de 'forme filmique du pirandellisme',[17] et qui est tout entier fondé sur la fusion du rêve et de la réalité, du quotidien et de l'imaginaire sous sa variante proprement cinématographique. Après s'être fait renvoyer, pendant la Dépression, de son travail de serveuse, Cecilia (Mia Farrow) s'évade en visionnant pour la cinquième fois consécutive *La Rose pourpre du Caire*; elle manque de s'étouffer de surprise quand l'acteur qui joue Tom Baxter, l'égyptologue, s'adresse à elle depuis l'écran:

---

15. D. Diderot, *Œuvres romanesques*, p.729: 'Vous ne croirez pas cela, lecteur. Et si je vous disais qu'un limonadier, décédé il y a quelque temps dans mon voisinage, laissa deux pauvres orphelins en bas âge. [...] De ces neuf cents francs, les frais de justice prélevés, il reste deux sous pour chaque orphelin; on leur met chacun ces deux sous dans la main, et on les conduit à l'hôpital. – Le maître: Cela fait horreur. – Jacques: Et cela dure.'
16. D. Diderot, *Œuvres romanesques*, p.586.
17. Marc Cerisuelo, *Hollywood à l'écran. Essai de poétique historique des films: l'exemple des métafilms américains* (Paris, 2000), p.89.

TOM (*on the black and white screen*)

– Gosh, you must really like this movie.

CECILIA

– Me?

TOM

– You spent your entire day here... and I have already seen you twice before.

CECILIA (*in the theatre*)

– You mean, me?

TOM

– Yes, you, you, you have... it is the fifth time that you watch this movie.[18]

A la consternation de la poignée de spectateurs présents dans la salle, il descend de l'écran pour la rejoindre. En effet, l'explorateur qui est le héros de ce film finit par en avoir assez de répéter toujours la même chose, de projection en projection, et décide de découvrir le monde 'réel': abandonnant là ses partenaires en pleine action, il se tourne alors vers la salle où il a remarqué Cecilia et traverse l'écran noir et blanc pour pénétrer le New Jersey en technicolor de Cecilia, libre enfin de vivre hors des impératifs d'un scénario convenu.[19] Dès lors, deux ordres spatiaux, coordonnés sur le même niveau narratif, sont transgressés par le personnage qui saute à travers l'écran et entre dans la salle des spectateurs.

Cette scène est le moment central de *La Rose pourpre*, qui raconte l'histoire du rapport obsessionnel, à la fois comique et douloureux, de Cecilia avec le cinéma. Mais à travers l'obsession de Cecilia, Woody Allen semble évoquer l'idée que les films sont à la fois des illusions mystificatrices et des instances d'imagination puissantes et subversives. En effet, la métalepse qui est en jeu ici est plus qu'un clin d'œil furtif qui perce les niveaux, c'est un passage logiquement interdit, une transgression qui permet l'interpénétration de deux domaines censés rester distincts. Cette opération remet radicalement en question la frontière entre l'imaginaire et le 'réel':[20] ainsi, dès le moment où Tom Baxter sort

---

18. Woody Allen, *Three films of Woody Allen* (New York, 1987), p.351.
19. Lorsque Cecilia explique à Tom qu'il appartient au film en noir et blanc, celui-ci réplique: 'Wrong, Cecilia, I'm free. After two thousand performances in the same monotonous routine, I'm free' (W. Allen, *Three films*, p.367). C'est ainsi que Tom Baxter, 'poète, aventurier, explorateur', échappe aux contraintes de la culture populaire afin d'explorer la vie 'réelle'.
20. Marie-Laure Ryan fait, à ce sujet, la remarque suivante: 'Alors que la métalepse rhétorique présente un acte de communication entre deux membres du même monde au sujet d'un membre d'un autre monde, la métalepse ontologique met en scène une action dont les

de l'écran, toute l'intrigue tourne autour de la relation ambiguë qu'entretiennent le monde imaginaire des films et le monde 'réel' de la vie quotidienne. C'est cette relation paradoxale que résume d'ailleurs l'un des personnages du film à l'écran: 'The real ones want their lives to be fictions, and the fictional ones want their lives to be real.'[21]

En effet, en surgissant dans la 'réalité', Tom met en danger les mondes situés des deux côtés de l'écran. C'est ainsi que le film jusque-là visionné à l'écran tourne alors au chaos. Les personnages sur l'écran sont forcés de se réinventer et de trouver un nouveau sens à leur existence. Paralysé par le scénario, le reste de la distribution croupit, coincé dans son décor de luxe, obligé d'attendre le retour de Tom. Les personnages du film essaient d'ailleurs à plusieurs reprises de le rappeler à l'ordre: 'Listen, old sport, you're going on the wrong side!'[22] Ils tentent même de l'atteindre, mais ne parviennent pas, eux, à sortir de l'écran. Allen n'explique d'ailleurs jamais pourquoi ils ne peuvent s'échapper à leur tour même s'il fait dire à l'un d'entre eux: 'I don't know how he did. I can't do the same', et les producteurs du film viennent plus tard les remercier parce que 'you stayed up there on the screen.'[23]

Dans *La Rose pourpre*, les scènes filmées en noir et blanc[24] sont l'indice d'un monde fictionnel – le film dans le film – et les scènes en couleur nous renvoient au monde 'réel' supposé vécu par les personnages du film. Si le monde qui nous est donné à voir est dualiste, l'intérêt du film réside dans le fait que la distinction entre la fiction et la réalité n'est pas celle que nous pourrions attendre: ici, l'objet réel a exactement la même nature que l'objet fictionnel, il n'est ni plus vrai, ni plus objectif, il est seulement ce que les interprétants en font.

La Rose pourpre pourrait à première vue être interprété comme un simple 'film dans le film', selon la formule aujourd'hui consacrée, c'est-à-

---

participants appartiennent à deux domaines distincts', 'Logique culturelle de la métalepse ou la métalepse dans tous ses états', dans *Métalepses: entorses au pacte de la représentation*, éd. John Pier et Jean-Marie Schaeffer (Paris, 2005), p.207.

21. W. Allen, *Three films*, p.360.
22. *Three films*, p.387.
23. *Three films*, p.354 et 359. La même disparité dans le traitement que subissent les personnages du film en noir et blanc est visible lorsque la chanteuse du night-club 'Copacabana', partenaire romantique prédestinée de Tom, s'évanouit au moment où elle touche du doigt Cecilia.
24. Woody Allen explique ce choix ainsi: 'En filmant des êtres mythiques en noir et blanc, l'effet est renforcé. Dans *La Rose pourpre*, les personnages que Cecilia voit à l'écran sont en noir et blanc, alors que sa vie est en couleur. Le noir et blanc du film dans le film est d'un gris bleuté qui le rend plus beau, plus présent, plus émouvant que la couleur ocre, discrète, de la vie réelle. C'est ce qu'incarne Tom Baxter lorsqu'il se colore ou se décolore graduellement selon qu'il sort ou rentre dans l'écran', *Woody Allen, entretiens avec Stig Björkman* (Paris, 2002), p.146.

dire comme une figure réflexive type, puisque le principe de redoublement y fonctionne à découvert: un film nous montre un autre film en pleine projection. Cependant, si l'on suit la définition que Christian Metz donne du 'film dans le film',[25] le film second, dans ce genre de construction, est habituellement localisé en un point précis du film d'accueil: emboîtement délimité, relation bien balisée, et non intrication multiple ou hybridation complexe. Or ce dont il s'agit ici est au contraire une construction de type interactif qui diffracte le film second sur l'ensemble du film premier: s'il n'y a pas de mélange ni de superposition subreptice entre film inclus et 'film-film', la grande nouveauté, c'est qu'ils sont susceptibles d'action causale l'un sur l'autre. Ainsi, Cecilia, jeune femme 'réelle', parvient à étonner et à séduire le comédien du film second[26] qui finit par déserter (corporellement) l'écran intérieur en prenant soin de ne pas brouiller ses frontières, et par faire une intrusion très remarquée dans le récit de premier degré, avant que l'héroïne, en un trajet inverse, ne pénètre à son tour dans l'écran. Le récit est fait de ces allers-retours où l'on peut soudain 'passer' d'un film à l'autre.[27]

La Rose pourpre n'est pas simplement 'a movie about a movie',[28] mais un effort conscient d'inclure dans sa forme même quelques-uns des enjeux artistiques, psychologiques et intellectuels relatifs aux films. Woody Allen essaie d'analyser ici les procédés par lesquels les films médiatisent et rendent valide notre expérience, suggérant ainsi que les films fournissent souvent les termes et les catégories pour voir et comprendre le réel.

La métalepse, et plus généralement l'effet métaleptique sur le récepteur, est ainsi par définition incompatible avec l'immersion fictionnelle, puisqu'elle exhibe la fiction comme fiction et du même coup

---

25. Christian Metz, *L'Enonciation impersonnelle, ou le Site du film* (Paris, 1991), p.90.
26. Analysant la participation affective du spectateur en terme de projection-identification, Edgar Morin fait la remarque suivante: 'le cinéma, c'est exactement cette symbiose: un système qui tend à intégrer le spectateur dans le flux du film. Un système qui tend à intégrer le flux du film dans le flux psychique du spectateur' (*Le Cinéma, ou l'Homme imaginaire: essai d'anthropologie*, Genève, 1968, p.107), commentaire qui n'est pas sans rappeler la citation d'André Bazin: 'le cinéma substitue à notre regard un monde qui s'accorde à nos désirs.'
27. C'est d'ailleurs par une stratégie similaire que Diderot, dans ses *Salons*, trouve possible de se promener dans les compositions d'un peintre, d'imaginer qu'il vit et se meut dans le paysage que celui-ci a mis sur la toile. Par le dialogue imaginaire et par son identification avec tel ou tel personnage représenté sur la toile, il met en scène la fiction d'une présence physique d'un spectateur dans le tableau. Cette conception absorbe littéralement le spectateur dans le tableau en l'y faisant pénétrer.
28. C'est l'avis de Stephen Mamber dans son article 'In search of radical metacinema', dans *Comedy/cinema/theory*, éd. Andrew S. Horton (Berkeley, CA, 1991), p.79-90 (87).

détruit le processus de simulation imaginaire. Nous pouvons dès lors lire les métalepses comme des processus *anti*-fictionnels, comme opérant une déconstruction de (l'illusion de) la clôture fictionnelle. Ici, le pacte de communication n'est pas sapé pas à pas, mais est résilié de manière subite. La métalepse peut donc être conçue comme une violation stratégique partielle du principe de coopération régissant le discours fictionnel, violation justifiée par l'effet poétique obtenu. Elle n'est pas uniquement un moyen d'irriter le lecteur, fonction qu'on lui attribue souvent dans la littérature postmoderne. La métalepse sert plutôt à faire prendre conscience du caractère artificiel des procédés, à mettre en évidence le fait même du procédé et l'affirmation que l'art est 'fait' de procédés. Le mode de métalepse qu'illustre *La Rose pourpre* met ainsi en jeu la relation entre l'univers 'réel' de la salle de projection et l'univers, généralement fictionnel, de la (méta)diégèse filmique.

iii. Effets métaleptiques

Pour la grande majorité des personnages dans le film en noir et blanc, la relation normale existant entre le réel et la fiction consiste à faire en sorte que Tom Baxter retourne dans le film dont il est issu. Les personnages ne peuvent pas simplement 'sortir' d'un film, comme tout le monde le rappelle à Tom. Et peut-être que si de telles choses ne se font pas, c'est parce que la plupart d'entre nous ressentent le besoin que l'imaginaire reste irréel voire impossible, tant il peut, autrement, devenir une menace. Si Monk, le mari de Cecilia, est heureux d'être débarrassé d'elle les soirs où elle va au cinéma, il est néanmoins tourmenté à l'idée qu'un personnage fictif devenu soudain réel puisse soustraire Cecilia à sa domination. De même, le directeur du cinéma s'inquiète de son futur dans un monde où il n'y aurait plus de fictions institutionnalisées et où la frontière entre le réel et l'imaginaire ne serait plus clairement délimitée. Enfin, tant le public que les partenaires de scène de Tom Baxter se rebellent quand l'univers fictionnel est dérangé par le réel: soudain amoindrie d'un personnage essentiel à l'intrigue, la structure narrative du film en noir et blanc devient bancale, provoquant rapidement la critique des spectateurs: 'I want what happened in the movie last week to happen this week.'[29]

Cependant, l'enjeu est plus complexe que le pur intérêt personnel ou l'habitude d'un rôle défini dans le confinement de l'imaginaire. Quand les Tom Baxter d'autres cinémas se mettent eux aussi à oublier leurs marques, Raoul Hirsch, le producteur le plus important d'Hollywood, songe à la possibilité d'une révolte de masse des personnages fictionnels

---

29. *Three films*, p.377.

contre leurs producteurs réels. Cette pensée est d'autant plus déstabilisante qu'un tel scénario ne menacerait pas seulement les films mais aussi, plus profondément, l'ordre social qui soutient cette forme très spéciale de la vie imaginaire. Ainsi, le vrai danger ne réside pas seulement dans le fait que d'autres Tom Baxter vont insister pour devenir réels à leur tour mais aussi dans le fait que Cecilia risque elle également d'oublier ses marques et d'exiger soudain de devenir ce qu'elle a toujours rêvé d'être.

Au bout du compte, si l'imaginaire cesse d'être imaginaire, il y a de fortes chances que le réel cesse d'être réel et c'est là peut-être le plus grand danger pour Hirsch et ses pairs. Ce qui survient dans le film en noir et blanc est donc un exemple de ce qui pourrait survenir dans le monde 'réel' aussitôt que l'imaginaire cesse d'être seulement imaginaire. La réaction d'Arturo, le maître d'hôtel du film interne, est à cet égard emblématique: lorsque celui-ci réalise qu'une révolution est survenue et que le scénario a été bouleversé, sa réaction témoigne d'un nouveau sens de liberté gagné grâce à la possibilité de créer son propre script: 'I don't have to be a *maître* anymore! I don't have to seat people anymore! I can do what I've always wanted to do!' Il se tourne vers l'orchestre, s'écrie 'Hit it, boys!'[30] et se lance dans un numéro de claquettes endiablé qui reçoit les applaudissements du public. De la même façon, les choses ne peuvent plus continuer comme avant si Cecilia, et toutes les Cecilia du monde, refusent leur rôle. Tom Baxter doit par conséquent être renvoyé dans son film parce que l'imagination défaite de ses formes conventionnelles est dangereusement subversive.

Woody Allen fait donc ici de la fiction un 'incubateur de mondes possibles enchâssés':[31] on assiste en effet à une cohabitation instable des mondes interne et externe, du moins chez les personnages des mondes enchâssés qui ont conscience de leur propre fictionnalité. Ce n'est cependant pas le cas des habitants du monde enchâssant, qui sont convaincus d'appartenir à la réalité. Ils identifient comme fiction une structure enchâssée mais méconnaissent leur propre statut. Leur rejet de la fiction est si exacerbé qu'il semble révéler une peur sous-jacente plus profonde: celle d'être envahi par la fiction et de perdre pied si l'on se met à croire en l'histoire qui nous est contée. En effet, le mélange de la réalité et de la fiction est susceptible de provoquer un malaise chez les spectateurs dans la mesure où les violations du 'pacte représentationnel' bouleversent le cadre même de la représentation au point que ceux-ci ne

---

30. *Three films*, p.449.
31. J'emprunte cette expression à Richard Saint-Gelais qui l'utilise au sujet des œuvres de Jasper Fforde et de Goran Petrovic. Voir le résumé de sa conférence intitulée 'Les théories autochtones de la fiction' (8 décembre 2005) sur le site Fabula: http://www.fabula.org/atelier.php?Les_th%26eacute%3Bories_autochtones_de_la_fiction.

parviennent plus à distinguer ce qui est de l'ordre de la fiction et ce qui est de l'ordre du réel.

De tels effets démontrent que le procédé en question est effectivement un trope très puissant qui joue consciemment avec la logique de représentation qui est à la base de toute illusion esthétique. Pourtant, ce jeu n'est pas entièrement sans risques pour le spectateur ou le lecteur. Gérard Genette a clairement attiré l'attention sur cet aspect de la métalepse: celui de ses conséquences ontologiques profondément aporétiques. Cette remise en cause des frontières entre les deux mondes revêt un caractère profondément angoissant: en effet, si les personnages d'une fiction peuvent donner l'illusion irrésistible qu'ils s'immiscent dans le monde réel, n'y a-t-il pas le risque que les êtres réels – le narrateur avant tout, mais peut-être également les lecteurs que nous sommes – soient eux aussi, en fin de compte, personnages d'une fiction dont ils n'auraient pas tout à fait conscience? C'est la thèse inquiétante formulée par Borges dans ses *Enquêtes*: 'Qu'est-ce qui nous inquiète dans le fait que Don Quichotte soit lecteur du *Quichotte* et Hamlet spectateur de *Hamlet*? Je crois avoir trouvé la raison: de telles inventions suggèrent que si les personnages d'une œuvre de fiction peuvent être lecteurs ou spectateurs, nous pouvons, nous lecteurs ou spectateurs, être fictifs.'[32]

Cette troublante hypothèse expliquerait donc pourquoi le spectateur ressent un si fort vertige quand la frontière s'efface entre 'le monde où l'on raconte et celui que l'on raconte'.[33] C'est ce que semble suggérer Henry, un personnage du film en noir et blanc lorsque, après la fuite de Tom, il considère la possibilité que cette situation 'is merely a matter of semantics'. Il ajoute: 'Let's, let's just readjust our definitions. Let's redefine ourselves as the real world (*Pointing towards the offscreen theater*) and them as the world of illusion and shadow. You see, we're reality, they're dream.'[34] Bien sûr, de tels propos sont trop inquiétants pour être acceptables et ils se voient rapidement répudiés comme étant tout à fait ridicules: 'You better calm down. You've been up on the screen flickering too long.'[35]

Il s'agit là, pour reprendre encore les termes de Gérard Genette, de l'effet le plus troublant que suscite ce mélange de vérité et de fiction,

---

32. Jorge Luis Borges, 'Magie partielle dans le *Quichotte*', dans *Œuvres complètes* (Paris, 1993), p.709. Jan Christoph Meister, dans son article 'Le *Metalepticon*: une étude informatique de la métalepse' note à cet égard: 'La métalepse implique donc une annulation du contrat représentationnel sur lequel est fondée la conception moderne des systèmes symboliques. Borges avait raison: de façon implicite, la métalepse identifie l'observateur avec la chose observée, et la chose observée avec l'observateur, et ainsi de suite', dans *Métalepses: entorses au pacte de la représentation*, éd. J. Pier et J.-M. Schaeffer, p.246.
33. G. Genette, *Figures III*, p.245.
34. *Three films*, p.437.
35. *Three films*, p.438.

'l'hypothèse inacceptable et insistante que l'extradiégétique est peut-être toujours déjà diégétique, et que le narrateur et ses narrataires, c'est-à-dire vous et moi, appartenons encore à quelque récit.'[36] Ce que Genette décrit ici et que Woody Allen met en scène dans La Rose pourpre du Caire, c'est l'aspect déroutant d'une configuration qui suggère une répétition infinie du texte que nous lisons et du film que nous visionnons.

En somme, La Rose pourpre du Caire entretient la même relation avec le genre des comédies romantiques que Jacques le fataliste avec la prose traditionnelle. Face à des formes conventionnelles, Allen comme Diderot provoquent ironiquement des doutes sur l'efficacité du médium qu'ils utilisent afin d'atteindre une nouvelle sorte d'ordre esthétique. Le résultat que provoquent les procédés utilisés par Allen et Diderot est, paradoxalement, de mettre en avant tous les éléments (les personnages, l'action, l'intrigue) dont le narrateur de ces fictions semblait se moquer. De plus, le lecteur / spectateur est soudain engagé, comme résultat de cette technique, à participer au processus narratif. En traitant délibérément les conventions comme des conventions, Allen et Diderot font de lui un complice et le rendent responsable de ces attentes traditionnelles que le narrateur ridiculise et juge futiles – tout spécialement l'attente d'un dénouement heureux qui clôturerait l'intrigue. Ainsi, si les auteurs de ces deux œuvres emploient certes des moyens et des médias différents, il n'en reste pas moins que tous deux exigent la participation du lecteur / spectateur dans le jeu de la fiction.

Mais simultanément apparaît dans ces œuvres une dimension nouvelle: sur la fiction primitive s'en greffe une autre, la vision s'élargit, le dialogue s'établit, la confrontation entraîne une mise en question, un jugement. Les points de vue se multiplient et chacun intervient: l'auteur, les personnages, le lecteur / spectateur.[37] Tel est, d'ailleurs, le paradoxe de la mystification: jeu et réel sont, circulairement, la condition de possibilités réciproques. Ils font plus que coexister, chacun se donne pour le préalable de l'autre. Dans la mystification littéraire, l'auteur règne par délégation. Jouant à se cacher, il ne trompe que le trompé; il scande dans les coulisses ou sous un déguisement apparent le jeu des rôles sur l'avant-scène, attentif à gagner sur tous les tableaux. C'est ce qui se produit dans Jacques le fataliste, entièrement construit sur une succession de refus momentanés: de l'annonce initiale à l'information finale,

---

36. G. Genette, Figures III, p.245.
37. C'est ce que souligne Michel Picard lorsqu'il décrit la métalepse comme une 'petite commotion, par le recul qu'elle procure et la pluralité des niveaux qu'elle découvre, elle [la métalepse] peut plausiblement faire franchir à ce lecteur une frontière supplémentaire, et, lui élargissant le champ de la conscience, l'amener de la pseudo-énonciation à l'énonciation proprement dite: sa lecture, prise en charge de l'écriture, "coopération" véritable cette fois', Lire le temps (Paris, 1989), p.86.

Diderot lanterne son lecteur de refus en délais, d'interruptions en digressions. Au moment où le narrateur se transforme en personnage fictif, il renonce à surplomber de son autorité le récit. Il permet ainsi au lecteur de prendre conscience de l'instance narrative qui se dresse derrière lui. Woody Allen n'agit pas autrement quand, meneur de jeu ou démiurge, il crée un monde et l'abandonne à son gré; il s'en proclame l'auteur et révèle les dessous de sa création. Cet aveu peut être indépendant du cours même des événements créés, n'avoir sur eux aucune répercussion directe: confidence ou souvenir, il n'a aucune prise sur les faits, il se limite à les replacer, dans leur véritable éclairage, à dénoncer les fausses apparences, à détromper celui à qui il s'adresse.

V
L'écran patrimonial

Sacha Guitry, historien de la France

ANTOINE DE BAECQUE

Sacha Guitry, en 1954, savoure le grand succès public de *Si Versailles m'était conté*, qu'il considère comme une revanche sur l'histoire, un nouveau 'non-lieu' offert par les spectateurs dans le procès d'opinion publique que lui font nombre de personnalités issues de la Résistance.[1] Il est cependant très affecté par les polémiques qui ont entouré la sortie de son film, lui qui n'a jamais pu compter, jusqu'alors, sur une reconnaissance intellectuelle ou artistique. Mais il ne répond personnellement à ces attaques que quelques semaines plus tard, dans la préface à l'édition du texte complet de *Si Versailles m'était conté*:

> Dans la succursale 'littéraire' d'un quotidien sinistre, je fus littéralement assailli par des personnes auxquelles jamais l'idée ne me serait venue de demander leur opinion sur mes travaux – ce qui me dispensait de lire leurs attaques. Elles visaient des anachronismes – ou, pour mieux dire encore: on me cherchait des poux. La semaine suivante, cela recommença. On voulait me gâter ma joie – c'était clair. Pourtant, il ne faut pas prendre au sérieux des gens qui se prennent au sérieux. Suis-je moi-même un historien? Oui. Mais à la façon d'un peintre. Je suis un historien comme le fut Louis David quand il composa son magnifique tableau intitulé *Le Sacre de Napoléon*, où l'on voit, trônant, au centre, Mme Laetitia – alors que notoirement la mère de l'Empereur était à Rome ce jour-là. Son absence est un fait – et c'est peut-être un fait historique. Ne désapprouvait-elle pas, en effet, ce couronnement de Joséphine par son fils? Quant à moi je l'ignore – et David, informé, a très bien pu se dire: la question n'est pas là, parce que ce fait n'est pas le sujet du tableau. Je ne peins pas l'absence ou la présence de Mme Mère au couronnement de l'Empereur – et je ne voudrais pas que cette absence fût un sujet de distraction. Sa présence est normale, elle est logique – et je ne tiens pas à passer dans cent ans pour un peintre distrait. Parlons de deux 'erreurs' encore. Nous 'tournions' ce jour-là une scène entre le Roi et Mme de

---

1. Sur Guitry, on lira ses principaux souvenirs et mémoires: Sacha Guitry, *A bâtons rompus*, éd. Henri Jadoux (Paris, 1981); S. Guitry, *Cinquante ans d'occupation* (Paris, 1992); *Cinéma/Sacha Guitry*, éd. Claude Gauteur (Paris, 1993); *Le Cinéma et moi*, éd. André Bernard et Claude Gauteur, préface de François Truffaut (Paris, 1977). Puis quelques biographies: Raymond Castans, *Sacha Guitry* (Paris, 1993); Henri Jadoux, *Sacha Guitry* (Paris, 1982); Jacques Lorcey, *Sacha Guitry, l'homme et l'œuvre* (Paris, 1982). Enfin des ouvrages sur Guitry cinéaste: *Sacha Guitry, cinéaste*, éd. Philippe Arnaud (Locarno, 1993); *La IVe République et ses films*, éd. Raymond Chirat (Paris, 1985); Alain Keit, *Le Cinéma de Sacha Guitry: vérités, représentations, simulacres* (Liège, 1999).

Montespan, scène au cours de laquelle je lui disais: – Je vous garde à Versailles, et vous exile dans les combles. La scène terminée, j'allai fumer une cigarette dans la cour de marbre, quand l'aimable conservateur, M. Van der Kemp, vint me rejoindre et m'avisa que ce n'était pas dans les 'combles', mais bien au rez-de-chaussée de l'aile droite du château que Louis XIV avait exilé sa maîtresse. Alors, j'ai cru devoir lui répondre aussitôt que ma phrase avait sa raison d'être, car faire dire au Roi: – Je vous garde à Versailles, et vous exile dans les combles, c'est le dépeindre mieux que de lui faire articuler: – Je vous garde à Versailles, et vous exile dans l'appartement qui se trouve au rez-de-chaussée de l'aile droite du château. Et, tout naturellement, j'en arrive à cette déclaration formelle de Paul-Louis Courier, qui met à cet égard les choses bien au point: 'Plutarque se moque des faits et n'en prend que ce qui lui plaît, n'ayant souci que de paraître habile écrivain. Il ferait gagner à Pompée la bataille de Pharsale si cela pouvait arrondir tant soit peu sa phrase. Il a raison. Toutes ces sottises qu'on appelle histoire ne peuvent valoir quelque chose qu'avec les ornements du goût'. Il y a dans Versailles une erreur effarante que personne n'a cru devoir me signaler encore. Elle se trouve dans la dernière image du film – image qui en a définitivement assuré le succès. Dans cette image mouvante de l'histoire de France, sur ce grand escalier majestueux, il y a Louis XIV et il y a Clemenceau – qui ne se sont cependant jamais rencontrés, si j'ai bonne mémoire.[2]

Cette longue réponse est plus sérieuse qu'elle n'en a l'air (il faut prendre au sérieux les gens qui ne se prennent pas au sérieux...), de même qu'une des publicités parues dans la presse à la fin du mois de janvier 1954, lors de l'exploitation du film au cinéma Marignan: 'Encore une erreur historique: Louis XIV triomphe à Marignan!' Guitry revendique en effet hautement ses erreurs historiques car elles révéleraient précisément sa manière d'"être historien', ainsi qu'il l'affirme. Il est historien comme un peintre d'histoire, il est historien comme le cancre de l'histoire de Versailles. Cette posture, pleinement consciente, revendiquée, est une façon de proposer, à travers Versailles et sa chronique, une forme cinématographique de l'histoire. Il s'agit d'y regarder de plus près.

Considérer *Si Versailles m'était conté* autrement qu'une suite de perles, d'anachronismes et d'erreurs, ou plutôt parvenir à penser ces perles, ces anachronismes et ces erreurs, qui ornent le film, comme un discours cohérent et révélateur, tel est le projet même de Sacha Guitry, 'historien de la France'.[3] Il faut avouer que ce défi d'interprétation a déjà été relevé au moment même de la sortie du film, en 1954, par quelques francs-tireurs de la critique. De la critique et non de l'historiographie, car ce

2. Sacha Guitry, *Si Versailles m'était conté*, éd. Raoul Solar (Paris, 1966), préface. On lira également: *Et Versailles vous est conté... texte des émissions données à la radiodiffusion française par l'auteur*, éd. Raoul Solar (1954).
3. Luc Moullet, 'Si Versailles m'était conté', dans *Sacha Guitry, cinéaste*, éd. P. Arnaud, p.260-63; N. Simsolo, 'Monstres et monuments', dans *Sacha Guitry*, p.133-67.

tissu de perles, d'anachronismes et d'erreurs a été compris, par quelques ardents et minoritaires défenseurs de Guitry-cinéaste, comme la manifestation esthétique de son talent singulier d'auteur de films. Dans les *Cahiers du cinéma*, François Truffaut puis Jacques Audiberti tentent de défendre *Si Versailles m'était conté*, non comme un livre d'histoire, mais tel un film d'auteur où la personnalité de Guitry se déploie à travers la fantaisie, le sarcasme et, surtout, l'élégance suprême de la désinvolture. Cette manière de faire des mots avec l'histoire, de prendre ses fantaisies avec la gloire nationale, de chasser l'esprit de sérieux, semble pour Truffaut le contraire absolu du 'chiqué républicain', du 'cérémonial de bonniches endimanchées', qui président généralement aux reconstitutions historiques propres aux films français.[4] Il y voit la volonté de Guitry d'incarner à lui seul, par son corps protée et ses mots virtuoses, l'histoire du pays, de la transformer en une chronique à la fois mondaine, émouvante et originale, mais dont la principale qualité serait l'élégance, cette classe quasi instinctive qui habite tout personnage chez Sacha Guitry. C'est ce refus absolu de la reconstitution historique qui frappe également Jacques Audiberti, l'écrivain-critique consacrant l'une de ses chroniques des *Cahiers du cinéma* à l'auteur de *Si Versailles m'était conté*.[5] Audiberti défend ce film, qu'il dit aimer 'pour sa langue vacharde et ses corps mis à nu', au nom d'une vision anhistorique de l'histoire: 'Il parvient, selon moi, par l'esprit, le goût, les documents et un noble désir, à signifier le passé, mais sans jamais, fût-ce une seconde, nous y transporter.' Il existe une manière de distanciation, chez Guitry, qui fait de *Si Versailles m'était conté* tout à la fois un divertissement et un récit à partir de l'histoire de France. En 1977, Truffaut le réaffirmera sur le ton de la polémique, contre le 'puritanisme des intellectuels rive gauche':

> Nos cuistres solennels ont le culot de prétendre décider eux-mêmes et dans l'immédiat de ce qui est 'culturel' et de ce qui ne l'est pas. Ce sont eux qui ont inventé l'opposition entre les 'œuvres de réflexion' et les 'œuvres de divertissement', comme si les trois cents romans de Simenon, les cinq cents chansons de Charles Trénet, les pièces et les films de Sacha Guitry n'étaient pas là, justement, pour prouver que les œuvres réellement divertissantes donnent matière à réflexion.[6]

Cette 'matière à réflexion', qui est aussi un divertissement, tient précisément dans une certaine vision de l'histoire, celle qui fonde les choix de la mise en scène ou le jeu des acteurs, et qui parvient à transformer l'histoire en une forme cinématographique singulière. Le premier élément de cette mise en forme de l'histoire est le temps. Les

---

4. François Truffaut, 'Si Versailles m'était conté', *Cahiers du cinéma*, 34, (avril 1954).
5. Jacques Audiberti, 'L'admirable et l'anecdote', *Cahiers du cinéma*, 56, (février 1956).
6. François Truffaut, préface au *Cinéma et moi*, éd. A. Bernard et C. Gauteur.

trois heures de *Si Versailles m'était conté* consistent, littéralement, en un certain temps qui s'écoule. Et regarder ce temps, l'organiser, c'est filmer l'histoire. On s'est beaucoup interrogé, à propos de Sacha Guitry, sur ses choix politiques.[7] Son choix principal, dans *Versailles*, fut de ne pas en faire, même aux moments de l'histoire où ils pouvaient être exigés, mobilisateurs, voire nécessaires. Guitry est certes un homme d'ancien régime, puisqu'il se sent à son aise en habits de roi comme en compagnie des princes et des bons mots de la culture monarchique.[8] Il s'inscrit, en ce sens, dans la lignée des historiographes du roi du dix-septième siècle, Perrault, Racine, Félibien, et retrouve, à travers son 'film-conférence' sur l'histoire de Versailles, le principe de la visite guidée, toute entière à la gloire du roi, que Le Nôtre a pu illustrer à travers les jardins, Le Brun à travers les collections royales de peinture ou Félibien concernant les portraits du roi.[9] Il existe dans la fonction royale, et dans la manière dont elle peut alors être commentée et magnifiée, un sens du cérémonial et du décorum, pour ne pas dire de la mise en scène, qui trouve un écho manifeste chez Guitry, grand ordonnateur, narcissique, obsessionnel, des rituels de sa propre présence en scène ou à l'écran, une sorte d'outreprésence parlée et gestuelle. Pourtant, Sacha Guitry, en regard de cette forme cérémoniale du pouvoir, apparaît à l'aise avec tous les régimes. Lui-même interprète les rois avec facilité, Louis XI dans *Si Paris nous était conté*, François Ier dans *Les Perles de la couronne*, Louis XIV dans *Si Versailles m'était conté*, Louis XV dans *Remontons les Champs-Elysées*. Mais il a également interprété plusieurs fois Napoléon (Napoléon Ier dans *Le Destin fabuleux de Désirée Clary*; Napoléon III dans *Les Perles de la couronne* et dans *Remontons les Champs-Elysées*).

En réalité, sa conception de l'histoire est celle d'une forme d'engendrements successifs, où les différents moments se reproduisent les uns les autres tout en créant de la nouveauté par cette reproduction même. C'est une 'petite histoire', au sens où tout est vu par la lunette des amours historiques, mais également une vision bâtarde de l'histoire, puisque chaque entité historique (par exemple la France) est le produit des engendrements secrets des moments de l'histoire. Dans *Remontons les*

---

7. R. Castans, 'Occupé, libéré, acclamé', dans *Sacha Guitry*, p.347-92; dossier de la Commission de Recherche historique, réunion du 7 février 1948, BiFi CRH 50B2.
8. 'Si Versailles m'était conté', *Cahiers du cinéma* 34 (janvier 1954), où François Truffaut écrit: 'Voilà pourquoi *Si Versailles m'était conté* plaît, en dépit des critiques. Ce qui fit durant plusieurs siècles la grandeur de la France, le sentiment chrétien et le sens de l'honneur, le respect du clergé et de la noblesse, clés de voûte d'une société justement hiérarchisée, n'y a de place qu'accessoire. [...] Une époque où l'Eglise refusait d'inhumer Adrienne Lecouvreur était plus exaltante pour les artistes que la nôtre où les comiques troupiers sont reçus au Vatican. Nous vivons le temps du chiqué républicain, et ainsi donc l'échec de ce film était-il inscrit dans les données mêmes du problème.'
9. Gérard Sabatier, *Versailles, ou la Figure du roi* (Paris, 1999).

Champs-Elysées, tourné à la fin de 1938, Guitry raconte ainsi le mariage d'un petit-fils bâtard de Louis XV, Jean-Louis, avec une fille naturelle de Napoléon, née à Sainte-Hélène. Mais ce Jean-Louis est lui-même le fils d'un certain Ludovic (le bâtard du roi) et d'une fille naturelle que Marat a eue d'une horrible tricoteuse de la Terreur. Cette dynastie politiquement chimérique conduit à Guitry lui-même qui, dans ce film, raconte l'histoire de France à ses élèves, le cinéaste-narrateur-historien devenant par cette filiation imaginaire le produit d'une mixture historique peu orthodoxe, fait de monarchisme, de terrorisme, de bonapartisme. De même, l'affiche du *Diable boiteux* raconte cette vision du temps historique. On y voit des graffiti sur un mur: 'Vive le roi', qui est barré, 'Vive la République', barré, 'Vive l'empereur', barré, et en dessous 'Vive la France', en grand, qui n'est pas barré. Le château de Versailles, par ses cérémonies politiques successives qui sont aussi des rituels de séduction et d'amour comme enchâssés dans la continuité historique, est pour Guitry l'espace archétypal de cette vision du temps, celui d'un continuum national par enfantements des histoires successives composant la nation. Versailles possède mieux que tout autre lieu cette temporalité qui fait de Guitry un historien de la filiation française. Et le cinéaste se laisse volontiers tenter par le goût des généalogies perverties ou la griserie de ces noms de famille dont il ne cesse, pourtant, de dire les méfaits et de souligner les vicissitudes. *Si Versailles m'était conté* enregistre ces cercles enchaînés du temps, enchaînés à Versailles, enchaînés par Versailles, ces cercles que Guitry rend vicieux en les caressant par l'anecdote salace ou la chronique des rituels des amours royales. Le film est sans cesse en recherche, à travers ses fantaisies historiques, d'une sorte d''ubiquité chronologique'.[10] Il s'agit, littéralement, d'être partout à la fois dans le temps, et tous ces petits espace-temps ainsi cernés proposent des saynètes significatives qui, dans leur juxtaposition, recomposent cette unité complexe et problématique: l'identité française. Le discours historique de *Si Versailles m'était conté* réside dans ce principe, moderne et stimulant, des collages temporels fabricant une identité nationale synthétique et complexe.

Pour Guitry, Versailles, de plus, est un corps. Il a non seulement conçu son projet comme la plus belle galerie de physionomies du temps, au générique impressionnant, mettant à contribution petits et grands acteurs du cinéma international du début des années 1950, qui donnent incarnation à une sorte de grand corps cinématographique aux multiples têtes et aux innombrables gestes, comme si l'hydre du box-office se reflétait grâce au casting de Guitry dans l'hydre historique qu'est

---

10. L. Moullet, 'Si Versailles m'était conté'.

Versailles. Mais le cinéaste propose, de plus, une vision anthropomorphique, ou du moins corporelle, de l'histoire française. Cette vision est absolument narcissique, auteuriste, mégalomane puisque toute l'histoire du château passe à travers la représentation du corps de Guitry lui-même, ce corps mis en spectacle, du début à la fin du film, par l'intermédiaire des différents rôles tenus par le cinéaste et de sa présence, parlée ou incarnée, à tous les moments clés de l'œuvre, à chaque charnière narrative. L'identification de Guitry avec certains personnages incarnant la France (Louis XIV, Louis-Philippe) est essentielle, et il gagne la puissance, quasi merveilleuse, de faire revivre par sa voix et sa présence une 'certaine idée de la France'. Mais cette incarnation, constituant le projet central de *Si Versailles*, est, dans le même temps, infiniment sombre, mélancolique, maladive, voire morbide. Le corps de Guitry, il ne s'en cache pas, est un corps malade, à bout de force, celui d'un vieillard qui disparaîtra à peine quatre ans plus tard,[11] incarnant et résumant de façon très directe un état du corps de bâtiment versaillais: le château, lui aussi, est malade, à bout, promis au délabrement partiel si l'entreprise de restauration n'est pas entreprise rapidement et intensivement.[12] Ainsi, le corps de Guitry en Louis XIV vieillissant dit le projet même du film: il faut sauver le château de Versailles, vieux monument dont le prestige ne cache plus la décrépitude.

La frontalité des corps, qui apparaissent dans le film très simplement, selon une technique théâtrale minimale, s'adressant généralement de face à la caméra, renforce sans cesse ce sentiment de fragilité, de faiblesse, parfois de déroute, des corps pris dans l'histoire. La fin de Louis XIV, notamment, est lugubre, jouée par un vieillard usé, saisie par une image aux colorations verdâtres, quatre années avant la mort de Guitry lui-même: 'Je meurs bien seul et presque abandonné', murmure-t-il en Louis XIV, mais pour lui, préludant à la déchéance corporelle ('Vite, ma perruque, souffle-t-il, et surtout que l'enfant ne me regarde pas. Il n'est pas nécessaire qu'il m'ait vu de la sorte. Ce n'est pas beau à voir...'). Le corps est ensuite ouvert: 'Puis ce fut l'autopsie à laquelle assistèrent le Maréchal de Montesquiou, les Ducs de Mortemart, de Villeroy et de La Rochefoucauld, et le Prince Charles de Lorraine. Affreux détail – on détailla le Roi de France.' Le corps est enfin dispersé, fragmenté: 'Ses entrailles furent portées à Notre-Dame de Paris... Son cœur fut confié au couvent des Jésuites par le Duc de Sully. Son corps, lui, fut porté à Saint-Denis.' Guitry, présent à chaque étape de cette décomposition, dans le rôle de Louis XIV, d'abord par son apparence, ensuite par sa voix, offre

---

11. François Mars, 'Citizen Sacha', *Cahiers du cinéma* 88 (octobre 1958).
12. André Pératé, *Le Château de Versailles et les Trianons* (Paris, 1965).

ainsi son propre corps à l'histoire, allant jusqu'à jouer, confie-t-il, le spectre, le fantôme, résultant de cette déchéance corporelle:

> Un jour que j'étais seul dans la Chambre du Roi, il s'est passé un petit événement assez phénoménal. Nous tournions ce jour-là dans le salon de l'Œil de bœuf, les dernières scènes de la vie de Louis XIV. On réglait les lumières – et, parce que j'étais un peu fatigué, j'étais venu un instant m'asseoir dans cette chambre somptueuse, émouvante, où s'est éteint le Roi-Soleil. J'étais dans un très grand fauteuil, en Louis XIV lui-même, costumé, perruqué, les yeux clos, défait, dans l'ombre. Une porte s'est ouverte, et un gardien, conduisant une trentaine de visiteurs, annonça: – Nous voici dans la chambre où mourut Louis XIV... Puis, il y eut un silence – et j'ai vu devant moi trente et une personnes absolument éberluées...[13]

Le château de Versailles, alors, semble le seul personnage susceptible de rivaliser avec le démiurge historique et cinématographique. Il est l'alter ego de Guitry, et lui aussi filmé comme un corps, non pas tant dans sa magnificence que dans sa fragilité, sa fragmentation, sa diversité. Toutes les pièces du château sont ainsi visitées au cours du film, avec une insistance sur ces lieux de la relative intimité du corps royal (le cabinet et la chambre du roi, le salon de Diane, espace du travail pour Louis XV) ou ceux de la vie courtisane (le salon de l'Œil de bœuf). Les espaces de l'apparat et de la parade sont davantage sacrifiés (les galeries des glaces et des batailles), mais tous ces lieux, cependant, trouvent une place dans l'architecture propre au film, comme s'il s'agissait de montrer, à travers eux, les organes d'un immense corps où passe et s'incarne l'histoire de France.[14]

Enfin, *Si Versailles m'était conté* s'achève sur une longue séquence, demeurée célèbre, où tous les personnages, de toutes les époques et de tous les styles, descendent, ensemble, le grand escalier de marbre, tandis que monte peu à peu sur l'écran le drapeau français:

> Les cent trois marches du grand escalier. Des hérauts d'armes en couronnent le faîte, et la musique éclate. Et tout en haut paraît Louis XIV, d'abord, puis sans ordre respecté, ce sont six ou sept cents seigneurs, soldats, rois, reines, ecclésiastiques, courtisans, favoris, ministres, magistrats, et puis ce sont des jacobins, des sans-culottes, et puis c'est l'empereur avec ses grenadiers, et puis c'est Clemenceau devant un régiment de ceux qui firent la Grande Guerre, puis des drapeaux de tous les pays, puis le nôtre enfin qui monte dans le ciel.[15]

---

13. Préface à *Si Versailles m'était conté*.
14. Robert Descimon et Alain Guéry, 'La "monarchie royale"', dans *Histoire de la France*, t.2: *L'Etat et les pouvoirs*, éd. André Burguière et Jacques Revel (Paris, 1989); Alain Boureau, *Le Simple Corps du roi* (Paris, 1990); Antoine de Baecque, 'Le corps-Etat, métaphore de la transition souveraine', dans *Le Corps de l'Histoire: métaphore et politique, 1770-1800* (Paris, 1993), p.43-161.
15. *Si Versailles m'était conté*.

Le roi est mort, Guitry l'a incarné jusque dans sa propre décomposition maladive, jusque dans cette atmosphère lugubre et morbide attachée à son apparition personnelle. Mais voici que se lève, spectral et majestueux, le grand corps de la France entière, porté par une collectivité nationale soudée dans la descente du grand escalier de Versailles. Sans doute n'a-t-on jamais mieux signifié au cinéma, et filmé, ce dédoublement qui, au corps du roi, humble et mortel dans sa gloire, substituait un corps symbolique, dont la pérennité et le paraître reconstitué pouvaient incarner la continuité de l'histoire française. Sacha Guitry, en filmant cela, frontalement, faisait œuvre d'historien, au moment même où Kantorowicz puis Giesey formulaient historiographiquement la théorie du double corps du roi de France.[16]

Versailles, enfin, est une langue. Une langue française classique hantée par le style, l'écriture, la diction si particulière de Guitry, dont l'omniprésence langagière apparaît comme la principale donnée du film. *Si Versailles m'était conté* est ainsi 'parlé' à 40 pour cent par la voix même de Guitry, et entièrement écrit de la main du dramaturge, qui composa son œuvre sur le modèle, constamment présent chez lui, du 'film-conférence'. Dès 1915, Guitry avait tourné *Ceux de chez nous*, où l'on voyait Rodin, Rostand, Monet, Anatole France, Degas, Renoir, Sarah Bernhardt, d'autres encore, tels une galerie d'artistes et d'écrivains devenus des silhouettes muettes, tandis que la voix de l'auteur, lisant un texte écrit, était supposée commenter le travail de ces célébrités.[17] Ce parallèle entre la bande image, laissée aux figures du cinéma, et la bande sonore, captée par Guitry, est sans cesse reconduit par l'auteur de *Si Versailles m'était conté*: mode de récit hautement sophistiqué, et en même temps très simple, où l'histoire est racontée directement au public par la voix du narrateur tandis qu'elle est jouée et incarnée par ce que l'on pourrait nommer des figurines. Ce mode de récit n'est pas qu'un enjolivement ingénieux; il commande directement la substance du film, promenade dans le temps de l'histoire, visite des corps de l'histoire, menées avec vivacité, ruptures de ton, ellipses, rapprochements, résurgences, mais où la présence centrale, le lien constant, la matière à filmer, est donnée par la langue elle-même. Le château de Versailles est devenu un livre, et

---

16. Ernst Kantorowicz, *Les Deux Corps du roi*, traduction française (Paris, 1994). Ralph Giesey, *Le Roi ne meurt jamais: les obsèques royales dans la France d'ancien régime* (Paris, 1987); du même auteur, *Cérémonial et puissance souveraine: France, XVe-XVIIe siècle* (Paris, 1987); Jean-Marie Apostolidès, *Le Roi-machine: spectacle et politique au temps de Louis XIV* (Paris, 1981).
17. Noël Simsolo, '*Ceux de chez nous* est diffusé à l'ORTF', *Cahiers du cinéma*, numéro spécial: '100 journées qui ont fait le cinéma' (janvier 1995) ; Jean-Louis Comolli, 'Retour à Tours, ou vanité du portrait', *Cahiers du cinéma* 177 (avril 1966); Raphaëlle Moine, 'Sacha Guitry et le "film conférence": *Ceux de chez nous* (1915-1952)', dans *Cinéma et littérature: d'une écriture l'autre*, éd. Laurence Schifano (Paris, 2002), p.37-50.

l'histoire de France une langue écrite et parlée par Guitry 'en historien dans le texte'.[18]

Il s'agit d'ailleurs de la métaphore qui initie et ferme le film: Guitry en personne, et en costume contemporain, ouvre, au début de *Si Versailles m'était conté*, le 'grand livre' de Versailles, et commence à le lire. Le film s'offre ainsi à tous les spectateurs-auditeurs comme une représentation des pages de l'histoire de France, ce que Guitry feuillette, nomme et commente, singularité d'une culture nationale où le livre dit la vérité du pouvoir politique. Et cette représentation de l'histoire comme livre ouvert, comme affirmation de la langue française, Guitry la place dans la bouche même de Louis XIV, joué par le cinéaste, alors au faîte de sa gloire, qui s'adresse de manière véhémente à son ministre Colbert:

> Plus il aura coûté, mon beau château, plus il rapportera. Et je suis convaincu que dans cent ans, dans deux cents ans, dans trois cents ans, celui qui règnera sur la France d'alors saura le préserver des injures du temps, tant il sera le témoignage de la grandeur de mon pays. On y lira, comme en un livre impérissable, l'histoire des héros immortels du pays le plus beau qu'il y ait sur terre. Et d'ailleurs, c'est un livre – et c'est mon livre à moi – à moi qui ne suis pas capable, hélas!, d'écrire. Et puis, je veux qu'il soit moderne, mon château. Je ne veux pas de ces vieux meubles qui m'ennuient. Vous aimez, vous, ces bahuts, ces armoires de bois sombres – moi non. Et pour bien des raisons. Je les trouve remplis de fautes de français.[19]

Chez Guitry, une forme cinématographique de l'histoire existe bel et bien, commandée par quelques associations maîtresses: Versailles y est, tout à la fois, du temps, un corps, une langue. C'est-à-dire une représentation de l'histoire de France. Et il n'existait pas de plus beaux sujets que Versailles pour placer ainsi l'histoire française en représentation. Guitry se veut au spectacle du château et de ses occupants successifs, ce qui revient, tout à la fois, à filmer un château-pouvoir, un château-ville et un château-société. Guitry y parvient parfaitement: les rois, toujours, sont visibles de tous; le monument est visité dans toute sa diversité comme s'il s'agissait des différents quartiers d'une cité aux multiples facettes; et les courtisans, recoupant finalement presque toutes les classes de la société, des aristocrates aux intellectuels, des parvenus aux petites gens des jardins, des grilles, des bureaux, composent une galerie qui apparaît vite comme une forme de France en mouvement, même si elle conserve l'aspect désuet qui la rend attachante aux yeux du cinéaste.

Les éléments de cette représentation de l'histoire sont, les uns les

---

18. Jacques Bontemps, 'Une gravité enjouée', *Cahiers du cinéma* 173 (décembre 1965) ; Charles Tesson, 'L'homme qui aimait les mots', *Cahiers du cinéma* 471 (septembre 1993) ; Joël Magny, 'Guitry en éclats', *Cahiers du cinéma* 471 (septembre 1993) ; Yann Lardeau, 'Les pages arrachées au Livre de Satan', dans *Sacha Guitry, cinéaste*, éd. P. Arnaud, p.44-57.
19. *Si Versailles m'était conté*.

autres, reliés par une série de cérémonies et de rituels extrêmement minutieux et réglés, que Guitry chronique avec un regard acéré, caustique mais également respectueux, au point que *Si Versailles m'était conté* peut s'apparenter à une peinture, fidèle et inventive dans le même temps, du procès de civilisation qui a érigé peu à peu le château et sa cour en modèle de civilité à la française. Chez Guitry, le château est ainsi un lieu de soumission: les courtisans à la volonté absolue du roi, les acteurs aux désirs, voire aux caprices, du metteur en scène, le cinéma lui-même, qui devient sa chose, absolument apprivoisée. Mais il est aussi un lieu de révélation, puisque, du monarque aux moindres domestiques, des princes aux petits nobles, chacun peut et doit y apprendre ce qu'est la civilisation française. Ce théâtre d'histoire est, par bien des points, un très proche cousin de la société de cour décrite par Norbert Elias dans un livre devenu classique.[20] Peu importe que Guitry ne l'ait pas lu, n'ait même jamais pu le lire, car il a filmé, à Versailles, sa société de cour à lui.

---

20. Norbert Elias, *La Société de cour* (Paris, 1985), avec préface de Roger Chartier.

Les plaisirs de l'humiliation: *Ridicule* ou l'anthropologie du frivole

CHRISTIAN BIET

Le cambriolage,[1] en littérature, au cinéma et en matière de scénario, est un art qu'il faut hautement soutenir. Copier, citer, imiter, emprunter, voler, pasticher, réécrire par effraction, vaut souvent bien plus que tenter de produire une fiction originale: l'originalité, ce mythe des dix-neuvième et vingtième siècles, rend souvent ridicules ses auteurs, en particulier en France, tant elle dévoile leur insuffisance à imaginer autre chose que leur pauvre vie et leur propre univers. Car sans prendre appui sur ce qui a été écrit, tourné, représenté, et parce qu'ils veulent généralement se montrer naïvement eux-mêmes, ils n'affichent généralement que leur maigre nudité, sans chair et sans histoire. Pour bien cambrioler les fictions des autres, les récits des autres, l'univers et même le ton d'autrui, les auteurs et les scénaristes ne doivent pas avoir de scrupules, ni de volonté de précision académique, puisqu'il s'agit, d'abord, de satisfaire le goût, voire les présupposés de ceux auxquels ils s'adressent, quitte à, peu à peu, transformer leurs attentes. Là est l'art du cambriolage littéraire et scénaristique bien fait, qu'on compose un grand roman, par exemple *A la recherche du temps perdu*, ou qu'on écrive le scénario d'un beau film, par exemple *Ridicule*: pour écrire, il faut cambrioler.

i. 'Une trame de frivolités'

Lorsque Marcel Proust, en 1907, découvre, alors qu'ils viennent juste d'être publiés pour la première fois, les *Mémoires de la comtesse de Boigne née d'Osmond*, autrement appelés *Récits d'une tante*, il est évidemment séduit. Proust rédige alors un article, paru dans *Le Figaro* du 20 mars de la même année, intitulé 'Le snobisme et la postérité', pleinement consacré à soutenir la très à la mode 'archéologie du frivole' qui permettait d'éditer, plus de quarante ans après la mort de la comtesse (1866), la séduisante écriture d'un 'chameau' élégant. Cette écrivaine, qui avait accueilli Mérimée et Sainte-Beuve dans son salon et dont Proust lui-même avait

---

1. Je tiens ce mot aussi frivole que central de Jean Jourdheuil qui définit le metteur en scène comme un 'cambrioleur de concepts'.

plus tard connu les descendants, fascina l'auteur de *La Recherche* parce que, selon lui, elle tisse, dans ses *Mémoires*, 'une trame de frivolités, poétique pourtant, parce qu'elle finit en étoffe de songe, pont léger jeté du présent jusqu'à un passé déjà lointain'.[2]

C'est donc en cambriolant le texte et le personnage de la comtesse, mais aussi en s'introduisant par effraction dans les *Lundis* ou dans *Chateaubriand et son groupe littéraire* de Sainte-Beuve – où l'on trouve de nombreuses pages sur Mme de Boigne – que Proust édifie deux personnages contemporains: Mme de Beausergent (auteur préféré de la grand-mère du narrateur) et sa sœur, la marquise de Villeparisis.[3] Dans *La Recherche du temps perdu*, ces femmes mondaines écrivaines, ces 'passantes' dans le récit proustien, confectionnées à partir des remarques, jugements et récits de Sainte-Beuve, et des *Mémoires* écrits par le personnage bien réel de la comtesse de Boigne, après avoir suscité l'article du *Figaro*, deviennent ainsi 'les tantes' de Charlus et de Saint-Loup, et, pour Mme de Villeparisis, une fort 'mauvaise langue' – elle raille et souffre des railleries dont elle est l'objet – qui tient un salon 'déclassé', et rédige ses mémoires... Mais elles sont aussi, et en particulier Villeparisis, celles qui signalent ce que la frivolité a de nécessaire, de séduisant, de permanent. Et même de ridicule, lorsque la marquise fictionnelle finit par s'exprimer comme la comtesse mémorialiste quand l'une et l'autre tranchent sur l'art et la littérature: l'une et l'autre déclarent ainsi que les artistes doivent avoir, avant tout, de la vertu, et qu'ils doivent être 'fréquentables'.

Ainsi, puisque Proust, afin de nourrir sa *Recherche*, kidnappe et recycle, parce qu'ils sont intéressants à ses yeux, un personnage historique, ses écrits et les jugements qu'on en fait au moment où paraissent ses *Mémoires* – moment où quelques légitimistes archaïques la traitent encore de 'bas bleu', d'orléaniste et même de voltairienne (le vicomte de Reset en 1909) sous le prétexte qu'elle juge sans pitié, mais avec talent, la société de cour d'avant la Révolution, l'aristocratie des exilés, les revanchards de la Restauration et les parvenus de la Monarchie de Juillet – on peut, au cinéma, procéder de la même manière.

ii. L'anecdote de la comtesse et le *pitch* du film

Pourquoi ne pas à nouveau instrumentaliser, donc modifier, infléchir, ou même trahir cette comtesse, ses anecdotes et ses récits, en 1996?

---

2. Marcel Proust, *Essais et articles*, Bibliothèque de la Pléiade (Paris, 1971), p.532 et 924-29. Passage cité dans la préface des *Mémoires de la comtesse de Boigne, née d'Osmond*, éd. Jean-Claude Berchet (1971; Paris, 1999), p.xvi.
3. Voir la promenade en voiture dans *A l'ombre des jeunes filles en fleurs* et la matinée du *Côté de Guermantes I*.

Pourquoi, pour écrire *Ridicule*, ne pas partir, lorsqu'on souhaite écrire un scénario, des quelques premières pages (la première partie: 'Versailles') de ces *Récits d'une tante*, les piller et les encadrer par une histoire amoureuse et politique dans laquelle une sorte de Werther français et progressiste tomberait amoureux d'une Charlotte modernisée, passionnée de sciences naturelles? Pourquoi ne pas redistribuer les mêmes anecdotes, en ajouter d'autres venant d'ailleurs, ou même en inventer, et mener tout ce petit monde vers la Révolution? Le tout est de partir d'un paragraphe au sein duquel une phrase peut, à juste titre, donner le ton, le thème et presque le *pitch* du film:

> La finance n'a pas seule fourni des victimes aux bals de la Reine. Monsieur de Chabannes, d'une illustre naissance, beau, jeune, riche, presque à la mode, y faisant son début, eut la gaucherie de se laisser glisser en dansant et la niaiserie de s'écrier: *Jésus Maria*, en tombant. Jamais il ne put se relever de cette chute; le sobriquet lui en est resté à toujours; il en était désespéré. Il a été faire la guerre en Amérique, s'y est assez distingué, mais il est revenu *Jésus Maria* comme il y était allé. Aussi, le duc de Guines, disait-il à ses filles le jour de leur présentation à la cour: 'Souvenez-vous que, dans ce pays-ci, les vices sont sans conséquences, mais qu'un ridicule tue.'[4]

Pourquoi ne pas partir à la fois de cette anecdote (qui fournit le récit liminaire du personnage atteint de ridicule qui revient se venger après avoir été aux colonies, mais aussi la scène où le jeune premier tombe en plein bal, est ridiculisé, puis réagit à la manière d'un philosophe et émeut la comtesse) et de cette citation sur le ridicule, quitte à la simplifier un peu (remplacer 'dans ce pays-ci' par 'ici' dans la première bande-annonce, puis supprimer 'ici' dans la seconde bande-annonce), pour les développer afin de produire un univers historique et fictif capable d'intéresser des spectateurs contemporains? Pourquoi ne pas, aussi, s'emparer d'autres anecdotes, ou d'autres personnages, qu'on modifiera pour les besoins de l'intrigue et du film, et les mêler à d'autres références, aussi bien picturales (Gainsborough) que littéraires (*Les Liaisons dangereuses*, les *Maximes* de Chamfort)? On fera donc un scénario à partir de ces emprunts et de ces cambriolages (qu'on peut toujours parer du nom pompeux de 'citations intertextuelles' ou d'"intertextualité', au besoin), ce qui, on l'a dit, n'a rien d'infamant, en particulier pour un film qui prend en compte l'Histoire, mais sans s'y immerger.

iii. Les déplacements du scénario

Si l'on se livrait à une étude précise des sources du scénario de *Ridicule*, on constaterait des déplacements notoires, opérés par le scénariste, à

---

4. *Mémoires de la comtesse de Boigne*, p.38-39.

partir de séquences prises dans le récit. Car, de même qu'en 1995-1996 le metteur en scène, Patrice Leconte, déplace les lieux de tournage (à Champs, à Vaux-le-Vicomte et dans plusieurs autres châteaux proches de Paris) pour représenter l'intérieur du château de Versailles dont le conservateur du temps avait refusé l'usage, de même les séquences des *Mémoires* ont été bouleversées. Peu importe alors que la porte du vestibule de Champs-sur-Marne donne dans la grande salle du château de Vaux, et peu importe que l'histoire de tel personnage du récit de la comtesse soit mêlé avec celle d'un autre, puisqu'il faut que les lieux et les séquences s'enchaînent à l'intérieur d'une production seconde, qui est celle du film à tourner.

Ainsi, l'attente des courtisans assis, observés à la lunette par le roi pour leur accorder, ou non, le plaisir de le voir, permet à la comtesse de décrire la résistance de son père en la comparant à l'attitude d'un homme qui était venu dix ans de suite sans jamais avoir été reçu. Et dans *Ridicule*, cette scène de vestibule est l'occasion de développer l'histoire du marquis de Guéret (Albert Delpy), désireux d'être reconnu aristocrate par le roi, mais qui n'en est point reçu et se suicide. Le suicide, lui, est repris au passage qui, dans les *Mémoires*, parle de 'Monsieur de Lusson, un jeune homme d'une charmante figure, immensément riche, bon officier, vivant habituellement dans la meilleure compagnie' à Paris, mais qui, bien que roturier, avait eu l'impudence d'aller à un bal de Versailles. 'On l'en chassa avec une telle dureté que, désespéré du ridicule dont il restait couvert dans un temps où le ridicule était le pire des maux, il se tua en arrivant à Paris. Cela parut tout simple aux gens de la Cour, mais odieux à la haute bourgeoisie.'[5]

L'obsession généalogique, qui est partout, parfois moquée, souvent revendiquée chez la comtesse, revient à plusieurs reprises dans le film, et la constitution d'un arbre impeccable est même l'un des obstacles que doit franchir le jeune héros provincial pour continuer sa quête, et qui l'amènera, parce qu'elle le protège, à tomber dans les bras de la comtesse de Blayac.

Enfin, Hautefontaine, le lieu libertin des *Récits d'une tante*, où trône un archevêque vivant ouvertement avec sa nièce, assisté d'un grand vicaire au bel esprit, donne lieu à la construction du petit abbé dans le film, et à l'avalanche de ses bons mots puisque dans le monde de la marquise de Boigne, 'on ne savait pas se refuser une répartie spirituelle'.[6]

> Il y avait toujours beaucoup de Monde à Hautefontaine; on y chassait trois fois par semaine. Madame Dillon [la maîtresse des lieux et de l'archevêque]

---

5. *Mémoires de la comtesse de Boigne*, p.38.
6. *Mémoires de la comtesse de Boigne*, p.76.

était bonne musicienne; le prince de Géméné y menait les virtuoses fameux du temps; on y donnait des concerts excellents, on y jouait la comédie, on y faisait des courses de chevaux, enfin on s'y amusait de toutes les façons.

Le ton y était si libre que ma mère m'a raconté que souvent elle en était embarrassée jusqu'à en pleurer. Dans les premières années de son mariage, elle s'y voyait en butte aux sarcasmes et aux plaisanteries de façon à s'y trouver souvent assez malheureuse, mais le patronage de l'archevêque était trop précieux au jeune couple pour ne pas le ménager. Un vieux grand vicaire, car il y en avait un au milieu de tout ce joyeux monde, la voyant très triste un jour lui dit: 'Madame la marquise, ne vous affligez pas, vous êtes bien jolie et c'est déjà un tort; on vous le pardonnera pourtant. Mais si vous voulez vivre tranquille ici, cachez mieux votre amour pour votre mari; l'amour conjugal est le seul qu'on n'y tolère pas.

Il est certain que tous les autres étaient fort libres de se déployer; mais c'était cependant avec de certaines bienséances convenues dont personne n'était dupe, mais auxquelles on ne pouvait manquer sans *se perdre*, ainsi que cela s'appelait alors.'[7]

On pourrait ainsi multiplier les exemples d'emprunts et de déplacements qui indiquent la manière dont les scénaristes de *Ridicule*, Rémi Waterhouse aidé de Michel Fessler et Eric Vicaut, ont construit leur histoire à partir de quelques éléments ou séquences des *Récits d'une tante*, en agrémentant leur propre récit d'autres éléments: entre autres, le recueil de traits d'esprit que cite, dans le film, Bellegarde, le père de Mathilde, *L'Art d'orner l'esprit* de François Gayot de Pitaval,[8] ou, pour l'ambiance et quelques exemples, *La Société de cour* de Norbert Elias. Ils n'en font d'ailleurs pas mystère dans les interviews données dans les bonus, en ajoutant qu'ils n'ont certainement pas souhaité une quelconque exactitude ou, pire, une fidélité toute universitaire.

Mais le plus important tient, d'une part, au personnage de la comtesse elle-même et, d'autre part, dans la définition, déjà citée, du *ridicule*.

iv. Roman de formation et discontinuité frivole

La quête du jeune baron Grégoire de Ponceludon de Malavoy (Charles Berling) peut apparaître, à l'instar d'un roman de formation, comme la dynamique majeure du scénario. On le voit quitter les Dombes, partir à Versailles, se faire un ami en la personne d'un marquis de Bellegarde (Jean Rochefort) sachant pratiquer 'l'esprit' qui sied à la cour – tout en ayant de bonnes connaissances scientifiques et littéraires et aucune illusion sur ce monde dérisoire –, tenter de convaincre le pouvoir monarchique d'assécher les marais et de sauver les paysans des fièvres,

---

7. *Mémoires de la comtesse de Boigne*, p.56
8. François Gayot de Pitaval (1673-1743), *L'Art d'orner l'esprit en l'amusant, ou Nouveau choix de traits vifs, saillants et légers, soit en vers, soit en prose*, 2 vol. (Paris, Briasson, 1728).

pour cela se faire un nom par ses réparties dans le salon de la comtesse de Blayac (Fanny Ardant), être une première fois ridiculisé par elle et son amant, le petit abbé de Vilecourt (Bernard Giraudeau), revenir dans les Dombes, puis, grâce à la disgrâce de l'abbé et à l'amoureux appui de la comtesse, revenir à Versailles et rencontrer le roi.

Comme une fable doit comporter une histoire d'amour pour séduire tous les publics, on ajoutera que Grégoire est pris entre l'amour pur et charmant de Mathilde de Bellegarde (Judith Godrèche) et l'amour plus mûr et plus fragile de Mme de Blayac. Enfin, puisqu'il faut bien que la Révolution s'approche, on trouvera un péril de mort (un duel causé par un jeu de mots de militaire relevé par Malavoy – le colonel de Chervernoy ayant comparé un canon au jeune baron, en disant qu'ils avaient tous deux 'le cul plus grand que la gueule'), suivi d'une trahison sentimentale, de la vengeance de la comtesse, d'une chute dans un bal et d'une fuite dans les Dombes, pour que le jeune baron, rejoint par la jeune marquise de Bellegarde, assèche ses marais en épousant la cause de la modernité et puisse enfin se livrer à la réalisation du grand projet bienfaiteur de l'humanité.

Cette linéarité a du bon, en ce qu'elle fait coïncider l'histoire et l'Histoire et qu'elle donne un horizon à l'intrigue: la vertu (raison, tolérance, humanité) et l'amour (sans concession et matrimonial) sont finalement récompensés grâce à la Révolution française et, si le château de Bellegarde a brûlé, si le marquis éclairé, Bellegarde, a dû fuir en Angleterre, les paysans des Dombes peuvent travailler leur terre au sec, sans craindre le paludisme. Le spectateur peut donc sortir du cinéma l'esprit en repos puisque ses préjugés sont avérés (la Révolution est un progrès dans l'histoire de France) et que le petit couple, maintenant sans particule, est heureux.

Mais dans le même temps, ce même spectateur, s'il réfléchit un peu, se rend compte que tout ce progrès raisonnable, humanitaire, ne peut être édifié que sur les ruines de sa jouissance, ou plutôt de la jouissance qu'il a connue, grâce à toutes les séquences nécessaires au plaisir donné par le ridicule, en voyant ce film. Car, en somme, si le sérieux a vaincu 'le frivole' et si le progrès a triomphé du 'snobisme' archaïque, on peut aussi le regretter, non point au nom de la vertu et de l'amour matrimonial, mais au nom de toute cette volupté du regard, de l'esprit et de la violence que *Ridicule* cultive par l'adjonction de séquences discontinues qui sont autant de 'numéros' fascinants, séduisants et ambigus, puisqu'ils contribuent à regretter que la vertu moderne ait ruiné l'archaïque frivolité. C'est donc bien, comme le dit Bellegarde au début du film 'le bel esprit qui ouvre les portes' du récit second, le récit des frivolités, même s'il faut bien, pour répondre à la diégèse principale, qu'il soit improbablement uni, dans le personnage de Malavoy, à la 'droiture'.

v. L'intrigue et les intrigues

Pour installer ce double mouvement, et faire en sorte que le repos sérieux, moral et politique du spectateur soit en définitive troublé, le personnage de la comtesse de Blayac est alors un pivot essentiel. Le scénario lui adjoint quelques comparses, dont le petit abbé, et un adjuvant-opposant, en la personne de Bellegarde (qui est à la fois pris dans la linéarité du récit de formation et dans l'entreprise de discontinuité, puisqu'il fournit aussi quelques séquences autonomes de brio). Bellegarde, en effet, produira parfois des séquences-numéros d'acteur allant dans le sens de la comtesse, lorsqu'il illustre l'esprit, le classe (en pointes, saillies drolatiques...), le cite et l'apprécie en connaisseur, mais il s'oppose à elle lorsqu'il donne à voir son savoir médical, sa compassion pour Malavoy et ses paysans, les expériences préscientifiques qu'il partage avec sa fille. On peut même observer que son personnage a un poids dans la fiction puisqu'il introduit Paul, le sourd-muet qui, lui-même, est le prétexte dramatique qui fait entrer le très moral, très utile et très humain abbé de L'Epée. Mais on ne peut pas faire de film de ce genre avec des sourds-muets (Hollywood s'en charge). Car, s'ils fournissent la douceur d'une belle séquence philosophique, sensible et moderne, ils sont, avec leurs enseignants, bien moins intéressants que les bavards bardés d'esprit. C'est pourquoi Bellegarde, qui joue les agents-doubles, tombera nécessairement du côté de la cour (il ira en exil) et de l'humour (cette fois l'*humour* britannique).

Cependant, c'est la comtesse qui, structurellement, arrime les numéros comiques et brillants à la linéarité sérieuse du roman de formation. Et si la diégèse est nouée autour de Malavoy, la comtesse intrigante, elle, noue les intrigues. C'est sur elle, principalement, que repose la discontinuité du propos qui vient contester la fin heureuse. C'est elle qui structure l'empilement des séquences comiques et spectaculaires, mais perd la partie dans l'Histoire (de France) comme dans l'histoire (du film), après avoir voulu la gagner au sein d'une cour moribonde. C'est elle qui prend du plaisir, jouit de tous les ridicules, et consomme sa vengeance (en cela elle n'est pas si loin de Merteuil) lors d'un bal masqué. C'est elle qui passe du sourire aux larmes, et du ridicule donné au ridicule reçu, quand l'intrigue vacille, puis se retourne au profit de la raison, au bénéfice de la philosophie et au service de la Révolution. Défigurée par les larmes, démasquée par elle-même, elle n'apparaîtra donc plus puisque le récit change de cap et choisit le sérieux moral, amoureux et humanitaire. Bellegarde, l'adjuvant-opposant, fermera alors la marche, sur les falaises de Douvres, en ajoutant, sur un mode mineur, un dernier regret de la jouissance non-vertueuse maintenant défunte, pour qu'à côté de la fin heureuse et consensuelle (le progrès révolutionnaire), apparaisse, dans le vent de l'histoire, un *happy end* nostalgique, un épilogue en surplomb et au loin.

On le voit, le personnage de la comtesse de Blayac, dans l'économie du film, permet la mise en place d'un autre point de vue qui deviendra tout aussi important que la diégèse apparemment majeure: le point de vue sur le (et du) ridicule. Blayac-Ardant, en effet, pervertit l'intrigue linéaire en s'insérant, par des 'intrigues secondes', dans le roman de formation (une éducation sentimentale, une éducation à la cour, une quête personnelle pour prendre en charge le progrès) à la place de la femme mûre (c'est un personnage de veuve comme on les aime au dix-huitième siècle), habile en tout, utile et dangereuse. Certes, elle sera finalement vaincue par une jeune fille aimante et moderne – entichée de sciences naturelles physiques et politiques –, mais les séquences dominées par Blayac figurent évidemment ce que le spectateur était venu voir aussi: l'image d'une cour décadente, futile, et séduisante parce que frivole et courant vers le désastre. Et cette image conventionnelle que, dans l'histoire de France canonique, Marie-Antoinette[9] généralement figure – la reine passe d'ailleurs comme une référence, au début du film, pour s'emparer de l'abbé de Vilecourt – est ici jetée par morceaux dans le corps du récit, comme si les anecdotes, glanées çà et là dans la littérature, venaient une à une nourrir le maigre roman du pauvre Malavoy. Dès lors, comme à côté du récit de la jeunesse du petit baron et comme enchevêtrée à ce récit pour le ridiculiser, Boigne-Blayac intervient.

De la même manière qu'elle crée des personnages – l'abbé de Vilecourt est l'une de ses créations – elle produit aussi des séquences majeures – le bal final – et le roi lui-même pourrait bien être l'une de ses fictions puisqu'elle le connaît, et le manipule, si bien – on sait que la comtesse de Boigne, son modèle, a été 'littéralement élevée sur les genoux de la famille royale', ce sont les premiers mots de son chapitre 3 (première partie, 'Versailles').

vi. Boigne-Blayac, la liberté féminine comme ressort de la narration

On peut même affirmer que la comtesse de Boigne, qui est assurément le point de départ majeur pour la construction du personnage de Mme de Blayac, contamine même le personnage de Mathilde. Dans les *Mémoires* de Mme de Boigne, on lit ainsi que la comtesse a dû, à dix-sept ans, contracter un mariage de raison avec un 'vieil' aristocrate de quarante-

---

9. Il y aurait tout intérêt à comparer ce film, ne serait-ce que pour le concept de ridicule et pour le travail d'actualisation, avec le très intéressant *Marie-Antoinette* de Sofia Coppola, mais ce serait sortir des bornes de ce travail et donc l'objet d'un autre article.

sept ans, fort riche et amoureux d'elle, pour sauver ses parents de la misère (ce qui fournit à la fois la situation liminaire de la comtesse de Blayac, veuve de fraîche date d'un autre vieil aristocrate, et une séquence pour Mathilde qui accepte d'épouser plus vieux qu'elle et plus riche qu'elle pour sauver son père de la détresse financière). D'autre part, lorsqu'elle décrit le mariage de sa mère, la comtesse de Boigne raconte comment, malgré l'amour réciproque des deux époux, Hélène Dillon, sa mère, a, un moment, cédé à l'opposition au mariage de la famille du comte d'Osmond, en rendant très officiellement à d'Osmond sa parole, quitte à envisager de mourir de chagrin (ce qui est aussi repris dans le film lorsque Mathilde se défait officiellement, en paraissant à la cour et contre la convention signée, de son mariage avec Montaliéri, le riche barbon). Ces séquences sont, certes, topiques dans les romans, le théâtre (et dans la société) de l'époque, mais elles figurent dans les *Mémoires*, comme s'il y avait là une extension nécessaire du personnage de Boigne-Blayac dans l'espace des tourtereaux (et peut-être aussi une difficulté à inventer pour leur amour conventionnel quelque retournement intéressant).

C'en est au point que les déclarations de la comtesse de Boigne sont en tout point semblables à celles des scénaristes (et du réalisateur): l'une et les autres se défendent de faire, à proprement parler, de l'Histoire. Et si, en bonne aristocrate, Boigne dit qu'elle 'écrit pour [se] distraire', Patrice Leconte affirme que 'l'essentiel de [son] attitude a été de penser [qu'il] ne faisai[t] pas de film en costumes' (bonus du DVD), et qu'il s'agissait ici de toucher le public en lui parlant de sa contemporanéité, à travers l'Histoire, en veillant bien 'à aimer' le personnage de la comtesse (point décisif pour l'acceptation du rôle par Fanny Ardant), et en tâchant, à tout moment, de viser au divertissement pour que ce film ne soit point trop élitiste, donc confidentiel et sans succès. Dès lors, comme l'écriture même des *Mémoires*, le film 'raconte', c'est-à-dire suit le chemin linéaire d'une vie, en insérant des sortes de portraits, digressions, anecdotes qui, de loin, peuvent s'intégrer au roman de formation, mais qui sont en elles-mêmes autonomes. Ce style de la mémorialiste traverse donc le film et donne un accès au temps passé, qu'on regrette, tout en faisant, justement, un pont avec le présent.

vii. Les bornes du pouvoir féminin

Cependant, parce qu'elle n'a pas la faveur d'être le centre de la principale diégèse, parce qu'elle n'est là que pour divertir – par sa jouissance éphémère – et pervertir – par la ponctualité des séquences qu'elle propose – l'intrigue du héros vertueux, et puisqu'elle est, dans ce film comme dans ses *Mémoires*, la représentante d'un passé révolu,

Boigne-Blayac est construite, dans la fiction cinématographique et dans le récit historico-autobiographique adressé à son neveu, comme une gagnante née à qui tout échappe puisqu'elle est prise, sans pouvoir rien y faire, dans le tourbillon de l'Histoire. Comme il n'intervient finalement que sur des frivolités, dans son propre récit comme dans le film, le personnage de la comtesse Boigne-Blayac est dépassé lorsqu'il s'agit d'autres choses que d'intrigues frivoles.

L'apparition du valet Paul, sourd-muet en scaphandre, la désarçonne et la ridiculise au point qu'elle s'en venge et, par là même, permet à Paul de rencontrer l'abbé de L'Epée, qui lui donne un langage. L'abbé de Vilecourt, à l'acmé de sa faveur à Versailles, se perd sans elle en disant que, compte tenu de son talent de rhéteur, il n'aurait pas plus de mal à prouver la non-existence de Dieu que Son existence et se voit disgracié (passe pour une saillie publique sur l'inexistence du Purgatoire, mais la cour ne passe pas sur un bon mot supposant qu'on puisse prouver l'inexistence de Dieu). Enfin Malavoy se sauve de Blayac et sans elle, d'abord lorsqu'il la prend en flagrant délit de tricherie et ainsi la tient en respect (la séquence de l'éventail où sont cachés les bouts-rimés du petit abbé), ensuite lorsqu'il revient dans les Dombes après avoir été ridiculisé durant la séquence du souper, enfin, lors du bal masqué, lorsqu'il réagit par un discours prérévolutionnaire au ridicule qu'on vient de lui infliger en le faisant tomber. A ceci près que la myopie futile de la comtesse Boigne-Blayac (et même Villeparisis) intéresse, puisque les *Mémoires* et *Ridicule* ne sont en aucun cas des épopées, mais des divertissements.

viii. Ouverture/fermeture, la question du *ridicule*

Ainsi, ces *Mémoires*, lus par Proust qui en fait un ingrédient de son roman, et légitimement instrumentalisés par les scénaristes de *Ridicule*, déplacent la question de l'Histoire, ou même celle d'une vie racontée, pour engager une réflexion aussi légère que fondamentale, sur la frivolité des temps passés, mais aussi sur le plaisir à la frivolité des lecteurs et des spectateurs, sur la douceur encore de pouvoir quitter un récit principal sérieux pour s'abîmer dans la jouissance éphémère d'un trait cruel joué avec virtuosité par des comédiens, ou écrit avec virtuosité par un narrateur. La manière dont le film est ouvert et fermé nous en apprend encore plus sur ce point.

Le prégénérique représente en effet la vengeance de Miletail (Carlo Brandt) qui, après être tombé lors d'un bal (on a vu que cette séquence figure dans les *Récits d'une tante*) avait autrefois été nommé 'marquis de Pa-ta-tras' par le marquis de Blayac (Lucien Pascal). Miletail s'était retiré aux colonies, sans pouvoir oublier qu'il avait été frappé de ridicule, et n'en était revenu que pour revoir, dans une pièce sombre, le vieux comte malade, impotent et muet (son 'bel esprit s'est envolé'), pour uriner sur lui et finalement le tuer par le ridicule vengeur qu'il lui infligeait. Cette séquence inaugure le film, met Mme de Blayac dans le rôle enviable de la veuve encore jeune, riche et belle, rend possible le fait qu'elle rencontre Malavoy lors de la veillée funèbre, mais surtout nomme le film et son propos. C'est donc tout autant par le prégénérique que par la première scène (Malavoy avec les paysans dans les Dombes) que le film trouve un double sens. La scène finale, avant l'épilogue sur les falaises de Douvres dont nous avons parlé, est alors une sorte de bouclage puisque Malavoy tombe aussi lors d'un bal sous l'effet d'un croc-en-jambe commandé par la comtesse vengeresse, et est nommé 'marquis des Antipodes' par Miletail lui-même. Bouclage du film et boucles de souliers – sur lesquelles on insiste tant – se rejoignent pour citer les *Mémoires* de la comtesse de Boigne, illustrer la violence circulaire du ridicule, enfin, en convoquant Voltaire, sortir du cycle de la domination par la rhétorique révolutionnaire et la compassion morale et politique.

L'hypothèse est donc ici que la fonction, plus encore que le personnage de la comtesse, assistée à distance par divers comparses et par cette sorte de transfuge qu'est Bellegarde (un pied dans le futur, un pied dans le passé, les deux bien en place chacun dans leur monde), représente, en quelque sorte, l'autre point de vue français sur la Révolution, et figure la résistance française à entonner sans scrupules l'antienne sérieuse du progrès révolutionnaire. Non point au nom des atrocités ou de la tyrannie supposée de la Convention, mais à cause de la préférence pour un genre (les mémoires, le film historique de divertissement farci d'anecdotes), et d'une perte irrémédiable: celle de l'image d'une jouissance éphémère (filmée dans les séquences particulières et parfois presque autonomes), défunte (le passé révolu) et regrettée.

ix. Interpréter la fin de l'ancien régime: la double attitude française

Dans cette fiction patrimoniale[10] – que les anglais appellent *heritage film* – on retrouve ainsi, très précisément, l'idée que la fin de l'ancien régime doit surtout signaler, en même temps que la nécessité d'une compassion sociale, morale et politique, la perte d'un 'esprit' de jouissance qu'il faudrait ressusciter, en lui trouvant des excuses, en le couplant peut-être avec l'*humour* d'Outre-Manche, mais surtout en décrétant et en constatant sa permanence, puisqu'il fait toujours sourire. C'est là la

---

10. Pour ce terme et pour toute la recherche autour du film de fiction patrimoniale et du *heritage film*, on se référera aux travaux de Raphaëlle Moine et aux séances du groupe de recherche qu'elle anime avec Pierre Beylot en partenariat avec l'INA.

double attitude française en matière d'interprétation des dernières années de l'ancien régime, longtemps historiographique, et maintenant toujours fort répandue. Ce film, qui consigne ouvertement un horizon d'attente consensuel et conventionnel, la reprend donc sans broncher et en fait même le principe de sa structure. Mieux, en insérant la volupté du frivole et du bon mot de cour, et en faisant tout pour que le spectateur la partage, il établit un pont entre elle et les spectateurs, une connivence du plaisir qui, naturellement, fait pièce à la connivence du sérieux propre à l'enthousiasme du petit couple pour la science et à sa compassion pour les paysans des Dombes.

Parce que l'esprit et le ridicule qu'il entraîne sont systématiquement cités, privilégiés (c'est après tout le titre du film), représentés, et que le résultat est qu'ils font encore rire, une sorte de preuve par la performance cinématographique est alors apportée au public qui, riant, performe lui aussi, en spectateur, le ridicule, et constate cette permanence.

Il y a donc, par ces mots d'esprit qui farcissent régulièrement le film, un effet de rapidité et un effet d'entraînement à la fois pour les personnages qui les pratiquent, pour les acteurs qui les disent, pour les personnages qui les entendent et qui, toujours, n'en sont jamais rassasiés, et pour les spectateurs qui, eux aussi, en demandent plus, et de plus en plus virtuoses. Mais l'effet d'entraînement contribue aussi à l'effet d'emballement et de danger, si bien que le mot d'esprit, qui, multiplié, amène à l'hypertrophie, verse dans le risque. Lorsque l'abbé de Vilecourt, comme on l'a dit, veut aller un pas plus loin et couronner son festival de mots par un dernier trait (dire qu'il n'aurait aucun mal à prouver l'inexistence de Dieu), il s'emballe, littéralement, et sombre dans le ridicule en se battant contre lui-même et, finalement, en s'exécutant. De même, lorsque le mot d'esprit confine à la joute entre deux combattants, le duel, qui demande de la rapidité d'exécution, risque l'emballement et finit par le silence, sorte de mise à mort instantanée (mais pas forcément sans dommage ni sans effet réel sur la vie du vaincu) du plus faible des deux joueurs.

Car, simultanément, il faut généralement que cet esprit, pour être vraiment séduisant et efficace, soit un enjeu essentiel, qu'il fasse mouche, rapidement (l'angoisse du dix-huitième siècle, Rousseau en tête, mais aussi du spectateur du vingt et unième siècle n'est-elle pas d'avoir 'l'esprit de l'escalier'?), et qu'il tue, ou qu'il ait tué (l'histoire est là pour en témoigner), même s'il est ridicule de le vouloir, même s'il est scandaleux de le penser. Il faudrait donc qu'enfin, comme dans cette fiction historique prise dans un récit-document, le ridicule, obsession aristocratique meurtrière, puisse encore tuer pour le plus grand plaisir de ceux qui regardent, mais aussi parce qu'il leur donne le frisson de pouvoir en être aussi atteints. Comme si, pour réussir à peindre le monde d'antan et lui donner de quoi intéresser celui d'aujourd'hui, il fallait, à côté de la compassion sociale donnée comme progrès, donc comme continuité, déclarer parallèlement la pérennité d'une jouissance ponctuelle, éphémère et dangereuse, et qui permet aussi aux bourgeois modernes que sont les spectateurs contemporains de partager quelques émotions nobiliaires.

L'héritage revendiqué, ce n'est donc pas seulement le passé, ou l'Histoire, *a fortiori* ce n'est pas la monarchie ('le roi n'est pas un sujet', comme le dit Malavoy à Louis XVI qui lui demande un bon mot sur lui-même – on notera, en passant, que ce trait d'esprit est de Rivarol), mais la possibilité d'une permanence du danger par le trait qui touche sans qu'on ait la parade, par la continuité possible d'une mise en danger de tous par tous, et donc par la pérennité d'une jouissance rapide et récurrente de tous contre tous. C'est à cette condition d'*agôn*, de duel récurrent, que 'l'esprit' est intéressant, parce qu'il est bien plus qu'un divertissement. Sous l'apparence futile, frivole ou mineure du mot d'esprit éphémère rapidement performé, il érode le sérieux, la vertu et le progrès bourgeois qui, dans la fiction, n'offrent, tout compte fait, que bien peu de jouissance pour les lecteurs et les spectateurs.

Et à défaut de l'originalité, dont on a dit qu'elle n'avait rien de nécessaire, mais aussi en refusant la possibilité de produire un cinéma politique qui prendrait parti pour ou contre la lutte des classes (cour contre paysans, noblesse éclairée contre aristocratie aveugle), les auteurs de ce film patrimonial s'attachent à la manière de tresser ensemble des éléments formels, structuraux et thématiques bien connus et contradictoires, cambriolés çà et là.

On l'a vu, ses personnages sont des caractères plus ou moins proches de la littérature du dix-huitième siècle, et sa structure consiste à poursuivre une intrigue linéaire apparente, tout en la farcissant de séquences discontinues et parfois autonomes (autre constante des récits et surtout des comédies du temps). Quant à la représentation du dix-huitième siècle, elle est en somme assez conventionnelle et consensuelle, puisqu'elle prend le parti simultané de la Révolution française, comme progrès possible, et de la société de cour qui la précède, comme jouissance possible. Nécessité du progrès (continuité de la diégèse apparente) et nostalgie du passé (discontinuité des numéros d'acteur, discontinuité des séquences comiques, des 'parties de rire') sont alors liées et réfèrent à la double manière, contradictoire, dont la fin du vingtième siècle est censée regarder *a posteriori* cette période en la nommant 'époque prérévolutionnaire'.

x. Pour une anthropologie frivole de l'humiliation

C'est pourquoi, tout en affirmant que ces perspectives ne sont pas nécessairement revendiquées par le metteur en scène, ou même par les scénaristes, mais qu'elles interviennent néanmoins comme fonds conventionnel dans leur pratique, on cherchera maintenant à nommer ce qui semble ostensiblement se cacher sous les masques du ridicule, sous l'apparente légèreté et frivolité des intrigues de cour, et sous la minoration et la dégradation fournies par le processus du ridicule: la représentation, en éloignement historique et par l'humour, de la relation d'humiliation, de ses attraits et de sa permanence, face aux possibilités de sortir de son cycle grâce à la compassion morale et politique.

> Ridicule: adj m. et f. et subst. Risible, objet de risée, qui fait rire. Voilà une figure, une posture *ridicule*. C'est un *ridicule*, qui dit mille impertinences. On a tort d'avoir traduit cet homme en *ridicule*, il a son mérite. Molière a dit d'un marquis, que c'était un ridicule achevé.
> Ridiculement. Adv. D'une manière ridicule. Il s'est travesti pour aller au bal, il s'est marqué *ridiculement*, en habit ridicule. Cet homme raisonne *ridiculement*, sur de mauvais principes.
> Ridiculité. S. f. action ou parole ridicule. Il a fait mille *ridiculités* en cette compagnie.[11]

Certes, on le sait, le ridicule 'fait rire', mais il fait rire d'autrui, devant témoins, autrement dit il humilie et s'insère dans un processus cyclique de domination. L'honneur, la noblesse du lignage, mais aussi la réputation de dominant et de faiseur de bons mots sont alors, dans le film, ce dont presque tous les protagonistes ne peuvent et ne doivent être privés, parce qu'ils se donnent comme propriétaires de ces qualités: ils sont nés ainsi. Pour humilier il faut donc savoir de l'autre ce qu'il entend par sa propriété et son identité, peser la force de sa croyance, déterminer le niveau de ce à quoi il tient, évaluer de l'autre les qualités et les choses importantes ou essentielles qu'il s'attribue en propre, puis s'en saisir, en tout ou en partie, pour l'en priver. Humilier c'est ainsi connaître l'autre au point de savoir ce qui peut le blesser si on l'en prive – ce qui, à l'intérieur du milieu de cour est aisé puisque les valeurs et les comportements y sont réputés fixes – et par là même l'amputer de tout ou d'une partie de ce qu'il croit qu'il est. Le problème de l'humiliateur n'est donc pas de s'attribuer, en définitive, ce que l'autre n'a pas, mais de faire en sorte, ostensiblement et publiquement, que l'autre n'ait plus ce qui, à ses yeux, le définit, et que ça se sache.

Le problème de l'humilié sera alors, ou bien de résister à cette privation, ou de la récupérer par la vengeance ou, le cas échéant, de

---

11. Antoine Furetière, *Dictionnaire universel* (Paris, A La Haye: chez A. et R. Leers, 1690).

sortir du cycle. Malavoy, ainsi, après avoir été privé de son honneur à plusieurs reprises, après avoir voulu le récupérer, finit par convenir, grâce à Mathilde qui est hors de ce jeu, ou qui décide peu à peu d'en affronter radicalement les termes, qu'il faut rompre avec la croyance au ridicule, et abandonner les valeurs qui le sous-tendent pour être finalement invulnérable. Et dans le même temps, cette invulnérabilité est une vengeance dans la mesure où il prive ainsi les dominants de leur domination, les laisse sans prise et sans proie, et, d'une certaine manière, les rend ridicules. En se mettant hors-jeu, avec Mathilde, ou dans l'autre monde (celui de la Révolution à venir), Malavoy triomphe alors, au sein même du jeu de cour, du jeu de cour lui-même, en postulant qu'il est ridicule.

xi. Humiliation aristocratique et humiliation humaine

Etre humilié, c'est ainsi perdre ce qu'on a, et surtout ce qu'on croit qu'on a en propre, et souffrir de le perdre parce que, publiquement, on ne l'a plus, qu'on en a été privé par quelqu'un d'autre. Etre humilié, ce n'est donc pas nécessairement être volé (mais ce peut être néanmoins un effet secondaire, dérivé de la dynamique première), puisque ce qui est pris ne passe pas forcément dans les mains de l'autre. Car c'est être confronté à une perte et ainsi perdre son identité, ou une partie de son identité comme de sa distinction. Etre humilié, c'est encore, non pas perdre en secret, mais perdre publiquement ce qu'on affichait comme une propriété inaliénable et qui déterminait un statut: c'est passer d'un statut confondant ou recouvrant l'être et les marques de l'avoir, à un statut qui, privant l'être des symboles de son avoir, ruine son être.

Le problème du film est alors de représenter ce qu'est, symboliquement et pratiquement, cette identité qui va être frappée de perte, sa séduisante fragilité ou sa robustesse humaine et historique. A la cour, pour avoir quelque chose à perdre, ou pour qu'on souhaite vous amputer de quelque chose, il faut avoir conscience qu'on est quelqu'un, qu'on possède bien quelque chose: des propres, un territoire, un lieu, un honneur, une place à Versailles, un rôle dans la faveur du roi, une qualité d'amuseur public et ainsi de suite, définissant un sujet particulier, qui croit avoir et qui est réputé comme ayant une identité de cour, les marques symboliques, concrètes et saisissables de cette identité, et les distinctions supplémentaires qui lui permettent de figurer comme un 'dominant'. Le processus d'humiliation repose ainsi sur la croyance de celui qui a, sur le fait qu'il existe concrètement des marques de cette croyance, et sur l'idée que cette croyance, comme ces marques, sont connues de l'humiliateur, comme elles sont connues par les assistants au processus, par des témoins.

Voir l'humiliation de cour, qu'on soit courtisan, dans la fiction, ou spectateur du film, c'est alors assister à une perte, savoir que c'en est une, constater cette perte, l'évaluer, et ainsi s'en informer, s'en indigner ou avoir pitié de celui qui perd, ou au contraire juger que cette perte est légitime (en tant que punition par exemple, pour l'abbé) et se réjouir de la perte, ou encore avoir intérêt ou plaisir à regarder la relation s'effectuer (en appréciant l'action du bourreau et la réaction de la victime qui peut, en retour, devenir l'humiliateur du bourreau) et balancer son jugement en donnant raison aussi bien à celui qui prend, qui capte ou qui ampute, qu'à celui qui perd. Parmi tant d'exemples possibles *Ridicule* montre comment, lorsque Malavoy quitte la comtesse pour Mathilde, trois courtisans se présentent immédiatement à sa porte, sont éconduits, puis, en même temps que le spectateur le fait en son for intérieur, débattent du cas ainsi proposé, quitte à ensuite prendre parti.

Toutefois, si l'humiliation induit nécessairement un savoir sur la croyance qu'a l'humilié en son statut, lui-même marqué par des objets symboliques, donc par la possession qu'il a d'objets à même de disparaître, il est clair que ces objets peuvent ne pas être des choses, puisqu'ils sont d'abord symboliques. Et si l'humiliation suppose que l'humilié possède, au départ, des objets et un statut, cela n'en fait pas nécessairement un propriétaire. Car peut être humilié celui qui n'a rien d'autre que lui-même (ce qui est déjà quelque chose, s'il y croit), c'est-à-dire son identité d'homme disposant d'un corps, de membres, d'une âme et de choses plus abstraites encore comme la conscience, la (libre) croyance, ou la liberté par exemple. C'est là qu'apparaît l'autre humiliation dont parle le film, l'humiliation morale et politique qui se situe ainsi hors de la cour et qui touche l'univers du peuple: les paysans des Dombes auxquels la narration, contre l'esprit des aristocrates que cet univers 'ennuie', donne une identité, et considère, à tous égards, comme des 'sujets'.

C'est alors à partir de ce statut *a priori* minimal et universel de sujet que le film intervient en le mettant en cause et en question, en cherchant ce qui, sous cet aspect de la question, peut être pris à l'autre, à la condition que l'humilié ait conscience de lui-même, de ce qu'on lui prend et de ce qu'on le voit perdre.

On pourra donc affirmer que la forme apparemment bénigne et la moins exigeante d'humiliation sera l'humiliation de cour qui consiste à priver celui qui collectionne des signes ostensibles d'identité d'un ou de plusieurs de ces objets symboliques (par exemple, en privant un aristocrate d'un ou de quelques-uns de ces signes, on le rendra ridicule et l'on ruinera son crédit), et que la forme la plus radicale de l'humiliation (commune à tous les hommes, en principe) sera l'humiliation de l'homme par l'homme, qui s'attaque aux propriétés philosophiques et sociales (la liberté d'agir, de penser et de croire) et surtout anthropologiques (l'intégrité corporelle, la reproduction, la filiation, la vie) de l'individu.

On aura donc d'un côté, dans ce film, la représentation de l'humiliation aristocratique par le ridicule dans l'espace de la cour, et d'un autre côté celle de l'humiliation des paysans que le film du vingtième siècle montre privés de l'humanité à laquelle ils ont droit. La première est donnée comme une atteinte fantasmatique à une image définie par les codes aristocratiques, l'autre figurera une atteinte réelle à l'humanité des paysans, telle qu'elle est définie par 'les philosophes'. Et Malavoy qui entend au départ se battre contre l'humiliation de ses paysans, en entrant à la cour, doit endosser le jeu d'humiliation aristocratique, avant d'échouer et de revenir à son combat premier.

La question du film ne sera donc pas de discuter l'identité à laquelle les paysans ont droit, qui est donnée comme légitime, mais de savoir comment figurer, par des actions concrètes, le bel esprit, la pointe, le bon mot, la perte effective de notions abstraites comme la propriété, la condition, la conscience de soi, l'humanité même, des aristocrates. Le rôle du discours sera alors essentiel, en ce que le discours convertit l'abstrait (la croyance par exemple) en mots et en action de dire ce qu'on croit. Actions figurées, spectacle, et discours verbalisant les enjeux sont ainsi essentiels l'un à l'autre pour présenter le ridicule et l'humiliation aristocratique à la fois comme un fantasme réalisé, et comme une réalité qui, parce qu'elle est devenue un système de croyance, peut tuer.

L'autre question sera de déterminer comment, par le cinéma, la relation sociale, historique, mais aussi philosophique et anthropologique d'humiliation, telle qu'elle apparaît à la cour et telle qu'elle apparaît dans l'univers du peuple, peut être interrogée et complexifiée devant un public contemporain pour les penser et s'en distraire, autrement dit pour un public qu'il faut rendre attentif à la fois à la souffrance de l'humilié, aux raisons de l'humiliateur, à la complexité des questions posées, au phénomène particulier formant le cas représenté et à son dépassement philosophique et anthropologique.

xii. La pérennité du ridicule, la permanence du jeu

Ce film a donc sa manière de parler du jeu dominant/dominé en utilisant l'une de ses formes historiques, le ridicule, et une autre de ses formes, l'asservissement des paysans, en veillant à les lier à la lecture que peut en faire un spectateur contemporain. Cependant, si la compassion pour le peuple des Dombes est récompensée par l'histoire, c'est bien le plaisir ambigu du ridicule qui fait l'intérêt de la mise en scène. Car cette fiction patrimoniale n'a pas de vocation à dire l'Histoire, ni à en représenter scientifiquement le détail, mais à raconter, à travers le récit vraisemblable et maniériste d'une vie imaginaire, documenté par des sources littéraires et historiques, la permanence conventionnelle d'un dispositif social et esthétique – le rapport dominant/dominé et sa manifestation par l'humour – que le spectateur connaît, qu'il peut partager et apprécier.

Reconnaissance et distance, permanence et éloignement historique, font alors que le ridicule renvoie, en mode mineur, à ce cycle de l'humiliation qui marque l'art littéraire, cinématographique et théâtral, et qui traduit une des constantes supposées de l'humanité: la violence pour la domination. Ce qui est ainsi manifesté par *Ridicule*, ce n'est donc pas seulement de prétendues spécificités françaises (le bel esprit d'ancien régime mis à mort par le sérieux révolutionnaire, la manière de traiter de tout cela sur un mode léger et en costumes), mais la mise en œuvre, à travers ces spécificités occasionnelles, d'un dispositif social permanent, ou réputé tel, qui, du même coup, peut être recyclé par ce film, dans les conduites humaines d'aujourd'hui, et ainsi convoquer le spectateur. Ce que raconte ce film à un spectateur complice, ce n'est donc pas seulement ce qu'il pense contradictoirement de la Révolution et du progrès, de la frivolité de cour et de la souffrance du peuple, mais c'est aussi ce qu'il pense simplement de la société humaine, qu'elle est un combat de tous contre tous, et ce qu'il tire pour lui-même de ce constat: qu'on peut le regretter, mais qu'on peut aussi y trouver de l'intérêt.

Transposition, sur un mode mineur, d'une relation donnée comme constante et fondamentale des rapports humains (comme dans Marivaux, par exemple) et mise en place d'une relation d'éloignement propre au filmage de l'Histoire (le principe du *heritage film*) donnent ainsi lieu à une reconnaissance, par le spectateur, d'un standard idéologique, assorti d'une jouissance tranquille des rapports d'humiliation. Une jouissance qui peut, si l'on n'y prend garde, ou si l'on y prend goût, devenir troublante. Et c'est peut-être ce trouble introduit dans la réception, par le plaisir à voir l'humiliation, par la jouissance à décider de prendre parfois le parti de la comtesse et par conséquent celui de la frivolité, qui interroge. Bien plus que les standards contradictoires jugent la Révolution, ou même que le standard anthropologique consistant à dire que le rapport dominant/dominé domine l'espèce humaine.

Partant d'éléments parfaitement balisés, de 'déjà-vus' qui résonnent dans la mémoire littéraire, historique, anthropologique, idéologique et visuelle du spectateur, *Ridicule* a ainsi le mérite de prescrire un débat contradictoire en insérant le spectateur dans ce débat, et en lui montrant qu'il y est inséré, puisqu'il rit, sourit, partage les coups portés, et puisqu'il partage aussi les coups reçus. Simultanément dans la position du bourreau ridiculisant, de la victime ridiculisée, et des tiers qui apprécient le jeu, le spectateur, qu'il prenne le parti de l'identification ou celui de la distance, est à la fois dans le plaisir et dans le trouble, puisqu'on lui donne toutes les places et qu'on lui attribue toutes les mémoires. Sous le masque que le film affiche ostensiblement, sous ce dix-huitième siècle conventionnel, mais double, qu'il raconte, derrière la défense actualisée des classes laborieuses et des esprits éclairés qui les guident, et même sous l'apparence d'une plongée anthropologique traitant du processus de domination et d'enchaînement infini des vengeances, ce film entend toujours proposer un jeu à son public. Et c'est en cela qu'il est aussi une lecture du dix-huitième siècle, de son théâtre en particulier, mais aussi de sa littérature, puisqu'il reste, de connivence avec le spectateur, comme en suspens, en surplomb et en distance ironique avec lui-même.

On en conclura que Charlus, qui sait ce que sont le ridicule et l'humiliation – il suffit de le regarder à la fois souffrir et prendre du plaisir à être humilié, comme le narrateur de *La Recherche*, à travers un œil-de-bœuf, à la manière dont Louis XVI, dans les *Mémoires* de la comtesse de Boigne, observait les solliciteurs – est bien, pour toutes ces raisons, le neveu de la marquise de Villeparisis, de sa sœur, Mme de Beausergent, et, bien évidemment, l'héritier de la comtesse de Boigne, née d'Osmond.

Du bon usage de l'anachronisme (*Marie-Antoinette*, Sofia Coppola et Gang of Four)

YVES CITTON

'Les historiens me tomberont sans doute dessus', disait Sofia Coppola au moment où elle tournait son film *Marie-Antoinette*, à Versailles, au printemps 2005. Son actrice principale, Kristen Dunst, recourait quant à elle au cliché facile de l'identification entre la comédienne et son personnage pour expliciter le parti pris anti-historique de cette production américaine piétinant peu cérémonieusement les plates-bandes de l'Histoire de France: 'Marie-Antoinette est une jeune femme d'aujourd'hui, je sais exactement ce qu'elle désire.'[1] Lors de la projection du film, à Cannes, un an plus tard, les spectateurs auxquels les costumes d'époque auraient pu donner l'impression de voir une fresque respectueuse de la 'réalité historique' se seront trouvés frappés dès les premières minutes par une musique parfaitement 'déplacée', qui les aura fait taper du pied aux rythmes métallisés des années 1980, avec des groupes de *new wave* comme Gang of Four, The Cure, Adam and the Ants, New Order, Bow Wow Wow ou Siouxsie and the Banshees.

Anachronisme patent, donc, puisque l'on projette rétrospectivement – en remontant (*ana*) le temps (*chronos*) – la réalité d'aujourd'hui sur celle d'hier. Cette rétro-projection est d'ailleurs revendiquée par la réalisatrice. Lorsqu'on lui fait remarquer qu''en comparaison avec les éléments contemporains, certaines situations [du film] semblent très familières', Sofia Coppola répond:

> Oui, c'est bizarre. Plusieurs éléments correspondent effectivement. Le système d'opposition et de décalage entre une classe dirigeante et les couches pauvres de la population est un schéma qu'on peut encore rencontrer. Les premiers ne sont pas concernés par les problèmes rencontrés par les seconds. Dans le film, il y a une vraie sensation d'inconscience voire d'ignorance des personnes confisquant le pouvoir. C'est ce qui semble alimenter le fossé entre les privilégiés et les plus pauvres.

Après avoir lu les biographies de Stefan Zweig et d'Antonia Fraser, la réalisatrice, n'ayant aucune intention de 'faire une grande fresque historique', a découvert 'une Marie-Antoinette confrontée aux mêmes

---

1. Entretien publié dans le numéro du 22 juin 2005 du magazine *Télérama*.

problèmes qu'une lycéenne', prise dans 'un mélange d'éléments auxquels chacun peut s'identifier'.[2] Qu'une jeune Américaine se targue de son 'point de vue personnel' pour s'emparer cavalièrement de l'image superficielle d'une jeune Autrichienne dont le sang royal est recadré dans l'affectivité d'une lycéenne, de façon à tendre un miroir aux alouettes aux adolescentes cannoises de 2006 – voilà sans doute qui a de quoi disqualifier toute prétention de justesse historique dans cette représentation proprement 'révisionniste' de l'Histoire de France.

Si l'on avait la générosité d'accorder de la pensée et de la valeur esthétique à une entreprise filmique qui pourrait somme toute relever surtout du coup publicitaire et du rouleau compresseur du cinéma commercial américain, l'anachronisme n'en serait que plus patent encore. Le monde que nous décrit Sofia Coppola n'est pas tant la société d'ancien régime qu'ont pu connaître, jadis, le vieux Diderot ou le jeune Rétif, que la société du spectacle que théorisent aujourd'hui les disciples de Guy Debord, la société du simulacre décrite par Jean Baudrillard et la société de la gâterie que commence à esquisser Peter Sloterdijk: un monde de l'au-delà du besoin et du travail, consacré à la vanité de la surabondance consumériste, à l'inauthenticité du simulacre, à une passion désespérée du divertissement, aux ondulations superficielles de la mode et à la médiatisation permanente de l'intime – le tout traversé de quelques soubresauts, pathétiquement impuissants, poussant l'individu déboussolé vers un retour à la nature ou vers la vague conscience d'une lointaine misère du monde. Malgré son costume d'Autrichienne censée symboliser la décadence de l'âge classique, cette Marie-Antoinette porte sur son visage existentiel toutes les couleurs de détresse des subjectivations postmodernes. S'il y a bien un parti pris esthétique et philosophique du film, il tend donc lui aussi à disqualifier sa pertinence historique. Tout est effectivement en place pour que les historiens lui tombent dessus.

i. Quatre scènes disparues

Les historiens auraient eu de quoi tomber sur Sofia Coppola avec des bras encore plus raccourcis si elle avait choisi de conserver les scènes les plus audacieuses qui étaient prévues au stade du scénario original, et qui jouaient de l'anachronisme de façon encore beaucoup plus explicite. On voit s'y dessiner sous ses traits les plus vifs le rêve américain d'une France des Lumières repeinte aux couleurs de la *French theory* postmoderniste. Dans le cadre d'une enquête sur l'écran (ici fantasmatique) des Lumières,

---

2. Réponses aux questions 1 et 12 de l'entretien avec Eleanor Coppola posté sur le site de promotion du film http://www.marieantoinette-lefilm.com/accueil.html (consulté le 13 juillet 2006).

il vaut la peine de citer assez longuement quelques passages du scénario originel qui décrivent les plus suggestives de ces scènes disparues.

1. La société du spectacle. Non content de profiter du château et des jardins de Versailles, le film imaginait originellement d'investir la Seine, pour y monter un énorme spectacle tenant à la fois de *Jeux sans frontières* et de *Disneyland*. Marie-Antoinette, suivie d'une partie de la Cour, aurait assisté à différentes compétitions et manœuvres navales exécutées au sein d'un décor complètement réaménagé pour l'occasion:

> Le lieu du combat est une enceinte désignée sur la rivière. A l'une des extrémités, on verra sortir Neptune du creux d'un rocher. Il sera dans un char attelé de chevaux marins. De l'autre côté, on verra Vulcain forgeant, au naturel, avec ses Cyclopes. Les barques des combattants seront peintes en couleurs analogues à chaque parti, et les vainqueurs seront couronnés par une déesse qui sortira du fond de l'eau.[3]

En parallèle avec la scène de l'Opéra, où Marie-Antoinette est inscrite dans la constitution d'un public dont les mœurs (l'applaudissement) sont en phase de recomposition, la reine aurait ici été située au sommet d'une série de gradins en forme d'amphithéâtre construit sur les quais de Seine pour permettre à des spectateurs de tous milieux d'assister à ces Jeux pléiens. Un bref dialogue avec un ministre assis à côté d'elle aurait permis d'apprendre que cette folie a conduit à 'dépenser environ vingt mille écus à décorer cette enceinte, à orner les bateaux', mais que la vente des billets aurait eu un tel succès que les entrepreneurs seraient plus que rentrés dans leurs frais – et cela malgré le prix intentionnellement bas fixé par le gouvernement pour des spectacles destinés à être populaires: 'il est dit que ces divertissements étant faits pour le peuple, pour le délasser de ses travaux, et empêcher les suites funestes de l'oisiveté et de la débauche, étant nécessaire de les mettre à un taux qui n'excède pas sa portée', les places les plus chères ne se montaient pas à plus de trois livres, alors que les plus basses ne coûtaient que six sous (*MS* 1769-07-20 et 1769-04-23). Les scénaristes faisant un clin d'œil explicite à la devise latine du '*Panem et circenses*' (faite pour résonner ironiquement avec le célèbre '*Let them eat cake!*' des dernières scènes), ce spectacle était décrit comme 'une diversion qu'on procure par là au peuple pour l'empêcher de trop réfléchir sur les calamités auxquelles il est en proie depuis quelque temps' (*MS* 1769-07-17).

2. L'ère du vide et l'empire de la mode. Au cours des scènes où Marie-Antoinette choisit ses tissus, essaie de nouvelles parures et se livre aux joies du consumérisme, une de ses suivantes devait lui montrer un

---

3. *Master Script* 1768-09-2. Les références suivantes seront indiquées par la mention *MS* dans le texte.

exemplaire d'un nouveau périodique, intitulé *Le Courrier de la mode, ou le Journal du goût*, 'contenant les détails de toutes les nouveautés de mode – avec cette épigraphe: *Tout est soumis au règne de la mode* – présentant le tableau mouvant du costume national et des caprices, qui varient chaque mois sur quelque objet, les habillements, les équipages, le service de table, les bijoux' (*MS* 1768-07-14). Dans l'exemplaire imaginé par les scénaristes, on voyait, entre autres gadgets offerts à la vente, 'des *mouchoirs à la Wilkes*: au lieu de fleurs, ils sont imprimés et contiennent la lettre de ce célèbre rebelle anglais aux habitants du comté de Middlesex. Il est représenté au milieu, une plume à la main', en une attitude qui, au cigare près, invite à reconnaître sous les traits de John Wilkes les portraits de Che Guevara que nous voyons encore aujourd'hui imprimés sur tant de T-shirts (*MS* 1768-08-2). L'impressionnante coiffure à étages de la reine demandant à être retouchée, le maître-coiffeur, doté d'un volubile accent italien, devait répondre aux provocations des suivantes de Marie-Antoinette en faisant l'apologie lyrique de son grand art (*MS* 1769-01-08):

> Quelques censeurs sévères diront peut-être qu'on se passerait bien de nous, et que s'il y avait moins de prétentions et d'apprêts dans la toilette des dames, les choses n'en iraient que mieux. Ce n'est pas à nous de juger si les mœurs de Sparte étaient préférables à celles d'Athènes, et si la bergère qui se mire dans la fontaine, met quelques fleurs dans ses cheveux et se pare de ses grâces naturelles, mérite plus d'hommages que de brillantes citoyennes qui usent de tous les raffinements de la parure... Il faut prendre le siècle dans l'état où il est... C'est au ton des mœurs actuelles que nous devons notre existence, et tant qu'elles subsisteront nous devons subsister avec elles.

L'élimination de cette scène a fait perdre une partie de sa signification à la conversion ultérieure de Marie-Antoinette à un costume de bergère, de jardinière et de fille de la nature.

3. La mise en place du libéralisme économique. Lors de la scène du grand bal masqué, Marie-Antoinette devait rencontrer brièvement un jeune homme, le comte d'Esseville, 'capitaine au régiment de Touraine', censé partir le lendemain matin 'pour visiter les communes du royaume, et en faire faire le partage'. A une Marie-Antoinette dont il ne soupçonnait pas le statut royal et qui s'intéressait davantage au physique séduisant du jeune homme qu'au détail de sa mission, il expliquait devoir recenser 'les terres restées en commun aux habitants des villages, les rapporter par égale portion entre les habitants de chaque lieu, à qui chaque part appartiendra en propriété, et parvenir par-là à exciter l'industrie et l'amour de l'agriculture' (*MS* 1769-01-27). Même si la personne de Turgot (le plus audacieux des théoriciens du libéralisme, choisi par Louis XVI pour le poste de contrôleur-général) restait hors champ de ce *Master Script* (comme elle est demeurée étrangère à la

version finale du film), cet épisode discret permettait d'inscrire le goût du luxe et la pratique de la dépense dans une logique de l'intérêt et de l'enrichissement individuels, qui situait autant ce moment historique du côté de la modernité libérale émergente que des privilèges féodaux déclinants. Les premières remarques susurrées par des voix en hors-champ dès la découverte de Versailles nous apprennent d'ailleurs d'emblée que 'tout le monde est à vendre' dans cet univers de courtisans: si les logiques de clans et de lignages monopolisent encore l'attention des agents, ceux-ci sont représentés, à travers une caméra qui alterne subtilement entre vision subjective et gros plans révélateurs, comme parfaitement égocentrés dans leurs motivations. La Cour apparaît comme un monde dans lequel serait déjà passé le comte d'Esseville: ce qu'il pouvait autrefois y avoir de commun a été divisé en parts, dont il appartient à chacun d'assurer la gestion individuelle (gestion de son budget, de son crédit, de son influence, de son savoir, de son image, de son charme, de son corps).

4. Philanthropie, souci redistributif et comparatisme des besoins. De nombreuses touches du *Master Script* concordaient à suggérer chez Marie-Antoinette et chez ses proches une conscience, jamais lucide mais néanmoins sensible, du caractère moralement inconfortable de leur position de gâterie. Même si rien ne témoignait du moindre sentiment de 'culpabilité', on sentait la présence insistante de cet 'extérieur' de dénuement, de cet inquiétant 'Horla' (Hors-la-Cour), dont les échos n'arrivent à Versailles qu'atténués au point d'en devenir dramatiquement inaudibles, jusqu'à ce qu'une population armée de torches et de fourches ne fasse le siège hurlant du palais dans les toutes dernières scènes du film. On voit encore la Reine, dans la version finale du film, réduire le nombre des tilleuls qu'elle veut planter dans son allée de Versailles, ou renoncer à recevoir de nouveaux joyaux, afin de redistribuer quelques miettes de son festin vers des œuvres de charité. Une remarque discrète, durant la première scène de l'Opéra, devait faire comprendre que la recette de cette soirée de spectacle était due à une œuvre charitable, les scénaristes ayant apparemment hésité quant au bénéficiaire – soit un vieil acteur tombé dans la misère (*MS* 1768-12-02), soit des élèves pauvres d'écoles gratuites (*MS* 1769-02-17). Mais plus encore qu'une telle anticipation de nos Live Aid, Band Aid et autres Farm Aid (qui aurait sans doute mieux convenu aux goûts de la reine-bergère), une longue scène venait mettre les dépenses somptuaires occasionnées par le mariage de Marie-Antoinette et de Louis dans la perspective d'un comparatisme des besoins, qui reste implicite tout au long du film, n'apparaissant plus, dans la version finale, que par la distance que prend soudain la reine envers l'achat de bijoux supplémentaires. Ce qui peut apparaître alors comme une allusion

discrète à l'affaire du Collier (de 1785) s'inscrivait dans le *Master Script* en continuité avec un mystérieux 'tract' que la jeune femme trouvait dans son appartement, le lendemain même de son arrivée en France. Sous le titre *Idée singulière d'un bon citoyen, concernant les fêtes publiques qu'on se propose de donner à Paris et à la cour, l'année prochaine, pour le mariage de monseigneur le Dauphin*, cette feuille manuscrite – dont on voit mal à partir du scénario ce qui en aurait effectivement paru à l'écran – avait le contenu suivant (*MS* 1769-10-13):

> L'auteur distribue d'abord son projet de fêtes publiques en quatre parties, 1º repas; 2º spectacles; 3º feux d'artifice, illuminations; 4º bals. Il sous-divise chacune de ces parties en différents articles, qu'il détaille dans la plus grande étendue, avec une évaluation de dépenses dont il forme une récapitulation générale, par laquelle ce devis complet monte à un capital de vingt millions.

Il ajoute:

> Je propose de ne rien faire de tout cela, mais de remettre ces vingt millions sur les impôts de l'année, et surtout sur la taille. C'est ainsi qu'au lieu d'amuser les oisifs de la Cour et de la capitale par des divertissements vains et momentanés, on répandra la joie dans le cœur des tristes cultivateurs, on fera participer la nation entière à cet heureux événement, et l'on s'écriera jusqu'aux extrémités du royaume: *Vive Louis le Bien-Aimé!* Un genre de fête aussi nouveau couvrirait le roi d'une gloire plus vraie et plus durable, que toute la pompe et tout le faste des fêtes asiatiques; et l'histoire consacrerait ce trait à la postérité avec plus de complaisance, que les détails frivoles d'une magnificence onéreuse au peuple, et bien éloignée de la grandeur d'un monarque, père de ses sujets.

ii. Un *ethos* de spectacle et de gâterie

Les esprits historiens seraient-ils tombés plus lourdement encore sur le dos de Sofia Coppola si elle avait décidé d'incorporer de telles audaces, aussi scandaleusement anachroniques, dans la version finale de son film? Parc d'attractions pour compétitions pseudo-athlétiques, posters de Che Guevara, privatisations néolibérales, Farm Aid et choix Bill-Gatesien de verser ses millions vers la philanthropie plutôt que vers des dépenses somptuaires, tout cela n'est-il pas aussi étranger aux années 1770 que l'image d'une Marie-Antoinette dansant sur le tube *Hong Kong Garden* de Siouxsie and the Banshees? La réalisatrice américaine aurait toutefois pu rétorquer aux esprits historiens que les quatre scènes évoquées ci-dessus, avec toutes leurs citations et leurs échos dans le monde actuel, n'ont rien d'une invention postmoderne, mais appartiennent toutes à l'univers mental du moment historique qui a vu l'Autrichienne arriver dans la France de Louis XV vieillissant. Faute d'être tirées d'un *Master Script* auquel l'auteur de cet article n'a jamais eu accès, elles sont transcrites des *Mémoires secrets* (dits 'de Bachaumont') des années 1768 à 1769.[4]

Ce bulletin regroupant en brèves notices les informations et rumeurs circulant dans la France du dernier tiers du dix-huitième siècle a été depuis longtemps exploité par les historiens, pour recenser les faits et dates qui ont scandé le quotidien des hommes et femmes de l'époque. Son intérêt principal ne tient toutefois pas tant aux informations qu'il apporte, confirme ou corrige par rapport aux autres sources disponibles, qu'à la sensibilité dont il témoigne – une sensibilité à la fois très à l'écoute et très critique des sensibilités nouvelles qui se développent autour de lui.

Un périodique comme les *Mémoires secrets* décrit avant tout une ambiance intellectuelle, une série de réactions, d'attitudes, d'affects, de gestes qui permettent de reconstituer une galerie de portraits, dont chacun représente une facette particulière d'un *ethos* général partagé par l'époque. En effaçant presque totalement de son champ de vision les 'événements' politiques majeurs qui ont marqué le règne de Louis XVI (Turgot, la Guerre des farines, Necker, les Etats généraux et les différents épisodes de la Révolution jusqu'au procès et à la décapitation), et en dirigeant les feux de la rampe sur une certaine façon d'être-sensible-et-aveugle-au-monde, le film réussit à capter (et à rendre) un tel *ethos* d'une manière qui résonne profondément avec l'impression que peut nous laisser aujourd'hui la lecture des *Mémoires secrets*.

Caractériser cet *ethos*, extrêmement complexe, à travers un croisement entre la notion de 'gâterie' proposée par Peter Sloterdijk et celle de 'société du spectacle' élaborée par Guy Debord[5] ne relève bien entendu que d'une généralisation assez grossière, mais peut toutefois offrir une première approximation éclairante. Ce dont témoignent les *Mémoires secrets* – de par leur existence et leur structure mêmes – c'est en effet d'abord de l'omniprésence du spectacle dans les couches les plus favorisées de la société de fin d'ancien régime. Non seulement le roi et la reine, la cour et les Grands, apparaissent comme étant en perpétuelle représentation d'eux-mêmes (phénomène qui ne date bien entendu nullement des années 1760), mais on sent également que, grâce à l'apparition de médias comme les *Mémoires secrets*, chacun peut aspirer à son

4. [Louis Petit de Bachaumont], *Mémoires secrets pour servir à l'histoire de la République des Lettres en France depuis 1762 jusqu'à nos jours*, 36 vol. (Londres, John Adamson, 1777-1789). Les références qui ont été données répertorient les notices selon l'année, puis le mois, puis le jour, selon la convention en usage dans la première édition critique des *Mémoires secrets*, dirigée par Suzanne Cornand et Christophe Cave (trois premiers tomes parus chez Champion en 2009). Toutes les citations sont tirées du t.4 qui couvre la période allant d'avril 1768 à octobre 1769, donc juste avant l'arrivée de Marie-Antoinette en France.
5. Guy Debord, *La Société du spectacle* (1967; Paris, 1992); Peter Sloterdijk, *Sphären*, t.3: *Schäume* (Francfort, 2003), traduit par Olivier Mannoni, *Sphères*, t.3: *Ecumes* (Paris, 2005).

petit quart d'heure de gloire, à l'occasion d'un succès sur les planches, d'une publication scandaleuse, d'un procès célèbre ou d'un fait divers frappant. Ancêtre direct de notre presse *people* et de nos tabloïdes, ce type de périodique se propose de divulguer et de conserver pour mémoire les secrets plus ou moins bien cachés non seulement dans les antichambres du pouvoir (les grandes affaires comme celle du Collier de la reine), mais aussi parfois dans les plus modestes des chaumières – tel jeune auteur se pend 'de désespoir de n'avoir pas eu l'accueil qu'il se promettait' au Théâtre italien (*MS* 1769-05-05), telle mère a 'le courage de poignarder son fils pendant son sommeil' après avoir appris qu'il était membre d'une bande de voleurs de vases sacrés récemment exécutés en place de Grève (*MS* 1768-08-19).

Un périodique de ce genre accomplit une œuvre de mémoire instantanée[6] dont le sujet reste des plus difficiles à cerner: ce qui s'expose dans ces notices, c'est bien – avec toutes les ambiguïtés du mot anglais – le(s) *people*, non pas au sens des 85 pour cent du 'peuple' français qui vivent encore du travail des champs, mais au sens du public dont les historiens nous disent que la constitution remonte précisément à cette date (avec son corollaire, 'l'opinion publique'). Ce 'public', que le sociologue Gabriel Tarde distinguera conceptuellement de la 'foule' un siècle plus tard, apparaît déjà lorsque Duclos reconnaît, au nom de ses collègues de l'Académie française: 'nous nous croyons plus forts qu'un particulier, mais le public est plus fort que nous' (*MS* 1769-08-25). Le véritable héros des *Mémoires secrets*, le vrai protagoniste de cette épopée d'ores et déjà moderne, c'est ce public, dont on veut rassurer les craintes sur une éventuelle falsification du tabac en poudre, parce que les fermiers généraux ont peur que cette fausse rumeur n'en diminue catastrophiquement la consommation (*MS* 1769-06-05), c'est lui qui 'se porte en foule', et qui 'paie les places le double, le triple, le quadruple', à la représentation bénévole que montent les acteurs de la Comédie-Française pour sortir leur collègue Le Kain de sa mauvaise passe (*MS* 1768-12-02), c'est lui qui est 'occupé depuis plus d'un an' par le fait divers que constitue le procès intenté par un obscur artiste contre le directeur de l'Académie de France de Rome (*MS* 1769-02-27), c'est lui surtout qui voit, jour après jour, 'avec une satisfaction complète le gouvernement s'intéresser à ses plaisirs, et les hommes d'Etat les plus occupés se dérober à leurs travaux importants pour veiller sur cette partie de l'administra-

---

6. Couvrant la période qui va de 1762 à 1787, et rédigés apparemment au jour le jour par un collectif rassemblé originellement autour du salon de Mme Doublet et de Pidansat de Mairobert, les *Mémoires secrets* ne sont publiés sous forme de livres qu'à partir de 1777, avec un succès énorme qui entraîne réimpressions et contrefaçons multiples. Le retard de la diffusion imprimée sur l'actualité – on s'arrache en 1777 des 'nouvelles' de 1762! – constitue l'une des particularités les plus énigmatiques et les plus intéressantes de cet objet d'étude.

tion, qui en était une essentielle chez les Romains, et que ne dédaignaient pas les sages et les héros' (*MS* 1769-05-25), c'est lui enfin qu'essaient de capter toutes les entreprises de spectacle (à commencer par les *Mémoires secrets* eux-mêmes), lui dont la nature 'trop aisée à se rassasier des mêmes plaisirs' force chacun à recourir à une constante prolifération d'"innovations' (*MS* 1769-09-07).

L'alternance de soif ingénue pour des plaisirs nouveaux et de lassitude devant leur constante frivolité, le balancement périodique entre frénésie consumériste et désir d'authenticité, les va-et-vient sans fin entre surenchère dans l'artifice et nostalgie pour la simplicité naturelle, entre les corsets de la salle de bal et les joies détendues de l'agro-tourisme, entre une masse de dépenses somptuaires et un écot de philanthropie[7] – tout cela caractérise non seulement l'*ethos* d'une reine s'amusant à jouer à la bergère, ou celui de nos 'lycéennes' consacrant leur week-end à dépolluer les rivières ou leur été à distribuer du lait en poudre dans les quartiers défavorisés: ce mélange intime de 'gâterie' et de 'spectacle', qui dynamise l'économie des affects en régime de modernité libérale, caractérisait déjà, au-delà de la personne de Marie-Antoinette, le 'public' visé par les *Mémoires secrets* dès les années 1770 (quelques dizaines de milliers de lecteurs au plus), un public qui n'a fait que s'accroître proportionnellement dans nos sociétés occidentales depuis deux siècles, au point de recouvrir aujourd'hui la quasi-totalité de nos populations.

En ce sens, l'indéniable réussite du film tient à ce qu'il utilise la situation historique de Marie-Antoinette pour illustrer avec une remarquable *justesse* le désarroi postmoderne qu'exprime si bien la chanson *Natural's not in it* de Gang of Four choisie pour dynamiser le générique et servir de programme à toute la suite[8]. Au-delà de cette

---

7. Voici ce que rapportent les *Mémoires secrets* du comportement de Louis XVI, encore dauphin, et de Marie-Antoinette en réaction au piétinement qui avait causé plusieurs centaines de morts en marge du feu d'artifice qui célébrait leur mariage: '[Après avoir reçu les 2 000 écus destinés à ses menus plaisirs, le Dauphin] a envoyé la somme entière à M. le Lieutenant général de police, avec la lettre suivante: "J'ai appris le malheur arrivé à Paris à mon occasion: j'en suis pénétré. On m'a apporté ce que le Roi m'envoie tous les mois pour mes menus plaisirs; je ne peux disposer que de cela, je vous l'envoie: secourez les plus malheureux. J'ai, Monsieur, beaucoup d'estime pour vous. Signé: Louis-Auguste. A Versailles, le 1er juin 1770." Mme la Dauphine a aussi envoyé sa bourse à M. de Sartines. Mesdames en ont fait autant.' (*MS* 1770-06-03).
8. 'The problem of leisure / What to do for pleasure / Ideal love a new purchase / A market of the senses / Dream of the perfect life / Economic circumstances / The body is good business / Sell out, maintain the interest / Remember Lot's wife / Renounce all sin and vice / Dream of the perfect life / This heaven gives me migraine / Coercion of the senses / We are not so gullible / Our great expectations / A future for the good / Fornication makes you happy / No escape from society / Natural is not in it / Your relations are of power / We all have good intentions / But all with strings attached / Repackaged sex keeps your interest' (Gang of Four, *Natural's not in it*, de l'album *Entertainment* de 1979).

chanson explicitement mise en exergue par la réalisatrice, c'est toute l'œuvre de Gang of Four qui paraît pouvoir servir de sous-texte caché au scénario du film, depuis *At Home he feels like a tourist* (une Autrichienne en France) ou *(History's) not made by great men* (Louis XVI) jusqu'à *I love a man in a uniform* (le comte Fersen) et *To hell with poverty* (les promesses de la Révolution vécues comme une ivresse destructrice). Si l'*ethos* peint par le film a reçu une formulation remarquablement synthétique, c'est sans doute dans le refrain de la chanson *Call me up*, qui superpose les deux slogans dont nous nous apercevons chaque jour davantage à quel point ils constituent les deux faces indissociables de notre économie (post)moderne des affects: *Having fun is my reason for living! Give me a break!*

iii. Anachronisme, interprétation, actualisation

Si *Marie-Antoinette* s'inscrit dans la lignée d'un film comme *Ridicule* de Patrice Leconte (1996) en ce que tous deux font apparaître des enjeux profonds et civilisationnels d'une culture se caractérisant par sa superficialité, et en ce que tous deux font résonner cette importance du superficiel en une série d'échos suggérés entre le dix-huitième siècle et notre époque, la désinvolture qui caractérise le geste de Sofia Coppola à l'égard de tout historicisme permet de réfléchir sur le statut et les vertus possibles de l'anachronisme. Peu importent les états antérieurs du scénario, le fait que la réalisatrice ait lu ou non les *Mémoires secrets*, que Stefan Zweig ou Antonia Fraser s'en soient plus ou moins profondément inspirés pour imaginer leur biographie de Marie-Antoinette; peu importe que le saut dans le temps proposé par le film repose sur un travail de recherche fouillé ou sur une intuition impressionniste. Dans tous les cas, le résultat est le même: la rétro-projection de préoccupations actuelles sur le passé produit une (re)mise en perspective permettant de (re)trouver dans ce passé des dimensions qui nous auraient vraisemblablement échappé si l'on s'en était tenu aux descriptions courantes proposées par le discours historicisant.

On peut tenter d'expliquer d'au moins trois façons cette coïncidence entre la reine de 1780 et la lycéenne de 2006, coïncidence manifestée par les propos de l'actrice principale: 'Marie-Antoinette est une jeune femme d'aujourd'hui, je sais exactement ce qu'elle désire.' Certains pourraient, comme on l'a suggéré plus haut, y voir un indice du fait que ce sont les coordonnées modernes de notre société actuelle qui se mettent en place au cours du dix-huitième siècle – avec Turgot et Adam Smith théorisant dès 1776 un modèle socio-économique qui n'a fait depuis lors que déployer (certaines de) ses virtualités largement pressenties dans leurs écrits; avec des périodiques imprimés qui fraient les voies d'une médiasphère dont radio, télévision et bientôt internet n'ont fait que redimensionner la circonférence sans en altérer radicalement la structure; avec, entre des idéaux de justice sociale (esquissés justement au cours de cette période) et une réalité profondément inégalitaire, un inconfortable clivage qui n'a fait que se reconduire sous diverses formes depuis deux siècles et demi. Par certains aspects de leurs vies, l'Autrichienne et l'Américaine partageraient donc une expérience anthropologique comparable, expérience caractéristique d'une modernité dont la reine vivait hier les avancées inaugurales alors que la réalisatrice en subit aujourd'hui les soubresauts rémanents.

D'autres pourraient être tentés de faire sauter ce cadre temporel, pourtant déjà assez vague, et attribuer la possibilité de l'empathie et du saut dans le temps à une fondamentale homomorphie entre toutes les situations de privilège: noblesse face au 'Tiers Etat' ou pays riches face au 'Tiers Monde' ressentent un complexe de l'enfant gâté, qui n'a rien de propre à la modernité, mais qui avait poussé dès le Moyen Age un saint François à troquer sa richesse héritée pour une pauvreté choisie, et qui valorise généralement le soin des défavorisés dans nombre de cultures qui n'ont rien de moderne ni d'occidental. Etre à la fois irrépressiblement sensible et absurdement aveugle aux misères de son voisinage (plus ou moins immédiat) serait alors une condition universelle de toute société inégalitaire (de toute société divisée en 'classes', comme on disait encore récemment). A partir de similarités dans les positionnements relatifs qui structurent nos processus de subjectivation, toute une permanence de la vivacité des œuvres artistiques peut dès lors prendre appui sur des 'quasi-universaux anthropologiques' expliquant pourquoi Homère nous touche encore, alors que nos formes de vies (sociales) ont apparemment si peu à voir avec celles de son époque.

Une troisième explication me semble plus intéressante pour comprendre la dynamique des rapports qui relient les écrans d'aujourd'hui à la réalité passée des Lumières, une explication qui ne cherche plus la raison de la coïncidence entre la reine et la lycéenne dans *la réalité de l'objet représenté*, mais dans *la structure du regard spectateur*. Sofia Coppola ne lit Zweig ou Fraser qu'à travers le filtre de ses préoccupations du moment; je ne regarde moi-même son film que dans un contexte qui me voit simultanément enseigner Debord et découvrir Sloterdijk; la plupart des analyses qu'on a pu lire sur *Marie-Antoinette* situent la protagoniste dans la perspective des héroïnes de *Virgin suicides* ou de *Lost in translation*. Hans-Georg Gadamer nous a appris, depuis un bon demi-siècle, à considérer toute interprétation comme relevant fondamentalement de la rétrospection, soit de l'anachronisme en acte. Face à la réaction historiciste et néo-positiviste qui a marqué les vingt dernières années d'études littéraires dans l'université française, il vaut la peine de rappeler la modélisation que propose l'herméneutique gadamerienne pour comprendre le rôle dynamique de nos préoccupations actuelles dans notre compréhension du passé:

> Il n'y a que [la distance temporelle] qui dégage pleinement le véritable sens d'une chose, celui qu'elle porte en elle-même. [...] Pour comprendre une tradition, il faut sans doute avoir un horizon historique. Mais il ne peut être question d'acquérir cet horizon en se transportant dans une situation historique. Au contraire, il faut toujours avoir déjà un horizon pour pouvoir ainsi se déplacer dans une situation. Car que signifie 'se déplacer'? Sans aucun doute, cela ne signifie pas simplement faire abstraction de soi. Sans doute faut-il bien le faire, dans la mesure où l'on doit réellement se représenter l'autre situation. Mais dans cette autre situation, justement, il faut aussi s'introduire *soi-même*. [...] C'est donc une nécessité herméneutique que de ne jamais s'en tenir à la simple reconstruction. On ne peut absolument pas éviter de penser ce qui, pour l'auteur, ne faisait pas problème, ce que par conséquent, il n'a pas pensé, et de le mobiliser en le faisant entrer dans le suspens de la question. On ne donne pas ainsi, par exemple, licence à l'arbitraire de l'interprétation; on ne fait au contraire que dévoiler ce qui ne cesse pas de se produire.[9]

L'anachronisme, comme projection rétrospective de nos préoccupations et de nos pertinences actuelles sur l'objet à interpréter, n'est nullement un obstacle à la compréhension du passé, mais sa condition de possibilité. C'est lui qui permet aux interprétations de se renouveler, et aux œuvres de continuer à être lues, découvertes, explorées et investies de vie, par la grâce d'un regard qui ne soit ni celui d'un entomologiste ni celui d'un gardien de musée. C'est toujours à partir de l'horizon actuel de l'interprète que se détermine la signification; loin de se réduire au sens à travers lequel un événement ou une œuvre sont identifiés au moment de leur apparition, la signification ne vit et ne se régénère que par les déformations et les réformations que la distance temporelle surimpose à ce sens originel[10].

Le principe voulant que 'la compréhension soit une attitude non pas uniquement reproductive, mais aussi et toujours productive'[11] s'applique non seulement aux œuvres de l'art: elle conserve une large part de sa validité pour les réalités historiques (comme la vie de Marie-Antoinette) – discours qui rapportent et événements rapportés se confondant d'ailleurs le plus souvent pour former une unique série d'effets. De même qu'aux yeux de la philosophie pragmatiste, la signification d'un discours n'est rien d'autre que la somme des usages que l'on en fait, de même la 'vie' de Marie-Antoinette se réduit-elle très

---

9. Hans-Georg Gadamer, *Vérité et méthode* (1960; Paris, 1996), p.320, 326-27 et 398.
10. Sur tous ces points, je renvoie à mon ouvrage *Lire, interpréter, actualiser. Pourquoi les études littéraires?* (Paris, 2007) qui développe cette justification théorique de l'anachronisme de façon plus approfondie.
11. H.-G. Gadamer, *Vérité et méthode*, p.318.

rapidement, une fois sa tête tombée dans la sciure de l'échafaud, à la somme des discours tenus à son propos.

Bien entendu, comme le précise clairement Gadamer, et comme le reconnaissent également les pragmatistes, pour que l'interprétation soit davantage que le ressassement monotone des projections fantasmatiques (et, étymologiquement, 'idiotes') de l'interprète, il faut que celui-ci prenne la peine de s'ouvrir à 'l'altérité' de son objet, de 'mettre expressément à l'épreuve ses pré-opinions, qui sont vivantes en lui, en les interrogeant sur leur légitimation' et en les confrontant à la nature propre de l'objet qu'il s'agit d'interpréter.[12] En cherchant à expliciter la démarche herméneutique dont participe l'approche pragmatiste, Richard Rorty exprime ce même souci de valoriser 'l'altérité' de l'objet à interpréter à travers une formulation différente, mais convergente:

> Il y a, je pense, une distinction utile [...] qui peut être établie entre le fait de savoir ce que l'on attend par avance d'une personne, d'une chose ou d'un texte, et le fait d'espérer que la personne, la chose ou le texte considéré nous permette de vouloir quelque chose de différent, [quelque chose qui constitue une rencontre capable d'introduire] une différence dans la conception que le ou la critique a de lui-même ou d'elle-même, de ce dont elle est capable, de ce qu'elle veut faire d'elle-même: une rencontre qui bouscule l'ordre de ses priorités et de ses fins.[13]

Le bon usage de l'anachronisme n'exige donc une 'fidélité' aux formes propres de l'objet passé que dans la mesure où cette fidélité est nécessaire au développement, à l'enrichissement, à l'affinement, à l'auto-dépassement des problématiques que l'interprète rétro-projette sur cet objet – ce qui signifie que l'interprète n'a en fin de compte à être fidèle qu'à sa seule ambition d'auto-dépassement de soi.

C'est ici que se situe peut-être la limite de la démarche adoptée par Sofia Coppola, qui n'a, somme toute, fait que déplacer ses préoccupations habituelles dans un dix-huitième siècle dont l'altérité (historique) reste aussi vide et abstraite que l'était le Japon de *Lost in translation*. Si son film, plaisant et intéressant, peut laisser insatisfait, c'est sans doute surtout qu'il ne donne pas vraiment sa chance à ce que 'l'altérité' des années 1770 pouvait apporter comme enrichissement à son petit univers fantasmatique, qui ne s'y dépayse que pour s'y répéter presque à l'identique. En termes rortyens, la rencontre de la réalisatrice avec le personnage de Marie-Antoinette et avec le siècle des Lumières ne semble pas avoir significativement 'bousculé ses priorités et ses fins' – ce qui n'implique d'ailleurs nullement que le film n'ait pas la capacité de

---

12. H.-G. Gadamer, *Vérité et méthode*, p.290.
13. Richard Rorty, 'Le parcours du pragmatiste', dans *Interprétation et surinterprétation*, éd. Umberto Eco (Paris, 1995), p.97-98.

'bouleverser les priorités et les fins' de ses spectateurs et ne puisse donc constituer une expérience esthétique significative, à travers le cocktail très original qu'il propose entre costumes d'époque, lyrisme du tourisme existentiel, débandade consumériste et hypo-texte de Gang of Four.

iv. Ecran des Lumières et hologramme de la modernité

La dynamique de l'interprétation pourrait dès lors s'illustrer en prenant au pied de la lettre l'expression d'un écran des Lumières. L'invention des frères Lumières peint le monde à nos yeux (un train qui entre en gare, un arroseur arrosé) non sur le mode du reflet passif, mais sur celui de la projection active d'un flux de photons constamment affecté de modulations. Au sein de ce dispositif technique, l'écran sur lequel se projette ce flux modulé est censé être aussi vide et neutre que possible (blanc). Au sein du dispositif herméneutique, en revanche, l'écran sur lequel l'interprète projette ses préoccupations (ses 'pré-opinions', son 'horizon historique') n'est ni vide ni neutre: loin d'être une page blanche, il offre au contraire un relief, des contours, des colorations qui font le propre de l'objet à interpréter. Si toute compréhension d'une œuvre, d'un personnage ou d'une époque historique est inévitablement projective, elle n'échappe au ressassement et à l'autisme qu'en se modulant pour tirer le meilleur parti possible des formes propres offertes par l'écran déjà sculpté et colorié sur lequel elle se projette.

On connaît les surdéterminations sémantiques de mots comme 'interprète' (déchiffreur de message et comédien produisant une certaine conception du rôle), 'acteur' (s'aliénant dans un semblant représentatif et sujet agissant) ou 'réalisateur' (créateur d'illusion filmique et transformateur d'idée en réalité): ces surdéterminations convergent à faire de toute lecture du passé un processus d'actualisation, à travers lequel la réalisation du présent se nourrit de la représentation d'un ailleurs, de même que l'affirmation de soi implique le détour d'une référence à autrui, et qu'inversement, la fidélité à la tradition exige une activité pleinement inscrite dans l'actualité.

Quels sont les contours propres de cet écran particulier que proposent les Lumières à nos projections rétrospectives? Des préoccupations comme la 'société du spectacle' ou la 'gâterie' tendent-elles à en aplatir les reliefs les plus suggestifs ou permettent-elles d'y repérer des ombres nous amenant à mieux en cartographier les grandes masses et les petites dépressions? Un film comme *Marie-Antoinette* efface-t-il ses contours les plus caractéristiques, ou leur donne-t-il de nouvelles couleurs?

On pourrait légitimement reprocher à de telles questions de 'réifier' les Lumières, en ce qu'elles en font *une chose* (avec ses formes, ses couleurs et son relief propres). Le plus élémentaire des dépaysements linguistiques nous invite pourtant à en faire non tant une chose (à observer, mesurer, disséquer) qu'*un processus* (face auquel nous sommes inévitablement appelés à prendre position). En parlant d'*Enlightenment* ou d'*Aufklärung*, on s'aperçoit mieux de l'inadéquation du dispositif technique inventé par les frères Lumières pour rendre compte de ce qui se joue dans notre rapport au mouvement instauré par les Lumières du dix-huitième siècle. L'écran des Lumières n'est pas tant une surface plane sur laquelle se projettent nos préoccupations contemporaines que le lieu d'*un entrecroisement de projections éclairantes*. Les Jeux pléiens, les mouchoirs à la Wilkes, la mission du comte d'Esseville, l'idée singulière du bon citoyen sur le mariage du dauphin, l'attrait d'un tissu à la mode, le prestige d'un bijou, le rêve éco-bucolique d'une bergerie de luxe, la circulation des flux de désirs dans l'espace d'un bal masqué, la reproduction d'un couple royal, la dénonciation d'une '*Queen of debt*' qui '*spends France into ruin*', l'attaque et la destruction d'une prison honnie, tout cela ne demande-t-il pas à être compris comme résultant de l'enchevêtrement de projets multiples et souvent contradictoires (relevant de projections existentielles, commerciales, financières, érotiques, philanthropiques, politiques)? Parmi ces projections émanées des motivations les plus diverses, il n'est sans doute pas illégitime de se demander lesquelles – au sein de chacun de ces phénomènes – représentent ou favorisent un mouvement propre aux 'Lumières' (soit à un certain projet civilisationnel visant à l'autonomie des individus), et lesquelles sont orientées dans une direction qui tend à défléchir, à ralentir ou à inverser ce mouvement.

La beauté du film de Sofia Coppola, qui consonne ici aussi parfaitement avec celle de l'œuvre éphémère de Gang of Four, tient à ce qu'elle s'ingénie (discrètement) à *faire sentir les tensions contradictoires* qui 'affectent' le positionnement historique de la dauphine devenue reine. Quelle que soit la source de sa réflexion et de ses intuitions (lecture d'ouvrages d'historiens ou immersion dans les chansons des années 1980), elle est parvenue à saisir ce paradoxe – dont nous vivons tous les divers avatars – d'une Marie-Antoinette se reconnaissant dans les idéaux rousseauistes, ou d'une duchesse de Polignac admirant la critique des privilèges portée sur la scène par *Le Mariage de Figaro*. Si l'on a affaire à un bon usage de l'anachronisme, c'est non seulement que la saisie de ces projections contradictoires fait résonner une fibre intime de notre présent, mais c'est aussi qu'elle met en lumière une dimension essentielle à l'explication de la complexité des positionnements propres au dix-huitième siècle lui-même. On connaît la proximité de Rousseau avec certaines des plus puissantes familles du royaume; on sait que c'est parmi les fermiers généraux comme Helvétius qu'ont pu se recruter les critiques les plus sévères de l'ancien régime; les *Mémoires secrets* nous informent, dans leur rubrique '*people*', que les Philosophes (Diderot, d'Holbach, Helvétius, Condillac et leurs amis) furent les seuls hommes de lettres que le roi du Danemark prit la peine de rencontrer lors de sa visite en France à la fin de 1768 (*MS* 1768-10-26).

La tension qui articule tout le parcours de la dauphine, puis de la reine, entre un respect pour les formes de vie reçues (malgré leur ridicule, modulé sur les musiques de Rameau et de Boccherini) et une soif de jouissance 'naturelle' (rythmée par les chansons de la *new wave*, dont les textes nous rappellent pourtant que '*natural's not in it*') – cette tension nous aide grandement à comprendre les 'habits d'arlequin' dont les auteurs les plus intéressants du dix-huitième siècle ont eu conscience de s'affubler. Les chaussures et les coiffures extravagantes de l'Autrichienne ne font que monter en une épingle scandaleusement luxueuse le problème existentiel qu'affrontait Diderot se trouvant 'l'air d'un riche fainéant' dans l'image que lui renvoyait sa nouvelle robe de chambre, non sans déclarer simultanément 'ne pouvoir supporter sans dégoût la vue d'une paysanne'[14]: on peut vanter les mérites du 'code de la nature', mais on ne saurait se détacher du confort de la gâterie (ici aussi: '*natural's not in it*').

Au-delà du cas particulier de *Marie-Antoinette*, la signification de tout film sur les Lumières mérite donc d'apparaître comme *un hologramme* résultant à la fois des multiples projections qui composaient le monde conflictuel du dix-huitième siècle, de l'éclairage projeté sur ces projections par le travail du réalisateur, et de l'éclairage porté sur le film lui-même par les préoccupations du spectateur. Le film *Marie-Antoinette* contribue-t-il à actualiser le mouvement vers l'autonomie qui définit le projet des Lumières? La projection interprétative esquissée dans les pages qui précèdent le présente sous le jour de la compatibilité: en nous conduisant à voir un aveuglement que représente le personnage de Marie-Antoinette – la réalisatrice évoquait, on s'en souvient, 'une vraie sensation d'inconscience voire d'ignorance des personnes confisquant le pouvoir' – le film nous aide (un peu) à prendre la mesure subjective des cécités et des somnambulismes qui nous affectent aujourd'hui au sein de nos propres gâteries.[15] Surtout, si le message central des Lumières est de nous faire mesurer la complexité du monde naturel et du monde social – complexité érigée par Diderot et ses amis spinozistes à la fois en principe d'hygiène méthodologique et en principe d'explication immanente de la

---

14. Denis Diderot, *Regrets sur ma vieille robe de chambre ou Avis à ceux qui ont plus de goût que de fortune* (1769), dans *Œuvres*, éd. Versini (Paris, 1996), t.4, p.820-21.
15. 'Le fait de se tourner vers la vision esthétique est une forme de gâterie qui peut ramener en arrière le regard sur la gâterie', c'est-à-dire lui conférer la perspective critique qui lui manque en l'absence de cette élaboration esthétique (P. Sloterdijk, *Ecumes*, p.718).

vie[16] – alors la résistance constante de la réalisatrice américaine envers tout message simpliste quant aux causalités et aux jugements moraux relatifs à cette période pré-révolutionnaire s'inscrit parfaitement dans la lignée des ambivalences, des pluralismes et des paradoxes autour desquels les Philosophes ont développé leur pensée.

Actualisation (enjouée et dynamisée de rythmes rock) de la *Lettre sur les aveugles à l'intention de ceux qui voient*, le film de Sofia Coppola permet de (re)poser le problème qui servait d'exergue au texte de Diderot: '*Possunt, nec posse videntur.*' Pourquoi semblent-ils ne pas pouvoir, alors qu'ils peuvent? De quelles lumières manquent-ils pour que leur véritable puissance apparaisse? Par qui sont-ils vus comme impuissants? Que voyons-nous, qu'ils ne peuvent pas voir eux-mêmes? En quoi notre regard sur leur aveuglement nous confère-t-il cette puissance qu'ils ont en eux-mêmes sans sembler l'avoir? En quoi nos écrans contribuent-ils à affiner nos regards, à nous faire voir notre puissance, ou à perpétuer nos somnambulismes? C'est de la projection de telles questions, toujours et à jamais suspendues en l'air, que se nourrit depuis deux siècles l'hologramme de la modernité.

---

16. Voir sur ce point Yves Citton, *L'Envers de la liberté. L'invention d'un imaginaire spinoziste dans la France des Lumières* (Paris, 2006).

VI
Lectures actualisantes et création continuée

L'art et la manière du 'devenir-époque': propos recueillis par Martial Poirson et Laurence Schifano

BENOÎT JACQUOT

Benoît Jacquot fait son entrée au cinéma comme assistant-réalisateur, aux côtés entre autres de Marguerite Duras (*India song* 1974) et de Jacques Rivette. Dans le sillage des cinéastes de la Nouvelle Vague, il s'essaye d'abord au documentaire, réalisant en particulier pour la télévision *Jacques Lacan psychanalyse I et II* (1974) et une série d'adaptations d'œuvres littéraires (Kafka, Dostoïevski, Blanchot). Ses premiers longs métrages témoignent d'un goût qui ne se démentira plus pour les adaptations de romans ou de pièces de théâtre. Souvent comparé à Robert Bresson, il marque une attention aiguë à la psychologie des personnages, aux univers sensibles et mentaux, aux interrogations existentielles à travers une esthétique dépouillée, à la limite de l'épure. Longtemps attaché, dans les années 1990, à une exploration intimiste et aux portraits de femmes, il réalise coup sur coup plusieurs films d'époque aux moyens plus ambitieux, en décors et costumes, parmi lesquels plusieurs adaptations du dix-huitième. Pour cet auteur-réalisateur éclectique et particulièrement productif, le cinéma contemporain est le prolongement direct de la grande littérature française et anglaise des dix-huitième et dix-neuvième siècles qui ne cesse d'imprégner ses films, et pas seulement ceux à caractère explicitement historique. Ce qui vaut parfois à son cinéma l'étiquette de 'littéraire'.[1]

Le dix-huitième est au cœur de son travail cinématographique, depuis *La Vie de Marianne* (1994), libre adaptation du roman inachevé et réputé inadaptable de Marivaux, auquel il apporte un dénouement de son invention, jusqu'à *Adolphe* (2002), d'après le roman de Benjamin Constant, présentant un dix-huitième tardif, qu'on peut à bon droit intégrer à ce qu'il faut bien considérer comme un cycle, en passant par *Sade* (2000), *Tosca* (2001), ou encore *La Fausse Suivante* (2001), fausse captation de spectacle et véritable 'film de théâtre' qui marque pour le réalisateur le retour aux sources marivaudiennes et à une forme de théâtralité cinématographique très caractéristique de son type de traitement non seulement du dix-huitième, mais de l'image en général, qu'illustre bien

1. Sur cette question comme sur beaucoup d'autres relatives à l'œuvre du cinéaste, on lira Xavier Lardoux, *Le Cinéma de Benoît Jacquot* (Paris, 2006).

Elvire-Jouvet 40 (1986). C'est avec cette partie de sa production que l'auteur a considérablement élargi son public, sans pour autant ne rien perdre de son exigence. 'J'adorerais que la presse, qui d'habitude ne m'aime pas, apprécie ce film. Et tant pis si ceux qui me défendent d'habitude ne m'aiment pas. [...] Maintenant, ça ne me déplairait pas non plus que tout le monde aime', affirmait-t-il au moment de la sortie de *Sade*.

Martial Poirson et Laurence Schifano: Le dix-huitième siècle tient une place de choix dans votre œuvre, et pas simplement du point de vue des 'films d'époque'. A côté du cycle proprement dix-huitième (celui de *La Vie de Marianne*, *Sade*, *Tosca*, *La Fausse Suivante*, et tout récemment, pour le petit écran, *Gaspard le bandit*...), vous proposez dans l'ensemble de votre œuvre une traversée du siècle. Combien de vos films estimez-vous explicitement situés au dix-huitième, depuis *La Vie de Marianne* (1994) jusqu'à *Sade* (2000)? En regardant votre filmographie – de même qu'on parle d'une période allemande pour Visconti – ne peut-on parler d'un cycle pouvant aller jusqu'à *Adolphe* (2002), qui porte encore la marque du siècle? Ne peut-on penser tout votre travail à travers le dix-huitième siècle, notamment depuis l'adaptation de Dostoïevski, *L'Assassin musicien* (1974), où on joue du Mozart...

Benoît Jacquot: Dans *L'Assassin musicien* il y a en effet du Mozart, mais aussi du Schönberg, du Stravinsky... Le dix-huitième siècle, d'un point de vue cinématographique, je l'ai vraiment souhaité à partir de *La Vie de Marianne*, le premier des films dont vous parlez. Ensuite, j'ai rencontré, à plusieurs reprises dans mon parcours artistique, 'un certain dix-huitième', à savoir le moment où réellement le dix-huitième s'achève, grosso modo la période contemporaine de la Révolution française. Il en est ainsi aussi bien dans *Sade* que dans *Tosca* ou à plus forte raison dans *Adolphe*, que je considère comme d'authentiques films d'un dix-huitième siècle tardif, crépusculaire... J'ai toujours trouvé curieuse cette périodisation arbitraire: bien que le siècle commence dès 1700, force est de constater que, *La Vie de Marianne* mise à part, mon dix-huitième siècle, celui que j'ai filmé, appartient déjà, dans mon propre imaginaire historique, au dix-neuvième siècle.
Ce sont des films d'opportunité dont je n'ai pas eu l'idée initiale, et dont le projet m'est venu d'ailleurs: soit de producteurs, soit d'acteurs ou, plus souvent, d'actrices. Il en est autrement de *La Vie de Marianne*, film que j'ai absolument désiré faire, qui m'a donné le sentiment d'avoir en quelque sorte réglé mes comptes avec le dix-huitième siècle, et dans lequel j'ai eu l'occasion de constater qu'amateurs et spécialistes du dix-huitième se reconnaissent assez bien à beaucoup d'égards...

M. P. et L. S.: Dans une déclaration à *Cinématographe* en juin 1981, à propos des *Ailes de la colombe*, vous dites: 'je ne souhaite pas faire des films intemporels mais je veux qu'on y sente la marque du temps d'origine; cela dit j'adorerais faire un film se déroulant dans une époque qui m'enchante, le dix-huitième demeure pour moi un rêve tenace.'[2] Qu'en dites-vous aujourd'hui, où vous avez entre-temps multiplié les incursions dans le dix-huitième siècle?

B. J.: Ma conviction est que chacun de nous est en quelque sorte investi d'un 'devenir-époque', comme on peut dire qu'il a un 'devenir-animal'... Ce n'est d'ailleurs pas le moindre des paradoxes que d'employer spontanément l'expression 'devenir' pour désigner un phénomène de projection dans le passé. Pendant longtemps, la phrase que vous citez en témoigne, le dix-huitième siècle a été mon 'devenir-époque': je me suis projeté, sinon jeté de tout cœur dans le dix-huitième siècle français, dans sa langue, dans ses usages, dans ce monde très particulier des années 1700. *La Vie de Marianne* m'apparaît aujourd'hui, tel que vous m'en parlez, comme la conséquence de ces fantasmes, de ces fantaisies, de cette passion. Pour autant, une fois ce téléfilm réalisé, il me semble que c'est devenu de l'histoire ancienne. Non pas que le fantasme en question, que la fascination soient disparus, mais j'ai appris à m'en accommoder et, partant, elle n'est plus aussi mordante que par le passé. Pendant longtemps, au moment où je réalisais *Les Ailes de la colombe*, j'ai nourri le projet d'adapter Laclos et ses *Liaisons dangereuses*, mais les initiatives de Frears, Forman et d'autres m'en ont dissuadé...

M. P. et L. S.: Il semble que Marivaux, qui cristallise et vous permet de réaliser votre dix-huitième siècle, vous laisse plus libre dans votre invention que ne pourrait le faire par exemple Sade?

B. J.: Sade est dans mon imaginaire un cas très particulier. Si on me demande, à brûle-pourpoint, à quel type d'écrivain français j'associe spontanément le dix-huitième siècle, c'est le nom du marquis de Sade qui me vient immédiatement à l'esprit, bien qu'il ne soit pas vraiment pour moi un auteur du siècle, contrairement à Laclos et, surtout, à Marivaux, qui en est le véritable parangon. Emprisonné par le dix-huitième siècle, Sade est en fait une créature rétrospective des modernes, à commencer par les surréalistes...

M. P. et L. S.: Votre travail est très éloigné d'un simple exercice d'adaptation, et encore plus de reconstitution historique: vous n'hésitez pas à écrire et filmer la fin de *La Vie de Marianne* qui fait défaut au roman, contribuant ainsi à prolonger la fiction, par un processus de création continuée.

B. J.: Certes, mais je ne suis pas le premier, puisque Mme Riccoboni a bien avant moi succombé à la tentation de proposer une fin au roman inachevé de Marivaux... Je n'ai fait ainsi que me prêter à un jeu auquel le dix-huitième siècle s'est prêté. J'avais commencé par proposer à un certain nombre d'amis écrivains d'inventer une fin pour le film, au risque que finalement elle ne soit pas retenue pour être tournée. L'idée de cet exercice de style était que chacune de ces fins soit proposée au producteur du film et qu'il prenne celle qu'il voulait, comme dans une sorte de mise aux enchères d'écritures

---

2. 'Entretien avec Benoît Jacquot', par Jacques Fieschi *Cinématographe* 68 (1981), p59-62 (59).

d'invention... Mais le jeu n'a pas pris et j'ai dû écrire le dénouement moi-même, comme j'avais écrit le scénario.

M. P. et L. S.: Votre position est d'autant plus intéressante que certains spécialistes, comme Chantal Thomas, tirent plutôt Sade du côté du dix-septième siècle[3].

B. J.: Je crois à titre personnel qu'elle n'a pas tort non plus, et que nos positions peuvent se rejoindre dans l'idée selon laquelle il n'y a pas, à proprement parler, de dix-huitième siècle... Sade est à mes yeux une véritable leçon de ténèbres, au sens, précisément, du dix-septième siècle. On trouve chez lui la revendication d'un principe de délicatesse qu'il mettait lui-même au fondement de tout mais, paradoxalement, on ne trouve pas ce sens du délice qui existe dans le dix-huitième siècle. J'ai l'intime conviction que ce philosophe libertin n'est pas dans une culture du plaisir mais bien plutôt du désir. En cela, il est étranger à l'effrayante mélancolie, à l'amertume qui émane d'une véritable science du plaisir particulièrement sensible chez Marivaux notamment, y compris dans son usage de la langue qui m'a longtemps ravi, tel une sorte d'Eden linguistique...

M. P. et L. S.: Le côté parfois intemporel de certaines de vos mises en scène filmiques, non pas *La Vie de Marianne* mais *La Fausse Suivante* par exemple, aux antipodes de la captation de spectacle comme de l'adaptation littéraire, classe ce film comme un véritable 'film de théâtre', en vertu de la théâtralité qui s'en dégage, à travers l'attention aiguë au geste et à la parole, mais aussi à la construction des plans et à la scansion des séquences.

B. J.: J'ai filmé *La Fausse Suivante* comme un documentaire sur une pièce de Marivaux en train d'être jouée, au sens littéral du terme, un peu comme *L'Esquive*, bien que selon un point de vue et en fonction d'un propos très différent: des amis acteurs, professionnels ou amateurs, se retrouvent la nuit dans un théâtre avec l'idée de jouer *La Fausse Suivante*, en profitant d'une salle et d'une scène dont ils auraient opportunément eu les clés. En cours de route, ils trouvent des robes, des costumes, des accessoires d'époque dont ils n'avaient pas la moindre idée... Mais surtout ils découvrent, et nous avec eux, une langue étrange et étrangère et, à travers elle, un certain dix-huitième siècle français, c'est-à-dire un certain naturel dont je ne connais, personnellement, aucun équivalent dans aucun autre pays à aucune autre époque.
J'ai la conviction que la grande littérature européenne du dix-huitième siècle est française, contrairement à celle du dix-neuvième siècle... Pour ainsi dire, j'oppose le dix-huitième siècle tel qu'il apparaît dans mes films à celui de *Barry Lyndon* par exemple, autrement dit un dix-huitième anglais entièrement modelé par la vision romanesque que le dix-neuvième a portée

---

3. Voir Chantal Thomas, 'Rêver le dix-huitième siècle', propos recueillis par Laurence Schifano dans *Filmer le dix-huitième siècle* éd. Martial Poirson et Laurence Schifano (Paris, 2009).

sur lui sous la plume de Thackeray. L'effet que manifestement Kubrick a voulu produire dans son film et qui fonctionne diablement bien est de donner le sentiment d'un autre monde: on assiste ainsi au déroulement d'une action qui se passe tout à fait ailleurs, ce qui entraîne le sentiment d'une étrangeté radicale. Pourtant, cet effet d'étrangeté, qui contraste avec la familiarité qui se dégage de Marivaux et d'autres auteurs français, n'est en rien imputable à une méconnaissance de la culture anglo-saxonne, dont je suis au contraire très informé, étant un grand lecteur de Thackeray et du roman anglais, encore plus que de la littérature française, et un très grand amateur de Kubrick. Plus qu'une quelconque barrière culturelle, je crois qu'il y a une intention de la part du réalisateur, qui a mis en scène son adaptation comme une sorte de rituel exotique, très étrange, très antiquaire dans l'esprit, contribuant à étrangéifier le dix-huitième siècle.

Ce qui m'intéresse dans les *period films*, et que produit le dix-huitième siècle français selon moi, c'est le sentiment immédiat de contemporanéité, de présence à la lecture de cette langue, sentiment très éloigné de toute approche d'antiquaire ou d'archéologue.

M. P. et L. S.: Il est de bon ton, aujourd'hui, dans les milieux intellectuels, de fustiger l'inculture de la nouvelle génération et de déplorer la perte de 'l'héritage des Lumières', selon l'expression du forum *Le Monde* tenu au Mans en novembre 2006. Récemment encore, dans *Campus*, Alain Finkelkraut se plaignait de n'avoir vraiment pas supporté *L'Esquive* parce que ce film lui donnait le sentiment d'un décalage absolument infranchissable et choquant entre la langue de Marivaux et le parler des banlieues.

B. J.: On peut considérer que le philosophe a cherché à plier le réel à sa propre religion, si je puis dire... Telle n'est pas du tout mon opinion. Les faits restent les faits: le film a eu un succès énorme, et un tel type de succès ne peut se produire si on choisit de s'adresser à une élite d'initiés, prévenus en sa faveur, et très au fait d'une langue à moitié disparue. Ce qui s'est produit au cours de l'exploitation de ce film, et qui peut déranger certains, c'est que tout d'un coup un nombre de gens considérable ont entendu cette langue comme une langue familière...

M. P. et L. S.: Cela rejoint les propos de Sandrine Kiberlain, qui n'a pas peu contribué au projet, dans l'entretien proposé en bonus du DVD de *La Fausse Suivante*: selon elle, bien que les tournures, la syntaxe de Marivaux soient assez complexes, le comédien arrive aisément à entrer dans cette langue.

B. J.: Il y arrive quand il la parle. Virginie Ledoyen, quant à elle, 's'en faisait un monstre', comme on dit chez Marivaux. Elle avait 16 ans ou 17 ans à l'époque où elle a été confrontée à Marivaux, après avoir arrêté l'école très tôt, alors qu'elle venait d'Aubervilliers, et être devenue comédienne à 13 ans... C'était vraiment une 'petite' comme dans *L'Esquive*. J'ai pensé en voyant sa vitalité, sa vitesse, sa justesse aussi, qu'elle attraperait parfaitement cette langue, et je lui ai proposé le rôle de Marianne. Elle l'a accepté parce que cela l'intéressait intuitivement, mais comme une actrice décide de faire quelque chose pour quoi elle n'est pas du tout faite, justement pour faire l'actrice, pour sortir d'elle-même.

En revanche, l'idée de réaliser un film à partir de *La Fausse Suivante* est venue de Sandrine Kiberlain, qui avait passé le Conservatoire avec une scène de la pièce, et avait toujours nourri une sorte de frustration de ne jamais l'avoir entièrement jouée. Sandrine est une technicienne, rompue au théâtre de répertoire, contrairement à Virginie Ledoyen. Après quelques essais, elle est tout de suite entrée dans la langue, d'une façon incroyable. Ce que je trouve émouvant dans les films, c'est le rapport entre ces visages et ces corps très contemporains et ce langage venu des temps anciens, mais qui subitement, tel une pierre qu'on plonge dans l'eau, reprend des couleurs familières...

M. P. et L. S.: Il est très frappant et significatif de constater le rôle des accessoires (au double sens du terme) de jeu tels que les envisage la comédienne: Sandrine Kiberlain affirme en effet qu'elle est aidée par le tricorne qu'elle porte dans le film, et qui apparaît en effet comme un véritable objet scénique, voire comme un actant à part entière. Comme si ces films d'époque qui ne visent rien moins que la reconstitution historique s'appuyaient sur des sortes d'"attributs". Bien que vous soyez plutôt un cinéaste qui centre son travail sur l'acteur, et que votre mise en scène filmique soit des plus dépouillées, retrouvez-vous une dimension de votre travail dans cette notion d'"attribut"? Ou est-ce que la langue seule suffit à cette projection historique?

B. J.: Je n'éprouve aucun intérêt pour un cinéma qui chercherait à opérer une sorte de traduction de la littérature du dix-huitième dans la langue d'aujourd'hui, à la façon des péplums des années 50-60 où les Romains du Capitole parlaient comme des Italiens du Campo dei Fiori; ou des Américains qui essayaient de trouver une sorte de solennité mais ne parvenaient en définitive à parler que comme à Washington, voire à Hollywood. Mon travail est tout à rebours, et tente d'être immergé dans la langue, de telle façon que le corps entier en soit traversé et devienne un corps du dix-huitième siècle... mais d'aujourd'hui.

Bien entendu, les costumes, les accessoires, voire certains éléments de décor, souvent inspirés par la peinture de l'époque, sont pour moi essentiels à la projection imaginaire dans un film d'époque, sans pour autant viser une quelconque cohérence dans l'esthétique du tableau. En quelque sorte, ils sont essentiels par leur caractère accessoire. Dans *La Fausse Suivante* qui se passait sur un plateau nu et dans une salle de spectacle vide, l'équipe a beaucoup réfléchi aux costumes, qui ont fait l'objet d'un choix minutieux, même et surtout s'ils donnent l'impression au spectateur d'avoir été trouvés fortuitement et endossés sur le champ: ils ont bel et bien été faits pour le film et ont fait l'objet d'une longue recherche confrontant différentes options.

Quant au chapeau, nous l'avons cherché ensemble avec Sandrine dans des malles de costumes remplies de frusques jusqu'à trouver le bon, celui avec lequel elle pouvait jouer de son regard comme d'un masque justement, parfaitement adapté à cette langue à masques, si j'ose dire, dans la mesure où elle passe par des défilés invraisemblables, des détours, des chicanes, des jeux de personnes qui font que, par moments, même les acteurs ont du mal à s'y retrouver... Ils ne savent presque plus à qui ils s'adressent, s'ils parlent d'eux, s'ils parlent de l'autre, et c'est précisément ce vacillement des identités, des sujets qui m'intéresse. On est plongé dans une sorte de carnaval strict, géométrique, presque mathématique, très éloigné de celui défini par Bakhtine.[4] Seule la langue française produit cet effet: c'est ce qu'a bien compris Casanova, qui a choisi d'écrire ses *Mémoires* en français et non en vénitien.

M. P. et L. S.: Et pourtant Fellini, lorsqu'il prend à bras le corps la figure du libertin, se désintéresse complètement de la langue française...

B. J.: C'est le moins qu'on puisse dire: Fellini, que je sache, détestait cordialement le dix-huitième siècle et particulièrement les *Mémoires* de Casanova. Ce qu'il y recherche, c'est non pas un langage mais une imagerie, une sorte de carnaval. Mieux, il instrumentalise le carnaval dix-huitième pour en faire un carnaval bien à lui, très contemporain. Le bazar fellinien ressemble fort à une espèce de souk.

M. P. et L. S.: Peut-on rapprocher votre intérêt pour cette 'langue à masques' de votre goût précoce pour la psychanalyse lacanienne, qui place les jeux de langage au cœur même des enjeux d'identité?

B. J.: Je dois dire que je n'avais jamais songé à faire un tel rapprochement, mais puisque vous me le proposez, je crois en effet qu'on peut y voir un certain rapport... L'espèce d'accrochage que j'ai eu depuis très longtemps avec l'œuvre de Lacan, que j'ai lue très jeune sans en comprendre les trois quarts, me laisse précisément une impression très 'dix-huitième'. Jacques Lacan, que j'ai bien connu, avait une passion toute particulière pour Casanova, et plus généralement pour le dix-huitième siècle. Il vivait lui-même comme un personnage du dix-huitième siècle. Chez lui, on trouvait tout un univers d'époque: sa maison à la campagne était une gentilhommière dix-huitième. Je me rappelle maintenant que dans un de ses séminaires, il raconte que quand il y somnolait, il voyait dans le rideau un gentilhomme du dix-huitième siècle en surimpression, comme une découpe de l'époque, un papier découpé pour une lanterne magique. Il y a certainement un lien entre mon grand intérêt pour l'œuvre de Lacan et le dix-huitième siècle, et en particulier sa langue, mais portée à des conséquences ultimes, très contemporaines, freudiennes justement.

M. P. et L. S.: Autre chose semble traverser votre œuvre dans *La Fausse Suivante* aussi bien que dans d'autres films, comme une espèce d'articulation entre la théâtralité et l'effet cinématographique.

B. J.: C'est juste, mais cela appartient au jeu d'identités, au masque, à la déclinaison *persona*, personne, personnage... Tout ce jeu me sollicite en effet beaucoup, de façon générale et dans ce cinéma d'époque en particulier.

4. Mikhaïl Bakhtine, *François Rabelais et la culture populaire au Moyen Age et sous la Renaissance* (Paris, 1982).

M. P. et L. S.: Ce qui nous frappe dans vos films d'époque, c'est à la fois la mise en scène, l'entrée dans le jeu, qui est aussi une entrée dans le pouvoir, et puis le choix d'un moment d'intensité dramatique sur lequel se concentre le film. Par exemple, dans *Sade*, où vous choisissez cette sorte de point aveugle dans la biographie sadienne, et où vous dramatisez la journée où Robespierre est guillotiné... Ces moments que vous privilégiez semblent souvent être des points de basculement dans l'histoire personnelle de vos personnages éponymes comme de l'Histoire collective au sens le plus large...

> **B. J.**: C'est juste, voilà bien un thème à moi, mais qui d'ailleurs ne m'est pas propre. Selon moi, ce qui est décisif pour un projet de film, c'est de se fixer sur un moment, des moments ou même une vie. En général, il s'agit d'une vie de femme, car force est de reconnaître que je préfère filmer les femmes plutôt que les hommes.
> En l'occurrence, le choix de la période pour filmer *Sade* tient surtout au fait qu'aujourd'hui, où beaucoup de spécialistes se sont concentrés sur la question, tels que Gilbert Lely ou Maurice Lever, le seul moment encore un tant soit peu obscur de la vie du marquis demeure celui-là. On sait simplement qu'à un moment donné de sa vie tumultueuse, Sade a séjourné dans une espèce de clinique curieuse... On prétend qu'il y aurait été interné en même temps que Laclos. Maurice Lever me reprochait d'ailleurs de ne pas avoir mis en scène dans le film la rencontre de Laclos avec Sade, ce que j'assume, dans la mesure où cette question m'importe peu. J'ai certainement tort, puisque Lever était quelqu'un de tellement proche du dix-huitième, dans lequel il se projetait littéralement, qu'il a réussi à faire de Sade un personnage du dix-huitième siècle, contrairement à moi, comme je vous l'expliquais. Mais je n'avais pas envie de mettre en images la rencontre avec Laclos comme s'il y avait tout d'un coup une rencontre au sommet. Je me refuse aux facilités de ce type d'images d'Epinal.
> En-dehors de cette réserve, ces quelques mois passés en pension sont à peu près le seul moment de la vie de Sade que j'aie jamais désiré mettre en fiction.

M. P. et L. S.: Il y a en effet quelque chose de séduisant à donner l'ampleur de la fiction à une sorte de trou de mémoire d'autant plus curieux qu'il porte sur un personnage pour lequel l'historiographie, souvent de nature hagiographique, est dense. De ce point de vue, le télescopage entre l'histoire personnelle et l'Histoire en train de se faire est particulièrement stimulant.

> **B. J.**: Tout à fait. Je trouve intéressant d'en avoir fait une fiction puisque c'est un moment où l'Histoire tout à coup devient une séquence au-delà de tout ce que ce chantre de l'imagination aurait pu imaginer précisément, et où il est placé au cœur de la tourmente. Il m'apparaît passionnant de voir cet esprit libre et inventif pris dans une période historique où tout d'un coup le réel se met à déborder sur tout ce qu'il a pu halluciner et à supplanter très largement la fiction; et, partant, de voir à quel point tout d'un coup cette

réalité envahissante l'épuise et le place face à ses propres contradictions, devant une fourche pour lui assez indécidable.

M. P. et L. S.: Certes, mais cette situation in(sou)tenable libère aussi l'érotisme.

B. J.: C'est vrai, mais le film aurait dû s'appeler '*mon* Sade'. D'ailleurs, je crois que chacun de nous a son Sade: il y a le Sade de Lely, de Lever, de Sollers, de Breton, ou encore, de Bataille... Celui de Bataille est nietzschéen, mais celui de Klossowski, chrétien mystique... Le Sade de Lever est un gentilhomme comme le duc de Richelieu... Chacun a vraiment le Sade qu'il voudrait bien être en définitive. Je me rappellerai toujours les propos du critique de cinéma Jean Douchet, qui m'a appelé un jour pendant le tournage, et qui, lorsque je lui ai dit que je tournais un *Sade*, m'a déclaré sans détour: 'Mais Sade c'est moi!'
Si j'ai fait ce film, c'est à la demande d'un producteur désireux de donner le rôle à Daniel Auteuil. Bien que j'aie beaucoup d'admiration pour le talent de cet acteur et que j'aie été très motivé par l'idée que nous puissions construire un Sade tous les deux, je n'aurais sans doute pas spontanément fait ce choix de distribution: j'aurais certainement choisi Gérard Depardieu. Il y a une monstruosité, un poids chez Depardieu qu'il n'y a pas chez Auteuil. Or Sade était énorme. En outre, il a une délicatesse dans la brutalité, une douceur dans la sauvagerie qui lui sont propres. Bien entendu, je ne regrette pas du tout d'avoir dirigé Auteuil, mais le film aurait été très différent avec Depardieu. Avec Auteuil, sachant sa façon de jouer, c'est devenu beaucoup plus personnel: il joue en 'buvardant' les cinéastes qui le mettent en scène. Qu'il s'agisse d'une femme, d'un homme, d'un jeune, d'un vieux... il écoute à peine ce qu'on lui dit, il regarde le metteur en scène, si bien qu'on se voit à travers son regard. Je me suis rendu compte qu'autant je projetais un portrait imaginaire de Sade à travers Auteuil, autant Auteuil construisait son Sade à travers moi, en interaction...

M. P. et L. S.: Ce type d'interaction est très frappant dans une séquence qui revêt une portée métacinématographique et, surtout, autobiographique dès lors que, précisément, on voit Sade en train de mettre en scène un tableau vivant... Dans ce cas précis, vous atteignez vraiment votre 'devenir-époque'.

B. J.: Oui, je sais bien, on m'a signalé qu'il s'agit d'une sorte d'autoportrait au travail: cette façon de parler, de prendre les comédiens, de les placer... Je m'y reconnais tout à fait. Mais c'est également le cas à d'autres moments du film, notamment dans les moments d'abattement du personnage principal. Le rythme du film est proche de mon propre rythme de travail. Du même coup, je me retrouve portraituré en dix-huitième siècle!

M. P. et L. S.: Vous auriez pu être tenté, dans l'écriture du scénario, de faire entendre les textes de Sade lui-même, comme d'autres l'ont fait et comme vous l'avez fait vous-même ailleurs, notamment dans *Adolphe*, mais vous avez opté pour un parti pris radicalement différent, et qui par un paradoxe qui n'est qu'apparent réintroduit une étonnante proximité entre écriture contemporaine et langage de l'époque.

B. J.: La langue de Sade est intéressante pour cela. J'ai fait écrire le scénario, parce qu'au moment de l'écriture, dans l'urgence, je ne me sentais pas capable, tournant en même temps un film contemporain, de m'immerger dans la langue du dix-huitième au point d'écrire des dialogues vraisemblables, crédibles, tels que je les voulais. J'ai donc demandé à Jacques Fieschi, avec lequel j'avais déjà écrit, et que je considère comme ce qu'on appelle 'un Européen cultivé'. Sans beaucoup l'aider dans le scénario, je me suis montré extrêmement pointilleux sur la langue, c'est-à-dire sur le sentiment d'époque que pouvaient donner ces dialogues. Le résultat est à la hauteur de mes espérances, puisque je trouve que la langue du film, qui est une langue entièrement inventée, est réellement très datée et fait très dix-huitième siècle. Je ne vois pas de différence de nature entre la langue d'*Adolphe*, qui est la langue de Benjamin Constant la plupart du temps, et la langue qui est parlée dans *Sade*. C'est la même, c'est à peu près la même époque!

M. P. et L. S.: Les réparties, par exemple, d'Isild le Besco sont tout à fait dans le style de l'époque, à travers cette brièveté, cette retenue, cette précision, cette distance magistrales. Plus encore que la langue, c'est, à travers la langue, l'esprit et les pratiques d'une époque que vous avez retrouvés là.

B. J.: Oui, je partage votre sentiment. Il y a deux ou trois scènes d'assez longs dialogues avec Auteuil qui sont d'authentiques scènes d'éducation, au sens dix-huitième, que personnellement j'adore...

M. P. et L. S.: Il est significatif de constater qu'il s'agit là dans votre œuvre du seul film de cette série qui ne s'appuie pas sur une œuvre littéraire préalable, et qui échappe ainsi totalement au travail d'adaptation. A ce titre, vous vous rapprochez de certains réalisateurs américains.

B. J.: Certes, mais je crois que c'est fortuit... Les Américains appellent ce genre cinématographique un 'bio-film': c'est un 'bio-film' sur un personnage dix-huitième et sur une période de sa vie relativement courte dont on ne sait rien, alors qu'on sait à peu près tout du reste de son existence. J'ai réalisé dernièrement un téléfilm d'aventures avec Jean-Hugues Anglade, *Gaspard le bandit*. Le film offre l'image d'un dix-huitième siècle assez noir mais tellement 'stevensonien', ce dix-huitième siècle anglais dont je vous parlais tout à l'heure, très proche, dans l'imagerie, du public contemporain. La langue de ce téléfilm est française et dix-huitième, mais l'imagerie relève plutôt de Stevenson, des romans noirs de Maturin, et du dix-neuvième siècle.

M. P. et L. S.: Les Français écrivent plutôt des scénarios d'intérieur?

B. J.: Absolument, quasiment domestiques! Alors que les Anglais privilégient l'espace, la campagne, la mer... les atmosphères d'extérieur.

M. P. et L. S.: En revoyant récemment *Emma Zunz*, nous sommes très frappés, non seulement par le texte, mais aussi par la façon dont la musique réamorce l'intrigue à un moment donné. Il semble qu'il y ait une musique non pas du dix-huitième siècle mais adéquate au dix-huitième siècle qui vous porte dans vos films. Ainsi, notamment, de Stravinsky.

B. J.: Stravinsky s'est occupé du dix-huitième: le *Rake's progress*, seul opéra qu'il ait composé, à proprement parler, c'est le dix-huitième siècle! Pour tout dire, je n'aime pas beaucoup la musique du dix-huitième siècle. Quand j'écoute de la musique, je m'arrête à Bach et reprends à Stravinsky ou à Bartok, avec simplement Mozart entre les deux, qui, bien que magnifique, ne me touche pas vraiment...

M. P. et L. S.: Votre premier long métrage porte tout de même sur la musique.

B. J.: Et il sollicite en partie au moins la musique de Mozart, en effet. C'est bien la preuve que l'on change, ou plutôt, qu'on se décline... Ce que je viens de dire est très dix-huitième... Finalement, je crois avoir un rapport hystérique au dix-huitième siècle.

M. P. et L. S.: Pourquoi tout d'un coup ce décentrement, cet éloignement produits par *L'Intouchable* (2006), votre dernier film sur le système des castes en Inde? Est-ce une autre façon de 'se décliner', non plus dans le temps mais dans l'espace, et, partant, de (se) révéler?

B. J.: Je n'y avais pas songé, mais peut-être en effet y a-t-il chez moi, dans chaque film que j'entreprends, ce vœu de prendre un personnage, souvent féminin, et de l'emmener au plus loin de lui-même, dans le temps souvent et maintenant éventuellement dans l'espace. Il est toujours intéressant d'emmener une actrice – pour qui on a par définition de l'intérêt puisqu'on lui demande de s'exposer dans notre film – de l'exotiser ou de l'aliéner même, de l'amener hors d'elle, pour qu'elle trouve quelque chose d'elle, que ni elle ni moi ne connaissions, et qui fabrique un personnage. C'est pour cette même raison que les moments de seuil, de passage, où l'identité vacille, m'intéressent beaucoup. Proposer à une actrice la langue, les usages, le corps d'un personnage vivant à une autre époque, et en particulier au dix-huitième siècle, qui s'y prête très bien, est peut-être du même ordre que d'emmener en Inde une jeune femme d'aujourd'hui pour y trouver quelque chose qui la met en cause, littéralement, et à travers elle, l'ensemble de la société dont elle émane. Le dix-huitième siècle a, selon moi, ce pouvoir de révélation...

Entretien réalisé à Paris le 2 octobre 2006.

Les fantômes de la liberté: propos recueillis par Laurence Schifano

JEAN-CLAUDE CARRIÈRE

Auteur de plus de soixante scénarios réalisés entre autres par Pierre Etaix, Jacques Deray, Jean-Luc Godard, Peter Brook, Volker Schlöndorff, Jean-Paul Rappeneau, Louis Malle, écrivain aux curiosités et aux horizons protéiformes, Jean-Claude Carrière a travaillé avec les cinéastes les plus dérangeants, et les plus diversement imprégnés de l'esprit du dix-huitième et des Lumières. *Le Journal d'une femme de chambre* en 1964 marque le début de dix années d'un travail ininterrompu avec Buñuel qui s'achève avec *Cet obscur objet du désir* en 1977, œuvre ultime du maître espagnol, et qui compte *Belle de jour* (1967), *La Voie lactée* (1969), *Le Charme discret de la bourgeoisie* (1972), *Le Fantôme de la liberté* (1974). Les films d'époque, 'en costume', il les écrit pour des cinéastes français comme Edouard Niermans (*Le Retour de Casanova* en 1992) et plus souvent pour des cinéastes étrangers majeurs: le Polonais Andrei Wajda (le *Danton* de 1983 avec Gérard Depardieu) et le provocant réalisateur américano-tchèque de *Vol au-dessus d'un nid de coucous* et d'*Amadeus*, Milos Forman. C'est avec Milos Forman que, reprenant une collaboration inaugurée avec *Taking off* (1971) et poursuivie avec une très libre adaptation des *Liaisons dangereuses*, *Valmont* (1989), Jean-Claude Carrière signe en 2007 le scénario des *Fantômes de Goya* et un roman homonyme qui vient de paraître. Ajoutons, pour compléter la présentation de cet écrivain qui plus d'une fois a insufflé dans la fiction les exigences liées à sa formation première d'historien et à un regard fondamentalement irrespectueux, l'adaptation en 1988 de *L'Insoutenable Légèreté de l'être*,[1] roman d'un auteur, Milan Kundera, qui a toujours déclaré sa dette envers le monde et l'écriture des Lumières.

Laurence Schifano: *Les Fantômes de Goya*, roman que vous signez et publiez cette année avec Milos Forman, renoue-t-il avec *Le Fantôme de la liberté* dont vous avez écrit le scénario pour Buñuel en 1974?

Jean-Claude Carrière: *Le Fantôme de la liberté* était une œuvre de fiction. *Les Fantômes de Goya* se rapprocheraient plutôt du *Danton* que j'ai écrit pour Wajda en 1983. Dans *Le Fantôme de la liberté*, après le plan sur le *Tres de Mayo* de

---

1. Film américain réalisé par Philip Kaufman en 1987.

Goya, il y avait cette scène réelle, au générique, de l'Espagnol qui meurt fusillé par l'envahisseur français en criant 'Vivan las cadenas' ('Vive les chaînes!'). On voulait avec Buñuel traiter du goût secret de l'esclavage de certains peuples à certaines époques. Dans *Les Fantômes de Goya*, bien sûr il y a Goya et quelques personnages historiques mais les personnages principaux sont inventés. Ce qui nous a surtout attirés avec Milos Forman, c'est de parler du fanatisme, de l'intégrisme, en partant de l'Inquisition. On était à la recherche d'un sujet fort. On s'est dit: si on confrontait l'Espagne de l'Inquisition aux grands bouleversements de la fin du dix-huitième siècle, c'est-à-dire l'explosion de la Révolution et l'Empire qui a suivi, si on opposait l'un à l'autre ces deux mondes, pour voir quelles étincelles pourraient en jaillir? Très vite nous nous sommes rendu compte que le fanatisme peut jaillir de l'autre côté, c'est-à-dire du côté des idées qui se disent justes, vraies, universelles et généreuses, qu'elles peuvent aussi conduire – ce que je savais depuis *Danton* avec Robespierre et Saint-Just – à une forme d'extrémisme. On le voit bien dans *Les Fantômes de Goya* à travers le personnage de Lorenzo qui, après avoir servi la sainte Inquisition, se met au service des idées révolutionnaires et jacobines. Il n'y avait rien de tel dans *Le Fantôme de la liberté*; ce que nous avions voulu montrer, dès l'ouverture du film, placé sous le patronage espagnol, c'est que le fantôme de la liberté dont il était question, c'était la liberté de l'artiste. C'est-à-dire: est-il possible de faire un film en toute liberté? Et cette liberté apparente du récit n'est-elle pas un fantôme comme d'autres?

Dans *Les Fantômes de Goya*, ce qui passe à travers Lorenzo et Goya, c'est une double question: faut-il, comme Lorenzo, employer toutes ses forces, son intelligence, sa jeunesse à changer le monde dans le sens qu'on estime le meilleur ou, comme Goya, mettre tout son talent à le regarder et à le montrer? Ce sont deux attitudes fondamentales dans l'histoire de l'humanité. A l'exception de quelques toiles de David, la peinture française sous la Révolution et sous l'Empire reste académique: avec des sujets mythologiques ou des évocations de la Rome impériale ou républicaine, on peint encore des bergers comme dans *Le Sommeil d'Endymion*.[2] Girodet, Gros et Gérard, les trois fameux 'G' sont encore des peintres néo-classiques. Le véritable révolutionnaire, c'est Goya, qui met le feu à la peinture dans le pays qui apparemment est le plus retardé d'Europe, dont tout le monde dit que c'est un pays en pleine décadence, qui a oublié ce qu'il était. Et Goya en Espagne n'a pas d'équivalent en son temps. Vélasquez qu'il admirait énormément est mort depuis plus de 150 ans... Et il est seul, il a derrière lui, en Espagne, une postérité nulle. Ensuite tout le monde va se réclamer de lui: Manet, Delacroix, Cézanne...

Goya occupe une place énorme. Goya est au centre, il est le plus grand peintre/artiste que l'Occident ait eu à cette époque. Mais il a fait silence sur son œuvre, un silence absolu. Il n'y a pas une seule déclaration de lui sur sa peinture. Tout ce qu'on sait nous vient de son ami Martin Zapater. Sa correspondance nous donne des remarques sur ses problèmes domestiques, son manque d'argent, la mort de ses enfants mais rien, pas une seule phrase, pas une seule idée sur ce que devait être la peinture pour lui. Ce qui m'a

---

2. Tableau de A. L. Girodet (1792, Musée du Louvre).

fasciné, au bas d'une estampe, ce sont trois mots qu'il a gravés: 'Yo lo vi' ('Je l'ai vu'). Voilà: c'est comme s'il était un œil en action; à la fois tourné vers l'extérieur et vers l'intérieur, il était capable de retourner son regard sur lui-même. De ce point de vue, il ressemble à Zurbaran, lui aussi considéré comme un peintre du regard intérieur, avant Goya, au seizième siècle. On ne sait pas quels étaient ses goûts; il a fait un voyage en Italie dans sa jeunesse; il a vu dans les galeries royales espagnoles des toiles de Jérôme Bosch, de Rubens et de Bruegel. Mais il y a chez lui une volonté délibérée de ne pas parler de sa peinture, tout au long de sa vie, qui a été longue: il est mort à quatre-vingt-trois ans, ce qui est rare pour l'époque (il avait quarante-trois ans en 1789, et il est mort en 1828).

Ce qui est passionnant avec lui, c'est qu'il englobe toute cette période. On peut de ce point de vue le rapprocher de Chateaubriand, qui n'a pas connu Goya, et qui est beaucoup plus jeune: il avait vingt et un ans en 1789, il meurt en 1848. Et aussi de Goethe qui, lui, était très conscient de vivre une ère nouvelle de l'humanité. Chateaubriand a vu dans son adolescence son père percevoir des droits féodaux et lui-même a connu les chemins de fer. Personne dans l'histoire du monde ne peut dire être passé ainsi du Moyen Age aux temps modernes à l'intérieur d'une vie. C'est Chateaubriand qui emploie l'expression de 'l'ordre juste', l'ordre dans la liberté, les deux notions pouvant être considérées comme contradictoires, s'excluant l'une l'autre...

L. S.: Goya, Chateaubriand, Goethe: la dimension européenne de votre pensée, de votre travail est peut-être ce qui vous différencie, vous donne une place résolument à part dans le paysage cinématographique et culturel français. De même: Casanova, Danton et Valmont, vos personnages sont eux aussi des Européens des Lumières...

J.-C. C.: Oui, mes collaborations avec Buñuel, avec Volker Schlöndorff pour *Le Tambour* de Günter Grass, avec Kundera, tiennent à quelque chose de plus réfléchi qu'il n'y paraît. Il en va de même de mon rapport à l'Histoire. J'aime le regard étranger que l'on porte sur des cultures étrangères et le regard que les étrangers portent sur la nôtre. Faire un film sur la Révolution française, avec un metteur en scène français qui aurait les mêmes connaissances que moi, qui aurait lu les mêmes livres, ça ne m'intéresse pas vraiment, je l'ai refusé une ou deux fois. Mais les regards étrangers se différencient des images stéréotypées. Comme le regard que Wajda porte sur la Révolution française, sur Danton, au moment même où, dans l'Europe de l'Est, advient une rupture: il arrive avec un regard sur notre société que nous Français ne pouvions porter.

Le film est tiré d'une pièce de théâtre, écrite par une Polonaise, Stanislawa Przybyszewska, morte avant la Seconde Guerre mondiale. Elle était tombée amoureuse de la figure de Robespierre à 150 ans de distance, alors que les Français lui préféraient nettement Danton. Ces regards étrangers sont fascinants: cette femme avait vu des relations sentimentales, qu'elle était la première à déceler, d'un côté entre Danton et Camille Desmoulins et de l'autre côté entre Robespierre et Saint-Just. De même voyez, à travers la manière dont il met en scène la façon de manger ensemble, le regard que Buñuel porte sur la bourgeoisie française. A l'inverse voyez le regard très différent de Louis Malle dans *Milou en mai* (1990)... De même quand Peter Brook et moi faisons *Le Mahabharata*:[3] onze ans à travailler en Inde, à la regarder vivre, à l'écouter. Notre regard est double, 'franco-anglais': Peter est sensible aux restes de la colonisation britannique. On peut trouver chez moi une autre attitude, et chez nous deux une curiosité intense, sans limites. Et ce que Peter voit, ce que je vois, ce n'est pas ce qu'y voient les Indiens. Ajoutons à ce relativisme que (j'en suis persuadé) c'est le présent qui transforme le passé: l'Histoire, c'est nous qui la faisons, c'est nous qui l'écrivons, elle change constamment. Par exemple, que voyons-nous quand nous allons à Versailles? Des tableaux... Nous sommes devant une immense série de mensonges, d'illusions. Comme devant le tableau de Bonaparte au pont d'Arcole. Il y a un danger à faire la même chose dans des films, surtout avec des personnages historiques comme Danton et Robespierre. Il est dangereux, avec des personnages fictionnels, de faire passer des préjugés contemporains, nationaux, de manière obscure; le nationalisme étant enraciné en chacun de nous sans que nous en ayons vraiment conscience.

Cette prédilection qui est la mienne pour le voyage et le dépaysement dépasse la limite du dix-huitième siècle et de l'Europe. Le monde précolombien m'attire. Je n'ai jamais rien fait ou écrit là-dessus à part quelques textes à droite ou à gauche... Et de l'autre côté l'Inde. Hispanophone et anglophone, j'aimerais un jour travailler sur le Mexique. Le premier contact, je l'ai eu en 1964, à l'époque du tournage de *Viva Maria* de Louis Malle. Louis et moi nous avions découvert à quel point nous ne savions rien des énormes civilisations qui se sont succédé là pendant 3 000 ans sur tout le continent américain. La première fois qu'on est allé à Teotihuacan on a dû s'asseoir: comment se faisait-il que nous, 'Français cultivés', nous n'en sachions à peu près rien? Tous les textes ont été détruits, ce sont des formes de civilisation qu'on a voulu étouffer. Un archéologue m'a dit qu'au rythme actuel des fouilles il y a pour 550 ans de travaux à Palenque. Le site de Teotihuacan était déjà abandonné quand les Aztèques sont arrivés et eux-mêmes ne savaient pas qui avait vécu là. Lors d'un petit voyage en pays Maya, à Palenque, au sud du Mexique, j'avais été frappé par la présence d'une vieille femme, une archéologue nord américaine, totalement inconnue, anonyme. En fait c'était elle qui avait découvert le site au milieu de la forêt dense... A quatre-vingt-douze ans, elle revenait juste pour s'asseoir à cet endroit-là et rêver pendant quelques heures; c'était un très beau moment. Mon lien avec le Mexique ne vient pas de Buñuel. J'ai mis vingt ans à le découvrir, et c'est à la suite d'une lente réflexion que j'ai écrit, en 1992, *La Controverse de Valladolid*.[4] On me l'avait demandé pour la télévision à

---

3. France/Grande-Bretagne (1988).
4. Dans cette pièce, Jean-Claude Carrière met en scène la controverse sur la supériorité de certains peuples qui opposa, après la découverte du Nouveau Monde, le dominicain Bartolome de Las Casas (1474-1556), ancien évêque de Chiapas au Mexique, défenseur des Indiens, et l'historien et théologien Juan Gines de Sépulvéda (1490-1573) qui soutint au contraire l'idée d'une supériorité de certains peuples, légitimant ainsi leur domination sur les peuples inférieurs voués à l'esclavage.

l'occasion du 500ᵉ anniversaire de ce que nous appelons 'la découverte de l'Amérique', que les Mexicains appellent 'la conquête', que les Espagnols appellent quelquefois 'la rencontre'. Déjà les trois mots disent beaucoup.

L. S.: A propos du *Retour de Martin Guerre* (Daniel Vigne, 1983), vous déclariez récemment: 'Deux chemins différents, la fiction dramatique et la recherche historique, approchaient le même événement et l'éclairaient de lumières complémentaires, faisant apparaître une histoire d'amour tragique dans le monde paysan, là où, à cette époque, ce sentiment semblait inexistant.'[5] Est-ce à dire que le cinéma permet une approche de l'histoire spécifique, où se combinent la réalité et la fiction, où le travail de l'historien s'enrichit des rêveries et de l'imaginaire du cinéaste?

J.-C. C.: La pratique de l'Histoire au cinéma est unique. Pour *Le Retour de Martin Guerre*, nous l'avons tourné dans des conditions aussi proches que possible de la réalité. Nous y avons été aidés par une très grande historienne américaine, Natalie Zemon Davis, spécialiste du seizième siècle français. Emmanuel Le Roy Ladurie nous avait mis en contact. Le film comporte beaucoup de choses fascinantes pour nous Français, essayant de dire une histoire qui se situait dans la campagne française au seizième siècle. Mais dans une campagne qui ne parlait pas français. Le fait que les personnages du film parlent français et non pas occitan est déjà une forme de trahison. Et il y a dans le détail toute une série de trahisons. Demander à un acteur ou un paysan d'aujourd'hui de prendre un outil du Moyen Age et de s'en servir apprend beaucoup de choses, par le passage dans le corps de l'acteur, sur la manière de travailler la terre à ce moment-là. Et il en sortira une certaine vérité; mais le corps de l'acteur est différent. Nathalie Baye ne voulait pas porter de coiffe alors qu'à l'époque tout le monde en portait. Il est impossible de faire comme si le film donnait un reflet exact de l'époque. La caméra est une intruse. Dans un film historique, elle ne doit pas exister. Daniel Vigne se plaçait au niveau d'un regard humain pour que la caméra soit la plus discrète possible; il faut essayer de disparaître. Faire du cinéma, mais ne pas être là. Sans doute il existe d'autres attitudes: Ken Russell affirme la présence du cinéma à coups de zooms et de montages rapides, montrant ainsi qu'il fait du cinéma...

Pour *Danton*, nous avions un jeune conseiller historique qui savait tout. A un moment Danton offre des fleurs à sa jeune femme. Le conseiller, effondré, voit les fleurs arriver: ce genre de fleurs n'existait pas à l'époque! On peut toujours chercher et trouver les erreurs. Pour *Le Retour de Martin Guerre*, tourné dans l'Ariège, nous avions invité un paysan, qui n'était jamais allé au cinéma, à voir le film. Pour lui, c'était bien, mais ce qu'il a vu, et que personne d'autre ne voyait, c'est qu'à un moment donné, il y avait un type de vaches qui n'étaient pas des françaises, mais des hollandaises – lesquelles n'existaient pas dans la région à cette époque-là.

---

5. J.-C. Carrière, *Raconter une histoire: quelques indications* (Paris, 2001), p.19.

L. S.: Cherchez-vous à éviter dans la mesure du possible les anachronismes – que pratique avec désinvolture par exemple Sofia Coppola dans son *Marie-Antoinette*? Quelles obligations vous sentez-vous en matière de récit historique? Quelles libertés vous consentez-vous?

J.-C. C.: Je suis plutôt irrespectueux par nature... Par exemple dans le *Danton* de Wajda, concernant le rapport entre Danton et Robespierre, la question était de rééquilibrer l'Histoire. La pièce favorisait Robespierre. Danton a été, en France, le grand héros du dix-neuvième. Il n'y a aucune rue Robespierre, sauf dans les banlieues communistes; même si, sous l'influence des historiens marxisants, et en particulier d'Albert Mathiez, il est remonté dans l'estime des gens. Il fallait rééquilibrer, et rééquilibrer aussi en fonction des deux acteurs qui interprétaient, l'un, Danton (Gérard Depardieu), et l'autre Robespierre (le Polonais Wojciek Pszoniak). Les deux personnages sont bien sûr des révolutionnaires l'un comme l'autre. Si on voit le film en France, les gens savent en général que les deux ont participé à la Terreur et que Robespierre est mort le dernier. Mais, à Bombay, c'était un autre film. Le public ne se demandait qu'une chose: qui va gagner? Qui va éliminer l'autre? S'ajoutent à cela des raisons narratives. Je n'aime surtout pas qu'on condamne un personnage: rien n'est pire que d'entrer dans un personnage à qui on a enlevé toute possibilité d'exister. Le mélodrame agit ainsi: ranger des personnages dans un tiroir, 'voici le traître, la jeune innocente...' C'est ce qu'il fallait éviter, dans *Les Fantômes de Goya*, pour Lorenzo et le père Gregorio. Lorenzo lui-même, tout en passant de l'Inquisition espagnole à la Révolution française, est plein de nuances. Et son supérieur, le Père Gregorio, aussi, qui essaye à la fin de sauver Lorenzo condamné à mort par le tribunal du Saint-Office; qui essaye de l'aider sans que cela se voie et qui lui suggère de feindre la repentance, de sauver son corps. Ainsi, sans doute lié à Lorenzo comme un père peut l'être à son fils, Gregorio a une position de juste milieu; il est bien entendu grand inquisiteur mais n'est pas non plus un barbare ou un sanguinaire. Ce qui manque à Lorenzo, c'est le juste milieu, il se laisse emporter dans les deux cas: du côté de l'Inquisition, comme du côté de la Révolution, avec leurs condamnations, leurs fureurs, leurs cruautés. Après quoi l'Espagne plonge pour un siècle dans la pire Restauration qu'ait connue l'Europe du dix-neuvième, celle des guerres carlistes et des rivalités entre les prétendants au trône, avec leur lot d'absurdités et d'égorgements réciproques. La Roue de la fortune a tourné et a rétabli, à très peu de choses près, le plus cruel des régimes. Les choses auraient-elles été différentes si Napoléon n'avait pas – c'est la faute de sa vie – envahi l'Espagne, ou si Joseph était resté sur le trône? Il n'était pas si mal, il était soutenu par une partie de l'opinion espagnole. L'Espagne méritait de s'éclairer davantage...

L. S.: Quant au souci d'authenticité, à la rigueur des données historiques, doit-on attendre du cinéma ce que nous donne le roman historique, sans plus?

J.-C. C.: Quand on parle de l'Histoire, il y a deux façons de faire. L'une est le roman historique de pur divertissement: on va dans le passé pour fuir le présent ou, au contraire, on va vers le passé pour y trouver le présent, soit les

germes du présent, soit des échos des temps que nous vivons aujourd'hui. Ainsi on est stupéfait de retrouver exactement les phrases que Napoléon a dites à ses officiers pour justifier l'invasion de l'Espagne dans la bouche de George Bush quand il a voulu justifier l'occupation de l'Irak: avec la même idée que la population allait recevoir les occupants à bras ouverts. Napoléon dit: 'vous allez apporter la liberté'; Bush dit: 'vous allez apporter la démocratie.'
Quelle différence entre l'accueil des Espagnols et l'accueil réservé par les Italiens aux Français, à la même époque? On s'est beaucoup interrogé là-dessus. Disons que Napoléon ne connaissait pas l'Espagne; il a cru qu'elle était mûre; il n'a rien compris à l'hostilité et aux révoltes des Espagnols. La Pologne, oui, avait accueilli Napoléon à bras ouverts en novembre 1806. C'est lui qui lui redonne une existence éphémère, laquelle va disparaître après. Rappelez-vous la phrase d'Alfred Jarry à la fin de la préface d'*Ubu roi*. Quand vous allez chez Wajda, à Varsovie, vous voyez chez lui cinq ou six gravures de Napoléon. Celui-ci avait ordonné la Pologne pour quelques années, lui avait redonné vie. En souvenir aussi de l'affaire amoureuse avec l'aristocrate polonaise Marie Walewska. C'est toujours frappant de voir comment ces aventures-là sont brèves. Entre la prise de la Bastille et Waterloo passent vingt-six ans: c'est hallucinant, tout ce qui s'est passé entre ces deux dates.
Et puis il y a l'histoire événementielle et la Nouvelle Histoire, à laquelle je me rattache. Les faits, on les connaît, sont dans toutes les chronologies. Il est difficile de se passer du 14 juillet 1789 et pourtant, à cette date-là, la Révolution dans les mœurs, dans les idées, dans les cœurs, est déjà faite, les historiens le disent. Elle est faite dans les parlements de province, où les idées nouvelles sont déjà installées. Il faut un geste héroïque et symbolique pour faire tomber le pouvoir, ça va prendre quelques années. De l'autre côté, il y a la faillite de l'Etat: l'état d'indigence est d'ailleurs assez proche de ce que nous voyons aujourd'hui. Sur 2 millions d'habitants à Paris en 1789 il y a 600 000 indigents. Je fais partie de ceux qui ont étudié l'Histoire au moment où on commençait à parler de l'Histoire des mentalités. A ce niveau, les choses sont plus délicates. L'Histoire des mentalités englobe la réalité historique et l'imaginaire: l'imaginaire du temps passé (à quoi les gens rêvaient-ils?) et notre imaginaire aujourd'hui, quand nous pensons à eux. Ce qui est très frappant pour l'Inde, c'est qu'elle vit beaucoup plus que nous dans l'imaginaire; c'est même l'imaginaire qui fait le ciment de l'Inde. On ne peut pas dire que la religion chrétienne ou les mythes celtes fassent notre unité. Notre unité est républicaine, laïque; elle repose sur des valeurs beaucoup plus récentes. En Inde, elle est beaucoup plus ancienne, elle explique que des langues, des coutumes, des nourritures tellement différentes puissent vivre ensemble. C'est tout à fait fascinant, ce double regard.
Je donnerai l'exemple de Bernardino de Sahagun... Ce moine espagnol a été le premier qui au seizième siècle, au Mexique, s'est intéressé aux croyances, aux coutumes des indigènes et qui a procédé à leur recensement: à la fois des lieux, des monuments, des costumes... Il n'a malheureusement pas eu le droit de publier ses observations de son vivant. Mais c'est encore son

témoignage[6] qui fait la base des connaissances sur le Mexique de ce temps-là. Ce moine chrétien est même allé trouver des prêtres aztèques et les a fait parler de leurs rêves, de ce qu'ils voyaient sous l'emprise des drogues. Ces prêtres rêvaient de jaguars et de serpents, ils ne pouvaient pas rêver d'autre chose. Dans ce temps-là, on pouvait se demander s'il y avait une part de vérité dans les rêves et même y voir une part de connaissance. La connaissance d'un autre continent, d'une autre culture aurait-elle pu nous parvenir à travers les rêves?

L. S.: Si l'imaginaire, l'inconscient entrent de fait dans vos scénarios, estimez-vous qu'il soit opportun de les insérer à travers une grille d'interprétation freudienne? C'est ce que vous avez fait avec Buñuel pour *Belle de jour*.

J.-C. C.: Le choix des rêves ou des fantasmes dans *Belle de jour* a été dicté par la volonté d'évoquer certaines caractéristiques du masochisme féminin. Le travail avec plusieurs psychiatres nous a permis d'éliminer des fantasmes qui n'avaient rien à voir avec ce comportement. Notre idée était que toute l'action dite réelle (avec son mari, ses amis…) soit teintée d'irréalité, un peu comme dans un roman de gare, mais que toute la partie consacrée aux fantasmes soit vraie. Rien n'est inventé; il s'agit de fantasmes féminins qui ont été racontés par des femmes. Jamais Buñuel et moi n'aurions pu imaginer inventer un fantasme féminin. Nous avons choisi, parmi les fantasmes possibles, ceux qui se rapportent à ce type de personnage. Ainsi les gestes qui sont les siens: brûler ses dessous, ou quand elle s'approche de sa table de toilette, faire tomber un objet. Les psychanalystes nous ont dit que ce sont des gestes vrais qui correspondent à un personnage. Lacan disait dans ses séminaires: 'ce n'est pas la peine que je vous parle du masochisme féminin, regardez *Belle de jour*.'
L'historien recherche une vérité historique. Etant donné les connaissances de telle ou telle époque, est-ce que nous pouvons en tenir compte? Un scientifique recherche une vérité scientifique: une vérité qui puisse se reproduire dans les mêmes conditions. Un auteur recherche une vérité dramatique, c'est-à-dire une action qui puisse être crue, même s'il s'agit d'un personnage rare comme dans *Belle de jour*. Quand je fais dire à Lorenzo toute une série de conseils pour repérer et dénoncer des Juifs ou des musulmans qui se dissimulent, ces choses-là sont vraies, il y avait des manuels de dénonciation. Milos Forman me disait que c'était la même chose au temps du communisme et il le voit même maintenant refleurir aux Etats-Unis dans le système américain. Il y a tous les jours des appels à la délation sur Fox News par exemple, les chaînes de télévision qui sont au service des Républicains.

L. S.: Vous avez écrit beaucoup d'adaptations d'ouvrages très divers selon qu'il s'agissait de romans modernes français (*Belle de jour* d'après Joseph Kessel), de romans français du dix-huitième (*Valmont* d'après *Les*

---

6. Bernardino de Sahagun, *Histoire générale de la Nouvelle Espagne*, traduit de l'espagnol par D. Jourdanet et R. Siméon (Paris, 1991). La première traduction publiée remonte au dix-huitième siècle.

Liaisons dangereuses de Laclos), du roman tchèque de Kundera *L'Insoutenable Légèreté de l'être*, votre dernier roman est, lui, une œuvre originale: *Les Fantômes de Goya* se situe en Espagne, entre la fin du dix-huitième et le tout début du dix-neuvième; et il est tourné par Milos Forman, cinéaste tchèque qui vit aux Etats-Unis... Fatalement et selon les cas votre travail de scénariste répond à des considérations et des contraintes très précises quant à la langue, au(x) langage(s)...

J.-C. C.: La première question, c'est: dans quelle langue allons-nous travailler? Pour le film *Les Fantômes de Goya*, je l'ai écrit en français et le film est en anglais. Ce n'est pas un anglais d'aujourd'hui, trop contemporain, mais un anglais européen et qui pourrait s'entendre comme de l'espagnol. Ce fut un gros travail d'écriture, avec de temps en temps un mot en espagnol. De même pour *Martin Guerre*, il y avait de temps en temps un mot en occitan. Pour *L'Insoutenable Légèreté de l'être*, il était hors de question de faire le film en tchèque; donc on l'a fait en anglais. On l'a d'abord écrit en un certain anglais et il a ensuite été adapté pour les acteurs. Daniel Day-Lewis a dû prendre un très léger accent tchèque dans son anglais, il l'a fait très habilement en parlant avec des Tchèques; il y avait un autre type d'anglais pour Juliette Binoche.
Pour l'écriture, c'est un casse-tête sans fin parce que les mots que l'on emploie et que l'on fait dire à un personnage apportent toujours des images et même des idées. Le plus difficile pour moi a été *Le Mahabharata* de Peter Brook, une histoire épique indienne, vieille de plusieurs milliers d'années, qui devait être réalisée en français. Je m'étais fait une longue liste de mots qui ne devaient pas être utilisés: par exemple le mot 'noble' évoque immédiatement l'image d'un noble français aristocrate. Le mot 'javelot' fait penser à un légionnaire romain, le mot 'sabre' fait penser à un cavalier. Il y a des prophéties dans cette histoire, mais le mot 'prophète', trop biblique, ne doit pas apparaître... Encore une fois, inévitablement, le mot s'entoure d'images. Tout un travail a été fait autour de quatre mots qui devaient être monosyllabiques: vie, mort, cœur, sang. Et au centre il y avait le mot sanscrit 'dharma' que je ne pouvais pas traduire, l'auteur du *Mahabharata* ayant écrit le poème 'pour inscrire le *dharma* dans le cœur des hommes'. Pour ce mot, j'ai écrit trois scènes entières que j'ai glissées dans le récit, pour que les personnages parlant entre eux du *dharma* disent aux spectateurs ce que c'est. La question centrale se pose toujours par rapport au public auquel s'adresse le film; c'est un problème d'identification. La pièce est dite en français, mais elle ne doit pas avoir l'air d'une pièce française. Il faut toujours éviter ce que l'on appelle le 'traduit du': il faut que ce soit une pièce française inspirée d'une vague légende indienne. Et puis l'acteur est déterminant. On pouvait demander à Peter Brook, avec un bout de tapis, trois acteurs, de voir si ça fonctionnait... Si ce mot pouvait passer, une 'lance' oui, le mot 'épée' non... On a eu un problème sur *Le Mahabharata*, que Peter Brook a résolu au dernier moment: comment chausser nos personnages, que leur mettre aux pieds? On a fait faire des chaussures spéciales en Inde mais quelque chose n'allait pas; alors ils ont joué pieds nus, même dans les scènes de guerre. Jamais personne ne nous a fait une remarque là-dessus.

L. S.: Le public peut attendre de retrouver dans les films en costume dix-huitième un ensemble de clichés figuratifs et narratifs. Dans quelle mesure parvenez-vous à maintenir une indépendance, une exigence de liberté et de vérité que vous invoquez souvent, vous qui déclarez que 'la liberté de l'histoire est le premier miroir des autres libertés qu'un pouvoir fort ne peut pas consentir.'[7] Ecrire pour Milos Forman, auteur de l'*Amadeus* en 1984, des scénarios en rapport avec le dix-huitième, est-ce un gage de désinvolture, de liberté poétique, de création?

J.-C. C.: Dans le film *Les Fantômes de Goya*, Milos Forman a filmé pendant quatre ou cinq minutes la fabrication d'une gravure. Il était fasciné par toutes les étapes jusqu'au moment où étant passé sous la presse, Goya tient la gravure et l'accroche sur un fil pour qu'elle sèche. A travers cela, moi, je vois le travail de Milos Forman cinéaste qui fait son film comme Goya ses eaux-fortes. Vous évoquez les scènes de groupe, et en particulier les scènes de danse entre les trois personnages féminins, Mme de Merteuil, Cécile Volanges, Mme de Tourvel: son tout premier film s'appelait *Concours* (1963); il y a un bal, il y a des scènes de bal dans presque tous les films de Forman. Ça m'a aussi poussé à faire un bal à un homme et plusieurs femmes... La très jeune fille qui tombe dans *Valmont*, c'était un accident de tournage. Mais c'est vrai, ça va avec la légèreté, le dynamisme, le naturel de la jeunesse.
Dans le récit aussi: on ne se laisse pas enfermer dans le cadre du roman de Choderlos de Laclos. Le romancier a commencé à un moment donné. Pour certaines scènes, on se demandait: et si on commençait un peu avant? Cela ne donnerait pas un autre lancement, une autre couleur, un autre rythme? Et si on finissait différemment? Le motif de la mort de la Présidente de Tourvel, morte de chagrin comme on mourait dans les romans d'autrefois: on ne peut plus accepter cela aujourd'hui. La fin de la Merteuil, sifflée au théâtre, punie à travers la réprobation et l'exclusion sociale: c'est inconcevable aujourd'hui. La séquence où Valmont renverse la baignoire, et Mme de Merteuil avec, oui c'est une scène inélégante et en même temps inattendue, qui génère une part de comédie où s'affirme l'esprit de liberté. A défaut de ces libertés, on ne trouve qu'un livre illustré.
La France est un grand pays poétique, avec de grands poètes depuis le Moyen Age jusqu'aux surréalistes, jusqu'à René Char, même si aujourd'hui il y a une éclipse. Il y a eu des grands poètes à toutes les époques... sauf au dix-huitième siècle, disons entre *Phèdre* et André Chénier, aucun Français n'est capable de citer aujourd'hui un poème. Qu'est-ce que ça veut dire, un siècle sans poètes? Ce n'est pas que l'on n'ait pas fait des vers, jamais peut-être on n'a fait autant de vers qu'au dix-huitième et quand Diderot parle du plus grand poète de son temps, il cite Voltaire, étrangement... On a fait des millions de vers, mais pas un seul poème: on continuait à respecter les règles de la poésie édictée des siècles précédents, à faire des vers qui avaient bonne tournure, de l'élégance, qui obéissaient aux préceptes de l'horrible Boileau qui n'a pas compris ce qui allait arriver après lui. Ainsi, dans un peuple

---

7. Dans *Raconter une histoire*, p.21.

poétique, une expression peut se paralyser... Et c'est aussi comme ça que vous pouvez continuer à faire des films sans faire du cinéma. Au dix-huitième, le talent était seulement passé ailleurs: dans le roman, dans la philosophie, dans les Lumières... C'est la Révolution et l'Empire qui feront renaître l'expression poétique sous la forme que nous appelons romantique. Sinon, regardez: à l'exception de quelques vers de Florian, les tragédies de Voltaire sont depuis longtemps au tombeau; les poèmes de Jean-Baptiste Rousseau, de l'abbé Delisle: tout cela est illisible. Il y a *Phèdre* en 1677 et après c'est l'extinction de voix. Même pour Racine.

La réalité du dix-huitième n'a rien à voir avec les images conventionnelles de la douceur de vivre qui en sont données. C'est un siècle très dur qui s'est un peu relevé de l'horrible famine qu'évoque La Bruyère pendant le règne de Louis XIV mais sans jamais atteindre un niveau de richesse moyenne comparable à ce que ce sera vingt ans plus tard. *Amadeus* est situé vers la fin du dix-huitième. A quelle époque se passe précisément *Valmont*? Nous avions choisi la période où les perruques des hommes étaient les plus courtes et les plus légères, dix ou quinze ans avant la Révolution... Pour *Danton*, c'était très réaliste; un jour j'ai dit à Gérard Depardieu – pour l'aider à approcher le personnage – que les députés de la Convention travaillaient la nuit, le jour... Ils étaient tellement accablés de travail qu'ils s'étaient fait livrer des lits de camp qu'ils disposaient dans les couloirs de la Convention et sur lesquels ils se jetaient pour dormir tout habillés deux ou trois heures. Il m'a regardé et m'a dit: 'mais alors Danton, c'est quelqu'un qui avait toujours sommeil?' Ça l'a beaucoup aidé à jouer cet état de fatigue, de désir de sommeil, de s'obliger à ouvrir les yeux... Pour son dernier discours, le plan dure huit minutes. C'est une des très rares fois sur un plateau de cinéma où j'ai vu les gens applaudir à la fin. Ce dernier discours, il a fallu l'adapter. Les greffiers avaient ordre de ne pas prendre en note ce que Danton disait ce jour-là. Je l'ai entièrement écrit, à la Danton. François Furet en était content, paraît-il.

Pour *Le Fantôme de Goya*, il y a eu deux ans de recherches, beaucoup de visites et de discussions avec les historiens français, espagnols, américains. Nous avons été introduits dans la famille d'Alba qui nous a ouvert toutes ses archives. Le Prado nous a autorisé à filmer la nuit avec les originaux. On a eu le privilège de voir quatre employés du Prado nous amener *Les Ménines* de Velasquez en nous demandant où nous voulions les mettre. Le tableau peut-être le plus célèbre du monde! Le scénariste doit être capable de répondre à toutes les questions, il faut qu'il devienne un spécialiste. A l'époque de *La Voie lactée*, je savais tout sur l'histoire des hérésies. Un jour j'ai tenu tête à trois jésuites et trois dominicains pendant huit heures. J'ai donné une conférence au grand séminaire de Beauvais et un texte que j'avais écrit sur les hérésies a été publié par la revue 'Etudes', la revue jésuite... Pour l'histoire d'Espagne: certains témoins disent que le roi Charles IV a giflé son fils, le duc de Bayonne, lorsqu'ils sont allés rencontrer Napoléon; et d'autres soutiennent que non... Il faut être très prudent... Quand le roi d'Espagne est en train de jouer au piano et est félicité par Goya, c'est historique.

Quoi qu'il en soit, le scénario est appelé à disparaître. Si, dans un film, on voit le scénario, c'est un mauvais film. Un bon scénario est simplement ce qui donne naissance à un bon film. Il doit vraiment se métamorphoser, c'est l'image de la chenille qui devient papillon, et dont la peau ensuite tombe à terre. Un scénario, d'ailleurs, est impubliable. *L'Avant-scène* par exemple publie des récits de films, mais qui sont faits après le film et d'après le film. Dans *Les Fantômes de Goya*, la partie de Lorenzo à Paris sous la Révolution n'existe pas dans le film. Ça m'a beaucoup intéressé de raconter comment Lorenzo avait pu se débrouiller à Paris. La phrase 'les fantômes sont les maîtres du monde' veut dire que les personnages, les principes auxquels nous sommes attachés, qui viennent pour tous du passé comme les dieux, sont en réalité les maîtres du monde. Cela peut être les idéologies et aussi bien, pour nous aujourd'hui, Jésus que Karl Marx.

L. S.: Parmi les modèles narratifs, vous en distinguez[8] particulièrement deux: le modèle 'classique' de l'action dramatique à forte unité, et le modèle picaresque, 'à l'espagnole', type *Don Quichotte*, *Gil Blas* (une des lectures favorites de Buñuel); vous évoquez aussi, avec *Jacques le fataliste*, avec les romans de Sterne et de Thackeray, un type de récit qui 'vient de loin et qui va partout'.

J.-C. C.: *Le Mahabharata* réunit les deux modèles narratifs, le modèle du dix-septième, avec l'action concentrée, et le modèle picaresque: c'est à la fois un grand fleuve qui part à la rencontre de tous nos imaginaires et qui raconte en même temps une histoire très précise. *Don Quichotte*, c'est un épisode après l'autre... Les deux modèles peuvent arriver à se mélanger. Je me méfie du hasard dans les scénarios. Buñuel disait qu'il faut toujours accepter le hasard dans la vie, et toujours le refuser dans les scénarios... Tout événement qui arrive doit avoir deux qualités qui paraissent irréconciliables: être à la fois inattendu et inévitable... Vous me racontez une histoire: 'ah oui, bien sûr!' Elle surprend parce qu'elle n'était absolument pas téléphonée ou prévisible par vous, par l'ensemble du public, et au moment où elle arrive, elle remplit tous vos vœux.
Nous avons un exemple extraordinaire de ce genre de réussite dans *Le Voyage de Monsieur Perrichon* de Labiche. Aux sports d'hiver, la fille de Monsieur Perrichon, très jolie, est courtisée par deux prétendants. Lequel choisir pour gendre? L'un est un bon jeune homme, très gentil, très comme il faut et c'est lui qu'elle aime; et l'autre est un beau jeune homme, mais un peu gangster, un peu filou. Lors d'une promenade dans la montagne, le premier jour, le père fait une chute dans une crevasse; le gentil prétendant le sort de là au risque de sa vie. Monsieur Perrichon lui dit: 'Ma fille est à toi, tu m'as sauvé la vie.' Que peut faire le second pour être plus fort que le premier? La solution est simple, mais inattendue. Le lendemain, Monsieur Perrichon va faire sa promenade et tout d'un coup il entend: 'Au secours, au secours, aidez-moi!' C'est le second jeune homme qui est au fond d'une crevasse. Et Monsieur Perrichon lui sauve la vie. Il lui dit: 'Je t'ai sauvé la vie, ma fille est à toi.' C'est plus fort de sauver la vie de quelqu'un que d'être sauvé par un autre. C'est une idée de parfaite dramaturgie...

Entretien réalisé à Paris le 21 février 2007.

---

8. Dans *Raconter une histoire*, p.86.

Résumés

Préface: le cinéma à l'épreuve du dix-huitième siècle
Martial Poirson

L'ancêtre du cinématographe naît au siècle des Lumières, par l'apparition de dispositifs de projection d'images animées et par l'émergence d'un regard de type cinématographique. Mais le dix-huitième siècle est aussi aujourd'hui une source d'inspiration privilégiée du grand comme du petit écran, selon un large spectre de postures artistiques et idéologiques. A une filmographie abondante en transpositions explicites (adaptations et reconstitutions) s'ajoute une constellation de films indirectement imprégnés d'un certain esprit du dix-huitième siècle, qui participent d'un imaginaire collectif socialement, culturellement et historiquement construit et se cristallisent dans des fictions patrimoniales souvent contrariées. Trois questions s'imposent: la généalogie pratique des origines des procédés de projection d'images animées et du changement de paradigme perceptif et cognitif qu'elles induisent; l'archéologie des représentations cinématographiques du dix-huitième siècle; l'herméneutique des œuvres du cinéma contemporain, considéré selon son rapport à l'Histoire et à la culture du dix-huitième siècle.

Louis-Sébastien Mercier: l'homme caméra
Jean-Claude Bonnet

La question du regard est au cœur du *Tableau de Paris* (1782-1788) et du *Nouveau Paris* (1799) de Louis-Sébastien Mercier (1740-1814). Véritable 'homme caméra', pour lequel 'tout est optique', il capte les images et les sons et invente l'image mouvante. S'il a un œil de documentariste, il sait aussi enregistrer les visions surréalistes que la Révolution suscite et faire paraître toute une galerie de personnages qu'on retrouvera ensuite dans le roman et le cinéma français. Ses considérations stimulantes sur la peinture, le théâtre et les modalités du regard attestent la présence du cinéma avant le cinéma.

Le dix-huitième siècle optique et mécanique de Jean Renoir: préfiguration du siècle du cinéma
François Amy de la Bretèque

Les deux cinéastes français qui ont sans doute le plus d'affinités avec le dix-huitième siècle sont René Clair et Jean Renoir. Dans cet article, on s'attache surtout aux films du second. Le 'grand intertexte' que représente le siècle des Lumières y a servi de socle à une réflexion sur le cinéma comme art de la représentation et de la dramaturgie. Dans *La Marseillaise* et *La Règle du jeu*, le théâtre d'ombres, le spectacle de la Danse macabre, la lorgnette ou encore les automates font la liaison entre trois thématiques: la mécanisation sociale de l'être humain, la dimension morbide de ces dispositifs, qui sert de métaphore de la vie sociale et enfin la dimension illusoire de toutes ces images qui ne sont pas la vie mais un reflet, une projection de celle-ci. Tous ces appareils que le dix-huitième siècle avait affectionnés, sinon inventés, représentent à l'intérieur de ces films une préfiguration du cinéma.

Variations autour du libertinage dans les films de la Nouvelle Vague: entre *Werther* et *Don Juan*
Ericka Knudson

En interrogeant le rôle du libertin dans la Nouvelle Vague, il s'agit d'explorer les implications de l'emploi d'une telle figure pendant ce moment de fortes mutations de la société française. L'association plus traditionnelle du mouvement cinématographique avec le dix-neuvième siècle, dans son traitement de l'amour, permet aussi d'examiner la tension interne entre sentimentalisme ou sensibilité romantique et dandysme libertin, à partir des figures de Werther et Don Juan chez Roger Vadim dans *Les Liaisons dangereuses 1960* (1959), chez Claude Chabrol dans *Les Cousins* (1958), et chez Eric Rohmer dans *Le Genou de Claire* (1970).

L'ascenseur, le téléphone et l'amour, ou la modernisation du dix-huitième siècle
Michel Delon

Les Dames du Bois de Boulogne (1945) de Bresson, *Les Amants* (1958) de Louis Malle et *Les Liaisons dangereuses 1960* de Vadim sont trois adaptations de fictions du dix-huitième siècle, respectivement de Diderot, Denon et Laclos, auxquelles on peut adjoindre, dans un style différent qui relève plutôt de la série B, *Eugénie de Sade* de l'Espagnol Jesus, devenu Jess, Franco. Les allusions et références à la France des Lumières se mêlent aux transpositions du passé dans la vie moderne. La lettre devient téléphone, le point de vue angle de caméra. La France d'après-guerre, corsetée d'interdits, qui ne connaît encore ni la contraception, ni le divorce par consentement mutuel, qui ignore les formes d'union en dehors de la monogamie hétérosexuelle, cherche dans sa culture des leçons d'acuité critique et de plaisir.

Le retour du refoulé cinématographique sadien dans *Marquis* de Topor et Xhonneux
Martial Poirson

Marquis (1989) de Topor et Xhonneux relève le pari controversé de représenter la vie et l'œuvre de Sade. Loin du stéréotype filmiques du libertin-athée au destin aventureux, ce film d'auteur pour marionnettes pornographiques exhibe, par une habile transposition d'art, la dimension cinématographique des textes. Il concentre l'intrigue sur le point aveugle de l'emprisonnement à la Bastille de cette figure essentielle de notre modernité, afin de tromper les attentes du spectateur, d'exhiber la valeur matricielle de la situation carcérale dans l'émancipation paradoxale de l'écriture comme de la pensée, de mettre en échec l'exploitation hagiographique du film et de corrompre tout parcours herméneutique prédéfini de l'œuvre. Il trouve enfin par la bande la forme cinématographique adéquate de l'Histoire, loin de toute fiction patrimoniale, exploitant la théâtralité diffuse de la fable animalière, revendiquant le traitement burlesque et distancié du siècle des Lumières et poussant la logique désirante jusqu'aux confins de l'absurde, renouant avec un certain refoulé culturel dans la conscience historique collective.

Sade au prisme du cinéma étranger
Dorothée Polanz

Sade jouit d'un statut très particulier du fait de sa présence dans une abondante filmographie internationale, notamment dans le domaine des films dits 'de genre' (fantastique et érotique). Cette appropriation filmique de Sade présente trois degrés d'assimilation: la veine biographique, la confusion entre auteur et personnage et la dimension proprement mythique où ne subsiste que le nom de Sade, devenu par synecdoque un signifiant du Mal absolu. On pourra finalement se demander si, dans le domaine étranger, les meilleurs films 'sadiens' ne sont pas ceux qui s'imprègnent d'une esthétique, sans chercher à retracer la vie du marquis ou à adapter ses œuvres.

L'invention filmique du dix-huitième siècle
Laurence Schifano

A partir de quelques cas (dont *La Nuit de Varennes* de Scola, *Casanova* de Fellini ou *L'Anglaise et le duc* de Rohmer), on interroge ici la capacité qu'ont les dispositifs filmiques non tant de 'reconstituer' le dix-huitième que de le faire réaffleurer et de rétablir la circulation que se vantaient d'opérer par la magie les 'Illuminés' Cagliostro, Galiani, Saint-Germain.

Soit, en termes de cinéma, par des stratégies modernes de narration, de figuration et de mise en scène porteuses d'une 'historicité' spécifique, où la rêverie, la mémoire, la distance et la réflexion critique du public sont largement sollicitées.

Trompe-l'œil et fausses perspectives autour de *Barry Lyndon*
Gaspard Delon

La réception française de *Barry Lyndon* (1975) de Stanley Kubrick a eu tendance à réinscrire le film dans une perspective socio-historique forte, polarisée par 1789 et marquée par les rapports de classes supposés de l'époque: Barry l'Irlandais serait rejeté par une caste aristocratique refermée sur elle-même. Cette vision est parfois complétée par une interprétation rousseauiste du parcours de Redmond, bonne âme pervertie par une société décadente et corruptrice. Une telle lecture consiste, pour une bonne part, en une projection des Lumières françaises et de fantasmes hexagonaux sur l'univers de l'*Enlightenment* britannique dont il faut souligner les spécificités.

Greenaway avec Starobinski: le dix-huitième siècle comme espace de résonances imaginaires dans *Meurtre dans un jardin anglais*
Marie Martin

Meurtre dans un jardin anglais (1982) de Peter Greenaway a beau se dérouler à la fin du dix-septième siècle anglais, il n'en offre pas moins de nombreux points de contacts thématiques et esthétiques avec le dix-huitième siècle français. On se propose donc d'analyser les configurations temporelles de ce film qui offre une vision labyrinthique et diffractée du dix-huitième siècle, sensuelle, maniériste et trouée, traversée d'allers-retours dans le temps qui creusent l'image en un espace de résonances imaginaires.

Rêves, épisodes, citations et autres insertions du dix-huitième siècle au cinéma
Denis Reynaud

Parmi les divers types de représentation du dix-huitième siècle au cinéma, un cas particulier est celui des films dont seule une partie montre le passé, le reste se déroulant dans un cadre plus contemporain. On peut parler alors d'"insertions". Un corpus d'une cinquantaine de films (de *Berkeley Square* à *A Cock and bull story*, en passant par *Du Barry was a lady*, *Singin' in the rain*, *Les Belles de nuit*, *Brigadoon*, *La Voie lactée*, *Week-end* et quelques œuvres moins connues) permet de distinguer cinq principaux modes d'insertion: la citation, le sketch, le voyage dans le temps, l'intrusion et le méta-récit.

L'infilmable dix-huitième siècle de *Tristram Shandy* à *Münchhausen*: adaptation, transposition, inspirations
Guy Spielmann

La plupart des films dits 'd'époque' sont présentés comme des 'adaptations' de fiction ou réputés s'inspirer d'événements réels, par l'entremise d'un texte historico-biographique. Spectateurs et critiques évaluent le film pour son esthétique, sa construction, sa véracité historique et sa fidélité à l'original, sans relever le caractère problématique de la notion même d'"adaptation.' Un film peut-il jamais être 'fidèle' à un texte, dans la mesure où seules deux ou trois composantes (histoire, personnages, voire dialogues) sont retenues? L'étude d'œuvres cinématographiques réalisées à partir de romans réputés 'infilmables', comme *Tristram Shandy: a cock and bull story* (2005) et *The Adventures of Baron Münchausen* (1988), permet de mieux saisir la complexité d'un processus où l'on doit soigneusement distinguer adaptation – consistant seulement à transformer un texte (roman) en un autre (scénario) – transposition – type d'adaptation qui modifie des éléments de surface, l'histoire étant préservée – et transémiotisation – passage d'un médium (texte) à un autre (film).

De la transgression narrative à la contamination fictionnelle dans *Jacques le fataliste* de Diderot et dans *La Rose pourpre du Caire* de Woody Allen
Zeina Hakim

Cet article propose d'examiner la manière dont le cinéma peut influer sur notre connaissance d'un texte du dix-huitième siècle en prenant pour point d'ancrage la figure de la métalepse. C'est cette figure, en effet, qui rend possible, dans *Jacques le fataliste*, l'émergence d'un protocole de lecture consistant à franchir la frontière qui sépare habituellement la fiction et le 'réel'. Or cette violation du pacte représentationnel est aussi en jeu dans *La Rose pourpre du Caire* de Woody Allen. On explorera la façon dont ces deux œuvres se jouent des limites mêmes de la fictionnalité.

Sacha Guitry, historien de la France
Antoine de Baecque

En 1953, Sacha Guitry tourne *Si Versailles m'était conté*, film qu'il considère, lui l'épuré de l'après-guerre, comme une revanche sur l'histoire, qui donne lieu à une intense polémique historique, et vaut au cinéaste-dramaturge son plus grand succès à l'écran. Une forme cinématographique de l'histoire existe dans ce film, échafaudée à partir de quelques associations essentielles: Versailles y est, tout à la fois, du temps, un corps, une langue, c'est-à-dire une représentation de l'histoire de France. Les éléments de cette représentation de l'histoire sont reliés par une série de cérémonies et de rituels extrêmement minutieux et réglés, que Guitry chronique avec un regard acéré, caustique mais également respectueux, au point que le film s'apparente à une peinture, fidèle et inventive, du 'procès de civilisation' (Norbert Elias) qui a érigé le château en modèle de civilité à la française. Guitry a ainsi filmé sa société de cour.

Les plaisirs de l'humiliation: *Ridicule* ou l'anthropologie du frivole
Christian Biet

Pour écrire le scénario de *Ridicule*, Rémi Waterhouse aidé de Michel Fessler et Eric Vicaut ont construit leur histoire à partir de quelques séquences des *Mémoires de la comtesse de Boigne* (ou *Récits d'une tante*), mais aussi d'*A la recherche du temps perdu*, d'un recueil de traits d'esprit, *L'Art d'orner l'esprit* de François Gayot de Pitaval, et, pour l'ambiance et quelques exemples, de *La Société de cour* de Norbert Elias. Il s'agit ainsi, à partir d'une série de références littéraires, de réaliser une définition, mise en récit et en images, de ce qui semble ostensiblement se cacher sous les masques frivoles du ridicule. Sous l'apparente légèreté des intrigues de Cour et sous la minoration et la dégradation fournies par le processus du ridicule surgit alors la représentation, en éloignement historique et par l'humour, de la relation d'humiliation, de ses attraits et de sa permanence anthropologique et historique.

Du bon usage de l'anachronisme (*Marie-Antoinette*, Sofia Coppola et Gang of Four)
Yves Citton

Cet article se demande si le dispositif filmique ouvertement anachronique choisi par Sofia Coppola dans *Marie-Antoinette* (qui utilise pour la bande-son des musiques venues des années 1970-1980), loin de dés-historiciser le propos, ne participe pas au contraire d'une sensibilité remarquable à la 'société du spectacle' qui était très fortement présente dans la France de la fin du dix-huitième siècle. Une série de rapprochements entre des scènes du film, des chansons *new wave* et des extraits choisis des *Mémoires secrets* suivant l'actualité des débats des années 1770 fournit un jeu d'échos qui fait de l'anachronisme (apparent) un outil de sensibilisation plus fine aux complexités des époques passées comme de notre présent.

L'art et la manière du 'devenir-époque': propos recueillis par Martial Poirson et Laurence Schifano
Benoît Jacquot

Le dix-huitième est au cœur du travail cinématographique de Benoît Jacquot, depuis *La Vie de Marianne* (1994), libre adaptation du roman inachevé réputé inadaptable de Marivaux, auquel il apporte un dénouement de son invention, jusqu'à *Adolphe* (2002), d'après le roman de Benjamin Constant, présentant un dix-huitième siècle tardif, qu'on peut intégrer à un cycle, comprenant *Sade* (2000), *Tosca* (2001), ou encore *La Fausse Suivante* (2001), fausse captation de spectacle et véritable 'film de théâtre' qui expérimente une forme de théâtralité cinématographique très caractéristique de son traitement du dix-huitième siècle. Au cours de cet entretien, Benoît Jacquot expose ses sources d'inspiration, son rapport très particulier d'imprégnation au dix-huitième siècle européen et ses partis pris cinématographiques.

Les fantômes de la liberté: propos recueillis par Laurence Schifano
Jean-Claude Carrière

Le dix-huitième siècle n'a cessé de nourrir le travail d'écrivain et de scénariste de Jean-Claude Carrière. Dans cet éclairage, il revient sur sa longue collaboration avec Buñuel (de 1964 à 1977), avec Milos Forman (*Valmont*, 1989; *Les Fantômes de Goya*, 2007), avec Andrej Wajda (*Danton*, 1983), avec Daniel Vigne (*Le Retour de Martin Guerre*, 1983); il évoque la création des personnages historiques ou fictionnels, le travail sur l'image, le langage, le corps de l'acteur; il revient sur les libertés qu'on peut prendre avec l'Histoire tout en recueillant une documentation scrupuleuse sur l'époque, la saisie des résonances et des circulations entre le dix-huitième et le temps présent.

Filmographie sélective

où sont-ils ?

Conçue pour accompagner et éclairer les questionnements soulevés dans *L'Ecran des Lumières*, la filmographie qui suit est indicative et ne vise nullement à l'exhaustivité. On y privilégie un corpus de films européens et américains. Le domaine asiatique n'est pas évoqué. Un tel cadre se veut à la fois ouvert et problématique. Libre au lecteur d'établir les rapports, de saisir les échos et les récurrences entre les productions cinématographiques et télévisuelles nationales et d'en tirer des enseignements à la lumière des textes recueillis dans notre volume. Libre à lui de déterminer la légitimité qu'il y a à intégrer à une réflexion sur le rapport que nous avons avec le dix-huitième siècle des œuvres qui dépassent les frontières géographiques, génériques ou historiques traditionnelles.

Une telle filmographie obéit à un principe d'organisation réfléchi; nous espérons que le classement par titres, préféré à un autre type de classement, par auteurs ou par périodes ou par genres, permettra au lecteur de repérer des récurrences et des continuités sur une durée de plus d'un siècle, et de les interpréter. Aussi incomplète soit-elle, cette classification révèle l'existence de véritables 'filons', lorsque des intérêts culturels et patrimoniaux se cristallisent à des époques déterminées autour de figures historiques ou fictionnelles. Il permet également de saisir, dans cet ensemble, des croisements entre les aires de création, mais aussi des variations formelles et des inventions créatrices.

Notre travail vise à l'ouverture, par le cinéma, d'un nouveau chantier de réflexion sur les représentations du dix-huitième siècle, qui puisse révéler les traits d'une sensibilité moderne spécifique. Des œuvres plus créatrices qu'étroitement patrimoniales sont en effet directement ou indirectement liées au Siècle des Lumières et aux diverses formes de récit, de figuration, de rapport au monde qu'il a fait naître: certains films de Buñuel, de Visconti et de Pasolini, de Godard, de Peter Greenaway, de Woody Allen, entre autres, sont nourris en profondeur par les divers apports des Lumières. Une filmographie constituée de manière trop mécanique les aurait sans doute exclues, réduisant d'autant le champ de vision sur le dix-huitième siècle.

Adieu Bonaparte (1984). Chahine, Youssef (France/Egypte).
Adolphe (2002). Jacquot, Benoît (France).
Adottato dal re (1912). Bacchini, Romolo (Italie).
Adventures of Casanova [*Le Règne de la Terreur*] (1948). Gavaldon, Roberto (Mexique).

Adrienne Lecouvreur (1938). L'Herbier, Marcel (France).
L'Affaire Calas [série télévisée *La caméra explore le temps*] (1963). Lorenzi, Stellio (France).
L'Affaire du collier de la Reine (1946). L'Herbier, Marcel (France).
L'Affaire du courrier de Lyon (1923). Poirier, Léon (France).
L'Affaire du courrier de Lyon (1937). Autant-Lara, Claude (France).
L'Affaire du courrier de Lyon [série télévisée *La caméra explore le temps*] (1961). Lorenzi, Stellio (France).
L'Affaire du courrier de Lyon (1988). Sarraut, Marion (France).
The Affair of the necklace (2001). Shyer, Charles (CE).
Les Affinités électives (1996). Taviani, Vittorio et Paolo (Italie).
Agustina de Aragon (1928). Rey, Florian (Espagne).
L'Aiglonne (1911) [12 épisodes]. Keppens, Emile, et Navarre, René (France).
Allonsanfàn (1975). Taviani, Vittorio et Paolo (Italie).
Amadeus (1984). Forman, Milos (CE).
Les Amants (1958). Malle, Louis (France).
Amazing Grace (2006). Apted, Michael (CE).
America [*Pour l'indépendance*] (1924). Griffith. Wark, David (CE).
Un amour de La Dubarry (1909). Capellani, Albert (France).
Les Amants de thermidor (1978) [série télévisée *Les Amours sous la Révolution*] . Carrère, Jean-Paul (France).
The Amorous adventures of Moll Flanders (1965).Young, Terence (GB).
André Chénier (1910). Arnaud, Etienne (France).
Andrea Chenier [*Le Souffle de la liberté*] (1955). Fracassi, Clemente (Italie).
André Chenier (1910). Capellani, Albert (France).
André Chénier et la jeune captive [série télévisée *Les Amours sous la Révolution*] (1978). Carrère, Jean-Paul (France).
Angélique, Marquise des anges (1964). Borderie, Bernard (France/Italie/RFA).
L'Anglaise et le duc (2001). Rohmer, Eric (France).
Antonio Vivaldi, un prince à Venise (2006). Guillermou, Jean-Louis (France).
L'Arche russe (2003). Sokourov, Alexandre (Russie).
L'Assassinat de Marat (1897). Hatot, Georges (France).
L'Assassinat du courrier de Lyon (1904). Guy-Blaché, Alice (France).
Augustine de Villebranche [téléfilm] (1990). Schwarzsten, Alain (France).
[*Au temps de Robespierre*] *Sotto Robespierre* (1911). Guazzoni, Enrico (Italie).
Au temps de la chouannerie (1909). Feuillade, Louis (France).
L'Autrichienne (1989). Granier-Deferre, Pierre (France).
Les Aventures de Robinson Crusoe (1902). Méliès, Georges (France).
Les Aventures de Robinson Crusoe (1952). Buñuel, Luis (Mexique, CE).
Une aventure secrète de Marie-Antoinette (1910). Morlhon, Camille de (France).
Les Aventures fantastiques du baron Münchausen (1943). Báky, Josef von (Allemagne).

[*Les Aventures du baron de Münchausen*] *Adventures of Baron Munchausen* (1988). Gilliam, Terry (GB/Italie/Espagne).
L'Aventurier de Séville (1954). Vajda, Ladislao (France).
Le Avventure e gli amori di Scaramouche (1975). Girolami, Enzo (Italie).
Alzire, oder der neue Kontinent (1977). Koerfer, Thomas (CE).
Le Baquet de Mesmer (1905). Méliès, Georges (France).
Bara, le petit tambour de la République (1909). Bourgeois, Gérard (France).
Il Barbiere di Siviglia [*Le Barbier de Séville*] (1946). Costa, Mario (Italie).
Le Baron fantôme (1943). Cocteau, Jean (France).
Barry Lyndon (1975). Kubrick, Stanley (GB).
La bataille de Chollet; 1793 [série télévisée *Les Grandes batailles du passé*] (1974). Costelle, Daniel (France).
Beaumarchais, l'insolent (1996). Molinaro, Edouard (France).
Beaumarchais ou 60 000 fusils [téléfilm] (1966). Bluwal, Marcel (France).
The Beggar's opera (1953). Brook, Peter (GB).
Les Belles de nuit (1952). Clair, René (France).
The Belly of an architect [*Le Ventre de l'architecte*] (1987). Greenaway, Peter (GB/Italie).
Berkeley square (1933). Lloyd, Frank (CE).
La Bête (1975). Borowczyk, Walerian (1975).
Benjamin, ou les mémoires d'un puceau (1968). Deville, Michel (France).
Blackadder [*La Vipère noire*] série télévisée (1983). Curtis, Richard (GB).
Blanc, bleu, rouge [téléfilm] (1981). Andrei, Yannick (France).
Bonaparte et la Révolution (1971). Gance, Abel (France).
The Bounty (1983). Donaldson, Roger (CE).
Le Bossu (1959). Hunebelle, André (France).
The Brand of Judas (1919). Howarth, Lillian (CE).
The Bridge of San Luis Rey [*Le Pont du roi Saint-Louis*] (2003). McGuckian, Mary (Espagne/Italie/France).
Brigadoon (1954). Minelli, Vincente (CE).

Les Cabinets de physique: la vie de société au XVIIIe siècle [téléfilm] (1960). Rohmer, Eric (France).
Cadet-Rousselle (1954). Hunebelle, André (France).
Cadoudal (1911). Bourgeois, Gérard (France).
Cadoudal [téléfilm] (1974). Seligman, Guy (France).
Cagliostro (1908). Morlhon, Camille de (France).
Cagliostro (1909). Capellani, Albert (France).
Cagliostro (1911). Bourgeois, Gérard (France).
Cagliostro, Liebe und Leben eines großen Abenteurers (1929). Oswald, Richard (Allemagne).
[*Cagliostro*] *Black magic* (1949). Ratoff, Gregory (CE).
Camille Desmoulins (1911). Calmettes, André (France).

Les Camisards (1971). Allio, René (France).
La Campagne d'Italie (1966). Cardinal, Pierre (France).
Candide, ou l'optimisme au 20ᵉ siècle (1960). Carbonnaux, Norbert (France).
Candide [téléfilm] (1962). Cardinal, Pierre (France).
Captain of the guard (1930). Robertson, John Stuart (CE).
Caroline chérie (1951). Pottier, Richard (France).
Un caprice de Caroline chérie (1952). Devaivre, Jean (France).
Caroline chérie (1968). La Patellière, Denys de la (France/Allemagne/Italie).
Cartouche (1909). Bourgeois, Gérard (France).
Cartouche (1934). Daroy, Jacques (France).
Cartouche, roi de Paris (1948). Radot, Guillaume (France).
Cartouche (1962). Broca, Philippe de (France).
Les Caprices d'un fleuve (1996). Giraudeau, Bernard (France).
Le Carrosse d'or (1952). Renoir, Jean (Italie/France).
Catherine the Great [*Catherine La Grande*] [téléfilm] (1995). Chomsky, Marvin J. (CE).
Il Cavaliere misterioso [*Le Chevalier mystérieux*] (1948). Freda, Riccardo (Italie).
Il Cavaliere di maison rouge [*Le Prince au masque rouge*] (1953). Cottafavi, Vittorio (Italie).
Casanova (1927). Volkoff, Alexandre (France).
Casanova 70 (1964). Monicelli, Mario (Italie/France).
Casanova's big night (1954). McLeod, Norman Z (CE).
[*Casanova, un enfant à Venise*] *Infanzia, vocazione e prime esperienze di Giacomo Casanova veneziano* (1969). Comencini, Luigi (Italie).
Il Casanova di Federico Fellini [*Le Casanova de Fellini*] (1976). Fellini, Federico (Italie).
Le Retour de Casanova (1991). Niermans, Edouard (France).
Casanova [téléfilm] (2005). Folkson, Sheree (GB).
Casanova (2005). Hallström, Lasse (CE).
La Cassette de l'émigrée (1912). Feuillade, Louis (France).
Charlotte Corday (1908). Denola Georges et Morlhon, Camille de (France).
Charlotte Corday (1914). Cardinal, Pierre (France).
[*La Chasse royale*] *Kungajakt* (1944). Sjöberg, Alf (Suède).
Les Chemins de l'exil ou les dernières années de Jean-Jacques Rousseau [téléfilm] (1978). Goretta, Claude (France).
Le Chevalier de maison rouge (1912). Capellani, Albert (France).
Le Chevalier de maison rouge [téléfilm] (1963). Barma, Claude (France).
[*Le Chevalier à la rose rouge*] *Rose rosse per Angelica* (1966). Steno (Italie/France/Espagne).
Un chouan (1914). Bressol, Pierre (France).
Un chouan (1914). Pouctal, Henri (France).
Les Chouans (1946). Calef, Henri (France).

Chouans! (1988). Broca, Philippe de (France).
Les Chemins de l'exil, ou les dernières années de Jean-Jacques Rousseau [téléfilm] (1978). Goretta, Claude (France).
Chronique d'Anna-Magdalena Bach (1967). Straub, Jean-Marie, et Huillet, Danièle (RDA).
Clarissa [téléfilm] (1991). Bierman, Robert (GB).
Le Collier de la reine (1909). Arnaud, Etienne (France).
Le Collier de la reine (1929). Ravel, Gaston et Lekain, Tony (France).
[*Commencez la Révolution sans nous*] *Start the revolution without me* (1970). Yorkin, Bud (CE).
[*Les Compagnons de Jehu*] *The Fighting guardsman* (1945). Levin, Henry (CE).
Les Compagnons de Jehu [téléfilm] (1966). Drach, Michel (France).
Il conte di Brechard [*Le Comte de Bréchard*] (1937). Bonnard, Mario (Italie).
Le Comte de Griolet (1923). Isnardon, Jacques et Raoul Grimoin-Samson (France).
La Comtesse de Charny [téléfilm] (1989). Sarraut, Marion (France).
Condorcet (1989). Soutter, Michel (France).
[*Les Contrebandiers de Moonfleet*] *Moonfleet* (1955). Lang, Fritz (CE).
Corridor of mirrors [*L'Etrange Rendez-vous*] (1947). Prevot, R., et Rosen, A. (GB).
Le Courrier de Lyon (1912). Prod. Pathé – Société Cinématographique des Auteurs et Gens de Lettres, France (France).
Cruel intentions [*Sexe Intentions*] (1999). Kumble, Roger (CE).
Crusoe (1988). Deschanel, Caleb (France).
Culloden (1964). Watkins, Peter (GB).

[*La Dame en bleu*] *The Laughing lady* (1946). Stein, Paul L. (GB).
Les Dames du Bois de Boulogne (1945). Bresson, Robert (France).
Il Danaro di Giuda [*Le Denier de Judas*] (1910). Maggi, Luigi (Italie).
Dangerous exile [*Le Prisonnier du temple*] (1958). Hurst, Brian Desmond (GB).
Dans la tourmente de la Révolution française (1910) (France).
Danton (1921). Buchowetzki, Dimitri (Allemagne).
Danton (1931). Behrendt, Hans (Allemagne).
Danton (1932). Roubaud, André (France).
Danton (1982). Wajda, Andrzej (France/Pologne).
The Dead heart (1914). Plumb, Hay (GB).
La Dernière charrette (1908). Capellani, Albert (France).
Le Dernier des Capendu (1923). Manoussi, Jean (France).
Les Derniers Jours d'Emmanuel Kant (1995). Collin, Philippe (France).
Le Divin marquis de Sade [*de Sade*] (1969). Endfield, Cy (CE/Allemagne).
La Destinée de Monsieur de Rochambeau [téléfilm] (1976). Le Comte, Daniel (France).
[*Les Deux orphelines*] *The Two orphans* (1911). Turner, Otis (CE).
[*Les Deux orphelines*] *The Two orphans* (1915). Brenon, Herbert (CE).

Les Deux orphelines [*Orphans of the storm*] (1921). Griffith, David Ward (CE).
[*Les Deux orphelines*] *Povere Bimbe!* (1923). Pastrone, Giovanni (Italie).
Les Deux orphelines (1932). Tourneur, Maurice (France).
[*Les Deux orphelines*] *Le Due orfanelle* (1942). Gallone, Carmine (Italie).
[*Les Deux orphelines*] *Las dos huerfanas* (1944). Benavidès, José (Mexique).
[*Les Deux orphelines*] *Le due orfanelle* (1955). Gentilomo, Giacomo (Italie).
Les Deux orphelines [téléfilm] (1961). Coldefy, Jean-Marie (France).
[*Les Deux orphelines*] *Le due orfanelle* (1966). Freda, Riccardo (Italie).
The Devil's disciple (1959). Hamilton, Guy (CE).
The Devil in velvet (1968). Crane, Larry (CE).
Le Dévouement de Lucile (1913). Prod. Gaumont, France (France).
Le Diable boiteux (1948). Guitry, Sacha (France).
Dialogue des Carmélites (1960). Agostini, Philippe (France/Italie).
Diderot salons (1973) [vidéo]. Samson, Pierre (France).
Don Giovanni (1979). Losey, Joseph (France/Italie/Allemagne).
Donne e briganti [*Fra Diavolo*] (1950). Soldati, Mario (Italie).
Don't lose your head (1966). Thomas, Gerald (GB).
Drums about the Mohawk [*Sur la piste des Mohawks*] (1939). Ford, John (CE).
Du Barry was a lady (1943). Del Ruth, Roy (CE).
Du Barry, woman of passion (1930). Taylor, Sam (CE).
'Duel scene' from The Two orphans (1902). Haggar, William (CE).

L'Enfant des Lumières [téléfilm] (2002). Vigne, Daniel (France).
L'Enfant-roi (1923). Kemm, Jean (France).
Un ennemi du peuple [téléfilm] (1976). Sobel, Bernard (France).
Escape dangerous (1947). Smith, Digby (GB).
L'Esquive (2003). Kechiche, Abdellatif (France).
L'Eté de la Révolution [téléfilm] (1989). Iglésis, Lazare (France).
Etoile Violette (2005). Ropert, Axelle (France).
Eugénie (De Sade) / Eugénie de Franval (1970). Franco, Jesus [Jess] (Lichtenstein/France).
L'Evadé des Tuileries (1910). Capellani, Albert (France).
The Exotic house of wax (1996). Richards, Cybil (CE).
The Exotic time machine (1997). Sinclair, Felicia (CE).

Fabien de la Drôme [téléfilm] (1984). Wyn, Michel (France).
The Fanatics [série télévisée] (1968). Cartier, Rudolph (GB).
Fanfan la tulipe (1951). Christian-Jaque (France).
Fanfan la tulipe (2003). Krawczyk, Gérard (France).
Fanny Hill: memoirs of a woman of pleasure (1965). Meyer, Russ (GB).
Le Fantôme de la liberté (1974). Buñuel, Luis (France).
Farinelli – voce regina (1994). Corbiau, Gérard (France/Italie/Belgique).
La Fausse Suivante (2001). Jacquot, Benoît (France).
La Faute à Voltaire (2000). Kechiche, Abdellatif (France).

Ferdinando, 1 re di Napoli [*Ferdinand, 1ᵉʳ roi de Naples*] (1959). Franciolini, Gianni (Italie).
La Fête, ou l'invention de la liberté (1977). Brabant, Charles (France).
Les Fêtes galantes (1965). Clair, René (France).
La Fin d'une royauté (1910). Calmettes, André (France).
La Fin de Robespierre (1909). Denola, Georges (France).
La Fin de Robespierre (1910). Capellani, Albert (France).
La Fin du marquisat d'Aurel [téléfilm] (1980). Lessertisseur, Guy (France).
La fine del Terrore/la morte di Robespierre [*La Fin de la Terreur*] (1908). (Italie).
Fiordalisi di oro [*Sous la Terreur*] (1935). Forzano, Giovacchino et Cohen, Marcel (Italie).
Fiorile (1993). Taviani, Vittorio et Paolo (Italie).
La Flûte enchantée (1974). Bergman, Ingmar (Suède).
[*La Folle histoire du monde*] *Mel Brooks' history of the world part I* (1981). Brooks, Mel (CE).
The Fortunes and misfortunes of Moll Flanders [téléfilm] (1996). Attwood, David (GB).
Fra diavolo (1912). Guy-Blaché, Alice (France).
Fra diavolo (1930). Bonnard, Mario (Italie).
Fra diavolo (1933). Roach, Hal et Rogers, Charles R. (CE).
Frédéric II (1972). Ricard, Olivier (France).
Fra diavolo (1942). Zampa, Luigi (Italie).
Les Frères Grimm (2005). Gilliam, Terry (CE).
Frédéric II [téléfilm] (1972). Ricard, Olivier (France).
Friday the 13th, the charnal pit [téléfilm] (1990). Mancuso, Frank Junior, et Williams, Larry B. (CE).

Le Gai savoir (1968). Godard, Jean-Luc (France).
Gaspard de Besse (1935). Hugon, André (France).
Gaspard le bandit (2006) [téléfilm]. Jacquot, Benoît,
La Grande peur de 1789 [téléfilm] (1975). Favart, Michel (France).
[*Le Guépard*] *Il Gattopardo* (1963). Visconti, Luchino (Italie).
Guerres civiles en France (1976). Barat, François, Farges, Joël et Nordon, Vincent (France).
Eroe di Valmy [*Héros de Valmy*] (1910). Pastrone, Giovanni (Italie).

Les Hallucinations du baron de Munchausen (1911). Méliès, Georges (France).
L'Histoire de la Révolution française de Michelet [téléfilm] (1973). Lilenstein, Nat (France).
The History of Tom Jones [téléfilm] (1997). Hüseyin, Metin (GB).
Hurlements en faveur de Sade (1952). Debord, Guy (France).

L'Île aux trésors (2006). Berbérian, Alain (France).

[L'Ile des amours] New moon (1940). Leonard, Robert Z (CE).
[L'Impératrice rouge] The Scarlett empress (1934). Sternberg, Josef von (CE).
L'Insorto della Vandea [L'Insurgé de Vendée] (1908). Prod. Cines Italie (Italie).

Jack of all trades: X Marquis the Spot [série télévisée] (2000). Gruendemann, Eric (GB).
Jacques le fataliste et son maître [téléfilm] (1984). Santelli, Claude (France).
Jean Chouan (1925). Luitz-Morat (France).
Jean-Jacques Rousseau (1979) [téléfilm]. Favart, Michel (France).
Jeg – en Marki [A marquis] (1967). Peer, Guldbrandsen et Ahlbergh, Mac (Danemark/Suède).
Jefferson in Paris (1994). Ivory, James (CE).
Le Jeune Werther (1992). Doillon, Jacques (France).
Les Jeux de société (1989) [téléfilm]. Rohmer, Eric (France).
Jocelyn (1922). Poirier, Léon (France).
Jocelyn (1933). Guerlais, Pierre (France).
Jocelyn (1951). Casembroot, Jacques de (France).
Joseph Andrews (1977). Richardson, Tony (GB).
Joseph Balsamo (1972) [téléfilm]. Hunebelle, André (France).
Justine de Sade (1972). Pierson, Claude (France).

The King without a crown. An historical mystery [Un roi sans couronne] (1936). Tourneur, Jacques (CE).
Das Kriegslied der Rheinarmée/Die Geburt des Marseillaise [Le Garde du Rhin/La Marseillaise] (1913). Larsen, Viggo (Allemagne).

La Dubarry (1914). Bencivenga, Eduardo (Italie).
[La Dubarry] Madame Dubarry (1919). Lubitsch, Ernst (Allemagne).
The Lady of Lyons (1913). Bary, Léon (GB).
Lady Oscar (1978). Demy, Jacques (Japon).
Lady Oscar [série télévisée, animation] (1979). Dezaki, Osamu, et Nagahama, Tadao (Japon).
La Fayette (1961). Dréville, Jean (France).
The Last of the Mohicans (1920). Brown, Clarence et Tourneur, Maurice (CE).
The Last of the Mohicans [Le Dernier des Mohicans] (1991). Mann, Michael (CE).
The Laughing lady [La Dame en bleu] (1946). Stein, Paul L (GB).
La Marsigliese [La Création de la Marseillaise] (1908).
La Marseillaise (1912). Chautard, Emile (France).
La Marseillaise (1912). Arnaud, Etienne (France).
La Marseillaise (1915). Cohl, Emile (France).
La Marseillaise (1930). Stuart, Robinson J. (CE).
La Marseillaise (1937). Renoir, Jean (France).

La Marseillaise de Rude [téléfilm] (1966). Boudet, Alain (France).
Latude, ou 35 ans de captivité (1911). Bourgeois, Gérard (France).
Latude, ou l'entêtement de vivre [téléfilm] (1971). Cosmos, Jean (France).
Laurette, ou le cachet rouge (1966). Cravenne, Marcel (France).
Une Leçon d'amour (1954). Bergman, Ingmar (1954).
Les lettres de Werther (1923). Flon, Paul (Belgique).
Les Liaisons dangereuses 1960 (1960). Vadim, Roger (France).
Les Liaisons dangereuses [téléfilm] (1980). Barma, Claude (France).
Les Liaisons dangereuses [téléfilm] (1980). Brabant, Charles (France).
Les Liaisons dangereuses [téléfilm] (2003). Dayan, Josée (France).
Les Liaisons dangereuses (1988). Frears, Stephen (CE).
Liberté, égalité, choucroute (1985). Yanne, Jean (France).
Le Libertin (1999). Aghion, Gabriel (France).
Le Livre noir [*The Reign of terror*] (1949). Mann, Anthony (CE).
Lloyds of London (1936). King, Henry (CE).
Louis de Saint-Just (1910). Jasset, Victorin (France).
Lumière d'été (1944). Grémillon, Jean (France).
The Lyons mail (1931). Maude, Arthur (CE).

Madame Du Barry (1918). Edwards, J. Gordon (CE).
Madame Du Barry (1934). Dieterle, William (CE).
Madame Du Barry (1954). Christian-Jaque (France).
Madame Guillotine (1931). Fogwell, Reginald (GB).
Madame Roland (1912). Enrico Guazzoni (Italie).
Madame Tallien (1911). Capellani, Albert et Morlhon, Camille de (France).
Madame Tallien (1916). Caserini, Mario et Guazzoni, Enrico (Italie).
Madame Tallien [série télévisée *Les Jupons de la Révolution*] (1989). Grousset, Didier (France).
Mademoiselle de Sombreuil (1910). Arnaud, Etienne (France).
The Madness of King George [*La Folie du roi George*] (1995). Hytner, Nicholas (GB).
Mandrin (1923). Fescourt, Henri (France).
Mandrin bandit gentilhomme (1962). Le Chanois, Jean-Paul (France/Italie).
Manon Lescaut (1926). Robison, Arthur (Allemagne).
Manon Lescaut (1939). Gallone, Carmine (Italie).
Manon Lescaut (1949). Clouzot, Henri Georges (France).
Manon Lescaut (1970). Aurel, Jean (France).
Le Manuscrit trouvé à Saragosse (1965). Has, Wojciech (Pologne).
Marat [série télévisée *Les Jupons de la Révolution*] (1989). Baghdadi, Maroun (France).
Marceau, ou les enfants de la République [téléfilm] (1958). Lucot, René (France).
Marat/Sade (1966). Brook, Peter (GB).

Matrimonio sotto il Terrore [*Un mariage sous la Terreur*] (1908). Prod. Itala Film. (Italie).
Un mariage sous la Révolution (1909). Larsen, Viggo (Danemark).
[*Un mariage pendant la Révolution*] *Et Revoltions bryllup* (1915). Blom, August (Danemark).
[*Un mariage sous la Révolution*] *Revolutionshochzeit* (1937). Zerlett, Hans H. (Allemagne).
The Marriage of Corbal (1936). Grune, Karl (CE).
Marie-Antoinette (1903). Heilbronn, Lauren (Allemagne).
Marie-Antoinette (1903). Prod. Pathé (France).
[*Marie-Antoinette et les lys rouges*] *Das Leben einer Königin* (1922). Meinert, Rudolf (Allemagne).
Marie-Antoinette (1938). Van Dyke, Woodbridge S. (CE).
Marie-Antoinette, reine de France (1956). Delannoy, Jean (France/Italie).
Marie-Antoinette [téléfilm] (1975). Lefranc, Guy-André (France).
Marie-Antoinette (1976). Cosmos, Jean (France).
Marie-Antoinette, reine d'un seul amour [série télévisée *Les Jupons de la Révolution*] (1989). Huppert, Caroline (France).
Marie-Antoinette (2006). Coppola, Sofia (CE).
Marie-Antoinette, la véritable histoire (2007). Leclerc, Francis, et Simoneau, Yves (France).
Les Mariés de l'An II (1971). Rappeneau, Jean-Paul (France).
Marquis [téléfilm] (1988). Topor, Roland, et Xhonneux, Henri (France).
Le Marquis de Sade (1983). Antoine, Patrick (France).
Marquis de Sade: Justine [*Les Infortunes de la vertu*] (1969). Franco, Jesus [Jess] (Italie/RFA).
La Marquise de Sade [téléfilm] (1992). Bergman, Ingmar (Suède).
La Marquise d'O (1976). Rohmer, Eric (RFA/France).
[*Le Marquis s'amuse*] *Il marchese del Grillo* (1981). Monicelli, Mario (Italie).
Le Martyre de Louis XVI (1909). Prod. Pathé (France).
Un médecin des Lumières [téléfilm] (1988). Allio, René (France).
Meurtre dans un jardin anglais (1982). Greenaway, Peter (GB).
1776 (1972). Hunt, Peter H. (CE).
1788 [téléfilm] (1978). Failevic, Maurice (France).
1789 (1974). Mnouchkine, Ariane (France).
Le Miracle des loups (1961). Hunebelle, André (France).
Miss Morison's Ghosts (1981). Bruce, John (GB).
The Mystery of the wax museum (1933). Curtis, Michael (CE).
Moll Flanders (1965). Young, Terence (GB).
Moll Flanders [téléfilm] (1975). McWhinnie, Donald (GB).
Moll Flanders ou les mémoires d'une courtisane (1995). Densham, Pen (CE/Irlande).
Mon oncle Benjamin (1969). Molinaro, Edouard (France/Italie).

[*Le Montreur d'ombres*] *Schatten* (1923). Robison, Arthur (Allemagne).
Le Mort vivant (1912). Feuillade, Louis (France).
La Mort de Danton [téléfilm] (1970). Barma, Claude (France).
La Mort de Marat (1907). Prod. Lumière (France).
La Mort de Marie-Antoinette [série téléviséee *La Caméra explore le temps*] (1958) Lorenzi, Stellio (France).
La Mort de Robespierre (1897). Hatot, Georges (France).
[*Le Mouron rouge*] *The Scarlet Pimpernel* (1917). Stanton, Richard (CE).
[*Le Mouron rouge*] *The Elusive Pimpernel* (1920). Elvey, Maurice (GB).
[*Le Mouron rouge*] *The Scarlet Pimpernel* (1934). Young, Harold (GB).
[*Le Mouron rouge*] *The Elusive Pimpernel* (1949). Powell, Michael, et Pressburger, Emercic (GB).
Mutiny on the bounty [*Les Révoltés du bounty*] (1935). Lloyd, Frank (CE).
Mystification, ou l'histoire des portraits (2004). Rinaldi, Sandrine (France).

Napoléon (1927). Gance, Abel (France).
Napoléon Bonaparte (1935). Gance, Abel (France).
Bonaparte et la révolution (1971). Gance, Abel,
Le Neveu de Rameau [téléfilm] (1980). Santelli, Claude (France).
Nouvelle-France (2004). Beaudin, Jean (France).
La Nuit de l'été [téléfilm] (1979). Brialy, Jean-Claude (France).
La Nuit miraculeuse [téléfilm] (1989). Mnouchkine, Ariane (France).
Les Nuits révolutionnaires [série télévisée] (1989). Brabant, Charles (France).
La Nuit de Varennes [téléfilm] (1960). Lorenzi, Stellio (France).
[*La Nuit de Varennes*] *Il Mondo nuovo* (1982). Scola, Ettore (Italie/France).

L'Œil du diable (1960). Bergman, Ingmar.
The Oath and the man, a story of the French Revolution (1910). Griffith, David Ward (CE).
Orlando (1992) Potter, Sally (GB/Russie/Italie).
Orphans of the storm [*Les Deux orphelines*] (1922). Griffith, David Ward (CE).
The Only way, a tale of two cities (1925). Wilcox, Herbert (GB).

Le Pacte des loups (2001). Gans, Christophe (France).
Pages arrachées au livre de Satan (1919-1921). Dreyer, Carl (Danemark).
Le Parfum: histoire d'un meurtrier (2006). Tykwer, Tom (CE/Allemagne).
La Passion de Camille et Lucile Desmoulins [série télévisée *Les Amours sous la Révolution*] (1978). Carrère, Jean-Paul (France).
The Patriot [*The Patriot: le chemin de la liberté*] (2000). Emmerich, Roland (CE/Allemagne).
La Patrie en danger [téléfilm] (1986). Carrier, Michel (France).
Les Perles de la couronne (1937). Guitry, Sacha (France).
Le Petit Tambour de 1792 (1909). Arnaud, Etienne (France).
[*Peyrol le boucanier*] *L'Avventuriero* (1967). Young, Terence (Italie).

La Philosophie dans le boudoir (1969). Scandelari, Jacques (France).
Il Piccolo Vendeano episodio della guerra fra i bianchi e gli azzurri nella rivoluzione francese del 1789 [*Le Petit Vendéen*] (1909). Maggi, Luigi (Italie).
Prima della rivoluzione (1964). Bertolucci, Bernardo (Italie).
Le Procès de Louis XVI [téléfilm] (1988). Dugowson, Maurice (France).

Quatre-vingt-treize (1914-1921). Antoine, André et Capellani, Antoine (France).
Quatre-vingt-treize (1962). Boudet, Alain.
Que la fête commence (1975). Tavernier, Bertrand (France).
Quills (2000). Kaufman, Philip (CE).

La Règle du jeu (1939). Renoir, Jean (France).
La Religieuse (1966). Rivette, Jacques (France).
La Religieuse de Diderot (1978). Duty, Claude (France).
The Remarkable Andrew (1942). Heisler, Stuart (CE).
Remontons les Champs-Elysées (1938). Guitry, Sacha (France).
Le Retour de Cagliostro (2003). Cipri, Daniele, et Maresco, Franco (Italie).
Le Retour de Casanova (1991). Niermans, Edouard (France).
The Return of the Scarlet Pimpernel [*Le Retour du Mouron rouge*] (1937). Schwartz, Hans (CE).
Les Révoltés de Lomanach (1954). Pottier, Richard (France/Italie).
Revolution (1985). Hudson, Hugh (CE).
La Révolution française, les années Lumières [téléfilm] (1989). Enrico, Robert (France).
Ridicule (1996). Leconte, Patrice (France).
Le Roman de Werther (1938). Ophuls, Max (France).
La Rose pourpre du Caire [*The Purple rose of Cairo*] (1985). Allen, Woody (CE).
La Rivoluzione del settembre 1793 [*La Révolution de septembre 1793*] (1911). Romolo, Bacchini (Italie).
Robespierre. La terreur et la vertu 2 [série télévisée *La Caméra explore le temps*] (1964). Lorenzi, Stellio (France).
Robespierre à l'échafaud (1911). Calmettes, André (France).
Rob Roy (1995). Caton-Jones, Michael (CE).
Der Rosenkavalier (1925). Wiene, Robert (Allemagne).
Rouget de Lisle chantant la Marseillaise (1898). Prod. Gaumont (France).
The Romantics (2006). Hobkinson, Sam (GB).

Sade (2000). Jacquot, Benoît (France).
Saint-Just ou la force des choses (1974) [téléfilm]. Cardinal, Pierre (France).
Les Salons de Diderot [téléfilm] (1964). Rohmer, Eric (France).
Salò ou les 120 journées de Sodome (1975). Pasolini, Pier Paolo (Italie).
Scaramouche (1923). Ingram, Rex (CE).
Scaramouche (1952). Sidney, George (CE).

The Scarlet coat (1955). Sturges, John (CE).
The Scarlet Pimpernel [série télévisée] (1982). Donner, Clive (GB).
The Scarlet Pimpernel [série télévisée] (1999-2000). Lau, Patrick, et Theakston, Graham.
Langlow, Simon (GB).
Scene della Rivoluzione [*Scènes de la Révolution française*] (1908). Prod. Rossi & C. (Italie).
Singin' in the rain (1952). Donen, Stanley et Kelly, Gene (CE).
Si Paris nous était conté (1956). Guitry, Sacha (France).
Si Versailles m'était conté (1954). Guitry, Sacha (France).
Sous la Terreur (1935). Cravenne, Marcel (France).
Les Six petits tambours. Messidor an II 1794 (1911). Prod. Pathé (France).
S/J Fossiléa (1971). Mulders, Jean (Belgique).
The Skull of pain (1997). Carpenter, Macdonald (GB).
Le Souper (1992). Molinaro, Edouard (France).
Start the Revolution without me [*Commencez la Révolution sans nous*] (1970). Yorkin, Bud (CE).
The Story of mankind (1957). Allen, Irwin (CE).
Surcouf, l'eroe dei sette mari [*Surcouf, le tigre des sept mers*] (1966). Bergonzelli, Sergio (Italie).
Sweet Liberty (1986). Alda, Alan (CE).

A Tale of two cities (1911). Blackton, Stuart (CE).
A Tale of two cities [*Un drame d'amour sous la Révolution*] (1917). Lloyd, Frank (CE).
Tale of two cities (1922). Rowden, Walter Courtenay (GB).
A Tale of two cities [*Le Marquis de Saint-Evremond*] (1935). Conway, Jack (CE).
A Tale of two cities [téléfilm] (1957). Cross, John Keir (GB).
A Tale of two cities (1958). Thomas, Ralph (CE).
A Tale of two cities [téléfilm] (1980). Goddard, Jim (GB).
A Tale of two cities [téléfilm] (1989). Monnier, Philippe (GB).
Talleyrand ou les lions de la revanche [série télévisée *Les Jupons de la Révolution*] (1989). Brus, Vincent de (France).
Ten Blocks on the camino real [téléfilm](1966). Landau, Jack (CE).
Le Testament d'Orphée (1960). Cocteau, Jean (France).
The Time of their lives [*Deux nigauds dans le manoir hanté*] (1946). Barton, Charles (CE).
Il Trionfo dell'amore (2000). Peploe, Clare (Italie/GB).
Tom Jones (1963). Richardson, Tony (GB).
Tosca (1940). Koch, Karl (Italie).
La Tosca (2001). Jacquot, Benoît (France).
Tristram Shandy: a cock and bull story, d'après Laurence Sterne (2005). Winterbottom, Michael (GB).

The Triumph of the Scarlet Pimpernel [*Le Triomphe du Mouron rouge*] (1928). Hunter, Thomas Hayes (CE).
The True Story of the Lyons mail (1915). Pearson, George (GB).
La Tulipe noire (1964). Christian-Jaque (Espagne/France/Italie).

Valmont (1989). Forman, Milos (GB).
Valmy, ou la Naissance de la république [téléfilm] (1967). Chérasse, Jean et Gance, Abel (France).
[*La Vengeance d'un jacobin*] *Il Giuramento di un giacobino* (1911). Prod. Aquila Films (Italie).
Vent de Galerne (1989). Favre, Bernard (France).
Le Vice et la vertu (1963). Vadim, Roger (France/Italie).
La Vie de Marianne (1994). Jacquot, Benoît (France).
[*Violence et passion*] *Gruppo di famiglia in un interno* (1974). Visconti, Luchino (Italie/France).
Vivaldi (2007). Damast, Boris (CE).
Vive la Nation (1939). Canonge, Maurice de (France).
La Voie lactée (1968). Buñuel, Luis (France).
Le Vol de la Marseillaise ou la naissance de la Marseillaise (1920). Desfontaines, Henri (France).
Voltaire (1933). Adolfi, John G. (CE).
Voltaire–Rousseau [téléfilm] (1992). Rabinosvki, Maté (France).
Le Voyage de Gulliver à Lilliput et chez les géants (1903). Méliès, Georges (France).
Le Voyage de Gulliver [téléfilm] (1996). Sturridge, Charles (GB).

Week-end (1967). Godard, Jean-Luc (France).
Werther (1910). Pouctal, Henri (France).
Werther (1922). Dulac, Germaine (France).
Werther [téléfilm] (1980). Manceau, Jean (France).
Werther [téléfilm] (1986). Miro, Pilar (Espagne).
Werther [téléfilm] (1990). Alexandersson, Hakan (Suède).

X Marquis the Spot [série télévisée *Jack of all trades*] (2000). Gruendemann, Eric (GB).

The Young Mister Pitt (1942). Reed, Carol (GB).

Bibliographie sélective

i. Histoire et représentations

Abramovici, Jean-Christophe, *Obscénité et classicisme* (Paris, 2003).

Alain, Emile Chartier, *Système des beaux-arts* (Paris, 1926).

Amalvi, Christian (éd.), *Dictionnaire biographique des historiens français et francophones* (Paris, 2004).

Anderson, Benedict, *L'Imaginaire national: réflexions sur l'origine et l'essor du nationalisme* (Paris, 1996).

Apostolidès, Jean-Marie, *Le Roi-machine: spectacle et politique au temps de Louis XIV* (Paris, 1981).

Artog, François, *Régimes d'historicité: présentisme et expériences du temps* (Paris, 2003).

[Bachaumont, Louis Petit de], *Mémoires secrets pour servir à l'histoire de la République des Lettres en France depuis 1762 jusqu'à nos jours*, 36 vol. (Londres, John Adamson, 1777-1789).

Baecque, Antoine de, *Le Corps de l'Histoire: métaphore et politique, 1770-1800* (Paris, 1993).

–, 'Le corps-Etat, métaphore de la transition souveraine', dans *Le Corps de l'Histoire: métaphore et politique, 1770-1800* (Paris, 1993), p.43-161.

–, *La Gloire et l'effroi: sept morts sous la Terreur* (Paris, 1997).

Bakhtine, Michael, *L'Œuvre de François Rabelais et la culture populaire au Moyen-Age et sous la Renaissance* (Paris, 1970).

Bann, Stephen, *The Inventions of history: essays on the representations of the past* (Manchester, 1990).

Baridon, Michel, 'Ironie', dans *Dictionnaire européen des Lumières*, éd. Michel Delon (Paris, 1997), p.598-600.

–, 'Jardins', dans *Dictionnaire européen des Lumières*, éd. Michel Delon (Paris, 1997), p.622-25.

Barthes, Roland, 'Diderot, Brecht, Eisenstein', *Revue d'esthétique* (1973) repris dans *L'Obvie et l'obtus*, (1992), p.86-93.

–, 'Le discours de l'histoire', dans *Œuvres complètes, tome 2: Livres, textes, entretiens (1962-1967)*, p. 417-27.

–, *Œuvres complètes*, 5 vol. (Paris, 2002).

Beauvoir, Simone de, *Faut-il brûler Sade?* (Paris, 1972).

Benveniste, Emile, *Problèmes de linguistique générale*, 2 vol. (Paris, 1966).

Berchet, Jean-Claude (éd.), *Mémoires de la comtesse de Boigne, née d'Osmond* (1971; Paris, 1999).

Berchtold, Jacques, *Les Prisons du roman (XVII-XVIIIe siècles)* (Genève, 2000).

Beyssade, Claire, 'Fiction et contrefactuels', *Littérature* 123 (septembre 2001), p.67-85.

Böhm, Georg, *Puppentheater* (1969; Munich, 1977).

Bonnel, Victoria, et Lynn Hunt (éd.), *Beyond the cultural turn: new directions in the study of society and culture*, Studies on the history of society and culture 34 (Berkeley, CA, 1999).

Bourdieu, Pierre, Roger Chartier et Robert Darnton (éd.), 'Dialogue à propos de l'histoire culturelle', *Actes de la recherche en sciences sociales* 59 (1985), p.86-93.

Boutier, Jean, et Dominique Julia (éd.), *Passés recomposés: champs et chantiers de l'histoire* (Paris, 1995).

Braudel, Fernand, *Ecrits sur l'histoire*, tome I (Paris, 1969), tome II (Paris, 1990).

–, 'La longue durée', leçon inaugurale au Collège de France (Paris, 1958).
Burke, Peter (éd.), *New perspectives on historical writing* (Cambridge, 1991).
–, *What is cultural history?* (Cambridge, 2004).

Carmontelle, Louis Carrogis, dit, *Théâtre de campagne*, 4 vol. (Paris, Ruault, 1775).
Certeau, Michel de, *L'Ecriture de l'histoire* (Paris, 1975).
Chartier, Roger, *On the edge of the cliff: history, language, practices* (Baltimore, MD, et Londres, 1997), traduit par Lydia G. Cochrane, *Au bord de la falaise: l'histoire entre certitudes et inquiétude* (Paris, 1998).
–, 'La vérité entre fiction et histoire', dans *De l'histoire au cinéma*, éd. Antoine de Baecque et Christian Delage (Paris et Bruxelles, 1998), p.29-44.
Chastel, André, 'La notion de patrimoine', dans *Les Lieux de mémoire*, t.2: *La Nation*, éd. Pierre Nora (Paris, 1992), p.1433-69.
Citton, Yves, *Lire, interpréter, actualiser* (Paris, 2007).
–, 'Lumières consensuelles ou Lumières corrosives', dans *L'Esprit des Lumières est-il perdu?*, éd. Nicolas Weil (Rennes, 2007), p.157-66.
Cohn, Dorrit, *Le Propre de la fiction* (Paris, 2001).
Corbin, Alain, *L'Harmonie des plaisirs: les manières de jouir du siècle des Lumières à l'avènement de la sexologie* (Paris, 2008).
Cosandey, Fanny, *La Reine de France: symbole et pouvoir, XVe-XVIIIe siècle* (Paris, 2000).
Critique 632-33, 'L'envers de l'Histoire' (2000).

Damisch, Hubert, *Origines de la perspective* (Paris, 1987).

Darnton, Robert, *The Kiss of Lamourette: reflections in French cultural history* (New York, 1989).
–, *Pour les Lumières: défense, illustration, méthode* (Bordeaux, 2002).
Debray, Régis, *Aveuglantes Lumières: journal en clair-obscur* (Paris, 2006).
DeJean, Joan, *Literary fortifications: Rousseau, Laclos, Sade* (Princeton, NJ, 1984).
Delon, Michel (éd.), *Dictionnaire européen des Lumières* (Paris, 1997).
–, *P.-A. Choderlos de Laclos, les Liaisons dangereuses* (Paris, 1986).
–, *Le Savoir-vivre libertin* (Paris, 2000).
–, *Les Vies de Sade*, 2 vol. (Paris, 2007).
Descimon, Robert, et Alain Guéry, 'La "monarchie royale"', dans *Histoire de la France*, t.2: *L'Etat et les pouvoirs*, éd. André Burguière et Jacques Revel (Paris, 1989).
Diderot, Denis, *Le Neveu de Rameau*, éd. Jean-Claude Bonnet (Paris, 1984).
–, *Œuvres romanesques* (Paris, 1959).
Didi-Huberman, Georges, *Ce que nous voyons, ce qui nous regarde* (Paris, 1992).
–, *Devant le temps: histoire de l'art et anachronisme des images* (Paris, 2000).
–, *Devant l'image: questions posées aux fins d'une histoire de l'art* (Paris, 1990).
–, *Fra Angelico: dissemblance et figuration* (1990; Paris, 1995).
–, *L'Image survivante: histoire de l'art et temps des fantômes selon Aby Warburg* (Paris, 2002).
Donnard, Jean-Hervé, *Le Théâtre de Carmontelle* (Paris, 1967).
Dosse, François, *L'Histoire en miettes: des Annales à la 'nouvelle histoire'* (Paris, 1987).
Dubois, Claude-Gilbert, *Le Maniérisme* (Paris, 1979).

Elias, Norbert, *La Civilisation des mœurs* (Paris, 1973).
–, *La Société de cour* (Paris, 1985).

Farge, Arlette, *Le Bracelet de parchemin: l'écrit sur soi au XVIIIe siècle* (Paris, 2003).
–, *La Chambre à deux lits et le cordonnier de Tel Aviv* (Paris, 2000).
–, *Le Goût de l'archive* (Paris, 1989).
–, *Quel bruit ferons-nous? Entretiens avec Jean-Christophe Marti* (Paris, 2005).
–, *Vivre dans la rue au XVIIIe siècle* (Paris, 1992).
–, et Michel Foucault, *Le Désordre des familles: lettres de cachet des archives de la Bastille au XVIIIe siècle* (Paris, 1982).
Fauchois, Yann, Thierry Grillet et Tzvetan Todorov (éd.), *Lumières! Un héritage pour demain* (Paris, 2006).
Febvre, Lucien, *Pour une histoire à part entière* (Paris, 1962).
Foucault, Michel, *L'Archéologie du savoir* (Paris, 1969).
–, *Les Mots et les choses* (Paris, 1966).
–, 'Nietzsche, la généalogie, l'histoire', dans *Hommage à Jean Hyppolite* (Paris, 1971), p.145-72.
Frantz, Pierre, *L'Esthétique du tableau dans le théâtre du XVIIIe siècle* (Paris, 1998).
Fraser, Lady Antonia, *Marie-Antoinette: the journey* (Londres, 2001).
Fried, Michael, *Absorption and theatricality: painting and beholder in the age of Diderot* (Chicago, 1980), traduit par Claire Brunet, *La Place du spectateur: esthétique et origines de la peinture moderne* (Paris, 1990).
Furet, François, *L'Atelier de l'Histoire* (Paris, 1989).
Furetière, Antoine, *Dictionnaire universel* (Paris, La Haye, Rotterdam, Arnout et Reinier Leers, 1690).

Gadamer, Hans-Georg, *Vérité et méthode* (1960; Paris, 1996).
Gautier, Théophile fils, *Les Aventures du baron de Münchhausen*, traduction illustrée par Gustave Doré (Paris, 1862).
–, *Les Aventures du baron de Münchhausen* (Paris, 1977).
–, *Les Aventures du baron de Münchhausen* (Paris, 1998).
Genette, Gérard, *Figures III* (Paris, 1972).
–, *Palimpseste: la littérature au second degré* (Paris, 1982).
Genlis, Caroline-Stéphanie-Félicité Du Crest, comtesse de, préface aux *Proverbes et comédies posthumes de Carmontelle*, 3 vol. (Paris, Ladvocat 1825).
Giesey, Ralph, *Cérémonial et puissance souveraine: France, XVe-XVIIe siècle* (Paris, 1987).
–, *Le Roi ne meurt jamais: les obsèques royales dans la France d'ancien régime* (Paris, 1987).
Ginzburg, Carlo, *Miti, emblemi, spie* (Turin, 1992), traduit par Monique Aymard, *Mythes, emblèmes, traces: morphologie et Histoire* (Paris, 1989).
–, *Occhiacci di legno: nove riflessioni sulla distanza* (Milan, 1998), traduit par Pierre-Antoine Fabre, *A distance: neuf essais sur le point de vue en histoire* (Paris, 2001).
Goncourt, Edmond de, *La Femme au dix-huitième siècle* (Paris, 1877).
–, *La Femme au dix-huitième siècle*, avec préface d'Elisabeth Badinter (1877; Paris, 1982).
–, *La Maison d'un artiste* (Paris, 1881).
–, et Jules de Goncourt, *Journal: mémoires de la vie littéraire* (Paris, 1887-1896).
Goulemot, Jean-Marie, *Adieu les philosophes: que reste-t-il des Lumières?* (Paris, 2001).
–, 'Le lecteur-voyeur et la mise en scène de l'imaginaire viril dans *Les Liaisons dangereuses* 1782-1982', dans *Laclos et le libertinage*, éd. René Pomeau (Paris, 1983), p.163-75.
Graffigny, Françoise Du Buisson d'Issembourg d'Happoncourt, Mme Huguet de, *Correspondance de Mme de Graffigny*, éd. J. A. Dainard et al. (Oxford, 1985-).

Halttunen, Karen, 'Cultural history and the challenge of narrativity', dans *L'Historien entre la quête d'universalité et la quête d'identité*, éd. Victoria Bonnel et Eric J. Hobsbawm, *Diogène* 168 (Paris, 1994), p.9-26.

Henaff, Marcel, *Sade, l'invention du corps libertin* (Paris, 1978).

Hoggart, Richard, *The Uses of literacy: aspects of working-class life* (Londres, 1957), traduit par Jean-Claude Garcias et Jean-Claude Passeron, *La Culture du pauvre: étude sur le style de vie des classes populaires en Angleterre* (Paris, 1976).

Hunt, Lynn, 'Introduction: history, culture and text', dans *The New cultural history* (Berkeley, CA, 1989).

James, Henry, *Complete notebooks* (Oxford, 1987).

Jankélévitch, Vladimir, 'La décadence', *Revue de métaphysique et de morale* 4 (1950), p.349-50.

Kantorowicz, Ernst, *Les Deux Corps du roi*, traduction française (Paris, 1994).

Kircher, Athanase, *Ars magna lucis et umbrae* (Rome, Hermann Scheus, 1646).

Laclos, Pierre-Ambroise-François Choderlos de, *Les Liaisons dangereuses*, (1782; Paris, 1964).

Le Brun, Annie, *On n'enchaîne pas les volcans* (Paris, 2006).

–, *Sade, aller et détour* (Paris, 1989).

Leduc, Jean, *Les Historiens et le temps: conceptions, problématiques, écritures* (Paris, 1999).

Le Goff, Jacques, 'documento/ monumento', dans *Enciclopedia Einaudi 5*, (Torino, 1978), p.38-48.

–, *Histoire et mémoire* (Paris, 1988).

–, *La Nouvelle Histoire* (Paris, 1988).

Lely, Gilbert, *Vie du marquis de Sade*, 2 vol. (Paris, 1952-1957).

Lever, Maurice, *Donatien François marquis de Sade* (Paris, 2003).

Lojkine, Stéphane (éd.), *L'Ecran de la représentation: théorie littéraire, littérature et peinture du XVIe au XXe siècle* (Paris, 2001).

Loty, Laurent, 'Pour l'indisciplinarité', *SVEC* 2005:04, p.245-59.

Lukacs, Georg, *Der historische Roman* (Berlin, 1955), traduit par Robert Saillay, *Le Roman historique* (Paris, 1965).

Mantion, Jean-Rémy, 'L'œil: modes d'emploi: les psychés de Louis-Sébastien Mercier', dans *Louis-Sébastien Mercier, un hérétique en littérature*, éd. Jean-Claude Bonnet (Paris, 1995), p.153-98.

Marnhac, Anne de, *Séducteurs et séductrices: de Casanova à Lolita* (Paris, 2002).

Mathiez, Albert, *La Révolution française*, 3 vol. (Paris, 1922-1927).

Mercier, Louis-Sébastien, *Mon bonnet de nuit*, éd. Jean-Claude Bonnet (Paris, 1994).

–, *Le Nouveau Paris*, éd. Jean-Claude Bonnet (Paris, 1994).

–, *Tableau de Paris*, t.2 (Paris, 1783).

–, *Tableau de Paris*, éd. J.-C. Bonnet, 2 vol. (Paris, 1994).

Molino, Jean, 'Histoire, roman, formes intermédiaires', dans *L'Histoire comme genre littéraire*, t.1: *Mesure* (Paris, 1989), p.57-75.

Mongin, Olivier, 'Une mémoire sans histoire? Vers une autre relation à l'histoire', *Esprit* (mars-avril 1993), p.102-13.

Monory, Jacques, *Etudes sur Sade-Révolution-impossible* (Paris, 1989).

Montalbetti, Christine, 'Fiction, réel, référence', *Littérature* 123 (septembre 2001), p.44-55.

Néret, Gilles, *Aubrey Beardsley* (Cologne, Lisbonne et Paris, 1998).

Nollet, Jean-Antoine, *Leçons de physique expérimentale*, 6. vol. (Paris, Guérin et Delatour, 1755).

Nora, Pierre, *Les Lieux de mémoire*, t.1: *La République*; t.2: *La Nation*; t.3: *Les France* (Paris, 1984-1993).

Ozouf, Mona, *Les Aveux du roman: le dix-neuvième siècle entre ancien régime et Révolution* (Paris, 2001).
–, *La Fête révolutionnaire, 1789-1799* (Paris, 1976).

Parent, Mimi, *Très riches heures du marquis de Sade* (Paris, 1989).
Pavel, Thomas, 'Les études culturelles: une nouvelle discipline?', *Critique* 545 (octobre 1995), p.731-42.
Pératé, André, *Le Château de Versailles et les Trianons* (1965).
Peyrache-Leborgne, Dominique, et Daniel Couégnas (éd.), *Récit et Histoire* (Nantes, 2000).
Peyraube, Emmanuelle, *Le Harem des Lumières: l'image de la femme dans la peinture orientaliste du XVIIIe siècle* (Paris, 2008).
Picard, Michel, *Lire le temps* (Paris, 1989).
Pitaval, François Gayot de, *L'Art d'orner l'esprit en l'amusant, ou Nouveau choix de traits vifs, saillants et légers, soit en vers, soit en prose*, 2 vol. (Paris, Briasson, 1728).
Polan, Dana, 'La poétique de l'Histoire: *Metahistory* de Hayden White', *Iris* 2, 'Pour une théorie de l'histoire du cinéma' (2e semestre 1984), p.31-40.
Pollio, Joseph, et Adrien Marcel, *Le Bataillon du dix août* (Paris, 1881).
Porret, Michel (éd.), *Sens des Lumières* (Paris, 2007).
Porter, Roy, 'Angleterre', dans *Dictionnaire européen des Lumières*, éd. Michel Delon (Paris, 1997), p.80-84.
Praz, Mario, *Scene di conversazione* (Rome, 1970).
Proust, Marcel, *Essais et articles*, Bibliothèque de la Pléiade (Paris, 1971).

Rancière, Jacques, *Les Mots de l'histoire: essai de poétique du savoir* (Paris, 1992).
Revel, Jacques (éd.), *Jeux d'échelles: la micro-analyse à l'expérience* (Paris, 1996).
–, et Lynn Hunt, *Histories: French constructions of the past* (New York, 1995).
Rey, Alain (éd.), *Le Robert: dictionnaire historique de la langue française* (Paris, 1993).
Ricœur, Paul, 'L'écriture de l'histoire et la représentation du passé', *Le Monde* (15 juin 2000).
–, 'Histoire et mémoire', dans *De l'histoire au cinéma*, éd. Antoine de Baecque et Christian Delage (Paris et Bruxelles, 1998), p.17-29.
–, *La Mémoire, l'histoire, l'oubli* (Paris, 2000).
–, *Temps et récit*, t.1: *L'Intrigue et le récit historique*; t.2: *La Configuration dans le récit de fiction*; t.3: *Le Temps raconté* (Paris, 1983-1985).
Roger, Philippe, '*Tableau* contre tableaux: la querelle des images selon Louis-Sébastien Mercier', *Cahiers de l'AIEF* 58 (2006), p.121-40.
Rorty, Richard, 'Le parcours du pragmatiste', dans *Interprétation et surinterprétation*, éd. Umberto Eco (Paris, 1995), p.97-98.
Rousseau, Jean-Jacques, *La Nouvelle Héloïse* (Paris, 2002).
Roux, Jean-Pierre, et Jean-François Sirinelli, *Pour une histoire culturelle* (Paris, 1997).

Sabatier, Gérard, *Versailles, ou la Figure du roi* (Paris, 1999).
Sade, Donatien-Alphonse-François, marquis de, *L'Aigle, mademoiselle*, éd. Gilbert Lely (Paris, 1949).
–, 'Lettre de la prison de Vincennes', dans *Lettres et mélanges littéraires*, éd. Georges Daumas et Gilbert Lely (Paris, 1980), p.238.
–, *Lettres à sa femme* (Arles, 2007).
–, *L'Œuvre du marquis de Sade*, avec pages choisies, introduction, essai biographique et notes de Guillaume Apollinaire (Paris, 1909).

Sahagun, Bernardino de, *Histoire générale de la Nouvelle Espagne*, traduit de l'espagnol par D. Jourdanet et R. Siméon (Paris, 1991).

Saint-Just, Louis Antoine Léon de, *L'Esprit de la Révolution* (Paris, 1963).

Samoyault, Thiphaine, 'Fiction et abstraction', *Littérature* 123 (septembre 2001), p.56-66.

Scherer, Jacques, *La Dramaturgie classique en France* (Paris, 1959).

Simmel, Georg, *La Forme de l'Histoire et autres essais* (Paris, 2004).

Sloterdijk, Peter, *Sphären*, t.3: *Schäume* (Francfort, 2003), traduit par Olivier Mannoni, *Sphères*, t.3: *Ecumes* (Paris, 2005).

Sollers, Philippe, *Sade contre l'Etre suprême* (Paris, 1996).

Starobinski, Jean, 'Canova et les dieux absents', dans *1789: les emblèmes de la raison* (Paris, 1979), p.105-13 (109).

–, *Les Enchanteresses* (Paris, 2005).

–, 'L'espace humain du XVIIIe siècle', dans *L'Invention de la liberté, 1700-1789* (Paris, 2006), p.13-14.

–, *L'Invention de la liberté* (Genève, 1987).

–, *L'Invention de la liberté, 1700-1789*, suivi de *1789: les emblèmes de la raison*, édition revue et corrigée (Paris, 2006).

Todorov, Tzvetan, *L'Esprit des Lumières* (Paris, 2006).

Topor, Roland, *Pense-bêtes* (Paris, 1992).

Vaillant, Frantz, *Roland Topor, ou le Rire étranglé* (Paris, 2007).

Versini, Laurent, '*Le Roman le plus intelligent*': *les Liaisons dangereuses de Laclos* (Paris, 1998).

Veyne, Paul, *Comment on écrit l'histoire* (Paris, 1978).

Vitez, Antoine, 'Des classiques (I)', dans *Le Théâtre des idées* (Paris, 1992).

Voltaire, *Correspondence and related documents*, éd. Th. Besterman, dans *Œuvres complètes de Voltaire*, t.85-135 (Oxford, 1968-1977).

–, *Questions sur l'Encyclopédie* (Amsterdam, M.-M. Rey, 1771-1772).

White, Hayden, *Metahistory: the historical imagination in nineteenth century Europe* (Baltimore, MD, 1973).

Zemon Davis, Natalie, 'Métissage culturel et méditation historique', conférences Marc Bloch 1995, disponibles sur le site http://cmb.ehess.fr/document114.html.

–, *Society and culture in early modern France* (Stanford, CA, 1965).

ii. Histoire, cinéma, audiovisuel

Abrash, Barbara, et Daniel Walkowitz, 'Narration cinématographique et narration historique, la (sub)version de l'histoire', *Vingtième siècle* 46 (avril-juin 1995), p.14-24.

Adler, Otto J. *et al.*, 'L'imagologie dynamique: ellipse sur l'analyse de l'*histoire embobinée*', *Iris* 2, 'Pour une théorie de l'histoire du cinéma' (2e semestre 1984), p.127-36.

Allen, Robert, et Douglas Gomery, *Film history: theory and practice* (New York, 1985).

Altman, Rick, 'Toward a theory of the history of representational technologies', *Iris* 2, 'Pour une théorie de l'histoire du cinéma' (2e semestre 1984), p.111-25.

Amengual, Barthélemy, *Du réalisme au cinéma*, anthologie établie par Suzanne Liandrat-Guigues (Paris, 1997).

Artaud, Antonin, *Théâtre de la cruauté* (Paris, 1932).
Aubert, Michelle, et Jean-Claude Seguin (éd.), *La Production cinématographique des frères Lumière* (Paris, 1995).
Aumont, Jacques, 'Comment on écrit l'histoire', *Cahiers du cinéma* 238 (mai 1972), p.64-71.
–, 'L'enfance de l'art', dans *A quoi pensent les films*, éd. Jacques Aumont (Paris, 1996), p.241-62.
–, 'L'invention du lieu: *Moïse et Aaron* de Danièle Huillet et Jean-Marie Straub', dans *A quoi pensent les films*, éd. Jacques Aumont (Paris, 1996), p.221-40.
– (éd.), *La Mise en scène* (Bruxelles, 2000).
– (éd.), 'La mise en scène comme concept du cinéma', dans *La Mise en scène*, éd. Jacques Aumont (Bruxelles, 2000), p.107-215.
–, 'La mise en scène feuilletée', dans *La Mise en scène*, éd. Jacques Aumont (Bruxelles, 2000), p.127-42.
–, *L'Œil interminable* (Paris, 1995).
– (éd.), *Le Théâtre dans le cinéma*, conférences du Collège d'histoire de l'art cinématographique (Paris, 1993).

Bächler, Odile, Claude Murcia et Francis Vanoye, *Cinéma et audio-visuel: nouvelles images, approches nouvelles* (Paris, 2000).
Baecque, Antoine de, 'A la recherche d'une forme cinématographique de l'histoire: Stanley Cavell', *La Projection du monde. Réflexions sur l'ontologie du cinéma* (Paris, 1999); Jacques Aumont, *Amnésies: fictions du cinéma d'après Jean-Luc Godard* (Paris, 1999); Jean-Luc Godard, *Histoire(s) du cinéma* (Paris, 1999), *Critique* 632-33, 'L'Envers de l'Histoire' (2000), p.154-65.
–, *L'Histoire-caméra* (Paris, 2008).
–, et Christian Delage (éd.), *De l'histoire au cinéma* (Paris et Bruxelles, 1998).
Barta, Tony, *Screening the past: film and the representation of history* (Westport, CT, 1998).
Barthes, Roland, *La Chambre claire: note sur la photographie* (Paris, 1980).
–, 'Le troisième sens: notes de recherche sur quelques photogrammes de S. M. Eisenstein', dans *Essais critiques*, t.3: *L'Obvie et l'obtus* (Paris, 1982), p.43-58.
Bazin, André, 'Ontologie de l'image photographique', dans *Qu'est-ce que le cinéma?* (1952; Paris, 1993), p.9-17.
–, 'Pour un cinéma impur. Défense de l'adaptation', dans *Qu'est-ce que le cinéma?* (Paris, 1993), p.81-107.
–, 'Théâtre et cinéma', dans *Qu'est-ce que le cinéma?* (1951; Paris, 1993), p.129-78.
Bernard, André, et Claude Gauteur (éd.), *Le Cinéma et moi*, préface de François Truffaut (Paris, 1977).
Bernardi, Sandro, *Kubrick e il cinema come arte del visibile* (Parme, 1990), traduit par Laure Raffaeli-Fournier, *Le Regard esthétique, ou la visibilité selon Kubrick* (Paris, 1994).
Beylot, Pierre, et Raphaëlle Moine (éd.), *Les Fictions patrimoniales sur grand et petit écran: contours et enjeux d'un genre intermédiatique* (Bordeaux, 2009).
Bonitzer, Pascal, 'Hors champ', *Cahiers du cinéma* 234-35 (janvier-février 1972), p.15-26.
Bonnet, Jean-Claude, 'Diderot a inventé le cinéma', *Recherches sur Diderot et l'Encyclopédie* 18-19 (octobre 1995), p.27-33.
Bontemps, Jacques, 'Une gravité enjouée', *Cahiers du cinéma* 173 (décembre 1965), p.102-109.
Bordat, D., et F. Boucrot, *Le Théâtre d'ombres* (Paris, 1981).
Borges, Jorge Luis, *Œuvres complètes* (Paris, 1993).

Boureau, Alain, *Le Simple Corps du roi* (Paris, 1990).
Bourget, Jean-Loup, *L'Histoire au cinéma: le passé retrouvé* (Paris, 1992).
Bruno, Giuliana, 'Towards a theorization of film history', *Iris* 2, 'Pour une théorie de l'histoire du cinéma' (2e semestre 1984), p.41-55.

Les Cahiers de la cinémathèque 35-36, 'Cinéma et Histoire' (1982).
Les Cahiers de la cinémathèque 42-43, 'Cinéma et Histoire, le Moyen-Age au cinéma' (1985).
Cahiers du cinéma hors série, 'Le siècle du cinéma', dossier dirigé par Antoine de Baecque (novembre 2000).
Carnes, Mark (éd.), *Past imperfect: history according to the movies* (New York, 1995).
Casetti, Francesco, *Dentro lo sguardo* (Milan, 1986), traduit par Jean Chateauvert et Martine Joly, *D'un regard l'autre: le film et son spectateur* (Lyon, 1990).
Cavell, Stanley, *The World viewed: reflections on the ontology of film* (Cambridge, MA, 1971), traduit par Christian Fournier, *La Projection du monde* (Paris, 1999).
Ceram, C. W., *Archéologie du cinéma* (Paris, 1966).
Cerisuelo, Marc, *Hollywood à l'écran: essai de poétique historique des films: l'exemple des métafilms américains* (Paris, 2000).
Chion, Michel, *Le Son au cinéma* (Paris, 1985).
Chirat, R. (éd.), *La IVe République et ses films* (Paris, 1985).
Church Gibson, Pamela, ' Crise d'identité nationale et genèse du film patrimonial: *The Scarlet Pimpernel*, *Robin Hood* et le public britannique des années cinquante', dans *Les Cinémas européens des années cinquante*, éd. Jean-Pierre Bertin-Maghit (Paris, 2000), p.227-39.

Cieutat, Michel, 'Les biopics de 1930 à 1960, ou le dopage d'une nation', *Positif* 540, 'La biographie filmée', dossier dirigé par Michel Ciment (février 2006), p.82-85.
CinémAction 65, 'Cinéma et histoire: autour de Marc Ferro', dossier dirigé par François Garçon (4e trimestre 1992).
Cinémathèque française 3, 'Le théâtre dans le cinéma' (1992).
Clerc, Jeanne-Marie, et Monique Carcaud-Macaire, *L'Adaptation cinématographique et littéraire* (Paris, 2004).
Comolli, Jean-Louis, 'Le passé filmé', *Cahiers du cinéma* 277-78 (1977), p.5-14.
–, 'Retour à Tours, ou Vanité du portrait', *Cahiers du cinéma* 177 (avril 1966), p.17-19.
–, 'Technique et idéologie: caméra, perspective, profondeur du champ', *Cahiers du cinéma* 229 (mai 1971), p.5-21.
–, 'Technique et idéologie', *Cahiers du cinéma* 230 (juillet 1971), p.51-57.
–, 'Technique et idéologie', *Cahiers du cinéma* 231 (août-septembre 1971), p.42-49.
–, 'Technique et idéologie', *Cahiers du cinéma* 233 (novembre 1971), p.39-45.
–, 'Technique et idéologie', *Cahiers du cinéma* 241 (septembre-octobre 1972), p.20-24.

Dallet, Sylvie (éd.), *Guerres révolutionnaires: histoire et cinéma* (Paris, 1984).
Delage, Christian, 'La caméra explore le temps', *Textes et documents pour la classe* 932 (15 mars 2007), p.6-13.
–, 'Cinéma, enfance de l'Histoire', dans *De l'histoire au cinéma*, éd. Antoine de Baecque et Christian Delage (Paris et Bruxelles, 1998), p.61-98.
–, 'Cinéma, Histoire: la réappropriation des récits', *Vertigo*

16, 'Le Cinéma face à l'Histoire' (1997), p.12-22.
–, 'Temps de l'histoire, temps du cinéma', *Vingtième siècle* 46 (avril-juin 1995), p.25-35.
–, et Vincent Guigueno, *L'Historien et le film* (Paris, 2004).
Duby, Georges, 'L'historien devant le cinéma', *Le Débat* 30 (mai 1984), p.83.

Elsaesser, Thomas, 'Europe haunted by history and empire', dans *European cinema face to face with Hollywood* (Amsterdam, 2005), p.373-433.
Esnaut, Philippe, 'Le jeu de la vérité', *L'Avant-scène cinéma* 52 (1 octobre 1965), p.10.
Esquenazi, Jean-Pierre, 'Un cinéma de l'après-guerre', dans *Nouvelle Vague, nouveaux rivages: permanences du récit au cinéma (1950-1970)*, éd. Jean Cléder et Gilles Mouëllic (Rennes, 2001), p.245-57.
–, *Film, perception et mémoire* (Paris, 1994).

Farge, Arlette, 'Ecriture historique, écriture cinématographique', dans *De l'histoire au cinéma*, éd. Antoine de Baecque et Christian Delage (Paris et Bruxelles, 1998), p.111-25.
Ferro, Marc, *Cinéma et histoire* (1977; Paris, 1998).
–, 'Cinéma et histoire', dans *Dictionnaire des sciences historiques* (Paris, 1986).
–, 'Cinéma/télévision: les formes de l'histoire', disponible sur le site http://www.imageson.org/document503.html.
–, 'Le film, une contre-analyse de la société?', dans *Cinéma et histoire, nouvelle édition refondue* (Paris, 1993), p.31-62.
–, 'Y a-t-il une vision filmique de l'Histoire?', dans *L'Histoire sous surveillance* (Paris, 1985), p.105-130.
Fish, Stanley, *Quand dire c'est faire: l'autorité des communautés interprétatives* (Paris, 2007).

Genette, Gérard, *Métalepse: de la figure à la fiction* (Paris, 2004).
Géré, Francis, 'La reconstitution n'aura pas lieu', dans *Le Cinéma*, éd. Claude Beylie et Philippe Carcassonne (Paris, 1983).
Gili, Jean A., 'Marco Ferreri "ambientatore": l'utilisation du décor naturel dans les films de Marco Ferreri', dans *La Mise en scène*, éd. Jacques Aumont (Bruxelles, 2000), p.99-106.
Gomery, Douglas, 'Film culture and industry: recent formulations in economic history', *Iris* 2, 'Pour une théorie de l'histoire du cinéma' (2e semestre 1984), p.17-29.
Grindon, Leger, *Shadows on the past: studies in the historical fiction film* (Philadelphie, PA, 1994).
Guibbert, Pierre, 'Le film de cape et d'épée', *CinémAction* 68, 'Panorama des genres au cinéma' (3e trimestre 1993), p.154-59.
Gunning, Tom, 'Pathé and the cinematic tale: storytelling in the early cinema', dans *La Firme Pathé Frères 1896-1914*, éd. Michel Marie et Laurent Le Forestier, avec la collaboration de Catherine Schapira (Paris, 2004), p.193-204.

Hall, Sheldon, 'The wrong sort of cinema: refashioning the heritage film debate', dans *The British cinema book*, éd. Murphy Robert (Londres, 2001).
Harper, Sue, *Picturing the past: the rise and fall of the British costume film* (Londres, 1994).
Higson, Andrew, 'The concept of national cinema', *Screen* 30:4 (automne 1989), p.36-46.
–, *English heritage, English cinema: the costume drama in the 1980's and 1990's* (Oxford, 2003).
–, 'Re-presenting the national past:

nostalgia and pastiche in the heritage film', dans *Fires were started: British cinema and Thatcherism*, éd. Lester Friedman (Minneapolis, MN, 1993), p.109-29.

Humbert, E. Brigitte, 'History on film and cultural identity: *The Return of Martin Guerre* and *Sommersby*', *Film criticism* 26:1 (automne 2001), p.223-35.

Ishaghpour, Youssef, *Historicité du cinéma* (Tours, 2004).

Jomand-Baudry, Régine, et Martine Nuel (éd.), *Images des Lumières: écriture et écrivains du dix-huitième siècle au cinéma* (Lyon, 2009).

La Bretèque, François Amy de, 'Contours et figures d'un genre', dans *Les Cahiers de la cinémathèque* 45, 'Le cinéma des grands hommes' (1986), p.93-97.

–, 'Du *Miracle des loups* au *Pacte des loups*: comment une série (les films d'action français en costumes) a pu parvenir finalement à se constituer en genre', dans *Le Cinéma français face aux genres*, éd. Raphaëlle Moine (Paris, 2005), p.175-87.

–, 'Le film en costumes: un bon objet?', *CinémAction* 65, 'Cinéma et histoire, autour de Marc Ferro', dossier dirigé par François Garçon (4e trimestre 1992), p.111-22.

–, *L'Imaginaire médiéval dans le cinéma occidental* (Paris, 2004).

Lagny, Michèle, *De l'Histoire du cinéma: méthode historique et histoire du cinéma* (Paris, 1992).

–, 'La double mise en scène de l'histoire au cinéma', dans *La Mise en scène*, éd. Jacques Aumont (Bruxelles, 2000), p.289-301.

–, 'Les Français en focalisation interne', *Iris* 2, 'Pour une théorie de l'histoire du cinéma' (2e semestre 1984), p.85-98.

–, 'L'histoire contre l'image, l'image contre l'histoire', dans *Film/mémoire*, éd. Michèle Lagny, Marie-Claire Ropars et Pierre Sorlin (Paris, 1991).

–, 'Histoire et cinéma: des amours difficiles', *CinémAction* 47, 'Les théories du cinéma aujourd'hui' (1988), p.73-78.

–, 'Histoire, histoire culturelle et sémiologie', dans *Cinéma et audio-visuel: nouvelles images, approches nouvelles*, éd. Odile Bächler, Claude Murcia et Francis Vanoye (Paris, 2000), p.123-33.

–, Marie-Claire Ropars et Pierre Sorlin (éd.), *Film/mémoire* (Paris, 1991).

Landy, Marcia, *Cinematic uses of the past* (Minneapolis, MN, 1996).

– (éd.), *The Historical film: history and memory in media: the depth of film series* (Nouveau Brunswick, 2001).

Lang, Andrea, 'La pudeur contre le charme: *Sissi* et *Louise*, deux paradigmes, deux pays, deux films', dans *Les Cinémas européens des années cinquante*, éd. Jean-Pierre Bertin-Maghit (Paris, 2000), p.253-63.

–, et Franz Marksteiner, 'Le plus vieil empereur du monde', dans *Les Cinémas européens des années cinquante*, éd. Jean-Pierre Bertin-Maghit (Paris, 2000), p.241-52.

Leutrat, Jean-Louis, *Le Cinéma en perspective: une histoire* (Paris, 2005).

Liandrat-Guigues, Suzanne, et Jean-Louis Leutrat, *Penser le cinéma* (Paris, 2001).

Mamber, Stephen, 'In search of radical metacinema', dans *Comedy / cinema / theory*, éd. Andrew S. Horton (Berkeley, CA, 1991), p.79-90.

Mannoni, Laurent, *Le Grand Art de la lumière et de l'ombre: archéologie du cinéma* (Tours, 2000).

Martin, Frédéric, *L'Antiquité au cinéma* (Paris, 2002).

Meister, Jan Christoph, 'Le *Metalepticon*: une étude informatique de la métalepse', dans *Métalepses: entorses au pacte de la représentation*, éd. John Pier et Jean-Marie Schaeffer (Paris, 2005), p.246.

Metz, Christian, *L'Enonciation impersonnelle, ou le Site du film* (Paris, 1991).

Moine, Raphaëlle, 'La fonction mémorielle du film d'époque', *Textes et documents pour la classe* 932, 'L'Histoire au cinéma' (15 mars 2007), p.14-15.

–, 'Sacha Guitry et le "film conférence": *Ceux de chez nous* (1915-1952)', dans *Cinéma et littérature: d'une écriture l'autre*, éd. Laurence Schifano (Paris, 2002), p.37-50.

Monk, Claire, 'The British heritage-film debate revisited', dans *British historical cinema*, éd. Claire Monk and Amy Sargeant (Londres et New York, 2002), p.177-80.

–, and Amy Sargeant (éd.), *British historical cinema* (Londres et New York, 2002).

Morin, Edgar, *Le Cinéma, ou l'Homme imaginaire: essai d'anthropologie* (Genève, 1968).

Morley, David, and Kevin Robins (éd.), *British cultural studies* (Oxford, 2001).

Murphy, Robert (éd.), *The British cinema book*, 2e éd. (Londres, 2001).

Nacache, Jacqueline (éd.), *L'Analyse de films en question: regards, champs, lectures* (Paris, 2006).

La Nouvelle revue d'histoire 23, 'Le cinéma et l'histoire' (mars-avril 2006).

Oberthür, Marianne, *Le Chat Noir 1881-1897* (Paris, 1992).

Oms, Marcel, (éd.), 'Cinéma et histoire, histoire du cinéma', *Les Cahiers de la cinémathèque, Revue d'histoire du cinéma*, 10-11 (Perpignan, été-automne 1973).

–, 'L'historicité est multiple', *CinémAction* 65, cinéma et histoire autour de Marc Ferro' (4e trimestre 1992), p.41-44.

Païni, Dominique (éd.), *Projections, les transports de l'image* (s.l., 1997).

Panofsky, Erwin, *La Perspective comme forme symbolique* (Paris, 1976).

Positif 189, 'Cinéma et histoire' (janvier 1977).

Positif 540, 'La biographie filmée', dossier dirigé par Michel Ciment (février 2006), p.80-110.

Positif 548, 'La Belle Epoque à l'écran', dossier dirigé par Alain Masson (octobre 2006), p.86-111.

Prieur, Jérôme, 'La chambre noire de Robertson', *Vertigo* 10, 'Le siècle du spectateur' (1993), p.12-13.

–, *Séance de lanterne magique* (Paris, 1985).

Prodromidès, François, 'Le témoin de l'histoire: image et montage de l'histoire dans l'œuvre de Wajda', *Vertigo* 16, 'Image et Histoire' (1997), p.165-71.

Rancière, Jacques, *La Fable cinématographique* (Paris, 2001).

–, 'La fiction difficile', *Cahiers du cinéma* 521 (février 1998), p.41-43.

–, 'L'historicité du cinéma', dans *De l'histoire au cinéma*, éd. Antoine de Baecque et Christian Delage (Paris et Bruxelles, 1998), p.45-60.

Reader, Keith, *Cultures on celluloid* (Londres, 1981).

Remise, P., et R. Van der Walle, *Magie lumineuse, du théâtre d'ombres à la lanterne magique* (Paris, 1979).

Revue d'histoire moderne et contemporaine 51-54, 'Pour une histoire cinématographique de la France', dossier dirigé par Christophe Gauthier, Pascal Ory et Dimitri Vezyroglou (2004).

La Revue du cinéma 312, 'Cinéma et histoire' (décembre 1976).

Rittaud-Huttinet, Jacques, *Le Cinéma des origines* (Paris, 1995).

Rodowick, David N., 'Historical knowing in film', *Iris* 2, 'Pour une théorie de l'histoire du cinéma' (2e semestre 1984), p.2-4.

Rosen, Philip, 'History, textuality, nation: Kracauer, Burch, and some problems in the study of national cinemas', *Iris* 2, 'Pour une théorie de l'histoire du cinéma' (2e semestre 1984), p.69-84.

Rosenstone, Robert A., 'Like writing history with lighting: film historique/vérité historique', *Vingtième siècle* 46 (avril-juin 1995), p.162-75.

– (éd.), *Revisioning history: film and the construction of a new past* (Princeton, NJ, 1995).

– (éd.), *Visions of the past: the challenge of film to our idea of history* (Cambridge, MA, 1995).

Rother, Rainer (éd.), *Bilder schreiben Geschichte: der Historiker im Kino* (Berlin, 1991).

–, 'Kühler Blick auf fremde Welt', dans *Stanley Kubrick*, éd. Andreas Kilb et R. Rother (Berlin, 1999), p.181-94.

–, 'Der Stilist', dans *Stanley Kubrick*, éd. Andreas Kilb et R. Rother (Berlin, 1999), p.256-60.

Ryan, Marie-Laure, 'Logique culturelle de la métalepse ou la métalepse dans tous ses états', dans *Métalepses: entorses au pacte de la représentation*, éd. John Pier et Jean-Marie Schaeffer (Paris, 2005), p.207.

Sadoul, Georges, 'Un film néo-romantique "Les Cousins", film français de Claude Chabrol', *Lettres françaises* (19 mars 1959).

Salès-Gomès, Paulo-Emilio, *Jean Vigo* (1957; Paris, 1988).

Schéfer, Jean-Louis, *Cinématographies: objets périphériques et mouvements annexes* (Paris, 1998).

–, *L'Homme ordinaire du cinéma* (Paris, 1997).

Schifano, Laurence, 'Passages des Lumières, voies filmiques du moderne, dans *Filmer le dix-huitième siècle*, éd. Martial Poirson et Laurence Schifano (Paris, 2009).

Searles, Baird, *Epic: history on the big screen* (New York, 1990).

Sellier, Geneviève, *La Nouvelle Vague: un cinéma au masculin singulier* (Paris, 2005).

Siclier, Jacques, *Nouvelle Vague?* (Paris, 1961).

Simsolo, Noël, '*Ceux de chez nous* est diffusé à l'ORTF', *Cahiers du cinéma*, numéro spécial: '100 journées qui ont fait le cinéma' (janvier 1995).

Sorlin, Pierre, 'Clio à l'écran ou l'historien dans le noir', *Revue d'histoire moderne et contemporaine* 21 (avril-juin 1974), p.252-78.

–, *European cinemas, European societies, 1939-1990* (Londres, 1991).

–, *The Film in history: restaging the past* (Oxford, 1980).

–, *Sociologie du cinéma, ouverture pour l'histoire de demain* (Paris, 1977).

–, et Marie-Claire Ropars (éd.), *La Révolution figurée: film, histoire, politique* (Paris, 1979).

Souriau, Etienne, 'La structure de l'univers filmique et le vocabulaire de la filmologie', *Revue internationale de filmologie* 7-8 (1951), p.231-40.

Tesson, Charles, 'L'homme qui aimait les mots', *Cahiers du cinéma* 471 (septembre 1993), p.84-89.

Truffaut, François, 'Si Versailles m'était conté', *Cahiers du cinéma* 34 (avril 1954), p.64.

Veray, Laurent, 'Le cinéma est-il utile à la compréhension de l'Histoire?', dans *L'Analyse de films en question: regards, champs, lectures*, éd. Jacqueline Nacache (Paris, 2006), p.169-202.

–, 'Le film historique français des

origines aux années 20: évolution esthétique et idéologique d'un genre', dans *Le Cinéma français face aux genres*, éd. Raphaëlle Moine (Paris, 2005), p.191-203.

Vernisse, Caroline, 'Paradoxe d'un genre renaissant en France: la biographie filmée', dans *Le Cinéma français face aux genres*, éd. Raphaëlle Moine (Paris, 2005), p.141-50.

Vertigo 16, 'Le cinéma face à l'Histoire', dossier dirigé par Christian Delage (1997).

Vidal, Jordi, 'Mensonge et guerre sociale: la fin d'un monde', dans *Traité du combat moderne, films et fictions de Stanley Kubrick* (Paris, 2005), p.56-58.

Vidal, Marion, *Les Contes moraux d'Eric Rohmer* (Paris, 1977).

Vincendeau, Ginette, *Film/literature/heritage* (Londres, 2001).

–, 'Un genre qui fait problème: le *heritage film*: la critique face à un genre populaire des deux côtés de la Manche', dans *Le Cinéma français face aux genres*, éd. Raphaëlle Moine (Paris, 2005), p.131-41.

Vingtième siècle 46, 'Cinéma, le temps de l'histoire', dossier dirigé par Christian Delage et Nicolas Roussellier (avril-juin 1995).

Vingtième siècle 72, 'Image et Histoire', dossier dirigé par Christian Delage, Laurence Bertrand-Dorléac et Gunthert André (octobre-décembre 2001).

Williams, Alan, *Film and nationalism* (Londres, 2002).

Zemon Davis, Natalie, *The Return of Martin Guerre* (Cambridge, MA, 1983).

iii. Cinéma et dix-huitième siècle

Allio, René, *Carnets*, extraits choisis par Arlette Farge (Paris, 1991).

–, et Guy Gauthier, 'René Allio: *Un médecin des Lumières*', *La Revue du cinéma* 447 (mars 1989), p.49-55.

–, et Jean Jourdheuil, *Un médecin des Lumières* (Paris, 1988).

Amiel, Mireille, 'Barry Lyndon', *Témoignage chrétien* (7 octobre 1976).

Audiberti, Jacques, 'Billet XV, *Cahiers du cinéma* 56 (février 1956), p.24.

Baby, Yvonne, 'Les "Liaisons dangereuses" de Laclos (version 1958)', *Le Monde* (3 décembre 1958).

Baecque, Antoine de, *Les Eclats du rire: la culture des rieurs au XVIIIe siècle* (Paris, 2000).

Baldizzone, José, 'Hollywood escamote la Révolution française', *Les Cahiers de la cinémathèque* 53,

'Regards sur la Révolution' (décembre 1989), p.67-68.

Baldizzone, José, et Francis Desbarats (éd.), 'L'Ancien régime au cinéma', *Les Cahiers de la cinémathèque* 51-52 (Perpignan, mai 1989).

Baroncelli, Jean de, 'Une comédie humaine que les pantins animent', *Le Monde* (9 septembre 1976).

Bégaudeau, François, 'Esquives (retour sur un film dont on parle)', *Cahiers du cinéma* 592 (juillet-août 2004), p.78-81.

Bernardi, Sandro, *Le Regard esthétique, ou la visibilité selon Kubrick* (Paris, 1994).

Bernet, Philippe, '"Barry Lyndon": tam-tam funèbre d'une Europe qui se meurt', *L'Aurore* (6 septembre 1976).

Bertheuil Bruno, 'D'Albert Mathiez à Jean Renoir, inspirations et interprétations historiques autour de *La Marseillaise*', *Les Cahiers de la cinémathèque* 53, 'Regards sur la Révolution' (décembre 1989), p.87-98.

Boes, Anne, *La Lanterne magique de l'Histoire: essai sur le théâtre historique en France (1750-1789)*, SVEC 213 (1982).

Bonnet, Jean-Claude, et Philippe Roger (éd.), *La Légende de la Révolution au XXe siècle: de Gance à Renoir, de Romain Rolland à Claude Simon* (Paris, 1988).

Bory, Jean-Louis, 'La foire aux vanités', *Le Nouvel Observateur* (13 septembre 1976).

Bresson, Robert, et Paul Guth, *Autour des 'Dames du Bois de Boulogne'* (Paris 1989).

Brook, Peter, 'Melodrama, body, revolution', dans *Melodrama stage, picture, screen* (Londres, 1994).

Cadé, Michel, 'La femme, la Révolution et le cinéma', *Les Cahiers de la cinémathèque* 53, 'Regards sur la Révolution' (décembre 1989), p.37-42.

Les Cahiers de la cinémathèque 53, 'Regards sur la Révolution' (décembre 1989).

Carrière, Jean-Claude, *Raconter une histoire: quelques indications* (Paris, 2001).

Cervoni, Albert, 'L'Histoire au passé', *L'Humanité* (22 septembre 1976).

Changeux, Jean-Pierre, *La Lumière au siècle des Lumières* (Paris, 2005).

Chatel de Brancion, Laurence, *Carmontelle au jardin des illusions* (Saint-Rémy-en-l'Eau, 2003).

–, *Le Cinéma au siècle des Lumières* (Saint-Rémy-en-l'Eau, 2007).

Coppola, Sofia, *Marie-Antoinette* (New York, 2006).

Cosgrove, Peter, 'The cinema of attractions and the novel in "Barry Lyndon" and "Tom Jones"', dans *Eighteenth century fiction on screen*, éd. Robert Mayer (Cambridge, 2002).

Crivello, Maryline, 'La commémoration de la Révolution française à l'écran: l'histoire à la télévision comme reconfiguration du savoir historique', *Recherches en communication* 14, actes du colloque de Louvain d'octobre 2000, 'Télévision et histoire' (septembre 2001).

–, *L'Ecran citoyen: la Révolution française vue par la télévision de 1950 au bicentenaire* (Paris, 1998).

Curchod, Olivier, et Christopher Faulkner, *'La Règle du jeu', scénario original de Jean Renoir* (Paris, 1999).

Dallet, Sylvie, 'Du soldat mercenaire au soldat militant', dans *Guerres révolutionnaires: Histoire et cinéma*, éd. Sylvie Dallet (Paris, 1984), p.35-42.

–, *La Révolution française et le cinéma: de Lumière à la télévision* (Paris, 1989).

Daney, Serge, *L'Exercice a été profitable, Monsieur* (Paris, 1993).

Debord, Guy, *La Société du spectacle* (1967; Paris, 1992).

Delon, Michel, *Point de lendemain*, préface à Vivant Denon (Paris, 1995), p.7-32.

Demangeat, Jean-Loup, 'Barry Lyndon. L'homme naît bon, mais la société...', *Sud Ouest* (27 septembre 1976).

Desvage, Hubert, '*La Marseillaise* et *1788*, deux images de la Révolution française vue par le Parti Communiste', dans *Images de la Révolution française* (Paris, 1988), p.379-87.

Dury, Hélène, 'Barry Lyndon', *Lutte ouvrière* (18 septembre 1976).

Ebert, Roger, '*Tristram Shandy: a cock & bull story*', *Chicago Sun Times* (17 février 2006), p.NC27.

Eisenstein, Sergei, 'Diderot a parlé de cinéma', *Europe* 661, 'Diderot' (1984), p.133-42.

Elliott, Grace, *Journal de ma vie durant la Révolution française*, avec un avant-propos d'Eric Rohmer (Paris, 2001).

Elsaesser, Thomas, 'Rendez-vous with French Revolution: Ettore Scola's *That night in Varennes* (1989)', dans *European cinema face to face with Hollywood* (Amsterdam, 2005), p.407-12.

Erickson, Carolly, '*The Scarlett Empress*', dans *Past imperfect: history according to the movies*, éd. Mark C. Carnes (New York, 1995), p.86-89.

Fellini, Federico, *Il Casanova di Federico Fellini, dal soggetto al film*, éd. Gianfranco Angelucci et Liliana Betti (Bologne, 1977).

Ferro, Marc (éd.), *Révoltes, révolutions, cinéma* (Paris, 1989).

Fisher, Ralf Michael, 'Pictures at an exhibition? Allusions and illusions in *Barry Lyndon*', *Kinematograph* 20, 'Stanley Kubrick' (2004), p.168-83.

Forestier, François, 'Kubrick au XVIIIe', *L'Express* (30 août 1976), p.16-17.

Foucault, Michel, 'Entretien de Guy Gauthier avec Michel Foucault: "Moi, Pierre Rivière"', *La Revue du cinéma* 312 (décembre 1976), p.37-42.

Frears, Stephen, '*Les Liaisons dangereuses*, un film de Stephen Frears', *L'Avant-scène cinéma* 498 (janvier 2001).

Frohock, Richard, 'Adaptation and cultural criticism: *Les Liaisons dangereuses 1960* and *Dangerous liaisons*', dans *Eighteenth century fiction on screen*, éd. Robert Mayer (Cambridge, 2002).

Garel, Alain, 'Barry Lyndon', *La Revue du cinéma, Image et son* 308 (septembre 1976), p.73-81.

Garrigues, Jean, 'Un siècle d'images républicaines', dans *La Légende de la Révolution au XXe siècle: de Gance à Renoir, de Romain Rolland à Claude Simon* (Paris, 1988), p.200-201.

Garson, Claude, '"Barry Lyndon" (génial Kubrick!)', *L'Aurore* (9 septembre 1976).

Gastellier, Fabian, 'Barry Lyndon', *Jeune cinéma* 97 (septembre-octobre 1976), p.45-47.

Gauteur, Claude, *La Marseillaise, textes inédits* (Paris, 1989).

Gilliam, Terry, *Les Aventures du baron Münchhausen de Terry Gilliam: l'album du film*, éd. Jean-Louis Festijens (Paris, 1989), non paginé.

Godier, Rose-Marie, *L'Automate et le cinéma* (Paris, 2005).

Hayward, Susan, et Phil Powrie, *Studies in French cinema*, t.3 (Londres, 2003).

Humbert, Brigitte E., *De la lettre à l'écran: 'Les Liaisons dangereuses'* (Amsterdam, 2000).

–, 'Patrice Leconte's *Ridicule* – women in the political sphere: transforming memory into modernity?', *Studies in French cinema*, t.3 (Londres, 2003), p.136-37.

Icart, Roger, *La Révolution française à l'écran* (Paris et Milan, 1989).

Jardonnet, Evelyne, 'D'un regard l'autre: de Sade à Pasolini', *Iris* 30, 'L'adaptation cinématographique: questions de méthode, questions esthétiques' (automne 2004), p.129-40.

Keit, Alain, *Le Cinéma de Sacha Guitry: vérités, représentations, simulacres* (Liège, 1999).

Korte, Helmut, 'Intrigues, jalousie: du *Madame Du Barry* de Lubitsch au *Danton* de Behrendt', *Les Cahiers de la cinémathèque* 53, 'Regards sur la Révolution' (décembre 1989), p.43-52.

Kronfol Chourbaji, Ramla, 'La place du français dans le discours de

Youssef Chahine à travers *Le Destin* et *Adieu Bonaparte*', dans *L'Autre en images: idées reçues et stéréotypes*, éd. Elodie Dulac et Delphine Robic-Diaz (Paris, 2005), p.94-104.

La Bretèque, François Amy de, '1789: les prémices – la description de la France prérévolutionnaire par le cinéma', *Les Cahiers de la cinémathèque* 53, 'Regards sur la Révolution' (décembre 1989), p.19-25.

–, 'Théâtre d'ombres, silhouettes et cinéma', dans *La Decima Musa / The Tenth muse: il cinema e le altre arti*, éd. Leonardo Quaresima et Laura Vichi (Udine, 2001), p.507-24.

Lanterne magique et fantasmagorie, Inventaire des collections, Conservatoire national des arts et métiers, Musée national des techniques (Paris, 1990).

Lefere, Robin, '*Les Liaisons dangereuses* cinématographiées: modalités d'un retour au passé', dans *Etudes sur le XVIIIe siècle*, éd. Roland Mortier (Bruxelles, 1994), p.137-45.

Lefèvre, Raymond, *Cinéma et Révolution* (Paris, 1988).

Liandrat-Guigues, Suzanne, 'Devant *La Mort du juste*', *La Licorne* 37, 'L'expression du sentiment au cinéma' (1996), p.115-24.

Magnan, André, 'Sur un Voltaire à la lanterne: petite suite de cinq chapitres pour balancer le plus longtemps possible entre littérature et cinéma', dans *L'Empire du récit: hommage à Francis Vanoye*, éd. Claude Leroy et Laurence Schifano (Paris, 2007), p.225-43.

Mannoni, Laurent, *Trois siècles de cinéma, de la lanterne magique au cinématographe* (Paris, 1995).

Marchand, Jacqueline, 'De Voltaire à Buñuel', *SVEC* 89 (1972), p.1003-16.

–, 'Diderot et le cinéma', *SVEC* 190 (1980), p.244-49.

Mardore, Michel, 'Le plus beau film du droit qui fût au monde', *Le Nouvel Observateur* (1er juillet 1983).

Mayer, Robert (éd.), *Eighteenth century fiction on screen* (Cambridge, 2002).

Meyer, Andrea, indieWIRE, 'Pushing things to their limits: Benoît Jacquot takes on the marquis de Sade', disponible sur le site http://www.indiewire.com/people/int_Jacquot_Benoit_020501.html.

Nancy, Jean-Luc, 'La règle du jeu dans *La Règle du jeu*', dans *De l'histoire au cinéma*, éd. Antoine de Baecque et Christian Delage (Paris et Bruxelles, 1998), p.145-64.

Naulet, Frédéric, 'La guerre terrestre au XVIIIe siècle au cinéma', dans *Le Cinéma et la guerre*, éd. Philippe d'Hugues et Hervé Couteau-Bégarie (Paris, 2006), p.45-61.

Oms, Marcel, 'Fonctions idéologiques de la Révolution française dans le cinéma français', *Les Cahiers de la cinémathèque* 53, 'Regards sur la Révolution' (décembre 1989), p.69-78.

–, 'La Révolution française: lumineuse et terrible', *Les Cahiers de la cinémathèque* 53, 'Regards sur la Révolution' (décembre 1989), p.99-104.

Païni, Dominique, 'Les égarements du regard (à propos des *transparences* chez Hitchcock)', dans *Hitchcock et l'art: coïncidences fatales*, éd. Dominique Païni et Guy Cogeval (Milan, 2000), p.51-78.

Paret, Pierre, '"Barry Lyndon" de Stanley Kubrick (un pur chef-d'œuvre)', *La Marseillaise* (20 septembre 1976).

Pilard, Philippe, *Barry Lyndon: Stanley Kubrick, étude critique* (Paris, 1990).

Poirson, Martial, 'Fiction patrimoniale contrariée pour héroïne paradoxale: *Marie-Antoinette* de Sofia Coppola', dans *Filmer le dix-huitième siècle*, éd. Martial Poirson et Laurence Schifano (Paris, 2009).

–, 'Le grand théâtre d'un tout petit monde: *Marie-Antoinette* de Sofia Coppola', *Théâtres* (printemps 2007), p.128-38.

–, '"Sade chien notoirement rétif": l'envers du processus de civilisation dans *Marquis* de Topor et Xhonneux', dans *Images des Lumières: écriture et écrivains du dix-huitième siècle au cinéma*, éd. Martine Nuel et Régine Jomand-Baudry (Lyon, 2009).

–, et Laurence Schifano (éd.), *Filmer le dix-huitième siècle* (Paris, 2009).

Renoir, Jean, 'La Marseillaise', *L'Avant-scène cinéma* 383-84 (juillet-août 1989), p.132-34.

Reynaud, Denis, 'Voltaire au cinéma', dans *Les Vies de Voltaire: discours et représentations biographiques, XVIIIe-XXIe siècle*, éd. Christophe Cave et Simon Davies, *SVEC* 2008:04, p.423-33.

Rohmer, Eric, *De Mozart en Beethoven: essai sur la profondeur en musique* (Arles, 1996).

Rocherau, Jean, 'Barry Lyndon. Portrait exemplaire d'un anti-héros', *La Croix* (18 septembre 1976).

Roussel, Serge, 'Révoltes religieuses: l'exemple des *Camisards*', dans *Guerres révolutionnaires: Histoire et cinéma*, éd. Sylvie Dallet (Paris, 1984), p.23-30.

Schifano, Laurence, 'Salò-Sade: des écritures en miroir', *Ritm* hors série 6, 'Cinéma et littérature: d'une écriture l'autre' (2002), p.99-112.

Scola, Ettore, Simon Mizrahi et Claude Philippot, *Dossier de presse: La Nuit de Varennes* (Paris et Cannes, 1982).

Scott, Anthony O., 'An unfilmable book, now made into a movie', *The New York Times* (janvier 2006), p.B1-B27.

Singerman, Alan J., 'Manon Lescaut au cinéma: l'abbé Prévost au tournant du siècle', *SVEC* 2000:11, p.369-82.

Thomas, Chantal, '*La Marseillaise* de Jean Renoir: naissance d'un chant', dans *La Légende de la Révolution au XXe siècle* (Paris, 1988), p.116-38.

Thouart, Didier, *L'Ecran de la royauté* (Paris, 1989).

Tortajada, Maria, *Le Spectateur séduit: le libertinage dans le cinéma d'Eric Rohmer* (Paris, 1999).

Tranchant, Marie-Noëlle, 'Barry Lyndon: grandeur et cruauté', *Le Figaro* (15 juin 1983).

Vanoye, Francis, 'L'art de la traque: note sur Allio et Losey', *Double jeu* 2, 'René Allio' (2004).

–, *La Règle du jeu, étude critique* (Paris, 1989).

Vergnon, Gilles, 'Chouans et Vendéens au cinéma', *Les Cahiers de la cinémathèque* 53, 'Regards sur la Révolution' (décembre 1989), p.27-33.

Vertigo 4, 'Les écrans de la Révolution', dossier dirigé par Christian-Marc Bosséno (1989).

Viry-Babel, Roger, *La Victoire en filmant* (Nancy, 1989).

iv. Entretiens et filmographie

Allen, Woody, *Three films of Woody Allen* (New York, 1987).
Amengual, Barthélemy, *René Clair* (Paris, 1963).
Arnaud, Philippe (éd.), *Sacha Guitry, cinéaste* (Locarno, 1993).

Baecque, Antoine de, et Thierry Jousse, 'Jacques Derrida et les fantômes du cinéma', *Cahiers du cinéma* 556, (avril 2001), p.74-85.
Bazin, André, *Jean Renoir* (Paris, 1989).
Beylie, Claude, 'Jean Renoir', *Cinéma d'aujourd'hui* 1 (1975).
Björkman, Stig, *Woody Allen, entretiens avec Stig Björkman* (Paris, 2002).

Castans, Raymond, *Sacha Guitry* (Paris, 1993).
Chion, Michel, *Stanley Kubrick, l'humain, ni plus ni moins* (Paris, 2005).
Ciment, Michel, *Kubrick* (Paris, 1999).
Coppola, Sofia, 'Tout était possible du moment qu'on restait dans l'esprit du film, propos recueillis par Jean-Michel Frodon', *Cahiers du cinéma* 612 (mai 2006), p.24-28.

Dallet, Sylvie, et Francis Gendron, *Filmographie mondiale de la Révolution française* (Montreuil, 1989).
Didi-Huberman, Georges, 'Des gammes anachroniques, entretien avec Robert Maggiori', *Libération* (23 novembre 2000), texte repris dans la plaquette accompagnant en décembre 2000 la sortie de Georges Didi-Huberman, *Devant le temps*, p.3-6.
Douchet, Jean, et Jacques Lassalle, 'Goldoni, source de cinéma: la mise en scène et le film *La Serva amorosa* de Goldoni, Marivaux: le théâtre et le cinéma, entretien à partir des questions de Corinne Denailles et Jean-Claude Lallias', *Théâtre aujourd'hui* 11: 'De la scène à l'écran' (2007), p.86-94.

Farge, Arlette, 'Le cinéma est la langue maternelle du XXe siècle, propos recueillis par Antoine de Baecque', *Cahiers du cinéma* hors série, 'Le siècle du cinéma' (novembre 2000), p.40-43.
–, et Christian Jouhaud, '"L'Anglaise et le duc". Débat avec Arlette Farge et Christian Jouhaud', *Objectif cinéma* (7 septembre 2001), www.objectif-cinema.com.
Fayner, Elsa, 'Peter Jackson, le conteur aux pieds nus', *Epok* 44 (juillet 2006), p.6.
Fieschi, Jacques, 'Enretien avec Benoît Jacquot', *Cinématographe* 68 (1981), p.59-62.
Forman, Milos, 'Chaque personnage a ses raisons', *Cahiers du cinéma* 365 (novembre 1984), p.9-12.
Foucault, Michel, 'Sade, sergent du sexe', dans *Dits et écrits I: 1954-75* (Paris, 2001), p.1686-90.

Gauteur, Claude (éd.), *Cinéma/Sacha Guitry* (Paris, 1993).
–, '*La Règle du jeu*, quatre synopsis et quatre extraits de scénarios inédits', *Positif* 255-57 (juillet-août 1982), p.35-51.
Giuliani, Pierre, *Stanley Kubrick* (Paris, 1990).
Guitry, Sacha, *A bâtons rompus*, éd. Henri Jadoux (Paris, 1981).
–, *Cinquante ans d'occupation* (Paris, 1992).
–, *Si Versailles m'était conté*, éd. Raoul Solar (Paris, 1966).

Jacquot, Benoît, 'Filmer *La Fausse Suivante*, entretien recueilli par

Corinne Denailles', *Théâtre aujourd'hui* 11, 'De la scène à l'écran' (2007), p.82-84.

Jadoux, Henri, *Sacha Guitry* (Paris, 1982).

Kechiche, Abdellatif, '*L'Esquive*: cette jeunesse n'a pas de place dans le paysage audiovisuel, propos recueillis par Michaël Melinard', *L'Humanité* (7 janvier 2004).

Klossner, P. C., *The Europe of 1500-1815 on film and television: a worldwide filmography of over 2550 works, 1895 through 2000* (Jefferson, NC, 2002).

Lardeau, Yann, 'Les pages arrachées au Livre de Satan', dans *Sacha Guitry, cinéaste*, éd. Philippe Arnaud (Locarno, 1993), p.44-57.

Lardoux, Xavier, *Le Cinéma de Benoît Jacquot* (Paris, 2006).

Lorcey, Jacques, *Sacha Guitry, l'homme et l'œuvre* (Paris, 1982).

Magny, Joël, *Eric Rohmer* (Paris, 1995).

–, 'Guitry en éclats', *Cahiers du cinéma* 471 (septembre 1993), p.76-79.

–, 'Guitry était un prince', *Cahiers du cinéma* 471, p.76-79.

Mars, François, 'Citizen Sacha', *Cahiers du cinéma* 88 (octobre 1958), p.21-27.

Moullet, Luc, 'Si Versailles m'était conté', dans *Sacha Guitry, cinéaste*, éd. Philippe Arnaud (Locarno, 1993), p.260-63.

Pillaudin, Roger, *Jean Cocteau tourne son dernier film – journal du 'Testament d'Orphée'* (Paris, 1960).

Polanz, Dorothée, 'Comment adapter les œuvres de Sade? Le point de vue d'un maître de l'érotisme et de l'horreur' avec Jess Franco, propos recueillis par Dorothée Polanz', dans *Filmer le dix-huitième siècle*, éd. Martial Poirson et Laurence Schifano (Paris, 2009).

Rancière, Jacques, 'Il y a bien des manières de traiter la machine', *Vertigo* hors série, 'Fait divers' (juillet 2004), p.17-23.

Renoir, Jean, *Ma vie et mes films* (Paris, 1974).

Revel, Jacques, 'Un exercice de désorientement: *Blow up*', dans *De l'histoire au cinéma*, éd. Antoine de Baecque et Christian Delage (Paris et Bruxelles, 1998), p.99-110.

Rohmer, Eric, 'Le regard du cinéaste', *La Nouvelle revue d'histoire* 23, 'Le cinéma et l'histoire' (mars-avril 2006), p.42-43.

–, 'Seul l'art permet de voir le monde passé, propos recueillis par Jean-Michel Frodon', *Le Monde* (5 septembre 2001), p.29.

Rossellini, Roberto, 'L'Homme dans l'histoire' entretien avec Barbara Schulz réalisé les 22-25 février 1971', dans *La Télévision comme utopie*, éd. Roberto Rossellini (Paris, 2001), p.68-86.

Scola, Ettore, 'En diligence vers le monde nouveau, propos recueillis par Gian Luigi Rondi', dans *Dossier de presse: La Nuit de Varennes*, éd. Ettore Scola, Simon Mizrahi et Claude Philippot (Paris et Cannes, 1982), p.13-17.

Serceau, Michel, *Eric Rohmer: les jeux de l'amour du hasard et du discours* (Paris, 2000).

Solar, Raoul (éd.), *Et Versailles vous est conté... texte des émissions données à la radiodiffusion française par l'auteur*, éd. Raoul Solar (1954).

Stratz, Claude, 'Chéreau et Marivaux, entretien à partir des questions de Corinne Denailles et Jean-Claude Lallias', *Théâtre aujourd'hui* 11: 'De la scène à l'écran' (2007), p.77-81.

Thomas, Chantal, 'Rêver le dix-huitième siècle', propos recueillis par Laurence Schifano, *Filmer le dix-huitième siècle* (Paris, 2009).

Topor, Roland, et Henri Xhonneux, *Marquis, story-board du film* (Paris, 1990).

Tulard, Jean, 'Regard de l'historien, propos recueillis par Pauline Lecomte', *La Nouvelle revue d'histoire* 23, 'Le cinéma et l'histoire' (mars-avril 2006), p.35-37.

Tunstall, Kate E., 'Racine in 1769 and 1910, or Racine à l'usage de ceux qui voient', *SVEC* 2005:08, p.190-205.

Index

Abramovici, Jean-Christophe, 80n
Achème, Pierre, 38
Adam, Ken, 122, 123, 127
Albera, François, 31n
Alda, Alan, 156
Allen, Woody, 183, 184, 186, 189, 190, 191, 192, 194, 196, 197
Allio, René, 105
Amengual, Barthélemy, 18
Amidei, Sergio, 103
Amiel, Mireille, 129n
Anglade, Jean-Hugues, 260
Antonioni, Michelangelo, 43
Apollinaire, Guillaume, 60, 61n, 67
Aragon, Louis, 61
Ardant, Fanny, 216, 219
Artaud, Antonin, 57, 75
Atkinson, Rowan, 151n
Auber, Daniel, 148
Audiberti, Jacques, 203
Aumont, Jacques, 101
Aurel, Jean, 48
Auteuil, Daniel, 57, 259, 260

Baby, Yvonne, 37
Badinter, Elisabeth, 39
Bakhtine, Michael, 77, 257
Balderston, John, 152
Balzac, Honoré de, 147
Bardot, Brigitte, 35, 39
Baridon, Michel, 137n, 140n
Barker, Roy Ward, 153
Baroncelli, Jean de, 124, 125n
Barthes, Roland, 61, 63, 101, 111
Barton, Charles, 155
Bataille, Georges, 61, 72, 259
Baudelaire, Charles, 69
Baudrillard, Jean, 232
Bava, Mario, 84, 92, 92n
Baye, Nathalie, 267
Bazin, André, 159, 159n, 160, 163
Beardsley, Aubrey, 136, 138
Beaumarchais, Pierre Augustin Caron de, 18, 19, 83, 106, 107, 125
Beauvoir, Simone de, 66

Bene, Carmelo, 75
Benveniste, Emile, 163n
Berchtold, Jacques, 66n
Bergman, Ingmar, 14, 43
Berlanga, Luis Garcia, 92
Berling, Charles, 215
Bernard, Raymond, 24n
Bernardi, Sandro, 123n, 127n
Bernert, Philippe, 124n, 126n, 128n
Bernhardt, Sarah, 208
Bernstein, Léonard, 148
Bertheuil, Bruno, 20
Bertolucci, Bernardo, 129
Beuchot, Pierre, 57, 90n
Beyssade, Claire, 183n
Biet, Christian, 77n
Binoche, Juliette, 271
Blanchot, Maurice, 61, 63, 251
Blouin, Patrice, 118n
Blyth, Jeff, 152
Boccherini, Luigi, 246
Böhm, Georg, 26n
Boigne, comtesse de, 211, 212
Boileau, Nicolas, 181, 272
Bontemps, Jacques, 209n
Bordat, Denis, 26n
Borel, Pétrus, 69
Borges, Jorge Luis, 195n
Bory, Jean-Louis, 125
Bosch, Jérôme, 265
Botticelli, Sandro, 182
Boucher, François, 34, 106, 182
Boucrot, Francis, 26n
Bouquet, Stéphanie, 118n
Bourgeade, Pierre, 62
Boyce, Franck Cottrell, 168n, 170
Bouyxou, Jean-Pierre, 57
Brabant, Charles, 162
Brahms, Johannes, 51, 56
Brama, Claude, 162
Brandt, Carlo, 220
Brasey, Edouard, 166n, 167n
Brasseur, Pierre, 157
Bresson, Robert, 47, 48, 51, 147, 160, 251

Breton, André, 61
Brochier, Jean-Jacques, 61
Brontë, sœurs, 110
Brook, Peter, 57, 62, 66, 84, 263, 266, 271
Brooks, Mel, 151, 184
Bruce, John, 155
Bruegel, Pieter, 265
Brûlé, Claude, 49, 152
Brydon, Rob, 165
Bunuel, Luis, 15, 57, 92, 150, 263-66, 270, 274
Bürger, Godfried August, 168
Burke, Edmund, 12
Bush, Georges, 269

Cagliostro, Giuseppe Balsamo, 102, 105, 169n, 172
Caillois, Roger, 168n
Camus, Albert, 38
Carbonnaux, Norbert, 48
Carné, Marcel, 23n
Carrière, Jean-Claude, 163, 263-74
Casanova, Giacomo, 103, 108, 109, 114, 115, 155, 257
Castans, Raymond, 201n, 204n
Castelnau, Véronique, 168n
Catherine de Russie, 24n, 169n
Cave, Christophe, 237n
Cerisuelo, Marc, 189
Cervoni, Albert, 129
Cézanne, Paul, 64
Chabrol, Claude, 32, 34, 35n, 37, 38, 39, 44
Chamfort, Sébastien Roch, 19, 213
Chardin, Jean-Siméon, 112n
Charles IV, 273
Chartier, Emile, 142n
Chateaubriand, François-René, 265
Chauvelot, Sylvain, 65n
Chénier, André, 272
Chion, Michel, 22, 23n, 121n, 122n, 131
Christie, Agatha, 142
Christo, 13
Ciment, Michel, 121n
Citton, Yves, 58n
Clair, René, 17, 18, 20, 153, 154n, 155
Clouzot, Henri Georges, 48
Cocteau, Jean, 47, 101, 102

Cohn, Dorrit, 184, 184n
Colette, Sidone Gabrielle, 4
Comolli, Jean-Louis, 208n
Condillac, Edouard Bonnot de, 25, 246
Congreve, William, 134
Constable, John, 122, 182
Constant, Benjamin, 251, 260
Coogan, Steve, 165, 166
Coppola, Eleanor, 232n
Coppola, Sofia, 106, 108, 159, 159n, 182, 218n, 231, 232, 233, 235, 236, 237, 239, 240, 241, 243, 245, 247, 268
Corbin, Alain, 79n
Corman, Roger, 83
Cormann, Enzo, 62, 66
Cormon, Eugène, 147
Cornand, Suzanne, 237n
Cortázar, Julio, 184
Crébillon, 51
Curchod, Olivier, 19n, 21, 22, 23n, 26
Curtiz, Michael, 155
Cushing, Peter, 87

Da Ponte, Lorenzo, 20
Daney, Serge, 4, 123, 123n
Danton, Georges Jacques, 265, 266, 268, 273
Darc, Mireille, 149
Darrieux, Danièle, 9
David, Jacques-Louis, 264
Day-Lewis, Daniel, 271
Dayan, Josée, 52
De Baecque, Antoine, 77n, 79n, 207n
Debord, Guy, 62, 232, 237, 241
De Broca, Philippe, 150
Defoe, Daniel, 148
De Gaulle, Charles, 48
Degas, Edgar, 208
Delacour, Alfred-Charlemagne, 147
Delacroix, Eugène, 264
Delahaye, Michel, 19n
Delair, Suzy, 9
Delean, Joan, 67n
Deleuze, Gilles, 101
Delisle, Jacques, abbé, 273
Delon, Michel, 33, 34, 39n, 40, 41, 57n, 61, 77n, 78n, 106n

Delpy, Albert, 214
Del Ruth, Roy, 154
Demengeat, Jean-Loup, 125, 128n
Dennery, Adolphe, 147
Denon, Vivant, 47, 48, 56, 148
Depardieu, Gérard, 259, 263, 268, 273
Deray, Jacques, 263
Dern, Laura, 94
De Sica, Vittorio, 111
Desmoulins, Camille, 265
De Toth, André, 155
Devis, Arthur, 112, 113
Descimon, Robert, 207n
Dickens, Charles, 110, 147
Diderot, Denis, 3, 4, 10, 11, 12, 13, 47, 48, 55, 56, 70, 83, 147, 183, 184, 185, 186n, 187n, 188n, 189, 192n, 196, 232, 246, 247, 272
Didi-Huberman, Georges, 110n, 111n, 118, 119n
Dietrich, Marlene, 106
Donen, Stanley, 156
Doré, Gustave, 115, 182
Dostoïevsky, Fedor Mikhaïlovitch, 251, 252
Doublet, Mme, 238n
Dréville, Jean, 24n
Dreyer, Carl, 150
Duairam, Georges, 90n
Du Barry, comtesse, 106, 155
Dubois, Claude-Gilbert, 136, 137n
Dubos, abbé, 3
Duclos, Charles Pinot, 238
Ducrest, Philippe, 168n
Dullea, Keir, 57
Dumas, Alexandre, 147
Dumas, Alexandre (fils), 154
Dunmore, Laurence, 65
Dunst, Kirsten, 231
Dupuy-Mazuel, Henri, 24n
Duras, Marguerite, 251
Dury, Hélène, 125n, 128n
Duty, Claude, 149
Duvivier, Julien, 9

Ebert, Roger, 164, 165
Einstein, Albert, 4, 13, 14
Elias, Norbert, 78, 210, 215
Elliott, Grace, 109, 110n, 112n, 116-18

Eluard, Paul, 61, 67
Endfield, Cyril, 57, 83, 93, 94n
Epstein, Jean, 101
Esope, 67
Esquenazi, Jean-Pierre, 43, 43n, 44
Esnaut, Philippe, 19, 20n, 24
Etaix, Pierre, 263
Etchegaray, Françoise, 117n

Farge, Arlette, 107, 109, 110, 118
Fargue, Léon-Paul, 4
Farrow, Mia, 190
Faulkner, Christophe, 19n, 22n, 23n, 26n
Fellini, Federico, 60, 64, 65, 68, 102, 105, 107, 108, 109, 111, 114-16, 118, 257
Félibien, André, 204
Fessler, Michel, 215
Fforde, Jasper, 194n
Fieschi, Jacques, 65, 253n, 260
Finkelkraut, Alain, 255
Fisher, Ralf Michael, 123n, 127n
Fletcher, Mandie, 151n
Forestier, François, 129
Forman, Milos, 75, 76, 107, 163, 263, 264, 271, 272
Foucault, Michel, 63, 66, 78, 105
Fragonard, Jean Honoré, 34, 106, 108
France, Anatole, 208
Francis, Freddie, 84, 87
Franco, Jesus (Jess), 48, 49, 53, 55, 57, 86, 91, 92
François Ier, 204
Frantz, Pierre, 182
Fraser, Antonia, 231, 240, 241
Frears, Stephen, 106, 148, 162, 163
Fried, Michael, 102, 118
Furet, Antoine, 273
Furetière, Antoine, 224n

Gadamer, Hans-Georg, 241, 242n, 243
Gainsborough, Thomas, 112, 122, 213
Galiani, Ferdinando, 105
Gance, Abel, 7, 13, 15, 67n, 105, 111
Garel, Alain, 124n
Garson, Claude, 127n
Gastellier, Fabian, 125n

Gauteur, Claude, 21
Gautier, Marguerite, 154
Gautier, Théophile, 172
Gayot de Pitaval, François, 215
Gégauff, Paul, 37
Genette, Gérard, 76n, 147, 187, 195, 196n
George III, 112n
Gérard, François, 264
Gibby, Gwyneth, 57, 83, 86
Giesey, Ralph, 208
Gilliam, Terry, 165n, 166-82
Girard, François, 151
Giraudeau, Bernard, 216
Girodet, Anne-Louis, 264
Giuliani, Pierre, 126n
Godard, Jean-Luc, 4, 43, 149-51, 263
Godier, Rose-Marie, 22n, 23, 25n, 27n
Godrèche, Judith, 216
Goethe, Johan Wolfgang von, 26, 32, 265
Goldoni, Carlo, 111
Goncourt, Edmond de, 39n
Goncourt, Jules de, 39n
Goulemot, Jean-Marie, 34
Goya, Francisco de, 264, 265
Grass, Günter, 265
Greenaway, Peter, 133-36, 141, 142, 175
Grémillon, Jean, 157
Grétry, André, 21
Greuze, Jean-Baptiste, 107, 112n, 113, 114
Griffith, David, 110, 117, 148, 150
Grimm, 166n
Gros, Antoine Jean, 264
Guéry, Alain, 207n
Guevara, Ernesto, 234, 236
Guitry, Sacha, 77, 85, 102, 108, 111, 151, 152, 157, 183, 201-10

Halvorson, Gary, 162n
Hampton, Christopher, 162n, 163
Hars-Tschachotin, Boris, 122n, 127n
Has, Wojcieh, 168n
Hassler, Gordon, 83
Hawks, Howard, 184
Heine, Maurice, 61, 68n
Heisler, Stuart, 155
Helvétius, Claude Adrien, 245

Henaff, Marcel, 78
Herzog, Werner, 59, 86
Hewitt, Peter, 152
Hickox, Anthony, 84, 88, 155
Hieronymus, Karl Friedrich, 167
Hitchcock, Alfred, 117
Hobbes, Thomas, 134
Hogarth, William, 74, 112, 115, 122, 123, 182
Holbach, Paul Henry Thiry d', 246
Hooper, Tobe, 155
Horrowitz, Brian, 92n
Hossein, Robert, 57
Howard, Leslie, 152
Hugo, Victor, 7, 67n, 147
Huyguens, Christiaan, 27

Image, Jean, 171
Israel, Jonathan, 58n, 76

Jackson, Peter, 160
Jacquot, Benoît, 57, 65, 84, 85, 90n, 251-61
Jadoux, Henri, 201n
James, Henry, 152
Jankélévitch, Vladimir, 137, 138n
Jarre, Jean-Michel, 13
Jarry, Alfred, 269
Jeanne, Paul, 26n
Jésus, 274
Johnson, Chick, 184
Jonze, Spike, 165n
Jouhaud, Christian, 110n

Kafka, Frantz, 251
Kantorowicz, Ernst, 208
Kardos, Laszlo, 155
Kästner, Erich, 171n
Kaufman, Charlie, 165
Kaufman, Donald, 165n
Kaufman, Philip, 69n, 83, 84, 91, 263
Keaton, Buster, 184
Kechiche, Abdellatif, 149
Kelly, Gene, 156
Kessel, Joseph, 270
Kiberlain, Sandrine, 255, 256
Kinski, Klaus, 86
Klossowski, Pierre, 73, 259
Koch, Carl, 20, 25, 26
Koerfer, Thomas, 156

Kubrick, Stanley, 57, 105, 108, 110, 121-31, 174, 182, 255
Kumble, Roger, 52, 162, 163
Kundera, Milan, 263, 265
Kwiatkowski, Tadeusz, 168n

Labiche, Eugène, 274
La Bruyère, Jean de, 273
Lacan, Jacques, 257
La Chesnaye, Robert de, 19, 22
Laclos, Choderlos de, 18, 32, 33, 34, 35, 36, 39, 47, 48, 51, 67, 162, 163, 253, 258, 271, 272
La Fontaine, Jean de, 67
Lalande, Michel Richard de, 20
La Mettrie, Julien Offray de, 25
La Motte, Antoine Houdar de, 106
Lampedusa, Giuseppe Tomasi di, 113
Lancaster, Burt, 112, 113
Landau, Jack, 154
Lang, Fritz, 182
Lardeau, Yann, 209n
Lardoux, Xavier, 251n
Laroche, Pierre, 157
Léaud, Jean-Pierre, 149, 150
Lebercht Immermann, Karl, 168n
Le Besco, Isild, 260
Leconte, Patrice, 76, 214, 219, 240
Ledoyen, Virginie, 255, 256
Lee, Christopher, 87, 88, 92
Lefere, Robin, 31, 33
Le Kain, 238
Le Lorrain, Claude Gellée *dit*, 134, 141
Lely, Gilbert, 61, 68n, 258, 259
Le Roy Ladurie, Emmanuel, 267
Lesage, Alain-René, 13
Leutrat, Jean-Louis, 101
Lever, Maurice, 65n, 258, 259
Lewis, Jerry, 151
L'Herbier, Marcel, 102
Liandrat-Guigues, Suzanne, 101n, 113
Littell, Philip, 162n
Lloyd, Frank, 152
Loncraine, Richard, 160
Longhi, Pietro, 102
Lorrain, Jean, 75
Louis XI, 204
Louis XIV, 204, 207, 273

Louis XV, 157, 203, 204, 205, 236
Louis XVI, 19n, 21, 48, 237, 239n
Lumière, Auguste et Louis, xxiv
Lurhmann, Baz, 160
Lynch, David, 84, 92n, 93n, 94

Maggiori, Robert, 111, 119n
Magny, Joël, 33n, 42, 209n
Malle, Louis, 47, 48, 51, 53, 54, 56, 148, 263, 266
Mamber, Stephen, 192n
Manceron, Claude, 103
Manet, Edouard, 264
Mannino, Franco, 111
Mannoni, Laurent, 25n, 27n
Marat, Jean-Paul, 7, 67n
Marcel, Adrien, 21, 21n
Mardore, Michel, 130
Marey, Etienne Jules, 26
Margaritis, Gilles, 24
Marie-Antoinette, reine de France, 155, 218, 239, 242, 243, 245
Marivaux, Pierre Carlet de Chamblain de, 18, 19, 34, 47, 106, 107, 134, 183, 228, 251-55
Marnhac, Anne de, 34, 35n, 37n
Marongiu, Raphaël, 57
Mars, François, 206n
Marx, Karl, 274
Massenet, Jules, 148
Mathiez, Albert, 21, 268
McKellen, Ian, 160n
McKeown, Charles, 166-70
McTiernan, John, 184
Medioli, Enrico, 111, 112
Meilhac, Henri, 148
Méliès, Georges, 170
Mercier, Louis Sébastien, 4-15, 67n
Mergault, Olivier, 162n
Mérimée, Prosper, 17, 211
Metz, Christian, 192
Michelet, Jules, 7, 67n
Millet, Jean-François, 8
Minnelli, Vincente, 154
Mirkovic, Michel, 59
Mishima, Yukio, 62
Moine, Raphaëlle, 208n
Molière, Jean-Baptiste Poquelin *dit*, 32, 134
Molinaro, Edouard, 76, 121
Monet, Claude, 208

Monory, Jacques, 68n
Montalbetti, Christine, 183n
Moreau, Jeanne, 40, 53, 54
Moreau, Louis Mathurin, 147
Morin, Edgar, 192n
Moullet, Luc, 202n, 204n
Mozart, Wolfgang Amadeus, 20, 107, 111, 113, 252, 261
Murnau, Friedrich Wilhelm, 15
Musset, Alfred de, 19, 20

Napoléon, 122, 268, 269, 273, 204
Napoléon III, 204
Narboni, Jean, 19n
Naulet, Frédéric, 122n
Necker, Jacques, 237
Néret, Gilles, 136n
Newton, Isaac, 139
Niermans, Edouard, 263
Nizan, Paul, 68
Noël, Luc, 59

Oberthür, Marianne, 26n
Olsen, Ole, 184

Pachard, Henri, 155
Païni, Dominique, 101, 117
Parent, Mimi, 68n
Paret, Pierre, 125n, 128n
Pascal, Lucien, 220
Pasolini, Pier Paolo, 57n, 62, 83n, 114, 147
Patrick, Antoine, 90n
Paul, Robert, 152n
Pauvert, Jean-Jacques, 61, 63
Payne, Thomas, 103
Pératé, André, 206n
Perrault, Charles, 166n, 204
Petrovic, Goran, 194n
Philippe, Gérard, 40, 153
Picard, Michel, 197n
Pidansat de Mairobert, Mathieu François, 238n
Pierce, Craig, 160n
Pilard, Philippe, 124n
Pillaudin, Roger, 102n
Piranèse, Giovanni Battista, 182
Poirier, Anne, 14
Poirier, Patrick, 14
Poirson, Martial, xxx, 83n
Polanz, Dorothée, 57n

Pollio, Joseph, 21
Pompadour, Jeanne-Antoinette Poisson, marquise de, 115, 155
Pope, Alexander, 136
Porter, Roy, 126n, 136n
Potter, Sally, 153
Poulet, Georges, 139
Poussin, Nicolas, 134, 141
Potocki, Jean, 168
Power, Tyrone, 153
Praz, Mario, 112
Prévert, Jacques, 157
Prévost d'Exiles, Antoine-François, 148
Proust, Marcel, 211, 212
Przybyszewska, Stanislawa, 265
Psoniak, Wojciek, 268
Puccini, Giacomo, 112, 148

Queneau, Raymond, 62

Rabineau, Isabelle, 41
Racine, Jean, 204, 273
Rais, Gilles de, 90
Rameau, Jean-Philippe, 246
Rancière, Jacques, 66, 105n
Raspe, Rudolph Erich, 167, 168n
Ray, Man, 66
Raynaud, Emile, 26
Reiniger, Lotte, 25, 26
Remise, Pascale, 26n
Renaud, Madeleine, 157
Renoir, Jean, 17-28, 107, 111, 165, 208
Resnais, Alain, 13
Rétif de la Bretonne, 67, 68n, 103, 232
Reynolds, Joshua, 122, 182
Ribes, Jean-Michel, 59
Riccoboni, Marie-Jeanne, 253
Richard, Cybil, 155
Richardson, Samuel, 168
Richardson, Tony, 121
Rivette, Jacques, 148
Rivière, Henri, 26
Robertson, Etienne Gaspard, 15
Robespierre, Maximilien de, 7, 67n, 109, 258, 264, 265, 266, 268
Rochefort, Jean, 215
Rocherau, Jean, 125n
Rodin, Auguste, 208

Rohmer, Eric, 35-37, 41-45, 109-111, 112n, 116-18
Rorty, Richard, 243
Ross, Gary, 184
Rossellini, Isabella, 94
Rossellini, Roberto, 108
Rother, Rainer, 122n
Rousseau, Jean-Jacques, 12, 25, 71, 107, 125, 134, 140n, 156, 168, 245
Roussel, Raymond, 149, 222
Rubens, Pierre Paul, 265
Russell, Ken, 84, 92, 92n, 93, 267
Ryan, Marie-Laure, 191n

Sabatier, Gérard, 204n
Sade, Donatien Alphonse François de, 39, 48, 49, 56-73, 76, 77, 78, 81, 83-86, 88-95, 147, 148, 155, 181, 252, 258, 259
Sadoul, Georges, 31, 38, 39
Sahagun, Bernardino de, 269, 270n
Sainclair, Félicia, 152
Sainte-Beuve, Charles Augustin, 211
Saint-Germain, comte de, 105
Saint-Just, Louis Antoine Léon de, 106, 149, 150, 264, 266
Salès-Gomez, Paul-Emilio, 24n
Salis, Rodolphe, 26
Samoyault, Christine, 183n
Sanjust, Filippo, 111
Savary, Jérome, 59
Schlöndorff, Volker, 263, 266
Schönberg, Arnold, 252
Schubert, Franz, 123
Scribe, Eugène, 148
Scola, Ettore, 2, 103
Scott, Anthony O., 164n
Sellier, Geneviève, 32, 33
Serceau, Michel, 42, 44, 45n
Shakespeare, William, 160
Siclier, Jacques, 32
Simenon, Georges, 203
Simon, Michel, 23n
Simsolo, Noël, 202n, 208n
Siraudin, Paul, 147
Sloterdijk, Peter, 105n, 232, 237, 241, 246n
Smallwood, Ray C., 154
Smith, Adam, 240
Sollers, Philippe, 61-63
Souriau, Etienne, 163, 163n

Spartacus, 122
Starobinski, Jean, 105, 114, 133-36, 138, 139, 141, 142
Stendhal, 14, 32
Sterne, Laurence, 164, 165, 171
Stevenson, Robert, 155
Strauss, Johann, 22
Strauss, Richard, 112, 113
Stravinsky, Igor, 252, 261
Stubbs, Georges, 112
Surya, Michel, 68
Susa, Conrad, 162n
Syberberg, Hans-Jürgen, 14

Talmadge, Norma, 156
Tarde, Duclos, 238
Taylor, Sam, 156
Tesson, Charles, 118n, 209n
Thackeray, William, 110, 123, 124, 127, 255
Thomas, Chantal, xxx, 254
Tiepolo, Giambattista, 102
Tiepolo, Giandomenico, 102, 103, 104
Todorov, Tzvetan, 58n
Topor, Roland, 57n, 58, 59, 63, 64, 66-68, 70, 75-78, 80, 81, 102
Tortajada, Maria, 31n, 36, 37
Tournier, Michel, 66
Tranchant, Marie-Noëlle, 129n
Trénet, Charles, 203
Trouille, Clovis, 75
Truffaut, François, 203
Turgot, Anne Robert Jacques, 237, 240

Vadim, Roger, 32, 34-37, 39, 40n, 44, 47-49, 51-54, 57, 147, 162
Vailland, Roger, 47, 49, 52, 54, 80
Vaillant, Frantz, 59n
Valentino, Rudolph, 154, 157n
Van der Walle, Régis, 26n
Van Hellemont, Marc, 58n
Vanoye, Francis, 20, 23n, 26n
Varda, Agnès, 8
Vaucanson, Jacques de, 24
Vélasquez, Diégo, 264, 273
Verlaine, Paul, 69
Vernisse, Caroline, 68n
Versini, Laurent, 40
Vicaut, Eric, 215
Vidal, Jordi, 126n, 128n

Vidal, Marion, 36, 41, 42n
Vigne, Daniel, 267
Vigo, Jean, 14, 15, 24
Villiers, François, 152
Vilmorin, Louise de, 148
Visconti, Luchino, 105, 107, 111, 112, 114, 115, 118, 129, 252
Voltaire, François-Marie Arouet, dit 18, 39, 102, 106, 148, 149, 156, 221, 272, 273
Von Bàky, Joseph, 171
Von Sternberg, Josef, 106, 109

Wagner, Richard, 38
Wajda, Andrei, 263, 265, 268, 269
Walewska, Marie, 269
Waterhouse, Rémi, 215
Watkins, Peter, 130
Watteau, Antoine, 34, 106, 141
Webber, Peter, 182
Weiss, Peter, 57, 62, 66, 69, 84
Welles, Orson, 86, 152
Wheatley, Francis, 112

Wilkes, John, 234
Williams, Tennessee, 154
Winterbottom, Michael, 133n, 156, 163-66, 170, 171, 181
Woolf, Virginia, 154

Xhonneux, Henri, 57n, 58, 59, 64n, 66, 70, 75-77, 80, 90n

Yagher, Kevin, 155
Yanne, Jean, 149
Yorkin, Bud, 151
Young, Terence, 155

Zanzotto, Andrea, 116
Zapater, Martin, 264
Zelnik, Frédéric, 154n
Zemon Davies, Nathalie, 267
Zerman, Karel, 170
Zick, Januarius, 141
Zoffani, Johannes, 113
Zola, Emile, 19
Zweig, Stefan, 231, 240